中央财经大
教育部2010年度人文社会科学研究
青年基金项目（10YJCZH005）支持
中国财政发展协同创新中心成果

"十二五"国家重点图书出版规划项目
国防经济学系列丛书　　　　　　　　　学术文库

国防经济学系列丛书

编辑委员会

周建平（国家发展和改革委员会）　　魏汝祥（海军工程大学）
翟　钢（财政部）　　　　　　　　　樊恭嵩（徐州空军学院）
董保同（国防科技工业局）　　　　　贾来喜（武警工程大学）
姚　斌（国防科技工业局）　　　　　雷家骕（清华大学）
邱一鸣（总参谋部）　　　　　　　　刘涛雄（清华大学）
周代洪（总政治部）　　　　　　　　孔昭君（北京理工大学）
周　宏（总后勤部）　　　　　　　　陈晓和（上海财经大学）
游光荣（总装备部）　　　　　　　　丁德科（西安财经学院）
余爱水（空军）　　　　　　　　　　林　晖（国务院发展研究中心）
李　鸣（海军）　　　　　　　　　　任　民（国防动员研究发展中心）
库桂生（国防大学）　　　　　　　　杨价佩（国防科技工业局咨询委员会）
姜鲁鸣（国防大学）　　　　　　　　莫增斌（中国国际工程咨询公司）
刘晋豫（国防大学）　　　　　　　　安伟时（中国兵器工业规划研究院）
卢周来（国防大学）　　　　　　　　赵澄谋（中国国防科技信息中心）
刘义昌（军事科学院）　　　　　　　张玉华（中国国防科技信息中心）
武希志（军事科学院）　　　　　　　杨天赐（全国高等财经教育研究会）
曾　立（国防科技大学）　　　　　　李俊生（中央财经大学）
顾建一（后勤学院）　　　　　　　　赵丽芬（中央财经大学）
郝万禄（后勤学院）　　　　　　　　李桂君（中央财经大学）
徐　勇（军事经济学院）　　　　　　邹恒甫（中央财经大学）
郭中侯（军事经济学院）　　　　　　陈　波（中央财经大学）
黄瑞新（军事经济学院）　　　　　　张广通（中央财经大学）
陈炳福（海军工程大学）　　　　　　杨　静（中央财经大学）

总主编　翟　钢　陈　波
丛书联络　中央财经大学国防经济与管理研究院

"十二五"国家重点图书出版规划项目
国防经济学系列丛书·学术文库

国防经济思想史

Defense Economic Thought History

陈 波　刘 群　等著
霍 炬　刘建伟

经济科学出版社

任时光荏苒，大师心路永不过时……

——题记

项 目 组

组 长：
 陈 波（中央财经大学国防经济与管理研究院）

副组长：
 刘 群（国防大学）   霍 炬（解放军后勤学院）

成 员：

方正起（军事经济学院）	王 辉（国家发展和改革委员会）
王 芳（空军指挥学院）	陈彩林（住房和城乡建设部）
田 欣（军械工程学院）	唐 静（中国移动南京分公司）
石亚东（北京市文资办）	夏世静（国防工业出版社）
张国凤（中国人民大学）	陈 可（重庆市经济信息中心）
王 雪（中央财经大学）	黄 莹（吉林财经大学）
郝朝艳（中央财经大学）	毛红燕（中央司法警官学院）
余冬平（中央财经大学）	闫仲勇（国防科技大学）
王沙骋（中央财经大学）	杨 凯（兵器装备集团财务公司）
侯 娜（中央财经大学）	张雅洁（平安资产管理有限公司）
刘建伟（中央财经大学）	马光艳（中国人寿财产总公司）
宁彩芳（中央财经大学）	石丹慧（华侨银行（中国）有限公司）
朱文宜（海军后勤部）	汤 幸（北京市国家税务局）
辛伟刚（中国国际工程咨询公司）	刘 磊（安全部）
邢 星（伦敦大学）	张 程（财政部）
褚倩倩（山东财经大学）	葛顺堂（中国工商银行山东分行）
张新安（国防科技工业局）	李仁义（中国兵器工业集团）
王晓霞（北京广播电视大学）	刘海娇（国家开发银行）
池启水（北京石油化工学院）	马浩然（中联资产评估集团有限公司）
何平林（华北电力大学）	颜 砾（云南民族大学）

总　序

兵者，国之大事，死生之地，存亡之道，不可不察也！国防经济学起于战争实践，又与人类的和平与发展息息相关，这些年取得了飞速发展。为全面、系统反映国防经济学发展全貌与演进，总结挖掘国防经济实践成果，展示现代国防经济学发展方向，我们组织编写了这套《国防经济学系列丛书》。

《国防经济学系列丛书》包括四个子系列：(1) 国防经济学核心教材；(2) 国防经济学学术文库；(3) 国防经济学精品译库；(4) 国防经济学博士文库。重点展示国防经济学领域学者在一般性基础理论和方法研究、国家战略层面对策研究，以及面向现实的重大应用研究等方面的研究成果。丛书选题涵盖经济与安全、战略与政治、国防与和平经济、国防财政、国防工业、国防采办、国民经济动员等相关领域，既包括国防经济学领域的基本理论和方法介绍，如《国防经济学》、《国防经济思想史》等；也包括对一些国家或领域国防经济情况的专门介绍，如《美国国防预算》、《国防财政学》等；还包括对国际国防经济学领域研究最新发展情况的介绍，如《国防经济学前沿专题》、《冲突经济学原理》等。

《国防经济学系列丛书》瞄准本领域前沿研究领域，秉承兼容并蓄之态度，建立开放性运行机制，不断补充新的选题，努力推出中国一流国防经济学者在本领域的教学、科研成果，并希望通过借鉴、学习国际国防经济学发展的先进经验和优秀成果，进一步推动我国国防经济学研究的现代化和规范化，力争在一个不太长的时间内，在研究范围、研究内容、研究方法、分析技术等方面使中国国防经济学在研究的"广度"和"深度"上都能有一个大的提升。

在"十二五"国家重点图书出版规划项目支持下，本套丛书由中央财经大学国防经济与管理研究院发起筹备并组织编辑出版，该院组成了由国内外相关高校、科研机构和实际工作部门的一流专家学者组成的编辑委员会，参与编审、写作和翻译工作的除来自中央财经大学国防经济与管理研究院、中国金融发展研究院、中国经济与管理研究院、政府管理学院、经济学院、财政学院等教学科研单位的一批优秀中青年学者外，还有来自清华大学、北京大学、中国人民大学、复旦大学、南开大学、北京理工大学、军事科学院、国防大学、国防科技大学、后勤学院、军事经济学院、海军工程大学、中国国防科技信息中心等国内国防经济与相关领域教学与研究重镇的一批优秀学者。经济科学出版社积极支持丛书的编辑出版工作，剑桥大学出版社等也积极支持并参与部分图书的出版工作。

海纳百川，有容乃大。让我们携起手来，为推动中国与国际国防经济学界的交流、对话，为推进中国国防经济学教育与研究的大发展而贡献我们的智慧、才华与不懈的努力！

是为序。

翟 钢 陈 波
2010 年 6 月于北京

前　言

在漫长的人类历史上，国家安全、经济发展与国防一直是人类社会所关注的核心命题。时至今日，人类已积累起来的关于国防经济的知识及智慧，可谓博大精深。前辈先贤们的思想仍然是我们前进的路标，因为一个学科是在无数人的努力中蹒跚前行的，懂得过去才能有所创新，因为人类的任何知识必须建立在理解和领悟已有知识传统的基础上。

责任与挑战

思想是客观存在反映在人的意识中经过思维活动而产生的结果，思想形成人的伟大。国防经济思想史记述和反映的是国防经济理论与思想发生、发展和演变的历史。研究思想的历史是解放思想的必要前提，通过追溯人类国防经济思想发展演变的历史足迹，解析前辈思想家从事国防经济研究的心路历程，将会使我们深刻理解已经形成的国防经济学理论大厦在过去的岁月中是怎样通过一砖一瓦建立起来的，也使我们深刻思考未来的国防经济理论将走向何方。

自从人类产生国家以来，国防与经济就成了人们一刻也无法回避、必须面对的现实，而各种哲学家、军事家和经济学家也从未停止过对国防经济问题的探索和思考。中国作为世界文明古国，我们的先辈早早就提出了"国富者兵强，兵强者战胜"[1]这样的至理名言。而在西方，那些古希腊的哲学家们首先把战争、

---

[1]《管子·重令》。

和平、冲突与经济问题联系起来。黑暗的中世纪并未能扼杀人类思想的火花，黑暗过后的重商主义首开"经济战"等国防经济概念的先河。重农主义则以农业为军事力量的基础，表达了与重商主义不同的观点。而大致在这一时期甚至更早的时间段，中国历经秦汉、魏晋南北朝、隋唐、宋辽金元和明等朝代，中华文明快速发展，晁错、桑弘羊、曹操、诸葛亮、王安石等一批又一批的思想家贡献了足令我们骄傲的国防经济思想和智慧。

古典政治经济学开创了经济自由主义的研究传统，配第、斯密、李嘉图、马尔萨斯、穆勒……这些名字在今天听起来仍然熠熠生辉，他们不但是古典政治经济学的代表性人物，也在经济学这一重要的成长阶段提出了许多非常重要的国防经济思想，虽然也许并不是完全自觉，甚至他们的这些思想一度湮灭在历史的尘埃中。而与他们几乎同时代，马克思、恩格斯不但批判了古典政治经济学，也对古典经济学中的战争与和平经济思想进行了质疑，提出了与之不同的国防经济思想。在这一阶段与其不同的还包括李斯特等德国历史学派及其他学派的国防经济思想。这一时期也是战乱纷争不断的年代，拿破仑、若米尼、克劳塞维茨等这些大名鼎鼎的军事家在他们的研究与实践中也提出了一些非常重要的国防经济思想。中国这一时代大致处于清朝、太平天国和洋务运动时期，林则徐、魏源和一大批仁人志士不但贡献了杰出的国防经济思想，还身体力行，探索中华民族救亡图存的道路。

20世纪之后，现代经济学历经"张伯伦革命"、"凯恩斯革命"和"预期革命"等三次大的革命，逐渐演化成现在所谓的新古典主义。这个阶段是经济学流派纷呈，也是国防经济理论形成奠基的一个重要阶段。这一时段期间或其前后，瓦尔拉斯的边际学派、帕累托的洛桑学派、马歇尔的新古典学派、凡勃伦的制度学派、凯恩斯的宏观经济学派等也从不同的角度对国防经济问题进行了探求，而世界大战也使战争、和平与国防问题成为经济学家不得不深入思考的命题。这一时期，赫斯特、庇古等人的研究把学界对国防经济的思考越来越推向系统化。而这个时段除了鲁登道夫、列宁等军事家、政治家提出了一些著名的国防经济思想外，还产生了如森武夫、莎维兹基等在内的一批非常有名的国防经济学者。董问樵、韩亮仙等一批中国学者也在此时建构了我国较为规范的国防经济、战争经济与经济动员等的研究框架。

20世纪50年代开始，国际形势异常紧张。亚、非、拉战火四起，美国与苏联的军事抗衡不断升级，特别是核武器的发展，更给世界的和平与发展罩上了一层厚厚的阴影。这一时期，涌现出如希奇、施莱辛格、拉可夫斯基、怀内斯、石井洋、理查德森、波札罗夫、肯尼迪、克莱姆、莫斯利、谢林等一批非常有名的国防经济学或相关领域的专家，他们不但提出了一些非常有价值的思想，还结合现代建模技术、计量经济学、博弈论等方法的发展应用，对军备竞赛、军费开支、裁军、经济战等问题进行了广泛而越来越规范的分析，谢林荣获诺贝尔奖更是极大地推动了国防经济学的研究。

国防经济思想代表了人们对国防经济现象及其发展的认识和解释，它既是具体时代和历史条件的反映，又是推动国防经济现实发展的引领力量。当然，这种引领作用既可以是促其进步，也可能是使其倒退。每一个人都不能离开他所生活的环境，毋庸讳言，这里面许多的思想都打上了他所处时代、所处国家和所处社会的深深烙印。但从总体来看，众多杰出的思想家对推动人类对国防与经济问题的思考，促进人类和平与繁荣立下了不可磨灭的功绩，这也正是促成我们研究国防经济思想史的一个重要原因。

然而，近年来，国内有关国防经济思想史方面的学术供给与学术需求相比却有明显的不足。一方面，国际学术界国防经济思想史的研究中仍难脱欧美中心主义情节，在他们的著作中很难看到中国人的身影，更遑论对中国国防经济思想的系统发掘；另一方面，国内学术界有关国防经济思想史方面的学术著作和教科书数量还非常欠缺，尤其是作为经济学的重要分支领域，缺乏对经济思想发展史和代表性经济学家国防经济思想等的系统发掘和梳理。而且由于受到学术文献资料和研究方法等方面的限制，现在尚无一本规范的国防经济思想史著作，类似的著作中，具系统性和完整性的研究也不多，这也是我们迫不及待地写一本中国版本的国防经济思想史的另一个原因。

思路与结构

社会在发展、科学在发展，国防经济思想也在不断发展。本书试图对从古中国、古希腊、古罗马至今的国防经济思想与理论做一个系统的梳理。然而我们也深知，任何著作的范围、厚度也总是有限的，必然留下许多没有回答的问题，本书也不例外。因此，面对数千年来众多的人物和思想，本著主要以各个时代和各国与国防经济有关的代表性思想家和学者为主要选择标准。本著也尽量尊重客观情况，给出原思想家和学者在国防经济方面的客观论述和分析，原则上不做评

论，我们相信聪明的读者有自己的鉴赏力。文中除个别情况外，中外政治领袖一般不收录，虽政治领袖也不乏这方面的论述，但主要是与实践有关的政策分析，这些内容我们放在本"系列丛书"的其他部分完成。

全著遵循编年顺序，考虑国防经济学主要还是经济学的重要分支，所以我们探索以经济学的发展阶段分为前古典时期、古典时期、新古典时期、当代国防经济理论四个阶段。因为不同地区和不同国家在阶段的划分和发展阶段上都不尽相同，甚至差别很大，因此在结合经典发展阶段和时间段进行划分的结构上，每"篇"所含思想的代表性人物大致生活在这个时段，但不一定都是主张该学派的经济学者，甚至有些就不是经济学者。按照这样的思路：

第一篇主要介绍前古典时期，大致为公元前12世纪到公元18世纪前半期的国防经济思想。本篇包括以下四章：

第1章 古代和中世纪的国防经济思想

第2章 重商主义的国防经济思想

第3章 重农主义的国防经济思想

第4章 前古典时期中国的国防经济思想

主要介绍古代和中世纪（古中国、古希腊、古罗马、中世纪）、重商主义、重农主义和前古典时期中国（秦汉、魏晋南北朝、隋唐、宋辽元金、明朝）的国防经济思想。

第二篇主要介绍古典时期，大致为18世纪后半期至19世纪中期这一时段的国防经济思想。本篇包括以下十一章：

第5章 配第的国防经济思想

第6章 斯密的国防经济思想

第7章 马尔萨斯的国防经济思想

第8章 李嘉图的国防经济思想

第9章 萨伊的国防经济思想

第10章 李斯特的国防经济思想

第11章 拿破仑的国防经济思想

第12章 若米尼的国防经济思想

第13章 克劳塞维茨的国防经济思想

第14章 马克思恩格斯的国防经济思想

第15章 古典时期中国的国防经济思想

主要介绍英国古典政治经济学、法国供给学派、德国历史学派、马克思主义的国防经济思想和拿破仑、若米尼、克劳塞维茨等军事家和古典时期中国（清朝、太平天国、洋务运动时期）的国防经济思想。

第三篇主要介绍新古典时期，大致为19世纪后期到20世纪中期这一时段的国防经济思想。本篇包括以下十四章：

第16章　瓦尔拉斯的国防经济思想

第17章　帕累托的国防经济思想

第18章　马歇尔的国防经济思想

第19章　埃奇沃斯的国防经济思想

第20章　凡勃伦的国防经济思想

第21章　赫斯特的国防经济思想

第22章　庇古的国防经济思想

第23章　熊彼特的国防经济思想

第24章　罗宾斯的国防经济思想

第25章　凯恩斯的国防经济思想

第26章　鲁登道夫的国防经济思想

第27章　森武夫的国防经济思想

第28章　列宁等的国防经济思想

第29章　新古典时期中国的国防经济思想

主要介绍边际学派、洛桑学派、新古典学派、制度学派、宏观经济学派以及鲁登道夫、列宁等军事家、政治家和赫斯特、庇古、森武夫、莎维兹基、董问樵、韩亮仙等国防经济学者的国防经济思想。

第四篇主要介绍当代，大致为20世纪中期以来的国防经济理论，本篇包括以下十一章：

第30章　希奇的核时代国防经济理论

第31章　施莱辛格的国家安全经济理论

第32章　拉可夫斯基的军事经济理论

第33章　怀内斯的军费经济理论

第34章　石井洋的战争经济理论

第35章　理查德森的军备竞赛模型

第36章　波札罗夫的军事经济理论

第 37 章 肯尼迪的国防经济理论

第 38 章 克莱姆的经济动员理论

第 39 章 莫斯利的军备经济理论

第 40 章 谢林的冲突经济理论

主要介绍希奇、施莱辛格、拉可夫斯基、怀内斯、石井洋、理查德森、波札罗夫、肯尼迪、克莱姆、莫斯利、谢林等国防经济学者的国防经济理论。

应当说明的是，有些时间跨度比较长的，以代表性思想产生或发表的时间为主，其时间与"篇"划分的时期不一定完全吻合。为了研究方便和便于比较，中国的情况结合朝代划分大致划在相应"篇"中，已尽可能照顾到对应的科学性，但因中外客观存在的较大差异，要想完全一一对应也很难完全做到。虽然我们已进行了最大努力，但我们也深知，还有一些有价值的国防经济思想还未能收录进来，我们只能把这种遗憾留待将来来弥补。

分工与致谢

具有如此广泛时间和地域跨度的著作没有一批人数年的努力是根本无法完成的。本研究从 2006 年就成立项目组，开始组织来自中央财经大学国防经济与管理研究院、外国语学院、社会发展学院、保险学院和国防大学国防经济研究中心、后勤学院国防与军队经济研究中心、军事经济学院国防经济系、中国人民大学经济学院、海军后勤部、总装备部系统工程研究所、山东财经大学经济学院、英国伦敦大学伯贝克学院，分别具有中央财经大学、国防大学、北京大学、复旦大学和英国伯明翰大学、日本广岛大学博士学位等的一批优秀学者进行项目的研究和初稿写作工作，研究和写作的具体分工为：

前　言（陈　波）　　　　　　　　第 1 章（陈　波）

第 2 章（陈　波、杨　凯）　　　　第 3 章（陈　波、王晓霞）

第 4 章（石亚东、王　芳）　　　　第 5 章（陈　波、田　欣）

第 6 章（陈　波、陈彩林）　　　　第 7 章（陈　波、刘海娇）

第 8 章（陈　波、刘　磊）　　　　第 9 章（陈　波、陈　可）

第 10 章（黄　莹、石丹慧）　　　 第 11 章（王沙骋）

第 12 章（王沙骋、朱文宜）　　　 第 13 章（王沙骋、宁彩芳）

第 14 章（陈　波、刘建伟）　　　 第 15 章（方正起、石亚东）

第16章（郝朝艳、张新安）　　　　第17章（郝朝艳、张雅洁）
第18章（郝朝艳、汤　章）　　　　第19章（郝朝艳、马光艳）
第20章（张国凤、张　程）　　　　第21章（霍　炬、陈　波）
第22章（陈　波、马浩然）　　　　第23章（陈　波、褚倩倩）
第24章（邢　星、褚倩倩）　　　　第25章（陈　波、王　辉）
第26章（霍　炬、葛顺堂）　　　　第27章（王　雪、毛红燕）
第28章（辛伟刚、霍　炬）　　　　第29章（刘建伟、闫仲勇）
第30章（余冬平）　　　　　　　　第31章（余冬平、何平林）
第32章（辛伟刚、唐　静）　　　　第33章（陈　波、刘　群）
第34章（陈　波、王　雪）　　　　第35章（余冬平、池启水）
第36章（颜　砾、李仁义）　　　　第37章（陈　波、侯　娜）
第38章（刘　群、辛伟刚）　　　　第39章（侯　娜、夏世静）
第40章（陈　波）

全著由项目组长首先提出研究方案和编写提纲，组织研究工作。初稿完成后，由项目组长进行了全面修改，两位副组长协助组长进行了格式和内容方面的修改和校对工作，刘建伟承担了具体的编务工作。

当改完最后一稿，当把所有为了写作所搜集的资料最后整理完时，我知道我们到了项目出版的最终时刻。生活总是如此匆匆，从2006年项目组开始运作到今日正式提交出版社，这之间已经走过了6年多的时光，这多多少少是我们当初所没有想到的，但也许这也正是每一项研究的必由之路。因为很多学者的国防经济思想是第一次介绍，为了确保准确性和全面性，除了研讨交流外，项目组还先后组织有关成员赴美国国会图书馆、哈佛大学图书馆、耶鲁大学图书馆、纽约州立大学图书馆、加利福尼亚大学图书馆、哥伦比亚大学图书馆、印度尼赫鲁大学图书馆和我国国家图书馆进行了资料收集工作，我们对这些图书馆所给予的资料支持表示感谢！

六年来，全体项目组组成人员付出了无数的艰辛，在此我要深深感谢参与项目研究、写作和讨论的每一位学人、同事和朋友，我们忘不了在炎热的夏季和寒冷的冬日，为了考证一个学者、一个观点甚或一个日期，所付出的无数努力！愿这本包含每一个人智慧的著作作为我们这段艰辛岁月的真实见证！我还要特别感谢中央财经大学国防经济与管理研究院2005、2006、2007级国防经济专业全体博士、硕士研究生，他们不但是我们最忠实的听众，而且好多人也直接参与了项目的研究工作。我更难以忘却在我们最开始的艰辛创业阶段，我们在B11那间

地下密不透风的小会议室里所进行的激烈而难忘的讨论，正是这些思想的交锋使我们时时不忘努力把一切做得更好一些。毕业数年，他（她）们在校时刻苦、勤奋学习的身影和积极向上的生活态度一直留在我们的记忆深处，愿他（她）们在工作岗位上一样的优秀！

感谢中央财经大学李俊生、赵丽芬副校长对研究工作的支持和办公室张海燕主任、李玲玲秘书就研究、出版所进行的大量繁杂的联系协调工作。感谢经济科学出版社侯晓霞编辑耐心、细致的编辑工作！

让我们感受思想的魅力……

陈　波/于西山林语
2013 年 12 月

目 录

总序 / 1
前言 / 1

第1篇 前古典时期的国防经济思想

第1章 古代和中世纪的国防经济思想 / 3
第1节 古中国的国防经济思想 / 3
第2节 古希腊的国防经济思想 / 16
第3节 古罗马的国防经济思想 / 22
第4节 中世纪的国防经济思想 / 24

第2章 重商主义的国防经济思想 / 26
第1节 重商主义的发展与经济思想 / 26
第2节 重商主义的国防经济思想 / 27

第3章 重农主义的国防经济思想 / 34
第1节 重农主义的发展与经济思想 / 34
第2节 重农主义的国防经济思想 / 36

第4章 前古典时期中国的国防经济思想 / 42
第1节 秦汉时期中国的国防经济思想 / 42
第2节 魏晋南北朝时期中国的国防经济思想 / 49
第3节 隋唐时期中国的国防经济思想 / 56

第 4 节　宋辽金元时期中国的国防经济思想 / 63

第 5 节　明朝时期中国的国防经济思想 / 69

第 2 篇　古典时期的国防经济思想

第 5 章　配第的国防经济思想 / 79
第 1 节　配第的生平与经济思想 / 79

第 2 节　配第的国防经济思想 / 81

第 6 章　斯密的国防经济思想 / 83
第 1 节　斯密的生平与经济思想 / 83

第 2 节　斯密的国防经济思想 / 85

第 7 章　马尔萨斯的国防经济思想 / 94
第 1 节　马尔萨斯的生平与经济思想 / 94

第 2 节　马尔萨斯的国防经济思想 / 96

第 8 章　李嘉图的国防经济思想 / 100
第 1 节　李嘉图的生平与经济思想 / 100

第 2 节　李嘉图的国防经济思想 / 103

第 9 章　萨伊的国防经济思想 / 107
第 1 节　萨伊的生平与经济思想 / 107

第 2 节　萨伊的国防经济思想 / 108

第 10 章　李斯特的国防经济思想 / 115
第 1 节　李斯特的生平与经济思想 / 115

第 2 节　李斯特的国防经济思想 / 117

第 11 章　拿破仑的国防经济思想 / 125
第 1 节　拿破仑的生平与军事思想 / 125

第 2 节　拿破仑的国防经济思想 / 130

第 12 章　若米尼的国防经济思想 / 137
第 1 节　若米尼的生平与军事思想 / 137

第 2 节　若米尼的国防经济思想 / 143

第13章　克劳塞维茨的国防经济思想 / 147
第1节　克劳塞维茨的生平与军事思想 / 147
第2节　克劳塞维茨的国防经济思想 / 151

第14章　马克思恩格斯的国防经济思想 / 157
第1节　马克思恩格斯的生平与马克思主义 / 157
第2节　马克思恩格斯的国防经济思想 / 161

第15章　古典时期中国的国防经济思想 / 170
第1节　鸦片战争时期中国的国防经济思想 / 170
第2节　太平天国的国防经济思想 / 176
第3节　洋务运动的国防经济思想 / 178

第3篇　新古典时期的国防经济思想

第16章　瓦尔拉斯的国防经济思想 / 185
第1节　瓦尔拉斯的生平与经济思想 / 185
第2节　瓦尔拉斯的国防经济思想 / 188

第17章　帕累托的国防经济思想 / 191
第1节　帕累托的生平与思想 / 191
第2节　帕累托的国防经济思想 / 197

第18章　马歇尔的国防经济思想 / 200
第1节　马歇尔的生平与经济思想 / 200
第2节　马歇尔的国防经济思想 / 204

第19章　埃奇沃斯的国防经济思想 / 207
第1节　埃奇沃斯的生平与经济思想 / 207
第2节　埃奇沃斯的国防经济思想 / 209

第20章　凡勃伦的国防经济思想 / 210
第1节　凡勃伦的生平与经济思想 / 210
第2节　凡勃伦的国防经济思想 / 213

第21章　赫斯特的国防经济思想 / 219
第1节　赫斯特的生平与时代背景 / 219

　　第 2 节　赫斯特的国防经济思想 / 222

第 22 章　庞古的国防经济思想 / 225
　　第 1 节　庞古的生平与经济思想 / 225
　　第 2 节　庞古的国防经济思想 / 227

第 23 章　熊彼特的国防经济思想 / 237
　　第 1 节　熊彼特的生平与经济思想 / 237
　　第 2 节　熊彼特的国防经济思想 / 239

第 24 章　罗宾斯的国防经济思想 / 244
　　第 1 节　罗宾斯的生平与经济思想 / 244
　　第 2 节　罗宾斯的国防经济思想 / 246

第 25 章　凯恩斯的国防经济思想 / 252
　　第 1 节　凯恩斯的生平与经济思想 / 252
　　第 2 节　凯恩斯的国防经济思想 / 255

第 26 章　鲁登道夫的国防经济思想 / 264
　　第 1 节　鲁登道夫的生平与时代背景 / 264
　　第 2 节　鲁登道夫的国防经济思想 / 266

第 27 章　森武夫的国防经济思想 / 273
　　第 1 节　森武夫的生平与时代背景 / 273
　　第 2 节　森武夫的国防经济思想 / 275

第 28 章　列宁等的国防经济思想 / 279
　　第 1 节　列宁的国防经济思想 / 279
　　第 2 节　莎维兹基的国防经济思想 / 287
　　第 3 节　索科洛夫斯基的国防经济思想 / 289

第 29 章　新古典时期中国的国防经济思想 / 293
　　第 1 节　孙中山的国防经济思想 / 293
　　第 2 节　董问樵的国防经济思想 / 297
　　第 3 节　韩亮仙的国防经济思想 / 308

第4篇 当代国防经济理论

第30章 希奇的核时代国防经济理论 / 321
第1节 希奇的生平与时代背景 / 321
第2节 希奇的核时代国防经济理论 / 323

第31章 施莱辛格的国家安全经济理论 / 338
第1节 施莱辛格的生平与时代背景 / 338
第2节 施莱辛格的国家安全经济理论 / 339

第32章 拉可夫斯基的军事经济理论 / 355
第1节 拉可夫斯基的生平与时代背景 / 355
第2节 拉可夫斯基的军事经济理论 / 357

第33章 怀内斯的军费经济理论 / 368
第1节 怀内斯的生平与时代背景 / 368
第2节 怀内斯的军费经济理论 / 369

第34章 石井洋的战争经济理论 / 379
第1节 石井洋的生平与时代背景 / 379
第2节 石井洋的战争经济理论 / 380

第35章 理查德森的军备竞赛模型 / 390
第1节 理查德森的生平与模型简介 / 390
第2节 理查德森的军备竞赛模型 / 391

第36章 波札罗夫的军事经济理论 / 397
第1节 波札罗夫的生平与时代背景 / 397
第2节 波札罗夫的军事经济理论 / 398

第37章 肯尼迪的国防经济理论 / 408
第1节 肯尼迪的生平与时代背景 / 408
第2节 肯尼迪的国防经济理论 / 409

第38章 克莱姆的经济动员理论 / 415
第1节 克莱姆的生平与时代背景 / 415
第2节 克莱姆的经济动员理论 / 416

第 39 章　莫斯利的军备经济理论 / 426
　　第 1 节　莫斯利的生平与时代背景 / 426
　　第 2 节　莫斯利的军备经济理论 / 428
第 40 章　谢林的冲突经济理论 / 444
　　第 1 节　谢林的生平与经济学贡献 / 444
　　第 2 节　谢林的冲突经济理论 / 451

参考文献 / 458

专栏目录

专栏 1.1　经济学和战争 / 25

专栏 2.1　重商主义 / 30

专栏 2.2　帝国主义与反帝国主义 / 32

专栏 6.1　亚当·斯密战争理论的启示 / 91

专栏 7.1　李嘉图与马尔萨斯：论敌和朋友 / 95

专栏 8.1　李嘉图：一个天才的业余经济学家 / 101

专栏 11.1　拿破仑·波拿巴：不可一世的永存者 / 127

专栏 14.1　马克思主义诞生历程 / 158

专栏 17.1　帕累托 / 193

专栏 20.1　凡勃伦与美国经济学 / 212

专栏 25.1　凯恩斯 / 254

专栏 25.2　战后的欧洲 / 257

专栏 25.3　军事凯恩斯主义 / 259

专栏 25.4　军事凯恩斯主义复活 / 261

专栏 25.5　战争带来的实惠 / 263

专栏 26.1　总体战与苏德战争 / 270

专栏 29.1　后世相逢或有知？ / 297

专栏 34.1　日本的国防经济研究 / 386

专栏 39.1　NSC-68 号文件 / 429

专栏 39.2　国防支出与就业 / 436

专栏 40.1　不一般的谢林 / 445

专栏 40.2　一切尽在博弈中 / 448

专栏 40.3　谢林对微观动机与宏观行为的非数理博弈解析 / 450

图目录

图 34.1 战时经济所要解决的问题以及各项措施的相互关系 / 388

图 35.1 理查德森模型的均衡 / 393

图 35.2 稳定的理查德森模型 / 395

图 35.3 不稳定的理查德森模型 / 395

图 36.1 波札罗夫的再生产理论图解 / 405

图 40.1 战争与和平 / 453

图 40.2 动员与克制 / 454

表目录

表 33.1 怀内斯经验分析结果 / 371

表 39.1 军事消费的 32 种非燃料矿产品 / 431

表 39.2 1982 年美国国防部研发支出 / 434

表 39.3 美国军转民 / 442

第1篇

前古典时期的国防经济思想

◇ 古代和中世纪的国防经济思想
◇ 重商主义的国防经济思想
◇ 重农主义的国防经济思想
◇ 前古典时期中国的国防经济思想

第 1 章 古代和中世纪的国防经济思想

在人类脱离蛮荒时代之后，古中国和古希腊在亚欧大陆率先跨入文明时代，古中国和古希腊人不但以自己的聪明和智慧创造了奇迹般的灿烂文明，也在某种程度上贡献了现代国防经济学产生的最初思想出发点。靠武力征服世界的古罗马，国防经济思想却乏有建树。最终，黑暗的中世纪，禁锢了国防经济思想的发展。

第 1 节 古中国的国防经济思想

中国是世界文明古国之一。距今 200 多万年前，在华夏大地上，中华民族就开始生息繁衍，在漫漫的历史长河中，中华文明虽历经磨难，屡遭变乱，但终能由乱返治，生生不息，创造了光辉灿烂的思想文明和物质文明，为人类文明作出了绝无仅有的历史贡献。

战争的起源、发展与人类的生存、生活、生命密切相关，与物质生活资料的占有、私有财产的出现有直接的关系。在人类的幼年时期，先民们为了求得生存、繁衍后代，就必须重视"生养"、"防卫"之事。为了生养就要劳动，获取物质生活资料；为了防卫就要采取必要的工具、手段，这两者都需要智慧和勇力，这恰是今天国防经济学关心的重要议题。中华文明为人类贡献了丰富卓绝的中国智慧和军事智谋，也贡献了其他文明难以逾越的国防经济思想。

一、管子

管子（名夷吾，又名敬仲，字仲。生日不可考，卒于公元前645年），春秋时期齐国著名的政治家，颍上（今安徽颍上）人。管仲少时丧父，老母在堂，生活贫苦，不得不过早地挑起家庭重担，为维持生计，与鲍叔牙合伙经商后从军，到齐国，几经曲折，经鲍叔牙力荐，为齐国上卿（即丞相）。管子所处的时代正是列国并峙，互相征战不休的年代，他辅佐齐桓公"九合诸侯，一匡天下"，成为诸侯"五霸"之首，是中国历史上有名的宰相，史称"春秋第一相"。

管仲注重经济，反对空谈主义，主张改革以富国强兵，他说："国多财则远者来，地辟举则民留处，仓廪实而知礼节，衣食足而知荣辱"。齐桓公尊管仲为"仲父"，授权让他主持一系列政治和经济改革：在全国划分政区，组织军事编制，设官吏管理；按土地分等征税，禁止贵族掠夺私产；发展盐铁业，铸造货币，调剂物价。管仲改革的实质，是废除奴隶制，向封建制过渡。对内，管仲改革成效显著，齐国由此国力大振。对外，管仲提出"尊王攘夷"，联合北方邻国，抵抗山戎族南侵，这一外交战略也获得成功。

《管子》一书兼采各家，其道家、法家、兵家思想尤为明显，内容丰富、内涵深刻。但《管子》一书在先秦典籍中历来颇多争议，有人认为是管子所作，有人认为并非完全为管子所作，多数为后世学者依托管子之名而写成。本著对《管子》的作者及成书年代不作具体考证，只作为春秋战国时期的著作，对其中所涉及的国防经济思想进行挖掘。

春秋战国时期列强间争夺霸权的斗争，实为政治、经济、军事、外交等方面合为一体的斗争，离开了政治与经济，单纯的军事力量就会无所依托，既难以支撑，更不会长久。佐王辅霸，首先要立足国内，所以，因地制宜，发展经济，始终是管子着力把握的方面。管子有段名句：

仓廪实而知礼节，衣食足而知荣辱，上服度则六亲固。

《史记·管晏列传》

这里的"仓廪"、"衣食"既是礼仪的基础，也是军事与战争的基础。民以食为天，国以民为天。战争取胜的根基，就在于民之衣食。

《管子》深刻分析了国家经济实力与战争胜负的关系，认为，一国国防的强大必须以它的经济实力为基础，国富才能兵强。该书写道：

> 国富者兵强，兵强者战胜。
>
> 《管子·重令》

富国强兵是管子国防经济思想的核心内容。他认为，一个国家的经济基础对该国的军事力量起决定性作用。

> 为兵之数，存乎聚财，而财无敌；存乎论工，而工无敌；存乎制器，而器无敌。……是以欲王天下，财不盖天下，不能王天下。
>
> 《管子·七法》

这里的"财"、"工"、"器"显然都属经济因素。《管子》认为，如果国家贫困无"蓄积"，就会：

> 国贫而用不足，则兵弱而士不厉，兵弱而士不厉，则战不胜而守不固，战不胜而守不固，则国不安矣。
>
> 《管子·七法》

在此基础上，《管子》还创造性地提出了商战的思想。认为恰当地运用商业手段，特别是外贸手段，一样能够迫使他国臣服。

在充分认识经济对战争基础作用的同时，《管子》深刻认识到，战争虽然是一种凶险不祥之"器"，进行战争，就会耗财，杀人，但兵却不可废。春秋之世，诸侯争战，四夷交侵，管仲生此乱世，深知不仅不能废兵，还要深通用兵之道、作战之术。他在书中有两段精彩的论述：

> 地大国富，人众兵强，此霸王之本也。然而与危亡为邻也。……若夫地虽大，而不兼并，不擅夺；人虽众，不缓怠，不傲下；国虽富，不侈泰，不纵欲；兵虽强，不侵侮诸侯，动众用兵必为天下政理，此正天下之本而霸王之主也。
>
> 《管子·重令》

> 明一者皇，察道者帝，通道者王，谋得兵胜者霸。故夫兵，虽非备道之德也，然而所以辅王称霸。今代之用兵者不然，不知兵权者也。故举兵之日而境内贫，战不必胜，胜则多死，得地而国败。此四者，用兵之祸者也。四祸其国而无危矣。
>
> 《管子·兵法》

战争会消耗掉大量的人力、物力、财力，经常发动战争，必使国家灭亡。然而在诸侯争雄称霸之世，要想称霸天下，成就霸业，就必须以军事手段辅称霸，故兵不可废。他进一步写道：

> 贫民伤财莫大于兵，危国忧主莫速于兵。此四患者明矣，古今莫之能废也，兵当废而不废，则古今惑也；此二者不废而欲废之，则亦惑也，此二者伤国一也。黄帝唐虞，帝之隆也，资有天下，制在一人，当此之时也，兵不废。今德不及三帝，天下不顺，而求废兵，不亦难乎？故明君知所擅，知所患。国治而民务积，此所谓擅也；动与静，此所患也，是故明君审其所擅以备其所患也。

《管子·法法》

战争劳民伤财，故不可穷兵黩武。但兵也是扶危定倾，成就霸业的工具。所以《管子》认为贤明的君主应当认识自己专务什么，防患什么。应当专务治国、积蓄，动静适宜。不能听信废止军备的言论，否则，会使国家无险可守。所以说：

> 人君唯毋听寝兵，则群臣宾客莫敢言兵，然则内之不知国之治乱，外之不知诸侯强弱。如是，则城郭毁坏，莫之筑补；甲敝兵雕，莫之修缮。如是，则守国之备毁矣。辽远之地谋，边竟之士修，百姓无囤敌之心；故曰：寝兵之说胜，则险阻不守。

《管子·立政九败解》

这就告诉人们，国家的强大，不仅不能寝兵、废兵，而且要备兵、固城。只有有备，才能无患。

管子的年代已经距我们很久远了，然而《管子》的思想至今读来仍然熠熠生辉，他的"富国强兵"思想，他卓越的治国之策，仍令我们感到骄傲。难怪中国儒家思想的集大成者，稍后于管子的孔子感叹说"假如没有管仲，我也要穿异族服装了"。

二、孙子

孙子（名武、字长卿，生卒年不可考），春秋战国时期齐国人。孙子在齐国发生内乱时期逃到吴国，经伍员推荐，被吴王重用为将。公元前512年冬，孙子与伍员一起率兵灭了钟吾国①和徐国②。公元前506年，孙子与伍员随吴王率军攻楚，以3万人破楚20万军队。西破强楚，北威齐、晋，为吴国奠定在春秋时期的霸主地位立下了不可磨灭的功勋。

孙武的一生，除了其赫赫战功以外，更主要的是他给后人留下了不少珍贵的论兵、论政的篇章，其中尤以流传下来的《孙子兵法》最著名。《孙子兵法》是孙子根据春秋时期中国社会由奴隶制开始向封建制转变，奴隶起义、平民暴动、诸侯争霸、兼并战争频繁的现实，总结作战经验、揭示战争一般规律的兵学巨著。该书文辞恢宏豁达，精辟新颖，内容博大精深，思想精邃富瞻，逻辑缜密严谨，是中国优秀文化传统的重要组成部分，对中国古代军事思想的发展作出了突出贡献，对现代军事学的发展也影响深远，被奉为"兵学圣典"。《孙子兵法》共分13篇。第一篇到第三篇论述战争的基本原理，从战略考虑处理战争问题；第四篇到第十二篇论述处理战争、指挥作战的基本原理、行动方法、对敌战术、利用环境等作战原则；第十三篇是全书的总结。其中第二篇《作战》是从经济方面考虑战争的国防经济思想的主要章节。

孙武认为，战争是关乎国家、民族生死存亡和发展的大事，任何一个国家、民族，要想发展、繁衍，就必须考虑"生养"和"防卫"这两件大事。

> 兵者，国之大事，死生之地，存亡之道，不可不察也。
>
> 《孙子·计篇》

孙子认为，确定战争策略，要从战争对人力、物力、财力的依赖关系出发，即要根据经济条件来制定。所谓：

> 凡用兵之法，驰车千驷，革车千乘，带甲十万，千里馈粮。则内外之费，宾客之用，胶漆之材，车甲之奉，日费千金，然后十万之师举矣。
>
> 《孙子·作战篇》

战争是人力、物力、财力的竞赛，没有充足的物质经济条件做后盾，光靠主观想象制定战略策略，是不能取胜的。所以孙子主张，进行战争，用兵之法，要注意计算各种费用，考虑经济条件。据此，孙子提出"兵贵胜，不贵久"的原则和"因粮于敌"的方法，他说：

---

① 今江苏宿迁东北。
② 今安徽泗县。

其用战也，胜久则钝兵挫锐，攻城则力屈，久暴师则国用不足。夫钝兵挫锐，屈力殚货，则诸侯乘其弊而起，虽有智者不能善其后矣。故兵闻拙速，未睹巧之久也。夫兵久而国利者，未之有也。故不尽知用兵之害者，则不能尽知用兵之利也。

善用兵者，役不再籍，粮不三载，取用于国，因粮于敌，故军食可足也。国之贫于师者远输，远输则百姓贫；近师者贵卖，贵卖则百姓财竭，财竭则急于丘役。力屈中原、内虚于家，百姓之费，十去其七；公家之费，破车罢马，甲胄矢弓，戟盾矛橹，丘牛大车，十去其六。故智将务食于敌，食敌一钟，当吾二十钟；萁秆一石，当吾二十石。故杀敌者，怒也；取敌之利者，货也。车战得车十乘以上，赏其先得者而更其旌旗。车杂而乘之，卒善而养之，是谓胜敌而益强。

故兵贵胜，不贵久。

《孙子·作战篇》

孙子看到战争是消耗大量财富的机器，因此主张调动千军万马，要速战速胜，不可旷日持久，耗尽物力，给敌人造成可乘之机。认为一个善于用兵作战的人，不要一次再次征兵，三番五次用粮，要想办法从敌国征用粮食，补充给养，使自己军粮充足。

近现代战争使用许多新式武器，与古代战争的条件大不相同，但《孙子兵法》所论述的战争的基本原理和原则并没有因战争条件的改变而改变，所以仍受到军事家们的普遍推崇。领导中国革命取得胜利的毛泽东曾高度评价说："孙子的规律，知彼知己，百战不殆，仍是科学的真理。"英国著名战略家利德尔·哈特在《孙子兵法》英译本序言中说："2500多年前中国这位古代兵法家的思想，对于研究核时代的战争是很有帮助的。"

古今中外的军事家们都使用《孙子兵法》中论述的军事理论来指导战争，它不仅运用于军事领域，还被推广运用于社会的各个领域，尤其在企业经营管理中也得到了广泛的运用。日本企业家大桥武夫所著《兵法经营全书》指出："采用中国的兵法思想指导企业经营管理，比美国的企业管理方式更合理、更有效。"美国著名经济学家霍吉兹在《企业管理》一书中指出：《孙子兵法》一书中"揭示的许多原理原则，迄今犹属颠扑不破，仍有其运用价值"。

三、墨子

墨子（名翟，约公元前476~公元前390年），战国初期伟大的思想家、政治家、杰出的社会活动家和自然科学家，墨家学派的创始人。墨翟相传原为宋国人，后长期住在鲁国。曾学习儒术，因不满"礼"之烦琐，另立新说，聚徒讲学，成为儒家的主要反对派，与儒家并称"显学"。

《墨子》是墨子言行的忠实写照，是墨子及墨家学派的著作汇编。《墨子》分两大部分：一部分记载墨子言行，阐述墨子思想，主要反映前期墨家的思想；另一部分有《经》上、《经》下、《经说》上、《经说》下、《大取》、《小取》等6篇，一般称作墨辩或墨经，着重阐述墨家的认识论和逻辑思想，还包含许多自然科学的内容，反映了后期墨家的思想。按内容，《墨子》一书可分五组：从《亲士》到《三辩》七篇为墨子早期著作，其中前三篇掺杂有儒家的理论，应当有墨子早年"习儒者之业，受孔子之术"的痕迹；后四篇主要是尚贤、尚同、天志、节用、非乐等理论。从《尚贤》上到《非儒》下24篇为一组，系统地反映出墨子"兼爱"、"非攻"、"尚贤"、"尚同"、"节用"、"节葬"、"非乐"、"天志"、"明鬼"、"非命"十大命题，是《墨子》一书的主体部分，《经》上、下，《经说》上、下及《大取》、《小取》六篇，专说名辩和物理、光学等内容，前人因其称"经"，是研究墨家逻辑思想和科学技术成就的珍贵资料。《耕柱》至《公输》五篇是墨子言行记录，体例与《论语》相近，是墨子弟子们辑录的，也是研究墨子事迹的第一手资料。《备城门》以下到末20篇（含已佚九篇），专讲守城技巧与城防制度，其制度与秦相近，是战国时期秦国墨者所作，这是研究墨家军事学术的重要资料。

墨子深察春秋战国百余年间时势之变，主张"兼爱"、"非攻"等观点。其思想的主要观点是"贵兼"，认为当时社会的"大害"、"巨害"是国与国之间的战争，人与人之间的争夺，造成这种现象的根本原因是人们之间的不相爱。因此，他主张国与国之间、人与人之间，都应当"兼相爱，交相利"，以兼易别：

皆起不相爱。虽至天下之为盗贼者亦然，盗爱其室不爱其异室，故窃异室以利其室；贼爱其身不爱人，故贼人以利其身。此何也？皆起不相爱。虽至大夫之相乱家，诸侯之相攻国者亦然。大夫各爱其家，不爱异家，故乱异家以利其家；诸侯各爱其国，不爱异国，故攻异国以利其国，天下之乱物，具此而已矣。察此何自起？皆起不相爱。

若使天下兼相爱，爱人若爱其身，犹有不孝者乎？……故视人之室若其室，谁窃？视人身若其身，谁贼？故盗贼亡有。犹有大夫之相乱家、诸侯之相攻国者乎？视人家若其家，谁乱？视人国若其国，谁攻？故大夫之相乱家、诸侯之相攻国者亡有。若使天下兼相爱，国与国不相攻，家与家不相乱，盗贼无有，君臣父子皆能孝慈，若此则天下治。故圣人以治天下为事者，恶得不禁恶而劝爱？故天下兼相爱则治，交相恶则乱。

《墨子·兼爱上》

今若国之与国之相攻，家之与家之相篡，人之与人之相贼，君臣不惠忠，父子不慈孝，兄弟不和调，则此天下之害也。然则察此害亦何用生哉？以不相爱生邪？……以不相爱生。今诸侯独知爱其国，不爱人之国，是以不惮举其国，以攻人之国。今家主独知爱其家，而不爱人之家，是以不惮举其家，以篡人之家今人独知爱其身，不爱人之身，是以不惮举其身，以贼人之身。是故诸侯不相爱，则必野战。家主不相爱，则必相篡。人与人不相爱，则必相贼。君臣不相爱，则不惠忠。父子不相爱，则不慈孝。兄弟不相爱，则不和调。天下之人皆不相爱，强必执弱，众必劫寡，富必侮贫，贵必敖贱，诈必欺愚。凡天下祸篡怨恨，其所以起者，以不相爱生也。……以兼相爱、交相利之法易之。……视人之国，若视其国。视人之家，若视其家。视人之身，若视其身。是故诸侯相爱，则不野战。家主相爱，则不相篡。人与人相爱，则不相贼。君臣相爱，则惠忠。父子相爱，则慈孝。兄弟相爱，则和调。天下之人皆相爱，强不执弱，众不劫寡，富不侮贫，贵不敖贱，诈不欺愚。凡天下祸篡怨恨，可使毋起者，以相爱生也。

《墨子·兼爱中》

《墨子》认为，天下之战争、祸乱等，皆起于不相爱，为了利己而不爱人，结果彼此交恶，争夺，以至于发生了战争。如果国与国之间，人与人之间，能够"兼相爱，交相利"，就使天下大治，万民太平了，当然就没有政治、祸乱发生了。

墨子从其兼爱思想出发，主张非攻，反对战争。墨子还从战争消耗大量的人力、物力、财力等战争危害上，反对战争，主张非攻。据此，墨子说：

春则废民耕稼树艺，秋则废民获敛，此不可以春秋为者也。今唯毋废一时，则百姓饥寒冻馁而死者，不可胜数。今尝计军出，竹箭、羽旄、幄幕、甲、盾、拨，劫往而靡弊腑冷不反者，不可胜数。又与其矛、戟、戈、剑、乘车，其列往碎折靡弊而不反者，不可胜数。与其牛马，肥而往，瘠而反，往死亡而不反者，不可胜数。与其涂道之修远，粮食辍绝而不继，百姓死者，不可胜数也。与其居处之不安，食饮之不时，饥饱之不节，百姓之道疾病而死者，不可胜数。丧师多不可胜数，丧师尽不可胜计，则是鬼神之丧其主后，亦不可胜数。

国家发政，夺民之用，废民之利。若此甚众，然而何为为之？曰：我贪伐胜之名，及得之利，故为之，子墨子言曰：计其所自胜，无所可用也。计其所得，反不如所丧者之多。今攻三里之城、七里之郭，攻此不用锐，且无杀而徒得，此然也。杀人多必数于万，寡必数于千，然后三里之城、七里之郭且可得也。今万乘之国，虚数于千，不胜而入。广衍数于万，不胜而辟。然则土地者，所有馀也；人民者，所不足也。今尽人民之死，严下上之患，以争虚城，则是弃所不足而重所有馀也。为政若此，非国之务者也！

《墨子·非攻中》

在墨子看来，战争是耗财、伤人之事，即使是取得了战争的胜利，也是以耗财、伤人为代价的。所谓"计其所得，反不如所丧者之多"。故战争为非国之务者，攻战不可为。

墨子主张兼爱、非攻，但并非反对一切战争，更不是不研究军事，不准备战争。相反，他十分关注战争，注重战争准备。因为只有准备好战争，才能赢得战争胜利，因此墨子讲究攻守之备的问题。墨子认为，国家的主要祸患有7个方面，不消除"七患"，则城不守、国不保。他说：

国有七患。七患者何？城郭沟池不可守，而治宫室，一患也。边国至境，四邻莫救，二患也。先尽民力无用之功，赏赐无能之人，民力尽于无用，财宝虚于待客，三患也。仕者持禄，游者忧交，君修法讨臣，臣慑而不敢拂，四患也。君自以为圣智而不问事，自以为安强而无守备，四邻谋之不知戒，五患也。所信不忠，所忠不信，六患也。畜种菽粟不足以食之，大臣不足以事之。赏赐不能喜，诛罚不能威，七患也。以七患居国，必无社稷。以七患守城，敌至国倾。七患之所当，国必有殃。

《墨子·七患》

为了消除"七患",保守城池,保卫国家,安定百姓,就必须备战、备荒。即要发展生产,多产粮食,免除饥馑,节约财用,充实府库,修筑城池,备兵自守。墨子不仅从思想上注重备战,讲求备御之法,而且在技术上讲求备战、守城的技巧,这在他的《备城门》、《杂守》等11篇中,均有详细的论述,显示了他对军事技术的重视。

四、商鞅

商鞅(约公元前395～前338年),卫国人,战国时期著名的政治家、思想家,先秦法家的主要代表人物。自幼喜好刑名之学,初为魏相公叔座家臣,公元前361年去到秦国,深得秦孝公的信任,历任左庶长、大良造等职,执掌秦国军政大权达一二十年之久。秦孝公曾以于(今河南内乡东)、商(今陕西商县东南)十五邑封他,号为商君,故又称商鞅。

商鞅生活在诸侯分裂割据、兼并战争十分频繁的战国中期。他为了使秦国富国强兵,建立统一的封建帝国,先后推行了两次以"农战"和"法治"为中心的变法活动。第一次是在孝公六年:奖励耕织,生产多的可免徭役;废除贵族世袭特权,制定按军功大小给予爵位等级的制度;采用李悝《法经》作为法律,推行连坐法。第二次是在孝公十二年:合并乡邑为31县(一说41县);废除井田制,准许土地买卖;创立按丁男征服办法,规定一户有两个男者必须分居,否则加倍征服;颁布法定的度量衡器,统一度量衡制。商鞅先后两次变法,奠定了秦国富强的基础,为秦国统一六国创造了条件。

《商君书》是中国战国时期反映商鞅思想的著作。亦称《商君》或《商子》。《汉书·艺文志》著录29篇,现存24篇。对《商君书》的作者学术界向有争议,一般认为,《商君书》为商鞅后学所编定,其中大部分是商鞅的思想和言论,但也掺入了后人不少附会之辞。但总体上,《商君书》记载了商鞅变法的某些史实,阐述商鞅的政治和哲学思想,反映商鞅"废井田、开阡陌",发展耕织,奖励军功,明定法令等变法主张,是研究商鞅思想的主要资料之一。

重农战尚实力、实现富国强兵是商鞅国防经济思想的精华。它认为:

万乘莫不战,千乘莫不守。

《商君书·开塞》

战国时代是武力征伐的时代,在这个特殊的历史条件下,战争直接关系到国家的生死存亡,要立足天下,称王称霸,就必须进行战争。战争靠的是实力,这个力不仅是政治与军事实力,更是经济实力。所以,《商君书》许多篇章都特别强调"好力"思想。认为:

国之所以重,王之所以尊者,力也……

国好力者以难攻,以难攻者必兴;好辩者以易攻,以易攻者必危。故圣人明君者,非能尽其万物也,知万物之要也。故其治国也,察要而已矣。

《商君书·农战》

"力"之来源之一在于农业。在以农立国的古代,农业是国民经济的支柱产业,只有农业发展,粮食丰收,才能为战争打下雄厚的物质基础,该书认为:

故为国分田数:小亩五百,足待一役,此地不任也;方土百里,出战卒万人者,数小也。此其垦田足以食其民,都什邑遂路足以处其民,山林、薮泽、溪谷足以供其利,薮泽堤防足以畜。故兵出,粮给而财有余;兵休,民作而畜长足。

《商君书·算地》

故治国者欲民之农也。国不农,则与诸侯争权不能自持也,则众力不足也。故诸侯挠其弱,乘其衰,土地侵削而不振,则无及已。

《商君书·农战》

只有民勇,才能兵强并造就强大的军事实力。国家的实力即经济实力和军事实力尽来自于农战。所以商鞅认为:

国之所以兴者,农战也。今民求官爵,皆不以农战,而以巧言虚道,此谓劳民。劳民者,其国必无力;无力者,其国必削。……

国待农战而安,主待农战而尊。夫民之不农战也,上好言而官失常也。常官则国治,壹务则国富。国富而治,王之道也。

《商君书·农战》

13

由此可见，即便在战争年代，商鞅的"治国"也不是单纯的"治军"。他以农战为核心，以经济赏罚为手段，以强制力量驱使人民致力于农战。力农则富，可为国家积累雄厚的物质财富，为战争提供可靠的物资保障，这就是战争赖以进行的坚实的经济基础。勇战则强，民勇即可以一当十，以十当百，使其兵力所向无敌。而使"力农"、"勇战"得以实施的，就是以"法治"为基本手段的强有力的政治统治。可见，商鞅的国防经济思想是经济、政治、军事三位一体的，正是这种思想，才使商鞅的军事与战争，获得了非同寻常的物质与政治基础。

五、尉缭子

尉缭其人，生平不详，战国后期军事理论家。《尉缭子》一书中《天官第一》有"梁惠王问尉缭子曰"句，因此一般都认为他是梁惠王（亦称魏惠王，公元前370～前319年在位）时人。尉缭的战功政绩虽鲜见于史书，但他却是一个有才能的军事理论家。

《尉缭子》一书所表述的军事思想，代表了战国时期我国军事思想发展的一个主要流派，也是当时各国变法图强、建立封建主义制度的政治思潮在军事方面的反映。《尉缭子》继承并发展了《孙子》、《吴子》等兵书的军事思想，并具有战国后期的时代特点。在战争观上，《尉缭子》反对用唯心主义的天命观指导战争，提出"天官时日，不若人事"的进步观点；认为战争有正义与不义之分，反对不义之战，支持正义战争。它主张"王者伐暴乱"的战争要以"仁义"为本。认为"兵者凶器也，争者逆德也"，既要慎战，又不能废战。

寓兵于农、国富兵强是《尉缭子》国防经济思想的主要主张。认为用兵作战，必须以经济财力为基础。只有立足于经济发展，增加物质储备，做到国富，才能使兵强，这样才能攻则胜，守则固。《尉缭子》说：

> 量土地肥硗而立邑、建城。以城称地，以地称人，以人称粟。三相称，则内可以固守，外可以战胜。战胜于外，福生于内，福生相应，犹合符节，无异固也。

《尉缭子·兵谈》

立国、建军要度量经济条件，做到地、人、粟三者相称，这样就可以内守外攻，固国胜敌。粟是由人种的，由地产的，一个善于治军的人，就要实行寓兵于农，充分开垦，利用土地，做到国富兵强。《尉缭子》说：

> 治兵者，若秘于地，若邃于天，生于无，故关之。大不窕，小不恢，明乎禁舍开塞，民流者亲之。地不任者任之。夫土广而任则国富，民众而制则国治。富治者，民不发轫，甲不出暴，而威制天下。故曰：兵胜于朝廷。不暴甲而胜者，主胜也；阵而胜者，将胜也。

《尉缭子·兵谈》

尉缭继承了商鞅的农战思想，主张奖励农战，发展农业生产，增强战争实力。该书写道：

> 吾用天下之用为用，吾制天下之制为制。修吾号令，明吾刑赏，使天下非农所得食，非战无所得爵，使民扬臂争出农战，而天下无敌矣。

《尉缭子·制谈》

> 地所以养民也，城所以守地也，战所以守城也。故务耕者民不饥，务守者地不危，务战者城不围。三者，先王之本务也，本务者兵最急。故先王专务于兵，有五焉，委积不多则士不行；赏禄不厚则民不劝；武士不选则众不强；备用不便则力不壮；刑罚不中则众不畏。务此五者，静能守其所固，动能成其所欲。

《尉缭子·战威》

国家务农战，发展农业生产，有了足够的粮食，充足的积蓄，国富、财丰、民足，就可以守其所固，攻其所得。与商鞅极度重农不同的是，尉缭除了把发展农业作为治国之本，还认为商业对战争胜负有重大影响：

> 夫出不足战，入不足守者，治之以市。市者，所以给战守也。万乘无千乘之助，必有百乘之市……
>
> 古人曰：无蒙冲而攻，无渠答而守。是谓无善之军。视无见，听无闻，由国无市也。夫市也者，百货之官也，市贱卖贵，以限士人。人食粟一斗，马食菽三斗，人有饥色，马有瘠形，何也？市有所出，而官无主也。夫提天下之节制，而无百货之官，无谓其能战也。

《尉缭子·武议》

第 2 节　古希腊的国防经济思想

古希腊是西方奴隶制文明的发源地。荷马时代以后，在大约从公元前 8 世纪城邦国家出现一直到罗马帝国最后征服希腊几乎所有领土的公元 1 世纪，古希腊人以自己的聪明和智慧创造了奇迹般的灿烂文明。正如著名哲学家罗素所言："在全部的历史里，最使人感到惊奇和难于解说的莫过于希腊文明的突然兴起了，构成文明的大部分东西已经在埃及和米索不达米亚存在了好几千年，又从那里传到了四邻的国家。但是其中却始终缺少着某些因素，直等到希腊人才把他们提供出来。"对此，恩格斯同样给出了高度的评价，他认为："没有希腊文化和罗马帝国所奠定的基础，也就没有现代的欧洲。"在此基础上所建立的灿烂的古代希腊文明和丰富的精神遗产，包括其经济思想，远远超出了希腊本土，对此后的西方乃至人类的文明都产生了广泛、持久而深远的影响。

在历史的绝大部分时间里，国防经济学作为经济学的一个分支，并不是脱离一般社会思想的一个独立体系，国防经济思想的萌芽在古希腊和中国都可以找到它的影子。在经济学还未出现以前，是哲学家率先将冲突与经济问题联系起来，并解释国际关系会对经济思想产生的影响。在早期观点中，国防实力被看作是首要（上层）的社会目标，而经济是次要（隶属）的社会目标。

一、色诺芬

色诺芬（Xenophon，公元前 430 ~ 前 354 年）是著名思想家苏格拉底的学生，出身雅典上层社会。公元前 399 年，苏格拉底被审判和执行死刑后，他离开雅典，在公元前 401 年加入前往波斯的远征军，协助小居鲁士和兄弟争夺王位，失败后回到希腊。公元前 399 年到前 394 年，他居住在斯巴达人保护之下的一处乡村庄园，替斯巴达作战，直到公元前 365 年，才回到雅典，其大部分作品都是在他一生中较为安定的这段时间写的。

色诺芬最有名的著述之一是《经济论》，其希腊原文是 *oikououikos*，从字面意思看，他是说家政管理。因为古希腊奴隶制生产以家庭为单位，所谓家政管理，其实质就是奴隶主组织和管理奴隶制经济的各种问题。今天的 economy 就是从这个词逐渐演变来的。从经济学的观点看，色诺芬是自然经济的坚决拥护者，在他的著述中，非常重视农业生产。色诺芬认为："对于一个高尚的人来说，最好的职业和最好的学问就是人们从中取得生活必需品的农业……农业是其他技艺的母亲和保姆，因为农业繁荣时，其他一切技艺也都兴旺。"

也许因为从军的经历，色诺芬经常应用军事领域的管理来说明农业领域的管理问题，而对农业和国防的思考又产生了一些朴素的国防经济思想。在《经济论》中，他盛赞当时的耕农并重政策，认为应当既重视战，也重视农。在讨论大居鲁士如何组织帝国的时候，他说，大居鲁士安排一名官员负责保护臣民免遭袭击，另一名官员负责改良土地。只要其中一个没能恪尽职守，另一个就会注意到，因为他们俩一损俱损。没有国防，就会丧失农业果实。而没有足够的农业产出，国家无以抵御外侵。

色诺芬重视武器装备建设。因为古希腊不少的战事都是在海上进行的，因此他特别重视船只在战争中的作用和造船业建设。他写道：

> 没有秩序的军队是乌合之众，很容易成为敌人的俘虏，为朋友瞧不起，而且是毫无用处的。——像这样如果要作战的话他们如何作战呢？因为那些受到攻击就逃跑的军队，就足以被重步兵践踏在脚底下了。但是军容整齐的军队却使得朋友们看起来壮观，使得敌人看起来不愉快。什么朋友看到强大的马队整齐的进军会不高兴呢？他看着列队前进的骑兵会不赞美呢？还有，一只装载军队的战船，所以使得敌人害怕，使得朋友们觉得壮观，还不是因为他的速度吗？战船上的水手为什么不相妨碍呢？不就是因为他们都有秩序地坐着吗？身子有秩序地前后摆动，有秩序地上船和下船吗？
>
> 《经济论·雅典的收入》

他特别重视人的素质，认为不管是军事领域还是农业领域，一名有效率的领导人最基本的要求是他必须通晓相关各领域的知识。他援引腓尼基人的三层桨战船来说明问题：船上的一切物品都装载妥当，负责人即使不在现场，也了解摆放情况。这便是财产有效运行的原理——有效组织和计算库存：

> 对于军事领袖来说，这也是适应的：有人对军事学掌握的比别人好，或者更差些，这并不是由于他们在才智上有什么差别，而无疑是由于小心谨慎的程度不同的关系。因为所有军事领袖和大多数士兵都懂得的事情，有些指挥官就做，而

另一些指挥官就不做。例如,他们都知道在帝国境内行军,应该列成万一有事的时候最适宜于作战的队形。尽管都知道这一规则,可是有人遵守它,有人不遵守它。他们都知道野营前都应该派哨兵,但是这一项任务也是有人重视它,有人不重视它。而且哪有不懂得狭路行军最好是先占领一些有利地点的人?

《经济论·雅典的收入》

二、柏拉图

柏拉图(Plato,公元前427~前374年),古希腊哲学家。相传也是苏格拉底的学生。在政治上拥护贵族专政,反对雅典民主制。公元前399年,他在苏格拉底被处死后逃离雅典,游历各国,为贵族进行政治辩解。公元前388年回到雅典,创办学园,从事讲学。他的著述较多,有名的如《理想国》、《法律论》等。在《理想国》里,他试图绘制一份理想国家的蓝图。

柏拉图的目光关注社会的有效组织,关注基于理性原则而组织起来的公平社会。在论述城市和国家的起源时,他阐述了专业化和分工等重要的经济思想。他提出,一个城市或一个国家是对人的需要的一种反映。每个人都有多方面的需要,但人们天生却只具有某种才能,故人人不能自我满足,而必须互助,相互交换劳务,于是大量的人便聚集在一起,结成团体,这些团体联合起来便成为国家。①

柏拉图是贵族,曾参与雅典的公共事务,打过好几次仗。他认为对一个理想的社会而言,首要的目标是智慧而不是财富。他把人分为三类:第一等人是治国先哲,即管理国家的哲学家;第二等人是卫国的武士;第三等人是手工业者、农民、商人等。在社会中,维持一部分重要的军事力量,士兵阶层和生产者共存,而哲学家则统治社会的各个阶层。柏拉图主张自由民阶层可拥有家庭和私有财产,而哲学家和战士不应有家庭和私有财产,因为家庭和私有财产会养成人们的私心和贪欲,产生纷争。

除了生活必需品,他们中任何人都不得再拥有什么私人财产。第二,他们中任何人都不应该拥有其他人不能随意进出的私房或私库。……要是他们为自己搞

---

① 柏拉图:《理想国》(中译本)第一卷,商务印书馆1957年版,第74~77页。

到一些土地、房屋或金钱，他们就会成为业主和农夫而不是卫士，他们就会从同胞公民的助手变为公民的敌人和暴君，他们就会生活在仇恨和被仇恨、打倒和被打倒中，在恐惧中度日，他们会惧怕人民超过惧怕国外的敌人，其结果自然就是他们和国家一起走向毁灭。……

《柏拉图全集·第二卷》（中译本），人民出版社2003年版。

军事力量是社会财富的捍卫者，所以柏拉图主张社会应当提供维持军事力量的给养，保卫社会财富。他说：

我们原来以为他们不应当拥有普通人现在拥有的那些财产，由于他们是战士和城邦的卫士，所以他们需要别人每年向他们提供一年的给养作为报酬，以便能把他们的全部精力用于保卫国家。……

《柏拉图全集·第二卷》（中译本），人民出版社2003年版。

这也是柏拉图专业化和分工思想在军事力量方面的应用。战争是为了保护财富，打赢战争也需要财富的支持，他说：

我们的城邦要是没有钱财如何能够进行战争，尤其是被迫与一个富裕强盛的城邦作战。……

在这些城邦中，相互敌对的至少有两种，一种是穷人的城邦，一种是富人的城邦，各自还可以分成许多部分。如果你把它们都当作一回事来处理，那么你就根本不可能命中目标；但若你能分别考虑，把财产、权力、民众分别赋予不同的部分，那么你就总是拥有最多的盟友和最少的敌人。只要你们的城邦按照刚才已经提出来的秩序得到良好的治理，她就能够成为最强大的城邦。我说的强大不是名义上的强大，而是实际上的强大，哪怕她只有一千名卫士。……

《柏拉图全集·第二卷》（中译本），人民出版社2003年版。

在分析战争时，柏拉图也提到了利益集团在战争中的作用：

我说，冲突一旦发生，这两个集团会相互拉扯，铜铁集团会追求私利，攫取土地房屋，聚敛钱财；而金银集团则由于其自身心灵中拥有真正的财富而想把铜铁集团的人拉回到原有的美德和品性上来。这样一来，他们互相斗争，然后就实施一项计划达成妥协，把土地和房屋在他们中间作了分配，据为己有，把他们从前的朋友和供养人变成奴隶和下属。这些卫士原本要保卫的是他们的朋友和供养人的自由，而现在却专门从事战争，奴役和监视这些所谓的城民。

《柏拉图全集·第二卷》（中译本），人民出版社2003年版。

这几乎是有关利益集团在战争冲突中作用的最早表述，具有很强的先见性。

三、亚里士多德

亚里士多德（Aristotle，公元前384～前322年），柏拉图的著名弟子，古希腊博学多才的思想家。亚里士多德出生于希腊，一生大部分时间都在雅典度过，最初他深受柏拉图的影响，后来他与老师在思想上发生了分歧。亚里士多德在哲学、政治、伦理乃至医学等方面都进行了探索，是希腊少有的百科全书式的学者。

亚里士多德一生著述丰富，他的经济思想主要体现在《政治学》和《伦理学》两本书中。这两本书最早关注政治和经济之间的密切关系，并结合政治分析研究了不少经济问题。因此这位集大成的哲学家也往往被人推崇为第一位经济分析家。亚里士多德的经济思想主要表现在：（1）国家和家庭。他认为，国家是由家庭组成的，家庭经济包含两方面的内容：一是研究家庭成员之间的关系，二是研究致富的技术。他认为奴隶制度是自然的劳动分工的结果，区分了自然经济和商品经济的差别，也说明了小商品经济和商业资本及高利贷资本之间的区别。（2）私有财产。亚里士多德认为，私有财产从发展、和平、满足、实践和慈善等方面看都优于公共财产。他极力推崇私有制度，认为整个国家建立的基础是在私有财产制度下运行的，所以人们的行为活动是建立在经济利益上的。而经济利益是人们社会活动的诱因，所以在私有制度下，人是经济人，是自私自利的受利益驱动的经济个体。（3）价值论。亚里士多德意识到每一种商品都有两种用途：一种是直接使用的，这是物品本身所固有的属性；另一种是用于交换的，这不是物品本身所固有的。这一区别后来被亚当·斯密发展为"使用价值"和"交换价值"。（4）货币论。亚里士多德认为在商业零售活动中，货币只起到媒介作用，交换的目的是为了获得使用价值，这种交换属于"家庭经济"之内。而以货币为目的的交换，无限度地追求货币财富，这种交换是"货殖"，是反自然的，不应属于"家庭经济"之内。（5）财富论。亚里士多德将财富分为两类：真正的财富和积蓄财货者的财富。所谓真正的财富是指作为有用物（使用价值）整体的财富，是为了满足人们生活消费的，具有明确的限制；而所谓积蓄财货者的财富，是以货币的形式积蓄的财产，目的是增加货币，因而这种财富是没有限制的，也是违反自然的。

关于战争与军队，亚里士多德认为战争是服从和服务于一定目的的，没有人为了战争而战争。他写道：

> 幸福还被认为存在于闲暇之中。因为我们劳碌是为了获得闲暇，战斗是为了获得和平。虽然在政治或战争的实现活动中也可以运用德性，但这两种实践都被认为是将闲暇排除在外的实践。战争不可能有闲暇，因为没有人为了战争而进行或挑起战争。那些为战争和屠杀而对一个友好邻邦宣战的人将被认为是嗜血成性的人。……
>
> 尽管在所有的合德性的实践活动中，政治与战争最为高尚和伟大，但是他们没有闲暇，并且都追求某种其他的目的。
>
> 亚里士多德：《尼各马可伦理学》（中译本），中国社会科学出版社2007年版。

有了战争，便要求城邦有相应的军事力量，军事人员是城邦所不可或缺的一部分。

> 所谓城邦类似于精神的部分，我们是指城邦的军事力量部分，主持法律公正的部分，（我们还可以加上）具有政治理智的议事职能部分。不论战争，公正，议事这三种职能是属于不同的组织还是属于统一组织，对我们当前的论证来说都没有什么区别。经常看到同样的一些人既在战争中服役，又在田间劳作（也有兼任三种职能的人）。这样，我们由此得到的一般结论是，如果具备这些功能的人和满足城邦物质生活必需的人都看作是城邦等同的部分，那么他们，至少是军事人员就应该是城邦所不可或缺的一部分……
>
> 亚里士多德：《政治学》（中译本），九州出版社2007年版。

亚里士多德认为，农业、工艺、防务等是城邦社会必不可少的要务，军事人员承担对内维持秩序，对外防止外来侵略的双重职能：

> 关于理想城邦的社会问题，我们应该首先区别组成部分和必要条件之间的区别。所谓的组成部分就是指一个城邦之中那些能够积极享受优良生活的真正公民；而必要条件则是指那些为真正公民享有优良生活创造条件的辅助成分。包括部分和条件在内，我们可以列举对于城邦的社会结构来说必不可少的六项要务：农业，工艺，防务，田地管理，公共祭祀以及议事和审判。……
>
> 粮食供应是第一要务。其次是技术和工艺，因为生活之中需要许多工具。第三是武装，城邦的成员们手中必须握有武器，部分原因是为了维持境内秩序，以镇压叛乱，部分是为了抵御任何外来侵略。
>
> 亚里士多德：《政治学》（中译本），九州出版社2007年版。

有趣的是，亚里士多德还设想了城邦大小与防务的关系，探讨了如何正确处理中心城市与周围地区的经济和军事关系，这应当是这方面比较早的论述。

> 城邦的疆域也应该在保持适度的规模上，不能太大，也不能太小，应该是能够使公民们过上一种混合了节制与宽裕的闲暇生活。探讨人口问题时所说过的易于览视的标准，同样也适用于疆域问题。这样就能正确规划城邦的防务问题，同时也能正确处理中心城市与周围地区的经济和军事关系。
>
> 亚里士多德：《政治学》（中译本），九州出版社2007年版。

亚里士多德认为，美德可以缓解经济需要，所以他不鼓励贸易；然而，他认为社会中必须有足够的财富才能确保其防务能力。他认为，战争不可避免，但从长远来看，战争的侵略行为破坏了战争发起国，扩张的领土就是一个破坏因素。

第3节　古罗马的国防经济思想

古老的台伯河在低山地区缓慢地流淌，在沼泽地带折向海岸线，这里是从亚平宁山区下来的人们想要到达大海的理想通道。与平静的自然界相比，古罗马帝国的成长却伴随着征服与血腥。从公元前264年开始，经过长期战争，古罗马征服了希腊以及地中海沿岸国家。从公元前2世纪至公元1世纪之间，它成为地跨欧、亚、非三洲的大帝国，成为规模最大的奴隶制国家。公元476年在奴隶起义与日耳曼族入侵的打击下，西罗马帝国最终灭亡。

古罗马是靠武力侵略发展程度较高的古希腊等国家而形成的奴隶制帝国，其统治阶级力图用法律和政治来证明罗马帝国的合法性，并用以维护自己的统治地位，所以，古罗马在政治和法律研究上做出了重要贡献。相比古罗马杰出的法律、政治思想，古罗马在经济思想上却无多少值得称道的建树，其经济思想散见于如大加图（公元前234～前149年）、瓦罗（公元前116～前27年）等法学家、哲学家和农学家的著作中。他们论述奴隶制农庄的管理和农作物的种植技术，把农业放在社会经济的首位，赞赏自给自足的自然经济。古罗马对经济思想的贡献，主要是罗马法中关于财产、契约和自然法则的思想。古罗马早期有《十二铜表法》，以后在帝国时期有《市民法》（适用于罗马公民的民事法律）和《万民法》（适用于帝国境内的各族人的法律）。在这些法律中，古罗马法学家对于财产权、契约关系以及与此相联系的买卖、借贷、债务等关系都有明确的解释，这些思想对于中世纪的"公平价格"概念和以后资本主义社会中关于一切经济行为都基于私有财产权的经济思想，都有重大的影响。《万民法》所依据的普遍性原则和自然合理性，以后逐渐形成自然法则思想，成为资本主义初期的自然法、自然秩序思想的重要来源。

古罗马诞生了征服世界的军队，但其国防经济思想却相对贫乏，有限的国防经济思想主要表现在：

战争的正义性 罗马帝国的政体把政治权力与土地所有权、军队联系在一起。战争与征服是财富的主要源泉，士兵的奖赏便是获得转让的土地，伴之以政治权力。为了捍卫自己的财产，人们期望罗马人心甘情愿地去披荆斩棘，流血牺牲。针对这些情况，罗马帝国基督教思想家奥古斯丁（Saint Augustine，354～430）等人提出了我们现在称之为"正义战争"的理论基础：

> 考虑导致战争的原因和战争所采取的方式，在某种情况下武装冲突是合法的。

Coulomb, F., 2004, *Economic Theories of Peace and War*, Routledge.

兵员动员 古罗马强大的军事力量是以军事人力为基础的，所以古罗马的统治者都非常重视庞大的兵源需求，进一切可能挖掘军事人力资源。古罗马杰出的军事统帅盖乌斯·马略（公元前157～前86年）针对兵源不足，主张改征兵制为募兵制。古罗马皇帝盖乌斯·屋大维（公元前63～14年）把军事经济需求看作一切政治、经济活动的出发点。想尽一切办法保证士兵的薪饷发放，并创立战士服役期满支付津贴制，以动员更多的军事人力。

因粮于敌 在古罗马长距离用兵作战，古代军事交通又非常落后的情况下，古罗马政治家大多主张"因粮于民"、"因粮于敌"。古罗马末期的独裁者盖乌斯·恺撒（公元前100～前44年）就是这一主张的突出代表。"因粮于敌"不仅为恺撒的军队提供了必要的军需补给，也为他的政治活动和军事谋略运用提供了大量的资金。

第4节 中世纪的国防经济思想

中世纪指的是欧洲历史上从476年西罗马帝国灭亡到1640年英国资产阶级革命爆发的一个时代。这个时期的欧洲没有一个强有力的政权来统治。封建制度的形成、发展和解体是这一时期欧洲历史的主线。①封建割据带来频繁的战争，造成科技和生产力发展停滞，人民生活在毫无希望的痛苦中。所以中世纪或者中世纪的早期在欧美普遍被称作"黑暗时代"，传统上认为这是欧洲文明史上发展比较缓慢的时期。

西欧中世纪虽经历了千年之久，但封建制度从11世纪开始才真正建立起来。中世纪的学术思想为教会所垄断，形成所谓经院学派。中世纪的代表性思想家及其国防经济思想主要有：

托马斯·阿奎那（Thomas Aquinas，约公元1225～1274年），13世纪意大利多米尼克修会修道士，欧洲中世纪最重要的经院哲学家。托马斯·阿奎那著述很多，主要有《论存在与本质》、《反异教大全》、《神学大全》（未完成）。此外，他对亚里士多德的12篇哲学著作有注释，对当时争论的问题著有多篇论文，如《论世界永恒性驳窃窃私议者》、《论智力的统一性驳阿维罗伊派》、《论分立的实体》等。

阿奎那认为，在君主没有足够的资财来预防敌人进攻的情况下，公民捐助必要的款项来促进公益是正当的、合理的。除公民个人捐款这种非正式的方法外，还可以通过正常的课税形式向一般事业征收款项和利用社会的资源，以获取必不可少的战争费用和战争手段。当敌人进攻时，君主甚至可以向他的公民征收普通税之外的特别税，因为这是为了所有人的福利。也就是说，为了满足预防和抵抗敌人进攻的需要，君主可以通过个人捐款、普通税直至特别税三种方式获取战争资源和战争费用。

马基雅弗利（Niccols Machiaville，公元1461～1527年），意大利著名的政

---

① 世界各国封建社会的发展是不平衡的，当西欧在5世纪刚刚进入封建社会的时候，中国已经走完了约1000年封建社会的历程。

治思想家、外交家和历史学家。他是一位深受文艺复兴影响的法学思想家，他主张建立统一的意大利国家，摆脱外国侵略，结束教权与君权的长期争论，在他看来，君主国是最理想的。政治法律手段和军事措施是他关注的唯一中心议题，而且他将这种统治手段和措施同宗教、道德和社会影响完全区别开来。

在16世纪初的意大利，马基雅弗利提出在公开行动中战争是决定性因素，并指出了国家财富和政治稳定这两个目标之间的相对重要性。认为维持武装力量不仅在国内起作用（消除国内的纷争），而且在国际上也有意义（防御外国威胁）。马基雅弗利认为战争有强化社会凝聚力的作用，认为对内战和摩擦，战争可被视为一种"治疗方法"。马基雅弗利还提出，对于一个绝对和平的国家来说，战争状态可能更好，但是战争发生的可能性很小，因为国家是否有支配（统治）的意愿与国家的性质有关。

专栏1.1

经济学和战争

促使封建制度衰落的其他因素包括，战争和政治性质的变化。现代社会早期见证了民族国家即有中央政府和确定边界的政府制度的缓慢兴起。这个进程不是在每个地方都发生的：例如，英国、法国、波兰出现了强大的君主制度；而德国在神圣罗马帝国内保持着独立的小国家的集合；意大利半岛则是许多各自为政的独立城邦国家的故乡，这些城邦包括威尼斯和佛罗萨共和国。在这样一种局面下，贵族王朝为中央权力而战；比较小的国家或城市可能为控制贸易而发生冲突，这就使战争成为15世纪的特产。

过去，这种战争是由武装骑士再加上封建地主募集的农民步兵进行的。不过，火药武器的使用日益表明，更加职业化的武装力量胜过骑士集团和封建武装。正如农民选择向地主缴纳货币税而不是从事劳役或兵役一样，地主也愿意得到金钱。地主再用钱去购买武器和训练有素的使用武器的军队。这种战士依据持续一个特定期限的合同进行战斗，在这期间他们得到饷钱，可能还有占有战利品的权力。这个变化标志着转向雇佣军制度的开始，这种制度主导了以后的几个世纪。

——美国布朗参考书出版集团：《经济史》（中译本），中国财政经济出版社2004年版。

第 2 章 重商主义的国防经济思想

重商主义是资产阶级最初的经济学说,产生和发展于欧洲资本原始积累时期,反映这个时期商业资本的利益和要求,对资本主义生产方式进行了最初的理论考察。重商主义摆脱了中世纪经院学派的束缚,成为近代经济科学的先驱,重商主义中充斥着大量关于国防与经济思想的论述。

第1节 重商主义的发展与经济思想

重商主义(Mercantilism)也称作"商业本位",是封建主义解体之后16~17世纪西欧资本原始积累时期的一种经济理论或经济体系。15世纪末,西欧社会进入封建社会的瓦解时期,资本主义生产关系开始萌芽和成长。地理大发现扩大了世界市场,给商业、航海业、工业以极大刺激。商业资本发挥了突出的作用,促进世界各国国内市场的统一和世界市场的形成,推动了对外贸易的发展。在商业资本加强的同时,西欧一些国家建立起封建专制的中央集权国家,运用国家力量支持商业资本的发展。随着商业资本的发展和国家支持商业资本政策的实施,产生了从理论上阐释这些经济政策的要求,并逐渐形成了重商主义理论。

重商主义发展经历了早期重商主义和晚期重商主义两个阶段。早期重商主义产生于15~16世纪,英国早期重商主义的代表是约翰·海尔斯(John Hales)和威廉·斯塔福德(William Edgar Stafford),其代表作是1581年出版的《对我国同胞某些控诉的评述》。该书提倡关税保护，反对铸造不足值货币，以防货币流出等。法国早期重商主义代表是安徒安·德·孟克列钦（Antolne de Montchretien），1615年他发表了《献给国王和王后的政治经济学》一书。该书在经济学史上首次使用了"政治经济学"一词，主张经济学要研究的不应仅仅是"家庭管理"的经济问题，而应是整个国家的经济问题。法国晚期重商主义主要代表人物是让·巴蒂斯特·柯尔培尔（Jean Baptiste Colbert），作为路易十四的财政大臣，他制订并推行了一系列重商主义政策。英国晚期重商主义的代表有托马斯·孟（Thomas Mun）、约瑟夫·柴尔德（Josiah Child）等人。托马斯·孟所著《英国得自对外贸易的财富》是晚期重商主义的代表作，该书针对早期重商主义者对东印度公司在对外贸易中输出大量货币的责难，提出了著名的"贸易差额论"原理。

重商主义抛弃了西欧封建社会经院哲学的教义和伦理规范，开始用世俗的眼光，依据商业资本家的经验去观察和说明社会经济现象。重商主义者认为，金银或货币是财富的唯一形态，一切经济活动的目的就是为了获取金银。除了开采金银矿以外，对外贸易是货币财富的真正的来源。国家为了致富，必须发展对外贸易，在对外贸易中遵循多卖少买的原则。利润是从流通中产生的，是贱买贵卖的结果。国家应积极干预经济，以保证尽量多的货币流向国内。早期和晚期重商主义都主张通过贸易来增加金银财富，但对如何通过贸易来增加金银财富则各有不同的侧重点。早期重商主义在对外贸易上强调少买，严禁货币输出国外，力求用行政手段控制货币运动，以贮藏尽量多的货币，因而又被称为货币差额论。晚期重商主义强调多卖，主张允许货币输出国外，认为只要购买外国商品的货币总额少于出售本国商品所得的货币总额，就可获得更多的货币。由于晚期重商主义力图控制或调节商品运动并发展工场手工业，故又被称为贸易差额论。

第2节 重商主义的国防经济思想

重商主义认为安全比繁荣更重要，试图在经济发展与军事实力之间建立起某种联系，主张为扩张性贸易和军事征服政策正名，并开辟了"保护主义"、"经济战"等一批现代国防经济学概念的先河。

一、战争、商业与贸易

重商主义建立在对战争、商业与外贸作用的理论解释之上。重商主义所处的时代,正是战争此起彼伏的年代,所以战争自然成为重商主义讨论的热门话题。重商主义追求国富兵强,鼓励商业富国。确信贸易扩张必须依赖强大的军事力量的支持,提倡经济财富用于增强国力,因此重商主义思想一度被认为是推崇战争的。西尔贝纳(Silberner,E.,1957)对重商主义的自给自足、仇外主义、战争理想主义等方面的论述进行了评价。他认为,战争因素和国际关系中的对立观念在重商主义中占据主导地位,重商主义者希望从经济和政治上支配其他国家,排斥外国人,重视贵金属在战争和国防建设中所起的作用。

但有趣的是,重商主义中也存在大量反对战争的思想。他们承认战争的历史重要性,但反对通过战争来增强国力,因为战争直接影响到一国税收体制的存亡。托马斯·孟(Mun,T.,1664)批判了非正义战争,他认为,国力的概念应从服务于武力征服转移到服务于国家防御的层次上。科克(Coke,R.,1670)也主张和平贸易,反对武力和战争。认为和平的贸易为各国带来了丰厚的财富,增强了各国的国力,强劲的国力进而大大提高了各国的防务能力。赫克歇尔(Heckscher,E. F.,1931)承认,在重商主义观念中,经济和政治目标具有很强的相互影响特征。如果国家实力是一种重要的经济因素,那么长期来看,它就不能对居民的物质财富完全予以忽视。国家实力同样也受益于物质财富,物质财富作为一种储备资源,可以供统治者支配以捍卫其政治目标。所以事实上,在重商主义思想中,"主战"和"反战"的影子都可以看到。

二、军事、经济与财富

重商主义者提出了国防经济思想中的一个基本问题,即经济增长仅仅是一种经济目的,还是增强国家实力包括军事实力的一个手段?重商主义认为国家实力整体上受益于一国的经济实力,认为经济是军事的根源。安徒安·德·孟克列钦(1615)有一个基本的信条,即金钱是"战争之源"。这一信条也得到法国晚期重商主义主要代表人物让·巴蒂斯特·柯尔培尔和英国重商主义代表人物约翰·洛克(John Locke)的支持。他们认为,国家实力取决于其拥有的财富。一国的

实力由其随时可以得到的充足货币资源以及实现其对外政策的能力所决定,特别是给予战争的财政支持能力所决定。

重商主义也重视军事对经济的作用,确信贸易扩张必须依赖于强大的军事力量支持;认为军事实力的强大有利于形成有效的国防,有利于实施威慑或进攻,这对贸易政策的制订和实施都非常有好处;主张国家军事和财富上的利益高于个人利益,认为在公众面前,可以牺牲个人利益。

重商主义在肯定贸易和殖民战争能促使国库中贵金属数量增加事实的同时,指出生产是国家富强的重要因素。按照托马斯·孟的观点,统治者手头上不仅要有必要的战争货币储备,而且还需要应急物资:

> 那么我们可以想象,君主在需要时拿着钱却买不到物品就和他根本没有钱一样。因为我们之所以称国库是战争力量之源,是因为它能够在需要时把人力、食品和火药等购得、集中并动员起来,但如果在需要时根本没有这些东西,我们手中的钱又有什么用呢?
>
> Mun,T.,1664,*England's treasure by foreign trade*,op. cit

重商主义者认为,要想在战争中取胜,统治者主要依赖战略物资,尤其是在紧要关头,确保在国内随时可以获得战争中急需的货物和产品等战略物资。为此,统治者必须拥有足够的财富来应付重要战事,同时还必须鼓励农业生产。托马斯·孟认为:

> 在和平时期,国库的一部分开支应该用于加强英国海军军力建设和巩固国防,维持充足的军事力量或储备足够的武器和火药。国库的财富不仅包括储备的贵金属,还包括有助于军事防御的即用货物和生产工艺。金银并不直接体现着一国国力,武器才体现着一国国力。国库除在战事准备上的作用外,还有预防挨饿的作用,因为它可以储备足够的粮食和其他供给品。因此,经济才是一国军事实力的重要贡献因素。
>
> Mun,T.,1664,*England's treasure by foreign trade*,op. cit

三、经济战、贸易战与军备竞赛

重商主义认为,如果一国要发展本国经济,就必须消除其他国家的竞争优势。顺着这一思路,他们提出了"经济战"理论。重商主义者所认为的战争,不但包括军事的，也包括经济的。他们认为欧洲国家为争夺蕴藏丰富金属矿藏资源的远方领土控制权而发生的冲突，不仅涉及到对殖民地的控制权，而且也涉及到对商业垄断利益的争夺。

专栏2.1

重商主义

20世纪二三十年代的经济危机与保守主义的复苏同时发生，在政治上最明显的标志就是国际关系的紧张。凯恩斯在《通论》一书中，依据其对重商主义的维护（对"古典"经济学家攻击的反驳）得出如下论断：一个不稳定的国际货币体系包含了由于不同国家之间利益对立形成的国家冲突。正如作者所说，重商主义的好战性主要是对当时货币问题的现实回应。他们意识到，不合理的国际货币关系的制度安排导致了经济战争。在固定汇率的金本位国际体系下，国际收支平衡是贵金属积累和利率高低的决定性因素，因此，国际收支平衡成为一国国民经济健康运行的影响因素。所以，有必要促进本国出口，通过其他国家的消费来最大限度地吸引贵金属。由此来看，正是因为国际货币系统妨碍了所有国家完全就业目标的实现，从而使维持国际和平看起来几乎是不可能的。

熊彼特在所著的《经济学分析历史》一书中，也曾为那些被指控支持与经济政策采取非理性和对立手段的重商主义者辩护。笔者看来，恰恰相反，重商主义政策是基于一种强硬的实践性主张。目前的冲突现状和国际局势的紧张合理地解释了这种基于出口的公共性垄断、进口及汇率（贵金属进口）控制的政策。正如熊彼特所说的，重商主义者们并不是一群理论家，而是对一场国际性对抗中政治部分出现的流行的普遍现状的解释者。不仅如此，大多数重商主义的始作俑者属于那些可以从具有扩张性对外政策中直接获益的商人阶层。他们质疑王权的价值和英格兰的安全来掩盖他们真正的（帝国）主义野心。

——Coulomb F., 2004, *Economics theories of peace and war*, Rutledge.

按照重商主义学说，能够确保国家经济和政治统治的所有手段都是可取的。重商主义者认为，比别的国家拥有更多的货币储备是一个基本的经济目标，因此他们支持当时的贸易战。培根（Bacon F., 1625）认为，英国的政策应该定位于国家实力与贸易同时发展。认为英国的财富增长，将使其敌对国处于不利地位。按照这种"一国所得即是他国所失"的"零和游戏"，不惜主张使用经济战调整其对外政策。约瑟夫·柴尔德认为：

> 一国的实力和财富的多寡只是相对的,梦想通过贸易使贸易国都富裕仅仅是一个愿望。重商主义学说建立在一个静态的经济学概念之上,即假定世界的经济资源是既定的。
>
> Magnusson, L., 1995, *Mercantilism*, Routledge

在经济政策层次上,重商主义实行"限入奖出"的政策。主张采取法律甚至军事手段支持外贸出口,支持航海法案,赞成对贸易路线的控制等有利于增加制造业产品出口的措施,这些政策在促进宗主国和殖民地之间贸易发展的同时,也导致欧洲国家间爆发了众多的贸易战。

法国重商主义的代表人物柯尔培尔(Colbert)作为路易十四的财政大臣,在法国实行了被誉为"柯尔培尔主义"的一系列政策,他所关注的主要是路易十四所进行的无数次战争所必需的资金需要,以及反对荷兰商业扩张的行为。在对外贸易方面,柯尔培尔的政策包括:禁止原材料出口,增加制成品出口,禁止进口;强调国际工业竞争和发展法国工业。按照柯尔培尔的观点,国家的"自由放任政策"导致了社会财富增加和出口增长,这些是通过动员"生产潜力"实现的。

一些重商主义者则认为,即使在战争期间,也不应实行对敌国的出口禁运政策。相反他们认为,通过国际贸易产生的大量黄金外流将削弱敌国的实力,增加敌国的经济依赖性,增强本国的实力。卡里(John Cary)是这样描述1695年英法战争中的法国的:

> 我希望它拥有更多的我们的工农业产品,这样我们就可以得到它为此付出的金钱,而这将会进一步削弱它的实力,即使它可能会获得其他一些有利于维持战争的东西。
>
> Heckscher, E. F., 1931, *Mercantilism*, Macmillan

针对英国国内反对与东印度公司贸易的观点,托马斯·孟坚持认为:

> 英国通过东印度公司之间的贸易,才能用殖民地贸易替代传统的进口,进而获得香料或原材料等物品。同时,这些原材料的加工又为大量的英国劳动力提供了就业机会。因此,他认为英国有必要保持对印度的贸易垄断权,这是在与荷兰激烈的商业竞争并随时有可能发展成武力冲突的背景下保持优势的战略之举。
>
> Magnusson, L., 1995, *Mercantilism*, Routledge

由此可见，重商主义所主张的"经济战"概念的真正内涵，已经非常接近于我们今天对"贸易战"、"经济武器"等概念的现代定义。在重商主义者的文献中，也首次提及了"军备竞赛"这些概念。《大不列颠语言》的无名作者认为：

> 与敌国公开冲突的情况相比，富国的君主通过武装本国军事力量以更快地实现其军事目标，这些将逼迫其欲战胜的敌国采取同样的途径。这样将会使对手愈加贫穷，资源更快耗尽，从而增加了它的脆弱性。
>
> Silberner, E., 1957, *La guerre et la paix dans l' histoire des doctrines economiques*, Sirey

这和以后理查德森（Richardson）发展的军备竞赛模型的基本假设有着惊人的相似之处，当然从这一思想中也似乎能看到冷战时美国和苏联的影子。

专栏2.2

帝国主义与反帝国主义

19世纪后期，欧洲大国和美国寻求在亚洲和非洲仍然保持独立的地区取得政治和经济控制地位，掀起了新一轮的帝国主义浪潮。瓜分的结果是各得丰硕成果。在各个殖民地中，英国从1870年到1898年为其帝国增加了400万平方英里土地、8800万人口；法国增加了差不多相同的面积，人口4000万；德国从1871年才统一起来，增加了100万平方英里面积和1600万人。

帝国主义的根源各有不同。政治上，殖民地丰富了国家地位的形式。有些帝国主义者认为，为了保障安全，有必要控制战略要地或世界其他地区；有些人认为，西方国家肩负着要把其他国家的人民从暴政中"解放"出来的道德义务，并且用西方文化和基督教信仰的好处教导他们。

经济考虑是赞成建立帝国最有力的论据之一。对于帝国主义的支持者来说，帝国主义是重商主义信条合乎逻辑的，甚至可能是不可避免的扩张，重商主义强调增加国家的贸易。按照这个观点，殖民地提供了供应宗主国工业所需的自然资源，殖民地的人口为宗主国的制成品产出提供了理想的市场。殖民者制定法律，禁止殖民地与任何其他伙伴进行贸易，并强迫他们使用宗主国的商船。

不过，有些经济学家认为，尽管帝国主义可能看起来像是常识，事实上它既不利于作为整体的宗主国，也不利于作为整体的殖民地，而只是有利于少数精英。经济学家约翰·斯图亚特·穆尔的父亲詹姆斯·穆尔把殖民地称作"上层阶级进行户外放松的一个庞大体系"。

19世纪末,另有一位经济学家警告,无休止的帝国主义扩张有导致战争的危险。J. A. 霍布森(1858~1940)是一位经济学的弃儿,他以前曾经提出了一个有助于解释影响市场过度储蓄的周期性萧条的理论。霍布森的逻辑认为,储蓄使经济中的资本太少,不能购买其全部产出,这个观点与经济学的一切传统都是矛盾的。政府政策仍然建立在积累黄金、白银的基础上;社会改革家们力劝工人们节衣缩食把钱存起来。

霍布森远离经济学界,在英国对布尔人的帝国主义战争期间,他置身于南非。在《帝国主义》(1902)中,霍布森把他的储蓄理论与帝国主义联系了起来。他认为,资本主义无休止地扩张和征服趋势可能有一天会通过战争毁灭这个世界。霍布森认为,资本主义经济必须消费它所生产的一切东西,每种商品都要有购买者。不过,资本主义的货币分配是不平等的。穷人没有钱购买足够的商品,而富人的钱却是太多了。富人消费不了他们的收入,因此被迫进行储蓄,为了使用这些储蓄,他们被迫进行投资。不过,在国内进行投资的话就会产生更多的商品,市场消费能力更加难以消化,因此他们到海外进行投资。

在霍布森看来,这种经济竞争可能导致相互竞争的国家之间的战争。霍布森的著作虽然受到主流经济学家的忽视,但是却为甚至更加悲观的关于帝国主义的观点定下了基调。例如,马克思主义理论就把帝国主义当作是资本主义腐朽的一种迹象,预示了世界革命的必然性。

——美国布朗参考书出版集团:《经济史》(中译本),中国财政经济出版社2004年版。

英国重商主义者主张通过实施一系列的贸易措施来平衡贸易顺差,这在长期内有利于增加英国的贵金属流入。然而,缺陷也逐渐暴露出来,这种政策忽视了货币积累的必然目的,甚至沦为为战事积累财富的目的。在重商主义理论下,贸易和货物同被视为战略物资需求。之后,重商主义的理论基础也日益受到其内部学说的挑战,国力经济基础这个概念在内容上也发生了新的变化,它更加强调物资对于国力的重要性,而不是贵金属或社会福利水平对国力的重要性。

第3章 重农主义的国防经济思想

作为18世纪50~70年代法国资产阶级古典政治经济学学派，重农学派以自然秩序为最高信条，视农业为财富的唯一来源和社会一切收入的基础，并在战争频发的年代里，关注国防和冲突问题，试图通过经济变革来实现永久和平。

第1节 重农主义的发展与经济思想

18世纪中期法国封建王朝货币改革的失败和七年战争的失败表明了法国重商主义的破产，从而出现了与重商主义完全对立的重农主义。之所以被称为重农主义，是与重视商业的重商主义相对而言的。

17世纪末18世纪初，法国通过实行柯尔培尔的重商主义政策，工商业获得了发展，但落后的封建农业仍居支配地位。农民深受剥削，处于异常贫困的境地。在重农学派出现以前，一些进步的政治家和思想家，有名的沃邦元帅（Seigneur Sebastien le Prestre de Vauban）就曾在《王国的什一税》中尖锐批评了重商主义，呼吁重视农业生产，减轻农民的赋税，实行单一的什一税制。路易十四的法官比埃尔·布阿吉尔贝尔（Pierre Le Pesant Boisguillebert）勇敢地站出来，替被压迫阶级辩护，同情农民疾苦。在《法兰西详情》、《谷物论》等著作中提出了许多为后来重农主义形成有非常重要影响的思想。18世纪中叶，法国社会经济状况更加恶化，农业进一步衰落，人民生活极端困苦。法国社会经济和政治矛盾反映在思想文化领域就是启蒙运动的兴起，一些启蒙思想家如伏尔泰、卢梭、孟德斯鸠等对教会思想和专制政治展开了猛烈的批判。在经济思想领域，由布阿吉尔贝尔开创的，以重农反对重商，为发展资本主义鸣锣开道的经济思想发展成重农主义体系。重农主义的另一个重要代表安·罗伯特·雅克·杜尔阁（Anne Robert Jacques Turgot）则将重农主义发展到了最高峰。

重农主义继承了17世纪下半期以来重视农业和主张经济自由的思潮，把自然秩序作为自己理论体系的哲学基础，其理论的核心是"纯产品"学说：

自然秩序　自然秩序是重农主义体系的哲学基础。重农主义认为，和物质世界一样，人类社会中存在着不以人们意志为转移的客观规律，这就是自然秩序。自然秩序是永恒的、理想的、至善的。但社会的自然秩序不同于物质世界的规律，它没有绝对的约束力，人们可以以自己的意志来接受或否定它，以建立社会的人为秩序。重农主义者认为如果人们认识自然秩序并按其准则来制定人为秩序，这个社会就处于健康状态；反之，如果人为秩序违背了自然秩序，社会就处于疾病状态。重农主义的自然秩序，实质上是被理想化了的资本主义社会。认为人身自由和私有财产是自然秩序所规定的人类的基本权利，是天赋人权的主要内容。自然秩序的实质是个人利益和公众利益的统一，而这种统一又只能在自由体系之下得到实现。于是重农主义者就从自然秩序引申出经济自由主义。

纯产品学说　纯产品学说是重农主义理论的核心。重农主义认为财富是物质产品，财富的来源不是流通而是生产。所以财富的生产意味着物质的创造和其量的增加。在各经济部门中，他们认为只有农业是生产的，因为只有农业既生产物质产品又能在投入和产出的使用价值中表现为物质财富的量的增加。工业不创造物质而只变更或组合已存在的物质财富的形态，商业也不创造任何物质财富，而只变更其市场的时、地，二者都是不生产的。重农主义认为农业中投入和产出的使用价值差额就构成了"纯产品"。

在"纯产品"的基础上，重农学派提出了废除其他赋税只征收单一地租税的主张。他们认为"纯产品"是赋税唯一可能的来源。"纯产品"归结为地租，于是地租就是唯一能负税的收入。在复合税制下，赋税的负担即使不直接加在地租上，也会通过转嫁间接地归于地主。因此不如直截了当地取消一切杂税，改而征收单一地租税。由于简化租制会减少征收费用，这种改革实际上减轻了地主的负担。

资本的流通和再生产　重农学派分析了资本在劳动过程中借以组成的物质要素，研究了资本在流通中所采取的形式。又在此前提下，把社会总产品的生产，通过货币的中介，在社会三个阶级间的流通过程，表述为社会总资本的再生产过

程。同时，在再生产过程中，包括了对各社会阶级收入来源、资本和所得的交换、再生产消费和最终消费的关系、农业和工业两大部门之间的流通等等的分析，这些都在魁奈（Francois Quesnay）的《经济表》中得到了全面表达。

第2节 重农主义的国防经济思想

相比重商主义，重农主义不但开创了一条崭新的研究路径，而且在战争频发的年代里，关注国防和冲突问题，试图通过经济变革来实现永久的和平。

一、布阿吉尔贝尔的国防经济思想

比埃尔·布阿吉尔贝尔（Pierre Le Pesant Boisguillebert, 1646~1714），法国经济学家、重农学派的先驱，曾任鲁昂地方议会的法官和路易十四的经理官。布阿吉尔贝尔生活的时代，正是法国经济严重衰败的时期。他任法官时，对农村经济衰落和农民贫困有了较多的了解，深切同情农民的境遇。布阿吉尔贝尔反对货币是唯一财富的重商主义观点；反对对外贸易是财富源泉的观点，主张农业才是创造财富的最重要源泉。他认为法国的200多个行业组成一个财富的链条，其中农业是基础，各个行业之间保持一定比例，各种产品主要以小麦等农产品为依据按比例进行交换，如果农业遭到破坏，整个国民经济就将崩溃。

布阿吉尔贝尔著有《法兰西详情》、《谷物论》、《法兰西辩护书》、《论财富、货币和赋税的性质》等。布阿吉尔贝尔国防经济思想的核心内容表现在：

农业是军事力量的基础 布阿吉尔贝尔所生活的年代，法国陷于频繁的战争困扰中，而农村地区的恶劣条件导致了人口的减少，由此也削弱了军队的力量。在国防与经济的关系上，布阿吉尔贝尔的观点与重商主义表现出明显的不同。布阿吉尔贝尔认为，重商主义政策阻碍了经济的发展，由此也直接影响了依赖于此的军事力量。认为，贸易不是首要目的，贵金属的积累也不是真正的财富，对生活有用的物资才是最终目标。

布阿吉尔贝尔注意到不合理的税收政策对农业造成的沉重负担。布阿吉尔贝尔在《法兰西详情》中分析了各种税收尤其是租税的负面效应，指出了当时法国财政制度的不公平性，认为这种制度降低了谷物的流通速度，减少了对整个国家的有效供给，因此主张废除这种财政制度。布阿吉尔贝尔认为不合理的税收征收制度会引发国内的"内战"，与国家间冲突相比，这种"内战"对经济更具有危害力，因为它会限制国家潜力和国家财富的增长。因此，在考虑经济与国力时，布阿吉尔贝尔认为没有发展和自由的经济，国家就不会强大。

国力受到自然秩序的制约　尽管并没有明确提出，但在布阿吉尔贝尔的著作里，始终能看到"自然秩序"的影子。他认为经济发展有和自然科学类似的规律，当经济政策的执行手段错误时，经济发展就会受到阻碍。布阿吉尔贝尔认为和平是"所有战争的目的"，布阿吉尔贝尔具体分析了战争发生的起因和条件。他在对法国海军无人能及的力量表示赞叹的同时，坚称国王使用军队只是为了"获得财富"或"保卫自己的信仰"，国王的"正义感和自身的克制力"会约束他对别国的征服。

按照布阿吉尔贝尔的观点：第一眼看上去战争好像与经济无关，为"正义"或"神圣"而战似乎是合理的，这纯属于道德原因而非经济原因。但是，和平是可以被选择，而不是被强制实行的，而且只有当一个国家比他的对手强大时，和平才成为可能。布阿吉尔贝尔认为法国经济有足够的潜力，以提供资源需求和扩大其全球影响力。然而，当一个国家的经济和人民财富超过其他国家时，自然规律就会限制他的国力及征服力，来保证"世界的和谐"。所以，他写道：

> 当一个国家强大到能征服整个世界时，有三种关税来限制这一国家。当世界力量不平衡时，自然力就会参与进来，通过限制强大国家的发展，防止过度暴力事件的发生，来维护世界的和谐稳定。
>
> ——Boisguillebert, P. de, 1705, *Factum de la France*, op. cit

二、魁奈的国防经济思想

弗朗斯瓦·魁奈（Fancois Quesnay，1694~1774），重农主义的创始人和领袖。出身于地主家庭，长期行医，1744年获法学博士学位，1749年任路易十五的宫廷医师。18世纪50~70年代，在魁奈的周围逐渐出现了一批门徒和追随者，形成了一个有较完整理论体系和共同信念的派别，他们定期举办讨论学术问题的集会,并创办了学派刊物《农业、商业、财政杂志》和《公民日志》。

魁奈提出了"纯产品学说",并以此为基础,研究了社会总资本的再生产与流通。他认为,财富就是物质,就是使用价值。工业只能改变财富的形态,不能增加财富的数量,只有农业才能使财富增加。农业中生产的农产品除去种子(生产资料)和工资(生活资料)剩下的产品是纯产品。能生产纯产品的农业是生产的,从事农业的人为生产阶级,而工商业不能生产纯产品,因而是不生产的,从事工商业的人是不生产阶级。农业之所以生产纯产品是因为自然力参加了工作。他设计了经济表,说明社会资本如何在三个阶级(生产阶级、不生产阶级、地主阶级)间生产和流通,其中还把资本区分为原预付(开办时的基本投资)和年预付(每年支付的投资)。他的经济表是他整个经济理论体系的完成和体现,他把社会资本的生产表现为再生产过程,把流通过程表现为再生产过程的要素,把货币仅看作流通手段,考察了各阶级收入的来源、资本与收入的交换、商品与货币的交换、生产消费与生活消费的关系等。

魁奈著有《租地农场主论》、《人口论》、《赋税论》、《经济表》等。魁奈国防经济思想的主要内容是:

国力来自于人口、自由贸易和农业 魁奈对法国国内的自由贸易采取支持态度,他也一直很关心保护王权的问题。他的著作中经常提到有关国防和安全的话题。他认为国家财富并不由贵金属多少来决定,而是由农业发展来决定。虽然反对过度贸易,但魁奈认为"农产品的丰富量及其市场价值"需要通过交易得以体现,国际贸易与农业一起推动国家致富,阻碍国际贸易面临报复的风险,也不利于国内贸易。

魁奈认为,军队的规模并不决定国家的国力,战争胜利与否并不由士兵数量的多少决定,而由国民收入水平决定,一定数量的人口和国防所必需的一定财力是国家实力的重要组成部分。魁奈认为,无论是和平还是战争时期,国家实力都要依靠足够的国民收入,因此国家应关注扩大居民收入。因为,一个国家的人民生活越富裕,他对国防的贡献就越多。

> 士兵与军官最好能减少军事支出,国家的命运取决于战争的胜利;人口多的国家是强大的,因为它能提供更多的战士。但是,一个具有深远考虑的政府不会减少农村人口数量,不会破坏国民收入的来源。
>
> Institut National d'Etudes Demographiques,1958,*Francois Quesnay et la Physiocratie*,Presses Universitaires de France

魁奈认为，贸易和工业的过度发展可能会对整个经济产生不利影响，认为只有支持农业的政策才是增加国民收入的最佳途径。主张为保证经济的和谐发展，应该对约束农业发展的税收进行适当调整，认为这是增强国力的关键。魁奈研究了法国农村人口迁移的原因，发现害怕子女被募招入伍是法国人口迁离农村的主要原因。他认为，保卫国家是国民的首要职责，但是农民的子女太有用了，所以，主张除了佃农外，农民的子女不应被征入军队。

通过发展经济增强国力 魁奈谴责了战争对人类社会造成的浪费。按照他的观点，军事冲突会导致国家人口下降，引发国家财富减少。魁奈认为"政府对财富的过度渴望反而毁灭了获得财富的可能性"。魁奈反对占有殖民地，认为占有殖民地可能会引发战争从而减少国家财富。认为一个明智的国家会走和平道路，利用外交手段防止冲突的发生。认为贸易保护主义的商业政策和战争对商人有利，但会危害国家的整体利益。魁奈强调经济发展对国防与国力的重要性，认为国家的国防力量应随着经济发展而发展。

然而重农主义者对经济规律系统化、机械的表述也影响了魁奈等对战争与和平问题的经济分析，对国力的研究日渐从经济分析领域中退出，而和平则被认为是防止经济崩溃的必然因素。作为前古典时期的经济思想家，魁奈的观点也深深带有那个时代的印记。在和英国作了对比后，他建议发展海军。他认为政府的最终目的就是巩固法国在全世界的地位，而且他还觉得法国应该是"欧洲的和平制造者"，他所认为的最明智的政策——和平，应是法国治下的和平。他认为国与国之间并不会完全平等地发展，法国可以通过自由贸易对其他国家进行长期经济统治，因此重农主义弥漫着浓重的民族主义色彩。

三、杜尔阁的国防经济思想

杜尔阁（Anne Robert Jacques Turgot，1721~1781年），法国经济学家。杜尔阁出生于巴黎一个贵族家庭，先后在路易学院、圣叙尔皮斯神学院、索邦神学院学习，1747年获神学学士学位，曾任索邦神学院院士、名誉副院长，1751年放弃神职从政。杜尔阁曾任代理检察长、法院裁判长、利摩日州州长、海军大臣、财政大臣等一系列政府要职。

杜尔阁是继魁奈之后重农学派最重要的代表人物，他深受魁奈的影响但并不是魁奈的门徒,也几乎没有参加重农学派的活动。他在魁奈所划分的三个阶级(生产阶级、不生产阶级、地主阶级)基础上,又进一步划分出资本家和工人,并初步表述了劳动者和劳动条件分离的历史过程。他把纯产品看作是自然界对劳动者劳动的赐予,实际上认识到地主阶级占有纯产品是对他人劳动的占有。他还明确提出资本的概念,基本上抛弃了重农学派的封建主义外观,并提出了一系列的政策纲领。

杜尔阁著有《关于财富的形成和分配的考察》、《集市与市场》、《基金》等,在他那里重农主义发展到最高峰。有意思的是,杜尔阁赞成重农主义的一些理论,但他与这一学派又有所不同。他不仅支持农业,也支持自由贸易,认为工业与贸易的发展也同样重要。他的重要国防经济思想为:

战争是实现人类进步与世界和平的必经阶段 杜尔阁在其《论世界历史》一书中回顾了人类的进步历程,认为人类的关系只会越来越和谐,直到实现世界和平,而战争和改革是这一进程的必经之路。

> 我们目睹社会的建立,国家的形成,一个国家一时称霸于世,一时又被别国臣服;国家兴旺衰退,法律、政治体系相互更迭;艺术、科学逐渐发展;发展进程或受到阻碍或得到推动,它们迈过一个个高潮;利益、野心、空洞的辉煌不断地改变着世界的面貌,血流成河;在他们踩蹋掠夺的过程中,人们的灵魂沉静下来,精神更加明晰,彼此疏远了的国家更加靠拢;贸易、政治最终会在全世界范围内统一起来,各个民族或平静安宁或激动焦虑,是善是恶,都要缓慢地向前发展。
>
> Turgot, A. R., 1997 (1750), "Tableau philosophique des progrès successifs de l'esprit humain", in *Formation et distribution des richesses*, Flammarion

杜尔阁试图建立人类进步和自然之间的关系。他认为,人类的进化只能是缓慢而蹒跚的。自然在人类之间不公平地分配资源,导致了不同族群会有不同的发展速度。战争实现了族群的融合及帝国的扩张,因此战争既是革命也是征服,对人类进化有十分重要的作用,而且认为冲突也是民族国家发展所不可避免的。

战争借款是国家经济衰落的重要原因 与其他重农主义者过分强调农业不同,杜尔阁认为,工业和贸易也非常重要,并主张整个经济领域应以自由放任为准则。杜尔阁把他的自由理论应用到对有关国防问题的分析上,认为不断制造战争使法国加大了国家破产的危险。面对巨大的战争借款对法国经济发展造成的影响，杜尔阁提出三个建议：（1）停止增加税收，废除皇家服役制度；（2）节省费用，大幅度削减皇亲国戚及部政大臣的费用；（3）废除国家对经济的干预政策，尤其是阻碍农业、工业（国家对其过多的控制）、贸易（繁重的入市税）发展的政策。最后，杜尔阁谴责军事对法国经济造成的负担，认为借贷技术越好，越激发超前消费。他写道：

> 个人与国家的唯一区别在于：国家可以宣布破产，而且在破产之后还可以保持其投资、收入。我想如果我们把借来的钱看作税收，而不是用来支持战争，我们很快就使用完税收的产品，很快又要借债度日了。我们在此所有的抱怨都源于君王开支过高造成的不可避免的不良后果。
>
> Turgot, A. R., 1997 (1767), " Observations sur les memoires recompenses par la societe d'agriculture de Limoges' ", in *Formation et distribution des richesses*, Flammarion

这几乎是经济学者第一次明确指出军事支出与战争借款对经济造成的不良后果，也几乎是第一次对国防、战争、和平等问题进行的自由主义分析。在这之后，杜尔阁把经济学问题同政治学问题区分开来，把经济学变成了一个单独的研究领域，而把国防问题交给政治学研究，和平成了经济发展自然而必要的条件。

作为经济学理论真正的第一次发展，16世纪产生的欧洲重商主义使用静态的方法来理解国际经济关系，由此主张一国只有损害别国利益才能获得自身的经济发展。而作为第一个有组织发展的经济学派，重农主义思考国防与经济关系问题的角度发生了变化。重商主义者主张利用经济实现国家的目标，而重农主义者则弱化国际贸易的重要性，强调在一国内部应尊重自然的经济秩序。

第4章 前古典时期中国的国防经济思想

从秦汉至明朝，先后历经秦、两汉、三国、两晋、南北朝、隋、唐、五代十国、宋、元、明等封建王朝的统治，这一时期是我国历史上封建经济逐渐上升到全盛并转而衰落的重要时期。王朝有更替，然而在这近两千年的历史长河中，一代代思想家、政治家对有关国防经济问题的思考和观点却在今天依然闪耀。

第1节 秦汉时期中国的国防经济思想

秦汉完成了真正意义上的中国统一，是中国历史上第一个大一统时期，也是统一多民族国家的奠基时期。在这期间晁错、桑弘羊、赵充国等人提出了一些很有见地的国防经济思想。

一、晁错

晁错（公元前200～前154年），颍川（今河南禹州）人，西汉文帝、景帝时杰出的政论家。年轻时学习过申不害和商鞅的法家学说，又曾被派到济南伏生那里学习儒家经典《尚书》，因此受到法家和儒家思想的影响。文帝时为博士和太子家令，景帝时为内史，后升任御史大夫。有辩才，号称"智囊"。由于晁错善于分析问题，提出中肯的意见，深得景帝的喜爱和信任，他的言行对景帝有重要的影响，是当时巩固中央集权的决策人物。由于他主张集权制，多次上书提出削减诸侯封地等改革法令的建议，得罪了诸侯王，吴、楚等七国以"清君侧"为借口发动叛乱，要求诛杀晁错，恢复诸侯国被剥夺的封地，景帝畏于七国压力，腰斩之。晁错的思想散见于《言兵事疏》、《举贤良对策》、《守边劝农疏》、《贵粟疏》、《募民实塞疏》、《汉书·晁错传》等政论文和专著中。

西汉初年，根据当时政治需要曾封了许多诸侯王，这些诸侯王的封地占去大片疆土，而且诸侯王还有一定的军队和财权，在封国内是国君，权力很大。解决中央集权与诸侯国之间的矛盾成为当时较为紧迫的问题。在文帝时，晁错就对当时国家大事发表意见，提出建议。针对地方诸侯王危害西汉王朝的问题，晁错曾多次上书文帝，提出削诸侯和改革法令的建议。景帝时，晁错向景帝再提削藩的建议，这就是有名的《削藩策》。《削藩策》一提出来，立即在朝廷内引起极大震动。晁错强行削藩，冒着极大的风险，也断送了自己的性命。

汉代边境威胁主要来自匈奴，为抵御匈奴的入侵，不得不在边防驻扎军队，文景之前，汉代在边防方面采取的是轮换制，即派往驻守边塞的军队，一年更换一次。文帝十一年（前169年），匈奴侵扰狄道，陇西军民以少击众，打败了匈奴军队。晁错乘机向文帝上了《言兵事疏》，对过去的历史经验和当时的事实进行总结，论述了抗击匈奴的战略和策略思想。接着晁错又向文帝上了《守边劝农疏》和《募民实塞疏》，提出有名的徙民治塞理论。晁错认为：

> 令远方之卒守塞，一岁而更，不知胡人之能，不如选常居者，家室田作，且以备之。
>
> ……
>
> 为室屋，具田器，乃募罪人及免徒复作令居之。不足，募以丁奴婢赎罪及输奴婢欲以拜爵者；不足，乃募民之欲往者，皆赐高爵，复其家。予冬夏衣，廪食，能自给而止。
>
> 《汉书·晁错传》

晁错提出的徙民治塞理论的要点主要包括：
- 招募内地百姓到边塞地区，长期安家落户，先由政府供给衣食、住房、耕作器具，规划耕地，直到能够自给为止；
- 按军事组织编制移民，并实行军事训练，平时耕种，战时出击；
- 建筑防御工事，高筑城墙，深挖壕沟，并设滚木、蒺藜等。

晁错的"徙民治塞"理论对于克服轮换制的不足，巩固边防的确不失为高见，而且从经济角度来看，也颇有价值。它的国防经济意义在于：通过寓兵于农，兵农合一的途径，为国家节省一笔数量可观的军费开支，开了军队屯田戍边的先河。

晁错在国防经济方面的另一贡献是，他充分认识到军粮储备的重要性，他继承先秦耕战思想，充分认识到粮食生产与军粮储备之间的紧密关系，以及军粮储备在战争中的地位和作用。指出：

> 神农之教曰："有石城十仞，汤池百步，带甲百万，而亡粟弗能守也"。以是观之，粟者，王者大用，政之本务。
> ……
> 使天下入粟于边，以受爵免罪，不过三岁，塞下之粟必多矣……边食足以支五岁。

《汉书·食货志》

晁错主张"使民以粟为赏罚"，实行"贵粟之道"，通过"入粟拜爵"、"入粟除罪"等途径，鼓励和发展粮食生产。把所获取的粮食向边疆输送，用于边疆国防建设。

此外，晁错还重视边郡布局建设规划，对于边郡交通道路建设给予了高度重视，他强调：

> 营邑立城，制里割宅，通田作之道，正阡陌之界。

《汉书·晁错传》

二、桑弘羊

桑弘羊（公元前152～前80年），洛阳人，西汉政治家，著名的理财家。出身富商家庭，自幼有心算才能，13岁即在武帝身边当侍中，历任农中丞、大司农、治粟都尉、御史大夫等职。昭帝即位后，与霍光、金日䃅、上官桀等共同辅政。由于桑弘羊的政治观点与霍光等保守势力相左，深为他们所忌恨，昭帝元凤元年，被卷入燕王旦和上官桀父子的谋反事件，以莫须有的罪名被杀。

桑弘羊是中国历史上第一个提出不依靠农业富国的思想家。他指出："富国非一道"、"无末业则本业何出"。元狩年间以后，在桑弘羊的参与和主持下，先后实行了盐、铁、酒官营，均输、平准、算缗、告缗，统一铸币等经济政策。此外，还组织了60万人屯田戍边，防御匈奴，这些措施都在不同程度上取得了成功。汉武帝晚年，由于对匈奴作战的失利，同时国内的矛盾已开始激化，汉武帝认识到这一形势，因而决定对外暂时变攻为守，对内恢复休养生息的办法，下了有名的轮台诏，对自己过去的好大喜功作了自我检讨。汉武帝死后，始元六年（前81年），昭帝召集各地贤良文学至长安开会，这次会议讨论的问题涉及面很广，有政治问题（如应重刑罚还是重德教）；有军事问题（如抗击匈奴还是与之和亲）。讨论更多的是汉武帝所施行的盐铁、均输、酒榷、币制、算缗、告缗等一系列财政经济政策。贤良文学反对盐铁官营和均输平准等与民争利的政策，力主改弦更张，桑弘羊与之展开辩论，历史上把这次会议叫做"盐铁会议"。汉宣帝时汝南人桓宽根据当时会议的官方记录，整理成《盐铁论》一书，桑弘羊的国防经济思想多体现在这一书中。

汉武帝时初即位，国家十分富庶，可是由于匈奴不断入侵，汉武帝与匈奴连年进行战争，物资粮饷耗费严重，国家财政困难，此时战争仍在继续。汉武帝为了扩大财政收入，支援战争需要，在桑弘羊的协助下，进行了大规模的财政改革。桑弘羊的国防经济理论总的来说是主张通过国家财政手段来解决军事费用问题，具体表现为：

通过盐、铁、酒官营，均输、平准、算缗、告缗等措施增加国家财富，补助边防费用。汉武帝为了抵御匈奴，曾实行盐铁官营，酒类专卖，改革以前不合理的向农民征收实物的制度，以获得充足的军费，巩固边防，取得了较好的效果。昭帝时，贤良、文学从儒家思想出发，对这些措施进行了抨击，主张取消它们。桑弘羊则极力强调这些政策对于国家的重要性，他们之间形成了尖锐的对立，他认为：

富国何必用本农，足民何必井田也？

《盐铁论》

所谓均输法就是各郡国上交中央的贡品，一律按照当地的市价，折合成当地出产的产品，交纳国家后，由均输官统一调运到缺乏这些产品的地区出售。这样不但各郡国再也不用为了贡物而派人四处采购物品，而且中央政府可借货物的地

区差价，从中获得很大利润，从而打击商人的暴利。一方面可以减轻农民的负担，另一方面可以打击富商大贾，间接地将原属于他们的一部分利益转为国有。他认为采用均输法可以：

> 开本末之途，通有无之用……
> 农商交易，以利本末。

《盐铁论》

平准法是桑弘羊为了配合均输盐铁政策的推行而实行的另一项经济改革。它通过国家掌握的由大农诸官和各地输进的货物以及工官制造的产品，在京城市场上贵卖贱买，以稳定京城的市场物价，这不但解决了均输官运到京师的多余货物的出售，也打击了投机倒把的商人。

算缗是国家向商人征收的一种财产税，告缗是与商人瞒产漏税做斗争的方法。所谓算缗，就是凡工商业者，都要如实向政府呈报自己的财产数，二缗抽取一算的税（一缗为一千钱，一算为二百文钱），小工商业者可以减半抽税。所谓告缗，就是对不如实呈报财产的人，鼓励大家告发，经调查属实者，除了被告发人的财产被全部没收，戍边一年外，告发的人可得到被没收财产一半的奖赏。

桑弘羊的一系列财政经济改革，在不太多地增加农民赋税负担的情况下，为国家筹措了大量的国防经费，满足了汉武帝连年对外进行大规模战争的经费需求。

桑弘羊极力主张发展对外贸易，使外物内流，以增强国力，他的基本思想是：

> 以末易其本，以虚荡其实……
> 外国之物内流，而利不外泄也。异物内流则国内饶，利不外泄则民用给也。

《盐铁论》

桑弘羊的对外贸易理论在实践中收到一定的效果，对增强国家实力有一定的帮助。但是，他只看到在对外贸易中自己获利，没有看到敌国也可以获利，甚至认为敌国的利益在对外贸易中还要受损，这也是他的局限之处。

此外，桑弘羊主张发展水路运输，节约财政开支，他认为发展水路运输是解决远途作战军队与边塞守军军需运输的最好办法。古时科技不发达，利用水力这一自然力来为军需运输服务，可以节约一大笔运输费用。从某种意义上来说，他的节流思想是他的开源富国思想的补充,是为适应当时对外战争的需要而产生的。

三、赵充国

赵充国(公元前137~前52年),陇西上邽(今甘肃省天水市)人,西汉名将。历事武帝、昭帝、宣帝三个皇帝,他为人沉着勇敢,熟悉兵法,有远见深谋,行军以远出侦察为主,稳扎稳打,计划周全,精通少数民族事务,在对匈奴、羌、氐的战争中,审时度势,每战必胜,威名远扬。汉武帝时为中郎,后升为车骑将军长史,昭帝时为中郎将、水衡都尉、后将军,宣帝时被封为营平侯,古稀之年仍主动率军平定羌族叛乱,稳定了汉朝的西北边境,老病辞官在家以后,朝廷每讨论边防大事,也常参与谋略,死后画肖像于未央宫,谥曰壮侯。

赵充国对我国国防经济思想的最大贡献是提出了"寓兵于农,耕战两利"的策略,即著名的屯田法,他是我国历史上明确提出屯田理论的第一人。此前,晁错的"徙民治塞"理论虽然与屯田理论相近,但他并没有明确提出屯田理论。赵充国曾多次率军出征匈奴,他深深感到,征伐战争虽然能取得一时的胜利,但同时也使自己遭到了巨大损失,给自己的国家和人民带来沉重的经济负担,他不主张发动这样的战争。采用屯田法,他认为这样既能收到征伐战争的功效,又能为国家节省大量财政开支,此方法被汉宣帝采纳后,取得了对羌战争的最终胜利,保持了西北边疆的稳定,同时对发展边疆农业也起到了积极的促进作用。

赵充国的屯田在历史上产生了巨大的影响,在屯田史上的地位远远高于历代各次屯田,历代政治家、军事家多把赵充国的屯田作为屯田的楷模来赞扬效法,比如:

今日之计,莫若修范蠡之养民,法管仲之寄政,则充国之屯田,明仲尼之怀远。

《三国志·魏志·辛毗传》

赵充国论备边之计曰:"湟中积谷三百万斛,则羌人不被动"。李广武为成安君谋曰:"要其辎重,十日不至,则二将之头可致者。"此言用兵制胜以粮为先，转饷给军以通为利也。必欲使粮足而饷无间绝之忧，惟屯田为善。

黄淮、杨士奇编《历代名臣奏议》卷九十四，《经国门》

夫且耕且守，如汉赵充国、诸葛亮、晋羊祜，皆有明效。

《续文献通考·田赋考·屯田》

议者皆曰：汉赵充国、魏枣祇屯田皆卓有成效。

《文献通考·田赋考·屯田》

赵充国根据自己对边塞地区的调查研究，提出了屯田的具体设想，他请求撤回骑兵，留下解除枷锁的刑徒和应募的士兵，淮阳、汝南的步兵，以及自愿跟随到边疆立功的官吏，让他们分别屯驻在要害地方，修建乡亭，疏浚水道，建造桥梁。他在给汉宣帝的一份奏折中写道：

愿罢骑兵，留弛刑应募及淮阳、汝南步兵与吏士私从者，合凡万二百八十一人。

《汉书·赵充国传》

实行屯田在国防经济方面的好处，主要还是能为国家节省大量开支，可以免除百姓的徭役等。

臣所将吏士马牛食，月用粮谷十九万九千六百三十斛，盐千六百九十三斛，茭藳二十五万二百八十六石。难久不解，徭役不息。
……
臣谨条不出兵留田便宜十二事。步兵九校，吏士万人，留屯以为武备，因田致谷，威德并行，一也。
……
臣愚以为屯田内有亡费之利，外有守御之备。

《汉书·赵充国传》

赵充国认为实行屯田对国家来说具体有12个好处，归纳起来，有三个方面：一是政治上，"万人留兵屯田以为武备"，可以产生震慑敌人的重大影响；二是经济上，屯田士兵生产的粮食可以自给自足，节省国家巨大的开支；三是军事上，以往由于供给不足，北部边陲一万余里的防线上只有几千将士，现留一万步兵屯田，有效地增强了边防力量。可见，赵充国的屯田不尽为得谷而设，屯田内容也多非耕种：

计度临羌东至浩亹……其间邮亭多坏败者。臣前部士入山，伐材木大小六万余枝，皆在水次。愿罢骑兵……分屯要害处。冰解漕下，缮乡亭，浚沟渠，治湟陿以西道桥七十所，令可至鲜水左右。田事出，赋人二十畮。

……

臣谨条不出兵留田便宜十二事。……以间暇时下所伐材，缮治邮亭，充入金城，六也。……治湟陿中道桥，令可至鲜水，以制西域，信威千里，从枕席上过师，十一也。

……

今留步士万人屯田，地势平易，多高山远望之便，部曲相保，为斩垒木樵，校联不绝，便兵弩，饬斗具。

《汉书·赵充国传》

屯田理论是赵充国在充分研究古代中国边境军事斗争实际情况的基础上提出的，对于巩固边防、节省国家军费开支的确起了相当大的作用，无论在历史上，在今日，还是在未来，都有它永久的魅力与威力。但他的屯田理论具有明显的保守倾向，它只强调被动防御，不主张在必要时发起主动进攻，这是它的局限所在。

第2节　魏晋南北朝时期中国的国防经济思想

魏晋南北朝时期是中国历史上政权更迭最频繁的时期，长期的封建割据和连绵不断的战争，也促使当时的政治家和思想家不得不关注有关国防经济的现实问题。这期间以曹操、诸葛亮、袁准等人提出的国防经济思想较为典型。

一、曹操

曹操（公元155～220年），沛国谯县（今安徽亳州）人，三国时期杰出的政治家、军事家和文学家。曹操出生于一个显赫的宦官家庭，曹操的祖父曹腾是东汉末年宦官集团十常侍中的一员，父亲曹嵩是曹腾的养子，官至太尉。东汉末年，汉政权在黄巾起义的作用下名存实亡，曹操乘机扩充军事力量，奉天子以令不臣，先后消灭了袁绍、吕布、刘琮、马腾和张鲁等割据势力，统一了中国北方。建安13年（公元208年）任丞相，率军南下，被孙权和刘备的联军击败于赤壁，形成鼎足之势，后被封为魏王，死后其子曹丕称帝，追尊为太祖武皇帝。

魏晋南北朝时期是中国历史上长期分裂割据的时期，在此期间，北方的割据势力之间、民族之间发生过频繁激烈的战争。全国性的黄巾农民大起义以后，中原地区陷入长期军阀混战的状态。曹操是我国三国时期一位著名的政治家、文学家和军事家。在政治方面，曹操消灭了北方的众多割据势力，恢复了中国北方的统一，并实行一系列政策恢复经济生产和社会秩序；文化方面，在曹操父子的推动下，形成了以曹氏父子为代表的建安文学，在文学史上留下了光辉的一笔。曹操的军事力量起家于东汉末年镇压黄巾起义的战争过程，从最初的五六千人迅速壮大到百万大军，并能在群雄逐鹿中原中逐步剪除比自己强大得多的各方豪强，统一北方，最终形成远比孙吴、蜀汉强盛的割据政权。除了政治上"奉天子以令不臣"、"唯才是举"之外，其在经济上采取的一系列改革措施无疑起到了重要的保障作用。曹操是一位颇有头脑和建树的理财家，堪称治世之能臣，其在经济上的突出表现，形成了他独具特色的国防经济战略，这种战略使其收到了用最小的代价换取最大供应便利的战略效果，从而奠定了统一中国北方的坚实基础。

东汉末年，战乱频繁，极大地破坏了社会根基，地处黄河流域的中原地区作为主要战场，经济受害的程度尤深，经济凋敝，土地荒芜，人口锐减，满目疮痍，农业生产急剧下降，粮食严重匮乏：

> 自遭荒乱，率乏粮谷，诸军并起，无终岁之计，饥则寇略，饱则弃余，瓦解流离，无敌自破者不可胜数。袁绍之在河北，军人仰食桑椹。袁术在江、淮，取给蒲蠃。民人相食，州里萧条。

《三国志·武帝纪》

粮食的匮乏自然影响到军队，曹操发动的多次军事行动都因军粮不足而功败垂成。曹操深知，不解决当前的饥饿问题，不考虑农业经济以解决今后的吃粮问题，就不可能稳定人心，巩固自己的权位，更谈不上征伐不臣的问题。建安元年（公元196年），曹操颁布屯田令：

> 夫定国之术，在于强兵足食，秦人以急农兼天下，孝武以屯田定西域，此先代之良式也。

《三国志·魏志·武帝纪》

曹操的屯田理论与晁错、赵充国的屯田理论在目的、范围及方式上都有区别：从目的上看，晁错与赵充国的屯田主要是为了解决边境防御以及边境驻军的给养问题，而曹操之所以主张屯田，则是为了解决当时的粮食严重缺乏问题，这在前面已经述及；从范围上看，晁错与赵充国所主张的屯田只限于边境，而曹操所主张的屯田则遍及全国各地，比如有水利之便的主要屯田区域颍川、弘农、河内、河南、魏郡、襄城、陈郡以及京兆之长安地区等地，作为军粮供给地及边境屯田的重要地区，汝南、汝阳、安丰、下邳、庐江、淮南等汝、淮、泗流域，西北的上党、金城、武威、酒泉等地，都有曹操屯田耕种的记载；从方式上看，曹操的屯田分军屯和民屯两种，军屯是用兵士分番屯种，如以邓艾屯田淮北，以司马孚屯田上邽，都属于军屯。民屯是募民进行屯耕，如袁涣为沛阳部都尉时的屯田，许下屯田等，都属于民屯。就曹操屯田来说，虽然军屯早于民屯，但大都是临时因地制宜，规模较小，且曹操在世时，军屯尚不发达，真正解决曹操粮食危机，从而取得重大成就的是民屯。此外，曹操屯田的成功，还与收获物在官、民之间的分配方式有密切关系，据史料记载：

> 及破黄巾定许，得贼资业，当兴立屯田，时议者皆言当计牛输谷。佃科已定，施行后，祗白以为僦牛输谷，大收不增谷，有水旱灾除，大不便。反复来说，孤犹以为当如故，大收不可复改易。祗犹执之，孤不知所以，使与荀令君议之。时故军酒侯声云："科取官牛，为官田计。如祗议，于官便，于客不便。声怀此云云，以疑令君。祗犹自信，据计画还白，执分田之术。孤乃然之，使为屯田都尉，施设田业。其时岁则大收，后遂因此大田，丰足军用，摧灭群逆，克定天下，以隆王室，祗兴其功"。

《加枣祗子处中封爵业并祀祗令》

曹操的国防经济思想除了上述的屯田理论外，还体现在他的就地取给、就近取给的"因粮于敌"思想。曹操认为远途运输必然导致老百姓贫困，而且转输军粮，消耗太大，因而必须"因粮于敌"。《孙子》曰："善用兵者，役不再籍，粮不三载；取用于国，因粮于敌，故军食可足也。"曹操注曰：

> 籍，犹赋也。言初赋民，而便取胜，不复归国发兵也。始载粮，后遂因粮于敌，还兵入国，不复以粮迎之也。
>
> 百姓财弹尽而兵不解，则运粮尽力于原野也。十去其七者，所破费也。

《孙子·作战篇》注

二、诸葛亮

诸葛亮（公元181～234年），字孔明，琅琊郡阳都县（今山东沂南县）人，三国时期杰出的政治家、军事家、外交家。东汉末年，他隐居隆中，广交名士，密切注意时局的发展，后为刘备三顾茅庐之情所感，为其谋士，在他的帮助下，刘备联孙抗曹，赤壁之战大败曹军，并占领荆、益二州，建立蜀汉政权，形成了三国鼎足之势。刘备称帝后，诸葛亮任丞相，刘禅继位后，被封为武乡侯，领益州牧，实际担负着掌管国事的大任。建兴五年（公元227年），上疏刘禅，率军前后6次北伐中原，十二年（公元234年），因积劳成疾，病逝于五丈原军中。

诸葛亮是一个维护封建纲常和崇尚儒家忠义道德的正统思想家、军事家，但他不墨守儒家教条。刘备去世后，蜀国的军、政、财，事无大小，皆由诸葛亮决定，他对外首先恢复与东吴的外交关系，与东吴联盟，解除了吴蜀边境的军事压力，同时也切断了吴国给予南中的外援，为平定南中叛乱奠定了基础；对内他尊王而不攘夷，进兵南中，和抚夷越，改善和西南各族的关系，在魏蜀吴三国中执行了最好的民族政策。平定南中后，他吸取"众建诸侯分其力"的经验，将南中四郡分为六郡，起用大量土著大姓为官吏，达到不留军队、不运粮草，又能治理该地的目的。征调南中"青羌"万余家入蜀，以其青壮组成骑兵五部，号称"飞军"，增强了蜀军的战斗力。他抚百姓，示仪轨，约官职，从权制，开诚心，布公道，赏罚严明，实行屯田，备农植谷，闭关息民，作好内部稳定及军需供应工作，加强战备。诸葛亮常常成为智慧的化身，其传奇性故事为世人传诵，他娴熟韬略，多谋善断，长于巧思。他充分认识到军事装备和后勤的重要，曾革新"连弩"，可连续发射10箭，还推演兵法，作"八阵图"。诸葛亮以其"鞠躬尽瘁，死而后已"的精神成为后世的楷模。

诸葛亮作为一个富有实践经验的军事家，非常了解粮食对于军队的重要性，明确提出了"以粮为本"的思想。"粮谷军之要最"，"故军以粮食为本……"，他认为军队首先要保证粮食供应，民以食为天，粮食保障能否到位将直接影响军心和士气，进而影响到战争的进程和结局。

粮谷，军之要最。

《三国志·诸葛恪传》注引《江表传》

军以粮食为本。

《诸葛亮集·文集》之《便宜十六策·治军》

为确保北伐战争的胜利，保证军粮供应，诸葛亮在汉中实行屯田自给，希望将汉中建成伐魏的战略后勤基地，就地保障军用物资所需，减轻益州人民的兵役和劳役负担，同时在战争前线屯田也是考虑到蜀道艰险交通运输不便的实际情况，建兴五年（227年）春，诸葛亮率军进驻汉中即开始屯田，次年伐魏。

> 前赵子龙退军，烧坏赤崖以北阁道，……顷大水暴出，赤崖以南桥阁悉坏。时赵子龙与邓伯苗，一戍赤崖屯田，一戍赤崖口。但得缘崖与伯苗相闻而已。

王国维校《水经注校》

这则史料说明，诸葛亮出兵汉中不久就开始兴办赤崖屯田。除了认识到粮食的重要性外，诸葛亮对其他军需物资也非常重视，他不仅关注己方军队后勤保障，也关注敌方的后勤供应，认为作战双方的军需实力是决定胜负的重要因素之一，他指出：

> 古之善用兵者，揣其能而料其胜负。主孰圣也？将孰贤也？吏孰能也？粮饷孰丰也？士卒孰练也？军容孰整也？戎马孰逸也？形势孰险也？宾客孰智也？邻国孰惧也？财货孰多也？百姓孰安也？由此观之，强弱之势，可以决矣。

《诸葛亮集·文集》卷4《将苑·揣能》

> 古之善斗者，必先探敌情而后图之，凡师粮老绝，百姓愁怨，军令不习，器械不修，计不先设，外救不至，将吏刻剥，赏罚轻懈，营伍失次，战胜而骄者，可以攻之；若用贤授能，粮食羡余，甲兵坚利，四邻和睦，大国应援，敌有此者，引而计之。

《诸葛亮集·文集》卷4《将苑·击势》

在这里，诸葛亮把粮食等保障视为估量敌我双方实力的一个标准，并主张根据敌人粮食、武器等准备情况适时做出进攻与回避敌人的决定。蜀国地处山区，交通不便，为保障军粮供应，将仓库中存储的军需衣粮及时运送到前线，就要解决军粮运输问题，诸葛亮不惜代价再修了汉代褒斜栈道，使之成为伐魏作战时的

主要军事运输线。此外,他还根据山地特点,设计制造了新型运输工具——木牛流马,大大提高了军需运输的能力,据史料记载:

(建兴)九年春二月,亮复出军围祁山,始以木牛运。魏司马懿、张郃救祁山。夏六月,亮粮尽退军。

十年,亮休士劝农于黄沙,作流马木牛毕,教兵讲武。

十二年春二月,亮由斜谷出,始以流马运。秋八月,亮卒于渭滨。

《三国志》卷33《蜀书·后主传》

(建兴)九年,亮复出祁山,以木牛运,粮尽退军,与魏将张郃交战,射杀郃。十二年春,亮悉大众由斜谷出,以流马运,据武功五丈原,与司马宣王对于渭南。

《三国志》卷35《蜀书·诸葛亮传》

诸葛亮的政治理想是"北定中原"、"兴复汉室",他治蜀治军都是围绕这一理想而展开的。在边防上,他在汉中前线分兵屯田,将兵士杂于渭滨居民之间,且耕且守;在内地,大力发展农业,改进农田耕作方法,兴修水利,实行盐铁官营,利用蜀锦开展对外贸易等等,通过以发展农业生产为根本,工商并举等方式,广殖财力,多渠道筹措军用物资,为蜀汉发动的北伐战争提供了雄厚的物质基础,据史料记载:

劝分务穑,以阜民财。

《三国志》卷33《蜀书·后主传》注引《诸葛亮集》

诸葛亮北征,以此堰农本,国之所资,以征丁千二百人主护之,有堰官。

《水经注》卷33《江水注》

定莋、台登、卑水三县去郡三百余里,旧出盐铁及漆,而夷徼久自固食。越巂太守张嶷率所领夺取,署长吏……遂获盐铁,器用周赡。

《三国志》卷43《张嶷传》

市廛所会,万商之渊。列隧百重,罗肆巨千。贿货山积,纤丽星繁,舛错纵横。异物崛诡,奇于八方。布有橦华,麨有桄榔。邛杖传节于大夏之邑,蒟酱流味于番禺之乡。

《蜀都赋》

三、袁准

袁准（约公元237~316年间），具体生卒年月不详，字孝尼，陈郡阳夏人，曹魏郎中令袁涣第四子，在魏的情况史籍没有记载。其以儒学知名，忠信公正，不耻下问，性恬退。晋泰史中（公元269年左右）为给事中，《晋书》中记载其事只寥寥二十余字。袁准著书十余万字，主要论治世之务，又为《易》、《周官》、《诗传》，论五经滞义，留下的著述有《仪礼丧服经注》一卷、《袁子正论》十九卷、《正书》二十五卷，集二卷。

军事和经济两者之间从一开始就是互相联系、密不可分的，军事力量的对比从本质上讲可归结为物质力的对抗和经济力的角逐。在中国历史上，认识到经济是军事的基础，因而主张通过发展经济来增强国家军事实力的军事家、思想家很多。在传统农业社会中，农业是主要的生产部门，是整个社会的经济基础，发展经济力就是以农业为本，讲军事与经济的关系在很大程度上就是讲军事与农业的关系。《管子》认为"甲兵之本，必先于田宅"，"地之守在城，城之守在兵，兵之守在人，人之守在粟"，可见，《管子》非常看重农业（或更直接地说是重粟）对于军事的基础性作用，认识到经济是军事的基础，主张通过发展经济来增强国家军事实力，富国强兵：

> 民事农则田垦，田垦则粟多，粟多则国富，国富者兵强，兵强者战胜，战胜者地广，是以先王知众民、强兵、广地、富国之必生于粟也。
>
> 《管子·治国》

> 地不辟，则六畜不育；六畜不育，则国贫而用不足；国贫而用不足，则兵弱而士不厉；兵弱而士不厉，则战不胜而守不固；战不胜而守不固，则国不安矣。
>
> 《管子·七法》

可以看出，在如何对待财富的分配上，《管子》主张富国，由富国达到强兵，认为只有国家富强，才能实现军事的强大。与之相对应的一种观点也认为经济对于军事的基础作用，所不同的是他们主张富民，认为只有人民富裕，才能实现军事的强大，这种观点在袁准之前也有人主张过，但不够鲜明，袁准是第一个明确提出富民理论的人，他认为：

夫民者，君之所求用也，民富则所求尽得，民贫则所求尽失。

《袁子正论》

袁准非常重视农业生产，始终将粮食放在最重要的位置上，认为它是国家生死存亡的关键。认为农业是治理国家的根本，本立则末治，国家自然就稳固、安定，他说：

治国之要有三：一曰食，二曰兵，三曰信。三者国之急务，存亡之机，明主之所重也。

《袁子正论》

中国长期处于农业社会，经济与军事之间的关系，国与国之间军事力量的较量本质上是国与国之间经济实力的较量，这些思想早已为许多政治家和思想家所认识。早在春秋战国时期就提出了"富国强兵"思想，这里的"富国"既可以指国家财政收入的增加，也可以指国家经济实力的增强，袁准的"富民强兵"思想更接近后者，而且在此基础上大大向前迈进了一步。这说明袁准已经认识到封建国家与广大农民利益的根本对立，正是因为看到了这一对立，并认识到这一对立如果处理不好将会导致严重的后果，从调和阶级矛盾、维护统治阶级利益的角度出发，袁准提出的"富民强兵"理论有一定的阶级局限性，然而这一理论在客观上对于维护农民阶级利益、发展国家经济无疑会起到较大的促进作用。但是，由于封建国家是代表地主阶级利益的，地主阶级与农民阶级利益之间的矛盾是根本对立的，从这个角度来看，富国与富民思想始终是难以调和的，因而他的"富民强兵"思想是不可能为封建统治者所真正接受的。

第3节　隋唐时期中国的国防经济思想

隋唐结束了魏晋以来300多年的分裂局面，开创了自秦汉以来的大一统局面。这一时期是中国政治、经济文化最为鼎盛的时期之一，李世民、陈子昂、陆贽是这个时段提出重要国防经济思想的代表性人物。

一、李世民

李世民（公元599~649年），唐朝第二位皇帝，伟大的军事家、政治家、思想家，庙号太宗。李世民自幼聪明，见解深远，临机果断，注意大事，不拘小节。隋朝末年天下大乱，危机四伏，他推财养士，结纳豪杰，积蓄力量，以求代隋，在唐朝建立过程中，他出生入死，运筹帷幄，亲自指挥了统一全国的大部分战争，并以其过人的胆识和谋略，几乎取得了全部胜利，为唐王朝立下了赫赫战功。即帝位后，一方面抗击外来侵略，同时执行夷汉一家的民族政策，在促进民族团结和融合中做出了重大贡献。唐太宗在位23年，由于他任人唯贤，知人善用，广开言路，虚心纳谏，并采取了一系列以农为本、减轻徭赋、休养生息、厉行节约、完善科举制度的政策，使得唐朝经济发展，社会安定，政治清明，军事力量强大，人民富裕安康，出现了空前的繁荣景象。太宗在位时年号为贞观，人们把这一时期称为"贞观之治"，"贞观之治"是我国历史上最为璀璨夺目的时期。

公元627年，经过玄武门之变后，李世民登上皇帝宝座，改元"贞观"，当时李世民面临的当务之急是，一方面要恢复凋敝的社会经济，改善国计民生，消除内部不安定因素；另一方面就是解除突厥势力的威胁，为国家发展创造良好的周边环境。李世民大力改革府兵制度，加强武备，巩固国防，并于贞观三年击败了东突厥，彻底拔除了唐王朝的这一芒刺在背。府兵是一种兵农合一的兵役和动员体制，充任府兵者免除租调，但执行作战任务时需要自备武器和口粮，对于这些人，当有了作战任务时，朝廷委任将领统率，作战完毕，则"兵散于府，将归于朝"，既可减少国家军费开支，又能避免历史上藩将专兵的危险，而且这种体制与唐初的经济实力相适应，对于巩固国防起到了积极的作用。

> 兵之胜败，本在于政，政胜其民，下附其上，则兵强矣亚；民胜于政，下叛其上，则兵弱矣。
>
> 《淮南子·兵略训》

李世民深知国防与经济的辩证关系，他既不忘战，又不离开安民的政治轨道；既坚持不懈地督饬训练、整顿府兵、强化国防，又把主要精力放在安定内

部、发展生产、恢复经济上。他发展了封建社会思想家们"民为邦本,本固邦宁"的思想,提出了"静之则安,动之则乱"的著名警策,贞观二年,他对大臣们说:

> 凡事皆须务本,国以人为本,人以衣食为本,凡营衣食,以不失时为本。
>
> 《贞观政要》卷八《务农》篇

李世民清醒地认识到,要在政治上"大治",就必须在经济上不夺民时,一再强调"朝廷节欲,胜于重法,百姓平安,可为甲兵。"作为这些思想的延伸,他制定了"务静方内而不求辟土"的国防政策。重农是李世民施政的一条基本原则,他"唯思稼穑之艰,不以珠玑为宝",他力行均田,劝课农桑,去奢省费、轻徭薄赋,兴修水利,垦殖荒地,他对大臣说:

> 崇饰宫宇,游赏池台,帝王之所欲,百姓之所不欲。……劳弊之事,诚不可施于百姓。
>
> 《贞观政要》卷六

为劝课农桑,李世民恢复了自东晋以后被废弃达数百年之久的籍田仪式,据《旧唐书·礼义志》记载:

> 太宗贞观二年正月,亲祭先农,躬御耒,籍于千亩之甸。……此礼久废,而今始行之,观者莫不骇跃。
>
> 《贞观政要》卷八

唐太宗从各个方面推行重农政策,收到了明显的效果,贞观中后期,出现了"天下大稔,流归者咸归乡里,斗米不过三、四钱,终岁断死刑才二十九人"[①],"外户不闭者数月,马牛被野;人行数千里不赍粮"[②] 的繁荣景象,与中国其他封建王朝采用"重农抑商"政策不同的是,唐太宗推行重农政策的同时并不"抑商",这也是中国历史上少有的不歧视商业的封建王朝,不但不歧视,还给商业发展提供了许多便利条件,当时世界出名的商业城市,有一半以上集中在中国,首都长安和陪都洛阳则是世界性的大都会。自汉代开辟的"丝绸之路"一直是联系东西方物质文明的纽带,唐朝疆域辽阔,在西域设立了安西四镇,西部

---

① 《资治通鉴》卷一九三。
② 《新唐书·食货志》。

边界直达中亚，为东西方来往的商旅提供了安定的社会秩序和有效的安全保障，"丝绸之路"上的商旅不绝于途，品种繁多的大宗货物在东西方世界往来传递，使丝绸之路成了整个世界的黄金走廊。整顿府兵制度、重视农业、发展商业等等，所有这一系列措施和政策的实行，对于社会经济的恢复与发展，对于唐代的繁荣兴旺起到了积极的促进作用，也为国防的巩固奠定了坚实的基础。

二、陈子昂

陈子昂（约公元659～700年），字伯玉，梓州射洪（今属四川）人，唐代文学家，初唐诗文革新人物之一，因曾任右拾遗，后世称为陈拾遗。陈子昂的诗歌一改唐初风格绮靡纤弱的风格，以其进步、充实的思想内容，质朴、刚健的语言，对整个唐代诗歌产生过巨大影响。他的边塞诗作内容丰富多彩，格调质朴刚健，是边塞诗从初唐转入盛唐的里程碑。陈子昂青少年时家庭较富裕，轻财好施，慷慨任侠。成年后始发愤攻读，博览群书，擅长写作，同时关心国事，要求在政治上有所建树。24岁时举进士，官麟台正字，后升右拾遗，直言敢谏，时武则天当政，信用酷吏，滥杀无辜，他不畏迫害，屡次上书谏诤。他的言论切直，常不被采纳，并一度因"逆党"反对武则天的株连而下狱。垂拱二年（公元686年），曾随左补阙乔知之军队到达西北居延海、张掖河一带。万岁通天元年（公元696年），契丹李尽忠、孙万荣叛乱，又随建安王武攸宜大军出征。两次从军，使他对边塞形势和当地人民生活获得较为深刻的认识。圣历元年（公元698年），因父老解官回乡，不久父死。居丧期间，权臣武三思指使射洪县令段简罗织罪名，加以迫害，冤死狱中。陈子昂死后，其友人卢藏用为之编次遗文10卷，现存有经后人重编的《陈伯玉文集》传世。

陈子昂生活在唐高宗、武则天朝代，当时的唐王朝正处在上升时期。一方面，政治上世族门阀势力进一步衰落，社会经济继续向前发展，科举制度的兴起使一大批知识分子有机会步入仕途、参与朝政，内部局势比较稳定；另一方面，朝廷任人唯亲，酷吏横行，广大下层人民因不堪灾荒和赋役、兵役的负担，纷纷起来反抗和逃亡。这一时期周边少数民族（如突厥、吐蕃、契丹等）与唐王朝之间的关系亦时好时坏，它们在边境的袭扰，时而酿成战争，给人民造成灾难，也大大增加了唐朝的军费开支。与此同时，唐朝统治者也开始奢侈腐化起来，武则天当政期间，修建了很多宫殿，还到处大修佛寺、佛像，劳民伤财，于是就出现了社会繁荣安定而经费严重不足的奇怪现象，陈子昂的国防经济思想正是在这种情况下提出来的。

陈子昂反复强调"制敌安人，富国强兵"，安人和强兵是其国防经济思想的主线，他抨击统治者滥修庙宇，浪费民力财力，主张轻徭薄赋，使民休养生息，让百姓安居乐业。在具体经济政策上，他提出用稼"养人"，用财货"聚民"的思想，重视发展农桑，他说：

> 故臣愿陛下垂衣裳，修文德，去刑罚，劝农桑。
>
> 《上军国利害事》

> 昔者，圣人之务本也，在于稼穑。有稼穑可以养人。故公之劝民也，用天之道，分地之利。以为昔者圣人之利用也，实在财货。有财货然后可以聚民。
>
> 《临邛县令君遗爱碑》

自汉朝开始的屯田制度，到隋唐时期已经有了较大发展，除了军屯和民屯外，已出现商屯的形式，陈子昂从军事需要出发，大力提倡军屯，他认为军屯不但能"内得营农，外得防盗"①，而且能减轻役民运转负担，他认为：

> 今若加兵，务穷地利，岁三十万不为难得……不出数年之间，百万之兵食无不足，而至仓廪既实，边境又强。
>
> 《上西蕃边州安危事》

陈子昂认为，要富国强兵，就必须利用山陵川泽的资源。他认为，现在剑南诸山都封闭起来了，国家并没有开采铸造，使得军事费用和国家开支只好靠征收百姓的赋税，结果当然是国库空虚，私家贫困，只要将诸山的铜矿开采出来，允许州府集中铸钱，以供军需，并增加国用，这样国家就会富庶，他指出：

> 剑南诸山，多有铜矿，采之铸钱，可以富国。今诸山皆闭，官无采铸，军国资用，惟敛下人，乃使公府虚竭，私室贫弊，而天地珍藏，委废不论。依臣所见，请依旧式，尽令剑南诸州，准前采铜，于益府铸钱。
>
> 《上益国事》

---

① 《上西蕃边州安危事》。

应该承认，陈子昂提出的开采矿山，允许州府铸钱的观点，对于缓解唐王朝财政困难、军费紧张的状况，刺激生产发展具有一定的积极作用，这是适合当时国情和民情的。但认为货币本身就是财富，有了货币就有了一切，把货币具有的购买手段职能与财富本身相混淆，反映出他对货币本质的错误认识。陈子昂所说的国家大量采铜铸钱，从而增加货币的发行量，这必然造成货币贬值，实质上是换一种手法盘剥百姓，其结果虽然可以充实国库，解决军费一时之需，但不能从根本上解决国家财政拮据和老百姓的贫困问题，而且还会带来更为严重的后果。

三、陆贽

陆贽（公元754～805年），字敬舆，唐苏州嘉兴（今属浙江）人，唐朝中期的著名政治家。大历六年（771年）中进士，德宗即位后，召充翰林学士，参与机谋。陆贽议论纵横，析理深刻，又深谋远虑，善于筹划，"政不便于时者，多所条奏，德宗虽不能皆可而心颇重之。"① 当时事无大小，德宗都与他商量，所以有"内相"之称。贞元七年（791年），拜兵部侍郎，知贡举，次年任中书侍郎同平章事，为宰相，他直言敢谏，无所隐讳，指陈弊政，结果触怒了唐德宗，加上裴延龄等的逸陷，贞元十年冬罢相，为太子宾客，次年春复贬为忠州别驾。陆贽谪居僻地，仍心念黎民，因当地气候恶劣，疾疫流行，遂编录《陆氏集验方》50卷，供人们治病使用。永贞元年（805年）唐顺宗即位后，下诏召还陆贽，诏未至而贽已逝，卒后谥号宣，有《陆宣公翰苑集》24卷行世。

陆贽是唐代贤相，权德舆比之为汉代的贾谊，他的学养才能和品德风范深得当时和后世称赞，苏轼认为他是"王佐"、"帝师"之才。陆贽生活在唐朝经历安史之乱而逐渐由盛转衰的时期，这一时期，宦官专权、藩镇割据、朋党之争是唐后期政治的三个特点，三者互相交织，使政治日益黑暗，社会矛盾加剧。随着统治阶级内部矛盾的尖锐化，政治斗争已发展为直接的军事对抗，结果是兵连祸接，干戈不息。统治阶级的内部矛盾又加剧了地主阶级和农民阶级之间的矛盾，由于"聚兵日众，供费日多，……农桑疲于征呼，膏血竭于笞捶，市井愁苦，

---

① 《旧唐书·陆贽传》。

家室怨咨。"①人民群众中已孕育着强烈的不满。陆贽正是在这种情况下登上了政治舞台,他是唐王朝的坚定支持者,以排难匡正为己任,提出了一系列的政治主张。他认为立国要以民为本,对"富者兼地数万亩,贫者无容足之居"的尖锐对比深为愤慨。他主张改革吏治,加强中央集权,轻徭薄赋,任贤黜恶,储粮备边,消弭战争。他勇于指陈弊政,揭露两税法实行后的各种积弊,主张废除两税以外的一切苛敛,他还建议积谷边境,改进防务等,为朝廷出了许多善策。

陆贽非常重视发展农业与粮食储备,特别强调粮食对于军队的重要,他说:"兵之屯屯,食最为急。"由于戍边军队远离中心,在交通落后的条件下,粮食供应困难尤大,浪费颇多,他继承了古代兵农合一理论,积极主张寓兵于农,耕战合一,发展边地农业。他的发展边地农业思想,一方面是为了解决军队的吃饭问题,另一方面也是着眼于边防,实际上也是移民实边,他说:

臣愚谓宜罢诸道将士番替防秋之制,率因旧数而三分之:其一分委本道节度使募少壮愿住边城者以徙焉。其一分则本道,但供衣粮,委关内、河东诸军州募蕃汉子弟愿傅边军者以给焉。又一分也令本道但出衣粮,加给应募之人,以资新徙之业。

《论缘边守备事宜状》

可以足食,可以实边,无屯田课责之劳而储蓄自广,无征役践更之扰而守备益严。果能用之,足谓长算。

《请减京东水运收脚价于沿边州镇储蓄军粮事宜状》

边之大事,在食与兵,……兵不理,则无可用之师;食不足,则无可固之地。理兵在制置得所,足食在敛导有方。……安边之策,要在积谷,积谷之策,先务屯田。

《请减京东水运收脚价于沿边州镇储蓄军粮事宜状》

陆贽在强调发展农业的同时,还十分重视粮食的储备,他说:"兵之屯屯,食最为急。若无储蓄,是弃封疆"。针对当时边境一些州县农业连年丰收,谷价下跌,"豪家贪吏,反操利权,贱取于人"的状况,他认为政府要实行保护边地农业政策,用加倍的粮价收购百姓的粮食,以鼓励农业生产,在驻军之地就近开

---

① 《陆宣公翰苑集》卷十二。

设和籴市场，以减少运输费用，用节省的钱给军队议价买粮储存起来，不是因守城断粮，不得随便动用，有所耗用随即补充，他奏请德宗：

> 择人充使，委之平籴务农，……又请乘时丰稔，边城加贮军粮。
>
> 《请减京东水运收脚价于沿边州镇储蓄军粮事宜状》

> 边蓄既富，边备自修，……收其枉费之资，百万赢粮，坐实边鄙，又有劝农赈乏之利。
>
> 《请减京东水运收脚价于沿边州镇储蓄军粮事宜状》

第4节 宋辽金元时期中国的国防经济思想

宋辽金元时期包括北宋与辽及西夏（公元960~1127年）、南宋与金（公元1127~1279年）、元（公元1271~1368年）三个历史阶段。这一时期，中国的封建社会继续发展，各民族之间有矛盾，有斗争，后来逐步融合。这时期以王安石、苏轼、李觏为代表的国防经济思想较为典型。

一、王安石

王安石（公元1021~1086年），字介甫，晚号半山，江西临川人，北宋时期杰出的政治家、思想家、文学家、改革家，唐宋八大家之一。宋神宗时任宰相，创新法，改革旧政，罢相后得封荆国公，故世人又称王荆公。王安石出生在一个小官吏家庭，少好读书，记忆力强，受到较好的教育，庆历二年（1042年）登杨镇榜进士第四名，先后任淮南判官、鄞县知县、舒州通判、常州知州、提点江东刑狱等地方官吏。治平四年（1067年）神宗初即位，诏王安石知江宁府，旋召为翰林学士。熙宁二年（1069年）提为参知政事，从熙宁三年起，两度任同中书门下平章事，推行新法。熙宁九年（1076年）二次罢相后隐居，病死于江宁（今江苏南京市）钟山，卒后谥号文，有《临川先生文集》、《王文正公集》传世。

北宋中期以后，内忧外患不断加剧，当时的社会形势可概括为"冗官、冗兵、冗费、积贫、积弱"。这一时期，随着科举录取名额的增加，恩荫制、磨勘制的推行，官僚队伍迅速庞大起来。为了应付辽、夏的侵扰和镇压农民的反抗斗争，军队数量与年俱增，使得"养兵之费，在天下十居七八"。伴随冗官、冗兵而来的就是冗费，庞大官僚、士兵队伍的俸禄和军饷，造成了北宋王朝的沉重负担，加之每年送给辽、夏的大量银绢，宋王朝的财政面临巨大危机，正是在这种情况下，最终引发了王安石的变法运动。王安石变法的目的在于变法立制，富国强兵，改变积贫积弱的现状，巩固地主阶级的统治。王安石把发展生产作为当务之急摆在头等重要的位置上，在这一思想的指导下，变法派制订和实施了诸如农田水利、青苗、免役、均输、市易、免行钱、矿税抽分制等一系列的新法，从农业到手工业、商业，从乡村到城市，展开了广泛的社会改革。与此同时，以王安石为首的变法派为巩固封建统治，提高军队的素质和战斗力，建立将兵法、保甲法、保马法以及建立军器监等，为培养更多的社会需要的人才，还对科举、学校教育制度进行了改革。变法触犯了保守派的利益，遭到保守派的反对，特别是由于变法的设计者王安石与变法的最高主持者宋神宗在如何变法的问题上产生分歧，王安石得不到更多的支持，加上变法派内部分裂，其子王雱的病故，王安石于熙宁九年辞官隐居江宁。宋哲宗元祐元年（1086年），保守派得势，此前的新法都被废除，政局逆转，变法最终失败。

王安石的国防经济思想首先体现在他的富国强兵思想上，富国强兵是他变法的目的，也是他军事改革的总原则，他把理财与整军紧密地结合起来，认为一个国家要想富强，就必须充分利用各种资源，发展生产，增加财富，只有这样才能供给军队充足的财物，养活强大的军队，这如同人的血脉畅通不绝，如此军队方可强大，正所谓：

> 尝以谓方今之所以穷空，不独费出之无节，又失所以生财之道故也。富其家者资之国，富其国者资之天下，欲富天下则资之天地。……今岁东南饥馑如此，汴水又绝，其经画固劳心。私窃度之，京师兵食宜窘，薪刍百谷之价必踊，以谓宜料畿兵之驽怯者就食诸郡，可以舒漕挽之急。古人论天下之兵，以为犹人之血脉，不及则枯，聚则疽，分使就食，亦血脉流通之势也。

《临川先生文集》卷5《与马运判书》

> 今天下财用窘急无余，典领之官拘于弊法，内外不以相知，盈虚不以相补。……至遇军国郊祀之大费，则遣使划刷，殆无余藏，诸司财用事往往为伏匿

不敢实言，以备缓急。又忧年计之不足，则多为支移折变，以取之民，纳租税数至或倍其本数。而朝廷所用之物多求于不产，责于非时，富商大贾因时乘公私之急，以擅轻重敛散之权。……稍收轻重敛散之权，归之公上，而制其有无，以便转输，省劳费，去重敛，宽农民，庶几国用可足，民财不匮矣。

《王文公文集》卷31

在具体政策上，针对当时宋兵中冗员太多，养不胜养的状况，王安石主张精简军队，裁汰冗兵，他还把兵制改革与农业生产联系起来，主张实行屯田制，恢复"兵农合一"，实行寓兵于农的保甲制度，他认为：

（保甲）足以除盗；然非特除盗也，固可渐习其为兵。既人人能射，又为旗鼓变其耳目，渐与约；免税、上番、代巡检下兵士；……则人竞劝。然后使与募兵相参，则可以消募兵骄志，省养兵财费，事渐可以复古。此宗庙长久之计，非小事也……

《续资治通鉴长编》

王安石对屯田官也是大为赞赏，希望他们与当地军民一起努力，不畏劳苦，种植桑麻，驱除兵费，建立功勋，他说：

置将从来欲善师，百城蹉跌起毫厘。驱除久费兵符出，按抚纷烦使节移。恩泽易行穷苦后，功名常见急难时。孺文此日风流在，直笔他年岂愧辞！

《送苏屯田广西转运》

此外，王安石还非常重视军需供应，尤其是军粮、作战兵器和战马的供应，通过设置军器监、实施保马法和发展农业生产等措施，为国家积累了雄厚的财力和物力，为北宋的"强兵"，"兼制夷狄，恢复汉唐旧境"起到了重要作用。

二、苏轼

苏轼（公元1037～1101年），字子瞻，又字和仲，号东坡居士，眉州眉山（今四川眉山）人，北宋时期著名的文学家、书画家、散文家和诗人，唐宋八大家之一，与其父苏洵、其弟苏辙并称"三苏"。嘉祐二年（1057年）与弟辙同登进士，宋仁宗时任凤翔府判官，神宗时迁太常博士、摄开封府推官。因与王安石政见不合，反对推行新法，自请外任，先为杭州通判，改知密州，后又调知徐州、湖州。元丰二年（1079年），涉"乌台诗案"，以"讪谤朝廷"被人构陷入狱，出狱后贬为黄州团练副使。哲宗即位后，高太后临朝，苏轼被召为翰林学士，出知杭州、颍州、扬州、定州，官至礼部尚书。元祐八年（1093年），又被新法派诬陷，被远贬惠州（今广东惠阳），再贬儋县（今海南儋县）。徽宗即位后，遇赦北归，途中卒于常州，南宋时追谥号文忠。苏轼属豪放派词人，政治上属于旧党，但也有改革弊政的要求，作品有《东坡全集》、《东坡乐府》等。

苏轼生活的时代比王安石稍晚，这一时期北宋内忧外患不断加剧，"积贫积弱"的局面没有根本改变。苏轼是一位有多方面才干和兴趣的学者，他不仅在文学、书法、绘画、自然科学、医学、养生等领域有很深的造诣，而且对政治革新、经济发展、国防建设等也充满了激情，曾经提出过"丰财"、"强兵"、"择吏"的革新主张。在国防经济思想方面，针对当时宋朝布重兵于京师、委派禁兵肩负四方州县防卫的状况，苏轼提出加强培养地方防卫力量，裁减军队，节省军费开支，他说：

> 费莫大于养兵，养兵之费，莫大于征行。今出禁兵而戍州县，远者或数千里，其月廪岁给之外，又日供其刍粮。三岁而一迁，往往纷纷，来者累累，虽不过数百为辈，而要其归，无以异于数十万之兵三岁而一出征也。

《策别·厚货财二》

> 古之为兵者，其地则用其地之民，战其野则食其野之粟，守其国则乘其国之马，是以外被兵而内不知，此所以百战而不殆也。今则不然。戍边用东北之人，余粮用内郡之钱，骑战用西羌之马，以一郡用兵而百郡骚然。

《私试策问八首》

苏轼主张"兵出于农"，兵农合一，规定农民服兵役期限，使百姓在身强力壮时为兵，期满还乡为民，这样一则可以解决兵员结构老化和体力不支的问题，二则可以使民不惧怕盗贼，面对戎狄的掳掠能奋起抗击，而且还能减轻国家财政负担，他说：

> 今天下之患，在于民不知兵。故兵常骄悍而民常怯，盗贼攻之而不能御，戎狄掠之而不能抗。今使民得更代而为兵，兵得复还而为民，则天下之知兵者众，而盗贼戎狄将有所忌。

《策别·训兵旅二》

苏轼并没有具体描绘出他的"兵农合一"制度的模式，只是有倾向性地举出一些例子来加以说明，他说：河朔西路沿边的州军，他们"私立赏罚，严于官府"，"带弓而锄，佩剑而樵"，分番巡逻，护卫家乡，遇有侵扰，击鼓集合，"顷刻可致千人"，他们"骁勇敢战"，"虏甚畏之"。显然他对老百姓自发组织的弓箭社，通过全民皆兵，发展亦兵亦农的地方武装来保境安民这种方式比较赞赏。在具体执行过程中，苏轼也讲求实用性，这从弓箭社成员的来源、负责人的选拔等都可以看出，如《乞增修弓箭社条约状》中说：

> 不拘物产高下，丁口众寡，并每户选择强壮一丁，充弓箭手……有物力或好人材、事艺，众所推服者（方可推选为弓箭社的首领）。
> 《乞增修弓箭社条约状》

可以看出，苏轼所主张的"兵农合一"思想是建立在自觉自愿基础上的群众性组织，作为军人，他们并不隶属于国家军事机构，因此他的"兵农合一"制度容易流于无政府主义，也不利于统一指挥，以实现国家军事目的，这是与以往军事家、政治家所主张的兵农合一思想所不同的。尽管如此，我们也必须承认，他的"兵农合一"理论对于克服宋代募兵制的缺点，减轻国家财政负担，巩固边防、稳定社会秩序都起到了积极作用。

三、李觏

李觏（公元 1009~1059 年），字泰伯，建昌军南城（今江西南城县）人。他家世寒微，俊辩能文，几次应试皆未中，于盱江边的南城创建盱江书院，并讲学于此，故世称盱江先生，自称"南城小民"，靠讲学自给。晚年，经范仲淹推荐为太学助教，后为主讲，嘉祐四年（1059 年）有病还乡，同年八月卒于家中。李觏精通经史，道德纯正，为士人楷模，故"从学者常数十百人"，"门人升录千有余人"，他一生家境窘困，仕途坎坷，然志不衰、业愈勤，著作宏富而思想深邃。他从 22 岁"尝所著文"，在以后的 30 年间，于诗赋、文论，无所不工、无所不著，这些著作大多收集在《盱江文集》（或称《直讲李先生文集》、《李泰伯先生文集》）、《李觏集》里。

李觏是北宋时期重要的唯物主义思想家，他大胆创新，在哲学上持"气"

一元论观点,认为事物的矛盾是普遍存在的。在认识论上,他承认主观来自客观,成为宋代哲学唯物主义学派的先导,在我国哲学史上占有重要地位。他卓有胆识地提出了功利主义理论,反对道学家们不许谈"利"言"欲"的虚伪道德观念,并从实际物质利益是人类社会生活的根本这一基本观点出发,解释社会历史现象。他认为"治国之实,必本于财用"①,治理国家的基础是经济,是物质财富,他反对把实际物质利益和道德原则,即"利"和"义"对立起来。李觏认识到,物质财富多寡不均的症结所在是土地占有的不合理,为了解决土地问题,他专门写了一篇《平土书》,提出"均田"、"平土"的主张。为了改变北宋日趋贫弱的局面,缓和阶级矛盾,他写了《富国策》、《强兵策》、《安民策》等著作,提出富国、强兵、安民的主张,系统地阐述了自己的政治见解。李觏哲学上的唯物主义观点和政治上的革新思想,在当时是独树一帜的,为稍后于他的王安石实行变法进行了理论上的准备。

李觏认为,一个国家要想巩固疆土,保护国民,康阜百姓,就必须具有一支强大的军队,他深知粮食对于军队的重要性,因此如何解决军粮问题,自然就成为他思考的一个重要问题。屯田即是他用来解决这一问题的主要措施。他认为,实行屯田可使外有充足的粮食以供兵食,内无运输粮饷的劳苦,百姓得以休息,国家得以省费。然后,按时训练,敌来则奋勇追击,敌去则不去追赶,以逸待劳,实为上策,他说:

> 故当今之虑,若兴屯田之利,以积谷于边,外足兵食,内免馈运,民以息肩,国以省费,既安既饱,以时训练,来则奋击,去则勿追,以逸待劳,以老其师,此策之上也。
>
> 《李觏集》

在屯田方法上,李觏的屯田之法与前人有明显不同,他提出将边郡居民招募至内地安居,然后,将他们原来的田地、房子归属屯官,以此解决耕地问题。至于人员问题,他主张在常备军之外另建屯军,他们由国内厢军中服杂役者、按法律规定需要迁往边地者、百姓中自愿赴边者等成分组成。屯军实行"兵农合一"制度,平时务农、闲暇练兵、战时操戈。他说:

> ……(如此)食既足,兵既练,禁旅未动而屯军固已锐矣。以红腐之

---

① 《富国策》。

积，济虎貔之师，利则进战，否则坚守，国不知耗，民不知劳，而边将高枕矣。

《李觏集》

如此则乡军日强也。屯军以征戍，乡军以守备，郡国之势皆王之藩屏也。

《李觏集》

李觏认为，不仅要在边郡实行"屯田之法"以收兴武、固边、足民之利，而且要在全国实行"屯军之耕"，以收足食、足兵、富民之利。他说：

今天下公田。往往而是，籍没之产，未尝绝书。或为豪党占佃，或以裁价斥卖。公家之利，亦云薄矣。其势莫若置屯官而领之。举力田之士，以为之吏。招浮寄之人，以为之卒。立其家室，艺以桑麻。三时治田，一时讲事。男耕而后食，女蚕而后衣。撮粒不取于仓，寸帛不取于府。而带甲之壮、执兵之锐，出盈野、入盈诫矣，其所输粟又多于民，而亡养士之费，积之仓而已矣。此足食、足兵之良算也。

《李觏集》

李觏屯田理论的独特之处主要反映在其出发点与方式上。以往的屯田思想，多半是经济不景气，或战争频发军粮供应难以保障的背景下提出的，而李觏提出屯田理论，其目的在于节约国家财政开支，增加军粮储备；以往的屯田分军屯与民屯两种，而他所主张的屯田虽然总的来说属于军屯，但它不是利用常备军来实行的，而是在常备军之外再招募屯田军，根据军政合一制来实施的；以往的屯田大多是在边郡进行，目的是实边，而李觏的屯田则是在全国进行的，除了实边外，还有足食富民思想。

第5节 明朝时期中国的国防经济思想

明朝上承元朝、下启清朝，是以汉族为主推翻蒙古族统治者而建立起来的汉族复兴王朝，也是中国历史上最后一个由汉族建立的君主制王朝。这一时期以刘基、张居正、徐光启等人提出的国防经济思想较为典型。

一、刘基

刘基（公元 1311～1375 年），字伯温，晚号犁眉公，处州青田（今浙江青田县，也说文成县）人，故时人称他刘青田，明朝开国功臣，明初著名的政治家、诗人、军事家和文学家。刘基自幼聪颖好学，对儒家经典、诸子百家之书非常熟悉，尤其对天文、地理、兵法、术数之类更是潜心研究。14 岁入处州郡学读《春秋》，17 岁师从处州名士郑复初学习宋明理学，天生的禀赋和后天的努力，使年轻的刘基很快在当地脱颖而出，开始受到世人瞩目。元至顺四年（1333 年）中进士，开始步入仕途生涯，他立志报国，但朝廷昏庸腐败，使他二十余年的宦海生涯屡遭磨难贬抑。元至正二十年（1360 年）三月，受朱元璋之邀，成为参赞军务的谋士，为明王朝的建立和发展立下汗马功劳，朱元璋称帝后刘基为御史中丞兼太史令，后为弘文馆学士、上护军，洪武三年（1370 年）十一月被封为诚意伯，次年归乡养老，后遭人诬陷，于洪武七年（1374 年）进京请罪，并留在京师，因忧愤成疾，次年卒，明武宗正德九年（1514 年），被追赠太师，谥号文成，有《郁离子》3 卷和《诚意伯文集》20 卷传世。

刘基生活的时代正处于元朝末期，这一时期统治集团内部争权夺利、互相残杀、经济衰落、政治腐败，广大人民在走投无路的情况下，开始揭竿而起，纷纷起义，人民反抗元朝统治者的烈火燃遍全国各地。最初，刘基希望为元朝政府效力，通过做官来实现自己的远大抱负，但是他的建议往往得不到朝廷的采纳，他的才能反而受到朝廷的压制，刘基非常失望，先后三次愤然辞官回故乡隐居，隐居期间，他潜心著述，将自己的思想和对社会、人生的见解进行了总结，创作了著名的《郁离子》一书。当此之时，全国形势发生了根本性的变化，各地反元起义风起云涌，元王朝的统治已摇摇欲坠，但各支义军又互相纷争、互不相让。刘基静观天下形势，认为平民出身的朱元璋领导的红巾军才是推翻元朝、建立新江山的队伍。公元 1360 年刘基开始辅助朱元璋，希望通过协助朱氏打江山来实现自己治国平天下的宏大志向，提出了"时务十八策"，深得朱的赏识。刘基忠心耿耿地为朱氏政权效力，出谋划策，制订了"先灭陈友谅，再灭张士诚，然后北向中原，一统天下"的战略方针，为朱元璋消灭其他义军并取得反元战争的最后胜利立下了赫赫战功。刘基知天文、识地理、通人事、精儒学、熟兵略，他运筹帷幄，决胜千里，不但是一位谋略大师，也成为智慧的化身，他的国防经济思想主要体现在"寓兵于农，兵农合一"方面。

刘基认为兴兵作战首先是耗物费财，而长途运输则物损甚多，兵农合一制度是最好的制度，农忙时生产，农闲时练兵，这样劳武结合、兵农结合，是实现民富和国强的最好办法，他说：

> 先王制民产，曷分兵与农。三时事耕稼，阅武在严冬。乱略齐愤疾，战伐厥有庸。那令异编籍，自使殊心胸。坐食不知恩，怙势含威凶。将官用世袭，生长值时雍。岂惟昧韬略，且不习击。悍卒等骄子，有令亦无从。跳踉恣豪横，鼓气陵愚惷。所以丧纪律，安能当贼锋。崩腾浮部曲，蚁合寻归踪。时方务姑息，枉法称宽容。宁知养豺虎，反噬中自钟。国家立制度，恃此为垣墉。积弊有根源，终成肠肺痈。何由复古道，一视均尧封。

《感时述事十首》

刘基认为，在古代圣明先王的时候，兵与农不分，这样既有战斗力，又不影响农业生产，而后来兵与农分离开来，结果招来一些乌合之众，士兵目无法纪，不能当敌，而能害民，为了消除这种弊端，要从根源上着手，即实行"兵农合一，寓兵与农"制度。他认为兵与农如同人的手足，密不可分，他说：

> 有国者必以农耕而兵战也，农与兵孰非君之民哉？故兵不足，则农无以自卫；农不足，则兵无以为食，兵之与农犹足与手，不可以独无也。今君之兵暴于民而君不禁，农与兵有讼，则农必左，耕者困矣，是见手而不见足也。

《郁离子·祛蔽》

有国者便有农耕和兵战，农与兵是手足关系，互相依存，对于兵欺民行为必须禁止等等，这些思想都不乏合理之处，也体现了刘基的爱民思想，在当时具有一定的先进性。

二、张居正

张居正（公元 1525～1582 年），字叔大，号太岳，湖广江陵（今湖北江陵）人，明代杰出的政治家、改革家、理财家。张居正"少颖敏绝伦"，5 岁入学，7 岁能通六经大义，12 岁中秀才，13 岁时就参加了乡试，写了一篇非常漂亮的文章，只因湖广巡抚顾璘有意让张居正多磨炼几年，才未中举，16 岁中举人，嘉靖二十六年（1547 年）23 岁中进士，被选为庶吉士，从此开始了他的政治生涯，由编修官至侍读学士，掌翰林院事。穆宗隆庆元年（1567 年），晋吏部左侍郎兼东阁大学士，进入内阁，参与朝政，同年四月，又改任礼部尚书、武英殿大学士。万历初年，与宦官冯保合谋逐高拱，代为首辅，当时明神宗年幼，一切军政大事均由张居正主持裁决，前后当国 10 年，实行了一系列改革措施，收到一定成效。万历十年（1582 年）卒于任上，卒后赠上柱国，谥号文忠，但不久即被宦官张诚及守旧官僚所攻讦，籍其家，至天启时方恢复名誉，著有《张太岳集》、《书经直解》、《帝鉴图说》等。

张居正生活于明朝中晚期，他秉政时正是明王朝由盛转衰、临近末年时期，这一时期社会政治腐败，阶级矛盾激化，民族矛盾尖锐。一方面，官僚和贵族地主疯狂地掠夺土地，宦官弄权，赋税、徭役不断增加，广大农民在走投无路的情况下，只能揭竿而起，纷纷起义；另一方面，边祸不断，葡萄牙、荷兰、日本等侵略者对我国东南沿海地区大肆进行掠夺活动，与此同时，满族也在东北地区强大起来，这些都给明王朝带来严重威胁。为了镇压农民起义和打击入侵者，明王朝需要维持庞大的军队，国家财政支出因军费的增加、统治集团的奢侈浪费与日俱增，而剧烈的土地兼并却严重影响国家财政收入，每年财政收入不足支出之半，财政经济情况极端恶化，明王朝陷入严重的国贫民穷局面之中，改革呼声随之高涨。张居正主持朝政时期，在政治、经济和军事等方面都进行了一系列改革，其中最主要的是丈量土地和改革赋税制度，推行"一条鞭法"，抑制土地兼并，制止瞒产偷税，增加国家财政收入，收到一定成效。他用潘季驯主持浚治黄淮，用名将戚继光、李成梁等练兵，加强北部边防，整饬边镇防务，亦颇有成效。

张居正认为要兵强必先富国，只有富国才可给强兵提供坚实的物质基础，只有强兵才能抵御侵略,他把富国和强兵作为国家头等大事来抓,并把两者结合起来。针对当时一部分人主张行"帝王之道",而不应行"富国强兵"之术的想法,他认为国家大事是富国强兵,国家要强盛就只有富国和强兵二事,而不是那些腐儒所说的"王道政治"或尧、舜、周、孔之论,他说:

> 辱华翰并所梓纶、简汇编,惓惓以奉行德意,安民生,饬军政为急。仰见公之高明,深达治体,识时务者也。忆昔仆初入政府,欲举行一二事,吴旺湖与人言曰:"吾辈谓张公柄用,当行帝王道之道。今观其议论,不过富国强兵而已,殊使人失望。"仆闻而笑曰:"旺湖过誉我矣。吾安能使富国强兵哉?"孔子论政,开口便说"足食"、"足兵"。舜命十二牧曰:"食哉惟时。"周公立政:"其克诘尔戎兵!"何尝不欲国之富且强哉?后世学术不明,高谈无实,剽窃仁义,谓之"王道",才涉富强,便云"霸术"。不知王霸之辩,义利之间,在心不在迹,奚必仁义之为王,富强之为霸也?仆自秉政以来,除密勿敷陈,培养冲德外,其播之命令者,实不外此二事。今已七八年矣,而闾里愁叹之声,尚犹未息,仓卒意外之变,尚或难支,焉在其为富且强哉!

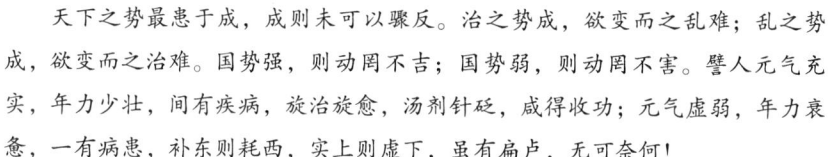

《答福建巡抚耿楚侗谈王霸之辩》

张居正知道,国家已成积贫积弱之势,如不变革,便不可能达到富国强兵的目的,为了富国强兵、抗击外侮,他的计划是足食、足兵,他说:

> 天下之势最患于成,成则未可以骤反。治之势成,欲变而之乱难;乱之势成,欲变而之治难。国势强,则动罔不吉;国势弱,则动罔不害。譬人元气充实,年力少壮,间有疾病,旋治旋愈,汤剂针砭,咸得收功;元气虚弱,年力衰惫,一有病患,补东则耗西,实上则虚下,虽有扁卢,无可奈何!

《杂著》

> 天生五材,民并用之,谁能去兵?孔子称必不得已而去。今之时,非有甚不得也,乃不务为足兵而务为去兵,则唐之季世是矣。然足食乃足兵之本,如欲足食,则舍屯种莫由焉。诚使边政之地,万亩皆兴,三时不害,但令野无旷土,毋与小民争利,则远方失业之人,皆将襁负而至,家自为战,人自为守,不求兵而兵自足矣。此言似迂,然在往时诚不暇,今则其时矣,故愿公留意焉。

《答蓟镇总督王鉴川言边屯》

张居正把富国作为强兵的经济基础和前提条件,他认为国富民足,则远民来附,且可家自为战,人自为守,不求兵而兵自足,只有足食、足兵,才能抵御边

寇掠夺，他把富国和强兵联系起来，并作为国家大事来整饬，在当时具有较强的实际意义。

三、徐光启

徐光启（公元1562～1633年），字子先，号玄扈，明松江（今属上海）人，明末杰出的科学家、政治家、军事家，他通天文、历算，习火器，懂兵学。明万历三十二年中进士，被选为庶吉士，在翰林院学习，他从西洋人利玛窦学天文、历算、火器，尽其术。遂遍习兵机、屯田、盐策、水利诸书。万历三十五年授翰林院检讨，不久丧父，返乡守制，万历四十一年至四十六年间，在天津从事农事试验，并写成农学巨著《农政全书》的编写提纲。万历四十七年，明军大败萨尔浒，疏请自效，擢少詹事兼河南道御史，练兵通州。熹宗即位，以志不得展，藉病归，天启元年复职，力请铸西洋大炮御敌，后忤魏忠贤革职。崇祯元年召还复原职，崇祯三年，疏陈垦田、水利、救荒、盐法等拯时急务，擢礼部尚书，奉旨与传教士龙华民、邓玉函、罗雅谷等修正历法，崇祯五年，以礼部尚书兼东阁大学士入阁参与机务，崇祯六年，卒于北京，赠少保，谥号文定，有《徐氏庖言》、《农政全书》、《崇祯历书》、《几何原本》、《兵事疏》、《兵机要诀》、《选练条格》等行于世。

明朝后期，统治者日趋腐败，宦官当道，国力衰弱，社会矛盾日益尖锐，土地兼并十分严重，农村起义风起云涌，与此同时，边祸不断，在东北地区强大起来的满清政权觊觎中原已久，给明王朝带来了严重威胁。这一时期财政危机、贪污腐败、社会动荡交织在一起，使明王朝面临着空前的社会危机。徐光启既是一位科学家、政治家，又是一位军事家，他虽致力于科学研究，但当时内忧外患，为了固国安邦、富国强兵，在重视科学，发展经济的同时，他也重视军事理论的研究，博览兵书，学习兵法，并做了一些有益的尝试，他身为宰辅的时间不长，在政治上、军事上的建树不大，但他在科学、经济和兵学上的贡献却是巨大的，为我们留下了宝贵的精神财富。

徐光启幼年时代就听到长辈们讲述倭寇侵掠和当地人民抗击倭寇的事迹，由于家庭的熏陶和教育，他在注重科学研究的同时，也认真研习兵法，面对明朝末期政治、经济和军事上的衰落，他立志为富国强兵献计献策。他认为，富国要以农为本，强兵在于精卒利兵和实选实练，他对天文、历算、农学等科学的研究，都是希望通过它们的研究来发展农业生产，从而实现其富国强兵的愿望，他说：

> ……启少尝感愤倭奴蹂践，梓里丘墟，因而诵读之暇，稍习兵家言。时时窃念国势衰弱，十倍宋季，每为人言富强之术。富国必以本业，强国必以正兵，二十年来，逢人开说，而闻之者以谓非迂即狂。若迂狂之言早得见用，岂有今日哉！
>
> 《复太史焦座师》

徐光启认为明朝统治者既不重视富国，又不重视强兵，他逢人便讲"富国必以本业，强国必以正兵"，却不被采纳。这里他所说的"本业"就是农业，他认为农业是百业之本，农民是财富的创造者，要想国富、国强、兵强，就必须发展农业这个本业，而到了明代，务农的人很少，才使得国家日益贫困。他力主尊农务本，使人离开商贾之末，而从事农业之本，这样就可以做到国富、财丰、兵强。他平生所务都在"富强二策"，并把富国和强兵作为他一生奋斗的目标，他说：

> 盖有根据之至计于此，日务农贵粟而已。古之强兵者，上如周公、太公，下至管夷吾、商鞅之属，各能见功于世，彼未有不从农事起者，如《周礼》、《三略》、《管子》、《开塞》、《耕战书》，详哉其言之也。顾道术有纯驳，作用有偏正耳。而后世言及富强遂以管、商目之，至不足比数。沿至唐、宋以来，国不设农官，官不庀农政，士不言农学，民不专农业，弊也久矣。农者，生财者也。含生之类，无一人一日不用财者，而独不讲于财所自出。今世农人不过什三，农之勤者不过什一，然则一人生之，数十人用之，财安得不拙？财之拙也，庙堂之上非不焦心蒿目，闾阎之道殣者，转于沟壑者，一旦不知千万之数，非不悲号疾痛。而根本之际终置弗讲，此臣所以腐心扼掔、长叹而继之以泣也。……今世末业之人至众，而本业至少，宜有法以殴之，使去末而就本。如古之法制贱商贾，尊农人，使前有所趋，后有所避，势不得不我从矣，此三者所宜创为之制，以劝人于本业者也。
>
> 《拟上安边御虏疏》

> 臣志图报国，于富强二策，考求咨度，盖亦有年。
>
> 《敷陈末议以殄凶酋疏》

> 仆之生平，志在静退，独言兵一事，去安就危，而且为越俎、为跃冶，不亦慎乎？
>
> 《与李君叙柱史》

第2篇

古典时期的国防经济思想

◇ 配第的国防经济思想
◇ 斯密的国防经济思想
◇ 马尔萨斯的国防经济思想
◇ 李嘉图的国防经济思想
◇ 萨伊的国防经济思想
◇ 李斯特的国防经济思想
◇ 拿破仑的国防经济思想
◇ 若米尼的国防经济思想
◇ 克劳塞维茨的国防经济思想
◇ 马克思恩格斯的国防经济思想
◇ 古典时期中国的国防经济思想

第 5 章 配第的国防经济思想

配第是英国资产阶级古典政治经济学的创始人、英国经济学家和统计学家。除了在一般经济理论方面所做出的杰出贡献之外，正如马克思恩格斯所言，配第运用政治算术方法，几乎对经济学的"所有领域"都做了"最初的勇敢尝试"。这些尝试里就包括不少他对国防经费、国力与军力等国防经济问题的观点。

第 1 节 配第的生平与经济思想

威廉·配第（William Petty，1623～1687 年），英国科学家、哲学家、统计学家，英国古典政治经济学创始人。配第出生于英国汉普郡一个毛纺织手工业者家庭，14 岁在一家商船上做服务员，开始独立谋生，当过水手、家庭教师。曾在一所耶稣学院学习拉丁语、希腊语、法语和数学。1644 年起，先后在阿姆斯特丹、巴黎和牛津大学等学医，获牛津大学医学博士学位后，开始担任英国驻爱尔兰军总司令的随从医生，后任爱尔兰土地分配总监。斯图亚特王朝复辟以后，曾一度引退，以后因深得查理二世国王的赏识，被封为男爵，1687 年在伦敦病逝。

配第头脑聪明，学习勤奋，敢于冒险，善于投机，晚年成为拥有大片土地的大地主，还先后创办了渔场、冶铁和铝矿企业。马克思对配第的人品非常憎恶，说他是个"十分轻浮的外科军医"，是个"轻浮的掠夺成性的、毫无气节的冒险家"。但马克思对配第的经济思想给予了极高的评价，称他为"现代政治经济学的创始者"、"最有天才的和最有创见的经济研究家"，是"政治经济学之父，在某种程度上也可以说是统计学的创始人"[①]。

配第所生活的16~17世纪的西欧各国，政治上正处于所谓的君主专制时代，经济上处于所谓的重商主义时代。由封建制度向资本主义制度推移、由自然经济向商品经济转移、由以不动产为基础的财富形态向以流动资产为主要财富形态的推移，必然带来各种新的社会经济问题，并产生各种阶级的消长变化。新兴工商市民的基本经济利益，就要求有一个统一的国家、统一的市场，以使对内对外展开经济活动，而这个国家要完成这一阶级任务，就有必要建立起需要巨大经费的政府机构、国防机构和有关的社会文化设施。这时巨大的政府经费或公共支出的筹集问题，就成了当时英法诸国君主、官僚、贵族与市民阶级间斗争的核心。英国查理一世在17世纪20年代登基之初，就因为该问题，与议会派斗争，以致引起内战。英国资产阶级革命的胜利奠定了英国最先产生古典政治经济学的阶级基础。1640年英国爆发资产阶级革命，英国资本主义经济迅速发展，工场手工业日趋兴盛，产业资本逐渐代替商业资本在社会经济中占据重要地位。

配第代表新兴产业资本的利益，著书立说，为统治者出谋划策，其一生著作颇丰，主要有《赋税论》、《献给英明人士》、《政治算术》、《爱尔兰政治剖析》、《货币略论》等。配第最先提出了劳动决定价值的基本原理，并在劳动价值论的基础上考察了工资、地租、利息等范畴，他把地租看作是剩余价值的基本形态。配第区分了自然价格和市场价格，他的自然价格相当于价值，他还提出了商品的价值和劳动生产率成反比例。但是他没有把价值、交换价值和价格明确区分开来，而把生产白银的具体劳动当作创造价值的劳动，不懂得创造价值的是抽象劳动。他还提出了"劳动是财富之父"、"土地是财富之母"的观点，由此他认为劳动和土地共同创造价值，但显然，这种观点和他的劳动价值论是矛盾的。

---

① 《马克思恩格斯全集》，人民出版社1971年版。

第2节 配第的国防经济思想

配第不仅在经济思想上作出了很大贡献，而且在国防经济思想方面有不可否认的功绩，他的国防经济思想主要体现在他的《赋税论》和《政治算术》等书中。

一、国防经费

现代社会没有人否认国防经费的重要性，但在16、17世纪的欧洲，这却不是各个国家的政府和人民所能接受的普遍命题，配第界定了国防经费的界限，论证了国防经费的必要性、性质和来源：

> 国家的公共经费，就是陆、海两方面国防所需的经费，维持国内及海外和平所需的经费，以及当其他国家侵害本国时，作光荣报复所需的经费。这些经费，我们可称之为军事费。这些经费在平时一般不少于全部经费中其他任何项目，而在非常时期（即战时及有战争威胁之时），则比其他项目都多得多。
>
> 配第：《赋税论》（中译本），商务印书馆1979年版

指出"如果没有需要很多经费来维持的军队，就不会得到安全"。他在论述各种公共经费时把国防所需经费列为第一项。认为"国防所需之经费"是国家用于军队建设、进行战争准备的费用，是军事经济的主要来源，是军队生存发展的基础。配第并在其著名的《赋税论》中，从财政分配的角度揭示了国防经费的来源：

> 爱尔兰是这样一个国家，它必须保持大批的军队，以防爱尔兰人将来发生叛变，这种叛变，既会伤害他们自己，又会损害英格兰人。这大批军队，无疑要向穷困的人民和荒凉的国土征收巨额而沉重的租税。
>
> 配第：《赋税论》（中译本），商务印书馆1979年版

显然，他认为国防所需的经费必须通过税收来解决。在其著作中，配第并从统计学的角度对如何实现这么沉重的租税进行了详尽的分析。

二、国力与军力

国力和军力间有紧密的关系,但显然并非一一对应关系。配第认为,国民经济、人口、领土和地理位置等情况,与军事密切联系,并在其著作中进行了详细的论述。对军事与国民经济相互依赖的关系,他指出:

> 一个领土小而且人口少的小国,由于它的位置、产业和政策优越,在财富和力量方面,可以同人口远为众多、领土远为辽阔的国家相抗衡。
>
> 配第:《赋税论》(中译本),商务印书馆1979年版

通过对荷兰和法国土地、船只、贸易、税收、利息、政策等的多方面比较,配第得出的结论是两国之间的差异"必然是土地位置和这些土地上居住的人民所经营的产业以及他们所执行的政策所造成的"。因此,他认为经济发展程度和政策是否正确是国家是否强盛的一个根本原因,并进一步分析了军力和财力之间的依赖关系:

> 如果荷兰和西兰每年税收达不到这个数目,恐怕就不够应付同英国进行海上战争和维持七万二千名陆军以及支付政府的其他一切日常开支的需要。
>
> 配第:《赋税论》(中译本),商务印书馆1979年版

三、军事人力

军事人力是国防的基础。配第主张合理地配备军队,以减轻国家负担。在谈到关于海军及商船补充海军问题时,配第指出,英国的海军和航海业都必须装备一定数量的人员,但那么多人长期装备不起来,也使航海业陷入了困境。为了使军队和航海业兼顾这个问题,他建议把总人员分为三部分:一部分通过训练能胜任海上勤务,一部分留港内执勤,一部分为"辅助人员"。这样既满足了皇家海军的需要,也解决了航海业的困难并节约了军费,人民的税负也可以减轻。

第 6 章 斯密的国防经济思想

斯密是古典政治经济学的集大成者,它实现了经济思想史上的第一次革命,创立了古典政治经济学体系,使经济学作为一门独立的科学开始形成。这位伟大的经济学家不仅奠定了经济学的学科基础,而且对国防支出、战争、冲突与和平等一系列现代国防经济研究的核心命题进行了深具洞察力的分析。

第 1 节　斯密的生平与经济思想

亚当·斯密(Adam Smith, 1723~1790 年),英国政治经济学家,古典政治经济学理论体系的建立者。斯密 1723 年出生于苏格兰,17 岁获格拉斯哥大学硕士学位,后陆续在牛津大学等地学习,1762 年获格拉斯哥大学博士学位。曾在爱丁堡大学、格拉斯哥大学任教授、副校长,讲授自然哲学、伦理学、法学、政治学。斯密 1759 年出版《道德情操论》,确立了他在知识界的威望。1764 年任布克莱希公爵的私人教师,曾前往法国,与重农学派的经济学家有交往。1767 年回家乡从事政治经济学的研究和写作,1776 年出版了著名的《国民财富的性质和原因的研究》(简称《国富论》,又译《原富》),该书一举成功,使他在余生中享受着荣誉和爱戴。

斯密的经济学说形成于 18 世纪 50~70 年代,他并不是经济学说的最早开拓者,他最著名的思想中有许多也并非新颖独特,但是他首次提出了全面系统的经济学说，为经济学的发展打下了良好的基础。其主要经济理论包括：

分工理论 分工的起源是由于人的才能所具有的自然差异，所以人类具有交换与易货倾向，交换及易货系属私利行为，其利益决定于分工。斯密认为分工促进劳动生产力的原因有三：第一，劳动者的技巧因专业而日进；第二，由一种工作转到另一种工作，通常需损失不少时间，有了分工，就可以免除这种损失；第三，许多简化劳动和缩减劳动的机械发明，只有在分工的基础上方才可能。

货币理论 货币的首要功能是流通手段，持有人持有货币是为了购买其他物品。当物物交换发展到以货币为媒介的交换后，商品的价值就用货币来衡量。这时，便产生了货币的另一功能——价值尺度。斯密也谈到货币的储藏功能、支付功能。但是，他特别强调货币的流通功能。

价值论 斯密指出，价值涵盖使用价值与交换价值，前者表示特定财货之效用，后者表示拥有此一财货取另一财货的购买力。斯密进一步指出，具有最大使用价值之财货，往往不具交换价值。

分配理论 斯密的分配论，是即劳动工资、资本利润及土地地租自然率之决定理论。斯密指出，尽管雇主拥有抑低工资的力量，工资仍有其最低水平，此一最低水平是劳动者必须能够维持基本生活，假定社会工人需求增加或工资基金提高，工资将高于最低水平。就另一角度言之，一国国富、资本或所得增加，将促使工资上涨，工资上涨则促进人口增加。资本利润之高低如同劳动工资，决定于社会财富之增减，资本增加固可促使工资上涨，却使利润为之下降。斯密指出，假定商人投资同一事业，因为彼此相互竞争，自然致使利润率自然降低。地租系指对土地使用所支付的价格。斯密认为，地租高低与土地肥沃程度及市场远近有关。

资本积累理论 资本累积是大量进行分工必备的另一要素，分工的扩张与生产效率的提高跟资本的总额成正比。资本的累积必须在分工之前进行，因为分工需要使用许多特殊的设备与机械料，都需要以资本来购取。分工愈细，工具的需要愈多，资本愈显得重要。通过分工，可增加劳动生产量，提高国民所得，增强国民储蓄意愿与能力。

赋税理论 斯密提出四大赋税原则，即公平、确定、便利、经济。所谓公平，是一国国民应尽可能按其能力以支持政府，亦即国民应按其在政府保护下所享有的利得比例纳税；所谓确定，是指各国民应当缴纳的税捐，须确定并不得随意变更，缴纳时期、缴纳方法、应付税额，都应对纳税人清楚宣示；所谓便利，是指一切税捐，都应在最适合于纳税人的时间与方法收之；所谓经济，是指每一税捐都应善加设计，务使公民缴付国库以外，在他的财力上受到最少可能的变动。

第 2 节　斯密的国防经济思想

斯密强调确保一个国家的国防安全是首要目标，"国防"比"国富"更重要，所以他认为人们对财富的追求不应有损于国家的安全。正如任何经济学门类都能在斯密的经济学中找到源头一样，斯密非常关注战争的经济含义，不但在《国富论》中专门论述国防费问题，而且对国防的有用性、战争与冲突的因素、和平与发展的关系等问题进行了研究，并探究了改进技术和增加劳动分工的军事影响。

一、国防、公共品与国防支出

一般认为，国防是典型的纯公共品。公共品仅靠市场来提供是得不到最优产出的，政府对这种产品进行干预是必要的。斯密认为，国防作为一种公共产品，它属于政治领域，它的运行机制不同于一般的市场经济运行机制，但税收制度可使每个个人都为国防作出贡献。每个消费者都能从政府提供的这一公共产品——国防中得到好处，这也能提高私人经济的运行效率。斯密在理论上将社会分为三个阶层：地主、劳动者、批发商或制造商。认为如果前两个阶层的利益是与"社会利益紧密相连的"，那么第三个阶层就会反对。结果就会造成第三个阶层从其自身利益而不是社会利益出发。这样一来，国家的利益就会变成该集团的私人利益，这对国家是有害的。斯密指出，迫于某些阶层或利益，国家会发动战争。战争能够满足商人的短时利益，因为他们经营一些短时盈利的高风险性企业。基于此，斯密认为国防这种公共品只能由国家解决和供给。

政府供给公共品，就涉及费用支出。斯密在自己有名的《国富论》中专设

一节《论国防开支》对这种支出进行分析，认为提供国防支出是政府的职能：

> 政府依然有种种职能：一是保卫本国安全，免受外国侵犯；二是维护社会治安，保护人民不受欺负和压迫；三是建设和维护公共工程和公共事业。按着这些职能和义务，政府的费用有国防费、司法行政费、公共工程费和公共机动费及维持君主尊严的费用这样几种。
>
> 斯密：《国富论》（中译本），华夏出版社2005年版

斯密认为，君主的首要职责在于保护社会不受其他独立社会的侵犯，这只有依靠军队来完成，但他认为随着社会状态不同以及进化时期不同，和平时期备战和战争时期动用军队的开支，大不相同。进一步认为：

> 国家的首要职责，即保卫社会使其免受其他独立社会的暴力和侵略，只能使用军事手段去完成。但是，在和平时期准备这支军事力量和在战争时期使用这支军事力量所需要的开支在不同的国家、在不同的时期是不一样的。
>
> 斯密：《国富论》（中译本），华夏出版社2005年版

> 在更高级的社会状态下，作战人员自费维持自己就完全不可能了。原因有两个：一是因为制造业的进步；二是因为战争方式的改变。
>
> 斯密：《国富论》（中译本），华夏出版社2005年版

斯密从自己分工理论的逻辑出发，认为随着专门的分工和军队职业化，上战场作战的人，以自己的费用维持自己就完全不可能了，所以国防支出便由于火器的发明必然呈现日益增大的趋势：

> 当代战争火药武器的巨大开支明显有利于那些更能负担这种开支的国家，从而使富裕和文明国家比贫穷野蛮国家处于明显有利的地位。在古代，富裕文明国家很难抵御贫穷野蛮国家的入侵；在当代，情况则相反。火药武器的发明，初看似乎对文明的持久和传播有害，实际上却起到有利的作用。
>
> 斯密：《国富论》（中译本），华夏出版社2005年版

二、国防工业、技术与贸易

国防需要一定的物质技术基础支持，斯密认为战争与制造业之间存在着紧密的联系：

> 在最具破坏力的战争中，大部分制造业常常非常繁荣；相反，战后恢复时期却可能衰落下去。制造业也许在国家的废墟上繁荣，在国家恢复繁荣时开始衰落。在上次战争期间以及战后一段时期，英国制造业的许多不同部门的不同状态，可以证明以上论述。
>
> 斯密：《国富论》（中译本），华夏出版社2005年版

据此，斯密认为"英国国王不能长期对外作战，并非由于货币的短缺，而是由于缺乏更精细、更先进的制造品"。因此，斯密主张国家支持与国防有关产业的本国发展，他说：

> 如果某一制造业的确为国防所必需，则依靠邻国的供应也许很不谨慎。如果这种制造业没有政府支持就不能在国内维持，则对所有其他产业征税来支持这种制造业也未必就没有道理。
>
> 斯密：《国富论》（中译本），华夏出版社2005年版

在制造业中，国防或军火工业是战争所需武器的生产部门，按照斯密的一贯观点，他认为军火工业存在消耗性，但对国家发展却是必不可少的：

> 在现代战争中，军火的巨大花费给那些能承担起那些花费的国家带来了巨大的优势，结果形成了国家间富有文明和穷困潦倒的区别……军火的发明，虽然起初看起来是有害的，但对文明的持续与拓展都是有益的。
>
> 斯密：《国富论》（中译本），华夏出版社2005年版

斯密认为，国家对某些产业的支持是不合理的，因为这种扶持使得资本从那些本应当获得更高利润的领域流出。然而，为了保障战略物资的产出和供应，扶持这一领域的产业又是合理的。因为如果在发生战争时，一国必须靠其他国家供应其所必需的核心武器装备，那将是十分危险的。

> 如果某种武器装备对国家安全十分重要，那我们就不应该仅靠邻国来供应。
>
> 斯密：《国富论》（中译本），华夏出版社2005年版

贸易是古典经济学关注的一个核心命题，对此斯密支持贸易自由化，认为自由化的进程是解除武装和达到和平的一个条件。认为自由贸易对减少国防负担、消除奴隶制等都有好处。对于与殖民地之间的贸易，斯密认为这种贸易自由化既能使母国获利，又能使殖民地获利。

> 邻国的财富虽然在战争中和政治上对我国有危险,但是在贸易上则对我国有利。在战时,敌国的财富可使敌国能够维持比我国强大的海陆军。但在和平的通商条件下,邻国的财富,一定能让其为我们交换更大的价值,必定会为我国产业的直接产品和用这种产品购进来的商品,提供更好的市场。
>
> 斯密:《国富论》(中译本),华夏出版社2005年版

自由贸易需要国与国之间的和平相处,也有利于国与国之间的和平相处。斯密认为,当各国都承认自由贸易体系对大众利益更有利的时候,对军事力量的关心就失去了意义。在对重商主义的批判中,斯密指出,束缚导致了国家交换利益的损失,并可使那些国家变得更加贫困。自由化了的商业关系形成了国与国之间的相互依赖及经济互补,这对和平时期的经济福利是有好处的。斯密也认识到,这种互补和依赖在战时是很危险的,也正是因为这种危险性的存在,使得他们往往放弃发动战争。因此,他认为,如果自由贸易成为国家之间普遍流行的贸易体系,那么引发国家冲突的很多原因就会从此消失。

斯密认为,重商主义政策会导致参与交易的国家变得更加贫困,所以斯密主张国际经济关系中,实行自由贸易,因为只有自由贸易体系才能提高社会福利水平。这里,表面上看起来斯密更注重一国的富裕程度而非军事力量的强大,但富裕是一国军事力量强大的源泉。而且对于国防,斯密认为牺牲一部分贸易自由也是可以的。他认为尽管国家采取的某些防务措施减少了社会财富,但是国家安全是最重要的领域。那些国防措施有"经济"措施,该措施致力于保持一国的军事实力。他曾分析道:

> 然而,支持国内产业而对外国产业施加压力可以在两种情况下产生好处。第一种情况是某一特定产业对国家安全是必须的。例如,英国的国防安全十分依赖其船员与船只的数量。因此航海法案规定,要尽量给予英国的船员与船只在他们自己国家贸易中的垄断地位。有时完全禁止外国的船只,有时则给予外国船只很大的负担。
>
> 斯密:《国富论》(中译本),华夏出版社2005年版

因此,斯密认为航海法案是必需的,尽管它对英国的商业利益产生了一定的影响,但也认为"它是英国最明智的商业管制"。他认为,在一定程度上,反对自由贸易的国防措施是正确的,因为战时必需战略物资的过度依赖是很危险的。与重商主义不同,斯密指出,贸易保护主义政策和战争是大众利益的障碍,而且

也指出控制国家之间的冲突是有好处的。

三、战费筹集、战争融资与税收

斯密是最早考虑国防支出对社会的影响,并提出了筹措国防经费方法的经济学家之一。他首先提醒人们注意与国防经济管理有关的武器装备及其有关的费用问题:

> 火器的发明给战争艺术带来的变化,进一步增加了和平时期训练一定数量的士兵和战争时期使用这些士兵所需要的费用。武器和弹药都变得更加昂贵。步枪是一种比标枪和弓箭贵得多的器械,而加农炮和迫击炮的造价也比飞弹和石弩的造价高得多。现代军事演习时耗费的火药无法收回,致使费用大增,而古代投出的标枪、射出的箭支不仅造价低廉,而且都能回收。加农炮和迫击炮不仅造价高,而且比飞弹和石弩更笨重,制造及向战场上运送时耗费也更多。
>
> 斯密:《国富论》(中译本),华夏出版社 2005 年版

战争需要巨额的支出,那么国家怎样来筹措战费呢?斯密想找到一种更好的方法让国家变得更加富裕,换句话说,即提高土地和劳动者的年产量,但是人们通常把一国的军事强大与富裕看得同等重要。

> 每个国家的财富以及军事力量必须总是与其年产量成比例,所需的资金必须由税收来支付。……一国的一个很大的政治经济目标就是让该国成为经济上富足政治上强大的国家。
>
> 斯密:《国富论》(中译本),华夏出版社 2005 年版

斯密提出通过战争融资的办法来筹措战费,由于公共消费不带动生产,所以他赞成对政府部门进行严格的限制,因为一国有限的资源如何在国防及其他民用部门之间分配对该国的社会福利产生很大的影响。斯密批判了一些商业性国家的行为,认为他们没有承担起为战争积累财富的责任。他反对重商主义者的观点(对重商主义者来讲,金银的积累提供战时军舰和武器装备),坚持认为国家的真正财富依赖土地和劳动者的年产量。认为当一国发生战争时,首要的要求就是该国的经济足够富裕,以便能为战争提供资金。

斯密对现代的授权机构授权国家发动使其更加贫困的战争的做法感到遗憾,他主张修正战争融资体系,尤其是大规模求助于贷款的制度,主张建立一个可以

有效将大众目光从战争转移到别处的制度。斯密批评了"人们不认为战争是不好的"这样一个事实，因为战争并没有依靠税收的增加来为其融资，而是靠贷款的增加。斯密认为税收制度应具有"阻止人们发动战争"的特性。

> 然而，只有在持续性战争时期，融资体系才会比其他体系更具有优势。假如战争的花费总是由当年的收入来支付，那么战争将会更迅速地结束并且更少有机会发生。
>
> 斯密：《国富论》（中译本），华夏出版社2005年版

税收制度受到批判，因为正是税收使得国家在和平时期变得更加贫困，减少了资本积累。斯密认为，问题是通过借助贷款而为战争融资的机构成为国家发动欠考虑战争行为的原因或结果。战争一旦爆发，只能选择破坏性最小的融资体系。一方面，不得不考虑战争的灾难性后果，即战争对自由制度的改变；另一方面，当税率已经非常沉重的时候，纳税人会抵制更高的税率，在这种条件下已经没有别的选择了，只有发行公债：

> 当一个国家已经由于税率而不堪重负的时候，就除了发动一场战争而没有别的办法了，除了憎恨国家复仇而没有其他的办法了，或者担心国家的安全，能够利用能容忍的耐心来引导人们顺从于一种新的税种。
>
> 斯密：《国富论》（中译本），华夏出版社2005年版

因此对于相对发达的国家来说，其面临的挑战是让它的邻国感觉到"冲突成本"函数上升的速度和"战争掠夺"函数上升的速度一样快，斯密认为这实质上意味着先进国家必须维持合理的有效防务来做出威慑。难点在于通常情况下经济上的成功会使得人们忽略防务，易于将自己爱和平的意向加在邻居身上。

> 一个勤劳的并且在他们之上的富裕国家是所有国家最可能攻击的对象；并且除非这个国家采取一些措施来进行公共防务，人们的自然习惯使得他们没有能力进行自我保护。
>
> Smith, A. 1776, *An Inquiry into the Nature and Causes of the Wealth of Nations*, Edwin Cannan

四、军事技术、劳动分工与军事人力

斯密认为，战争技术当然是所有技术中最高超的，随着社会的进步，战争技

术必然成为最复杂的技术。机械及其他必然与战争技术相联系的技术状态，决定了战争技术在某一时期所能完善的程度，但为了使战争技术达到完善程度，有必要使其成为某一市民阶层的唯一或主要职业。与其他技术进步一样，战争技术的进步也必然要求劳动分工。斯密认为国防支出属于非生产性支出，因此：

> 这些人，因为他们一无生产，不得不仰给于别人劳动的产物。如果他们的人数增加到不应有的数额，他们可能在某一年消费掉这么多的上述产物，以致于没有足够的剩余来维持在次年进行再生产的生产性劳动者。于是下一年的再生产，一定不及上一年。如果这种混乱的情况继续进行下去，第三年的再生产又一定不及第二年。

斯密：《国富论》（中译本），华夏出版社 2005 年版

这里斯密注意到了军队的非生产性，因此主张军队的规模必须同一国内的物质资料相适应，认为"过此，即不免负担过重，危及国家经济"。斯密从"威慑力"的角度，认为一国保持强大的国防实力是十分重要的。斯密提出国家需要干预并且提供资金去建立一支本质上不具备生产力的军队，这具有很强的历史意义。认为战争变得越来越难、越来越长，这一点也证明了建立一支能随时行动起来而不是一支临时拼凑的军队是十分必要的。

根据他的劳动分工原理，斯密主张依据社会分工使军人职业社会化，赞成常备军与后备力量结合起来，认为这不仅从战争技术以及分工的关系出发，从经济的角度看也有其重要性和必要性：

> 国家对于国防军备的设施，似只能采取两种方案。第一，它可不管国民的利益怎样，资质怎样，倾向怎样，用一种极严厉的法令，施以强迫军事训练；凡在兵役年龄内的一切市民，或其中的一定人数，不管他们从事何种职业，非在一定限度上与兵士的职业结合起来不可。第二，它可维持并雇佣一部分公民，不断施以军事训练，使兵士的职业脱离其他职业，而确然成为一个独立的特殊职业。

斯密：《国富论》（中译本），华夏出版社 2005 年版

专栏 6.1

亚当·斯密战争理论的启示

在论述战争的历史文献中，经济学家的意见很有特点。亚当·斯密这位当代经济学的奠基人，在他的《国富论》中专门辟出一章来讨论战争和军队问题，十分精彩。亚当·斯密认为，游牧民有大量的闲暇时间；在初级阶段的农业社会，农夫也有一些闲暇

时间；而工匠或制造业工人完全没有闲暇时间。第一种人可以将大量时间用于军事训练，没有任何损失；第二种人可以将一部分时间用于这个方面，也无损失；而第三种人即使将一小部分时间用于这方面也会有损失，他出于自身利益会完全忽视军事训练。技术和制造业的进步必然会带来农业的各种改进，使得农夫也像工匠那样几乎没有闲暇时间了，农民变得也像城市居民那样忽视军事训练了。由此人民大众逐渐不再好战。按照这个论述，工商业为主体的民族应该具有和平倾向。

在人类历史上，由普遍的人群之间的杀戮到常备军的出现，使战争专业化，是一个进步；再由专业化的战争到彻底消灭战争，则将是一个更大的进步。前一个进步应该是后一个进步的基础。有人可能不同意这个观点，他们说，现代战争对生命和财产的消耗巨大，因此更具有野蛮性。但这个观点可能经不住深入推敲。对财产的毁灭要看它在总财产中的比例，不好看绝对量。从文明角度看，专业人员之间的杀戮总要比普遍的杀戮好。

对于战争方式及其文明性质的讨论，亚当·斯密也有精彩的论述。他指出，第一，为了保护人民的利益，战争必须国家化，必须建立常备军；第二，只有建立常备军，一国才能永续文明，或在相当长的时间里保存其文明；第三，常备军决不会危及自由，反而常备军的存在会使君主安心，君主实力在握便会宽恕抗议，从而使国家拥有一定自由。

在亚当·斯密时代，恐怖主义还没有成为一个有特殊含义的词，亚当·斯密使用了一个有更广泛含义的词——"民兵"。他指出，希腊共和国和波斯帝国的衰落，就是常备军对各类民兵不再拥有优势的结果。在古代的所有文明国家，如希腊、叙利亚和埃及，这些国家的民兵对罗马的常备军都只有微弱的抵抗。但常备军可以因腐朽而蜕化为"民兵"。西罗马帝国的常备军逐渐退化为腐败、疏忽、纪律散漫的民兵，不能抵抗异族民兵的入侵，产生了古代历史有明确记载的人类事务的第三次大革命。按照斯密的说法，野蛮国的民兵已经类似于恐怖军事力量了。

欧洲的中世纪，鲜有常备军，自然也不好区别武装人员和非武装人员。翻看欧洲历史文献，可以看到欧洲历史上的战争异常惨烈。在北欧海盗（也翻译做"维京人"）从几个方位的几次南下侵略的时候，常常伴随灭绝性的屠杀行为，那是极端的恐怖主义行为。欧洲的民族国家在近代开始陆续形成，其推动力首先是贸易，其次是宗教改革。欧洲文明后来居上，所以"日内瓦战争公约"这样的文件便产生在欧洲。

按照亚当·斯密的理论，我们自然会有这样的推论：世界各国建立独立强大的常备军才有利于国内的和平与自由，这种和平与自由也是防止国际恐怖主义滋生泛滥的基础。另外的知识又告诉我们，强大的常备军要仰仗国家的经济成长和民主政治的发展。

有了这些条件,世界和平才有了真正的基础。显然,国际秩序不是靠"国际警察"能建立起来的。世界各大国应该好好反思一下这个道理。大国对世界和平也可以做出贡献,但他们的既定战略是不是最佳选择,的确需要认真检讨。

对世界和平的远景应该树立信心。人类有300万年的历史,日内瓦公约的签订到现在不过是一个瞬间。不到100年的时间里我们已经取得了巨大成就,难道还需要悲观吗?比起蛮荒时代的普遍杀戮,现在恐怖主义也算是局部问题了。第二次世界大战以后世界各国兴起了和平结盟的浪潮,且成绩斐然。欧盟是成功的,"上海会议"也在走向成功。基本的经验是,国内治理越是成功,国际恐怖主义的空间就越小。世界各大国要真正负起责任来,要帮助穷国改善民生,发展经济,至少不要总想着卖给人家武器。

人类是有共性的。科学家不是发现当今人类的共同祖先不过是一个1000人左右的群体么?有的民族用几百年多绕一二个弯子,也不是多可怕的事。最终大家会殊途同归,走向永久和平。

——党国英,*China Newsweek*,2006.10.16.

第6章 斯密的国防经济思想

第7章 马尔萨斯的国防经济思想

人口问题是马尔萨斯最为天下人所共知的地方,但除了对人口问题的研究之外,马尔萨斯不仅追随斯密,对古典经济学体系作出了贡献,而且把人口、战争与经济等问题结合起来,提出了一些非常有启发意义的国防经济思想。

第1节 马尔萨斯的生平与经济思想

托马斯·罗伯特·马尔萨斯(Thomas Robert Malthus,1766~1834年),英国经济学家。马尔萨斯1766年2月14日出生在英格兰一个土地贵族家庭,1784年得到剑桥大学耶稣学院奖学金后,才上学读书。大学时期,马尔萨斯功课很好,1788年在大学生优等生考试中,他是9名一等合格者之一。在剑桥大学获得文学士学位之后,马尔萨斯被任命为萨里郡阿尔希的副牧师职务,1798年加入英国教会的僧籍,任牧师。1799年马尔萨斯到欧洲一些国家调查人口问题,1805年任黑利伯里学院历史和政治经济学教授,学生们亲切称呼他"人口"马尔萨斯。1819年当选为皇家学会会员,1824年被选为英国皇家文学协会的10名会员之一,在欧洲具有相当高的声誉,1834年12月23日与世长辞。马尔萨斯的学术思想虽然有点悲观但影响深远。

马尔萨斯著有《地租的性质和增长及其调节原则的研究》、《政治经济学原理》、《价值尺度、说明和例证》、《政治经济学定义》等,其中最有名的当是他写的《人口论》。

18世纪末，随着英国工业革命的进行，大批工人失业，人民贫困化的问题越来越突出，如何解决这个问题成为当时研究的热点。正是在这一背景下，马尔萨斯对人口问题进行了深入的研究。他是人口理论的创立者，其人口学原理的基本思想是：如没有限制，人口是呈指数速率（即：2，4，8，16，32，64，128等）增长，而食物供应呈线性速率（即：1，2，3，4，5，6，7等）增长。只有自然原因（事故和衰老）、灾难（战争、瘟疫及各类饥荒）、道德限制和罪恶（马尔萨斯所指包括杀婴、谋杀、节育和同性恋）能够限制人口的过度增长，马尔萨斯倾向于用道德限制（包括晚婚和禁欲）手段来控制人口增长。

马尔萨斯在经济上的第二个成就，是他的地租论。他主张实行保护制，主张用抬高粮价的办法来振兴农业。

专栏7.1

李嘉图与马尔萨斯：论敌和朋友

李嘉图和马尔萨斯是两位在出身、经历、个性和思想观点等方面都有着明显反差的思想家。马尔萨斯出身于上层土地贵族社会，其父亲与当时思想界名流如休谟、卢梭等有着广泛的交游；而李嘉图出身于富有但缺乏社会地位的犹太移民家庭，其父亲似乎是一个唯利是图的投机者。马尔萨斯少年时代就博览群书，并进入剑桥大学；而李嘉图从未接受系统的正规教育。马尔萨斯是一个职业学者；而李嘉图的身份是证券经纪人。马尔萨斯过的是平淡无奇的教师生活；而李嘉图不仅在证券经营中一帆风顺，还担任过议员。马尔萨斯一辈子过的是学院生涯，却关心现实；而李嘉图虽然经商，但成了理论家。马尔萨斯从来没有富裕过，李嘉图个人财产200万镑。

马尔萨斯成名早于李嘉图。由于《人口论》的发表，在李嘉图进行经济学研究时，马尔萨斯早已是名满英伦的经济学家，李嘉图对马尔萨斯的人口理论很是折服。"它所阐述的理论是那么清楚，那么使人满意，因而引起我的兴趣，这是仅次于亚当·斯密的名著。"在当时关于银行券问题的争论中，李嘉图分别于1810年和1811年发表了《黄金的高价是银行纸币贬值的验证》和《答博赞克特先生对金价委员会报告的实际观感》两篇论文，引起了马尔萨斯的注意。为了和李嘉图在相关问题上取得一致，避免无谓的笔墨官司，马尔萨斯主动结识了李嘉图。

由于理论观点的尖锐对立，李嘉图和马尔萨斯在谷物贸易、价值理论、经济周期理论等方面的争论在他们结识后全面展开，并持续到李嘉图离开人世。1815年2月，站在土地所有者立场上的马尔萨斯发表了《地租的性质与发展及其支配原则的研究》和《对

限制国外谷物输入政策的意见的研究》,为谷物法的实施及政府提高谷物限价进行辩护;作为资产阶级利益辩护人的李嘉图发表了《论谷物低价格对资本利润的影响》,对马尔萨斯的观点进行了猛烈的批驳(前已述及,正是为批驳马尔萨斯的这篇论文的发表,引出了李嘉图《政治经济学及赋税原理》的写作和出版)。1820年马尔萨斯出版了《政治经济学原理》后,李嘉图不惜用220页的篇幅,摘录了马尔萨斯在论证上的瑕疵;而马尔萨斯则坚决认为这类谬误在李嘉图的著作上也根深蒂固地存在着的。在李嘉图逝世前的一年中,他们一直为重大理论问题争论不休,写了许多长信相互讨论辩驳。

在李嘉图与马尔萨斯的关系中,与终身论敌相伴是另一层关系——终身朋友。在1811年6月马尔萨斯向李嘉图"冒昧地引见自己"之后,他们不仅十几年间持续通信交流思想,还经常相互拜访。李嘉图不仅通过自己的证券经营帮助过马尔萨斯赚取投资收益,临终前还留赠了马尔萨斯一笔生活费用。同他们作为论敌的持久争论具有持久的影响一样,他们持久的友谊也是思想史上的一段佳话。马尔萨斯在李嘉图故去后,深情地说道:"除了自己的家属外,我从来没有这样爱戴过任何人。"

——《中国经营报》,2003年4月14日。

第2节 马尔萨斯的国防经济思想

马尔萨斯有关国防经济思想主要反映在他1798出版的《人口论》和1836年出版的《政治经济学原理》两本书中,在这些文献中,他分析了战争与人口、战争与经济等问题。

一、人口与战争

马尔萨斯《人口论》最经典的论断是,战争是人口过剩的结果。过多的人口导致国与国之间的战争,通过减少人口数量规模可以减少战争。

> 亚拉里克、阿提拉、成吉思汗以及彼等的重臣,所以久战不息者,或仅为了名誉,为了大征服者的名声。但促起北方大移民潮的真正原因,使其继续推进而侵袭中国、波斯、意大利及埃及的真正原因,却是食物缺乏,人口的增加超过生活资料的增加。

马尔萨斯:《人口论》(中译本),北京大学出版社2008年版马尔萨斯认为战争以下面两种不同方式出现：为增长的人口寻找有效的出路和领土而发动战争；人类的邪恶思想的不断膨胀引发战争。这两个原因密切相关：人口的增长导致了资源匮乏，资源匮乏导致了战争。马尔萨斯同时指出，战争是对人口数量的增长具有毁灭性影响的行为之一，它对人口的杀伤力超过任何方式。

> 战争是一个超越于生存手段的、人口增长的毁灭性的抑制。
>
> Malthus, T. R., 1798, *An Essay on the Principle of Population*, Anonymously published

马尔萨斯分析了控制人口增长的两种方法：毁灭性抑制与自律性抑制。根据马尔萨斯的观点，当国家发展到一定程度以后，自律性抑制会替代毁灭性抑制来调节人口规模。马尔萨斯在《人口论》的结尾附录中评论了其主要观点，即人口规模和国力的关系。他指出，法国人口密集，使得它可以较小的牺牲换来本国军事实力的提高，也就是说，它以最小的成本实现了国家优势的最大化。如果人口规模与生产资料不成比例，就会导致人口规模锐减，不利于国家军事实力的提高。另外，战争会造成人口死亡，更直接地调整着人口规模，即使战争期间，新增人口数量足以弥补战争中的人员伤亡，它仍不利于国防。马尔萨斯认为，不利的经济条件易使政治领袖以较低的成本动员公众参军备战，但是，这也会为新的冲突发生埋下伏笔。因此，马尔萨斯认为，只有把生产资料保持在足以维持人们生计的水平，才能消除战争的主要经济原因，使人们不再为领土和粮食大开杀戮。

在马尔萨斯的国防经济思想中，我们要特别注意反对对马尔萨斯人口论的极端理解。事实上，马尔萨斯并没有极力鼓吹以战争来控制人口增长。相反，他认为利用战争来缓解人口膨胀是一种原始野蛮的方式。这个理论仅适用于人类发展过程的初始阶段，在现代社会，战争在人口规模调节方面的作用越来越少。马尔萨斯（1798）认为，人口的增长弥补了由于战争出现人口死亡的数量，从而能达到先前的特定水平。所以只要人口数量没有影响到国家的继续发展，现代战争就不会是为降低一国的人口数量而出现。并乐观地预言，当所有国家都成功地控制住人口时，国际和平肯定到来。马尔萨斯认为，经济发展是保障人们合作的最好方式。公民为保卫经济财产的愿望会阻止战争贩子得逞。这样，人口保持在一定限度内很大程度上会减少攻击性战争的发生。

二、战争与经济

马尔萨斯考察了具有相似资源和历史的国家间经济发展的不同情况。他(1836)认为两个主要原因能增加国家福利：人口的增长和资本积累。他认为增加有效需求会使一国变得更富裕，然而战争期间资本的毁灭又增加了资本重新增长的可能性。正如战争刺激了人口出生，人口在战后不久又恢复到先前的水平，毁灭的资本很快会得到补充。

马尔萨斯认为战争支出在短期内对经济有刺激作用，但他认为从长期角度看战争支出对经济发展有消极作用。马尔萨斯认为食品安全问题最重要，他认为和平时期依靠国外提供谷物出现中断的风险较低，因为生产国需要出售他们的产品，所以总会提供粮食。但在战争时期，经济利益就不再是优先地位，这时谷物供应出现中断的情况就可能变成现实，因此伴随战争而来的巨额粮食需求绝对要由我们自己提供。

> 同时，通过观察近来发生在世界各个角落的最典型的事例，我们可以看出，各个政府的行动都是基于冲动而非利益。尽管因人口规模的扩大带来的生计威胁可能不是我们依赖国外粮食的主要原因，然而，不可否认的是，在联邦政府发动的战线极长的战争期间，随时可能出现国力不支的局面，因为没有一种尝试会比这种尝试更损耗一国的国力，事后，发现却事与愿违，很难为我们的产品找到合适的市场，只能将大量的谷物用来满足自己的需求。

> Malthus, T. R., 1836, "The Corn Laws", in Wrigley, E. A. and Souden, d. (eds) *The Works of Thomas Robert Malthus*, William Pickering

三、国家安全与贸易

马尔萨斯在《人口论》中认识到，产品供给渠道匮乏会阻碍国民经济的发展。在特定的时期，新市场的开拓（尤其指殖民侵略）和新产品的革新（尤其指在农业领域）会刺激资本增长和人口增加。但是，从长期来看，这两个因素是不可以无限增长的。相对于人口增长来说，劳动力就业和粮食资源都是不足的，因此可以更好地刺激有效需求增长。马尔萨斯（1836）反对政府干预贸易，他认为过高的关税和把战争作为缓解资源紧张的途径，会对经济造成毁灭性的影响，他认为战争只能恶化经济危机。

马尔萨斯认为，通过殖民方式不可能扩大国家领土，因为采取这样的政策只会导致战争，扫清经济发展的障碍只能寄希望于本国。维护国家安全是人类最基本的利益之一，为了国家安全，即使牺牲自由贸易，甚至财富也在所不惜，其他的有关农业保护的观点也被马尔萨斯所重视。马尔萨斯的著作代表了从重商主义者以来观点的全面改变，他赞成安全和国内稳定比超过国外的经济实力更重要。

第 8 章 李嘉图的国防经济思想

承接斯密,李嘉图继续对价值论进行了持续的研究,发展了有关地租、工资和利润的理论,并在战时财政税收、贸易与和平、战争成本与收益等方面提出了一些非常有价值的思想,这些思想在今天的国防经济学中仍闪着智慧的光芒。

第1节 李嘉图的生平与经济思想

大卫·李嘉图(David Ricardo,1772~1823年),英国资产阶级古典政治经济学的杰出代表和完成者,继承和发展了斯密经济理论中的精华,使古典政治经济学达到了最高峰。李嘉图出生于英国伦敦的一个资产阶级犹太移民家庭,在17个孩子中排行第三,童年所受教育不多,14岁时,随父亲从事证券交易活动,16岁时便成了英国金融界的知名人物,21岁独立开展证券交易活动,很快便获得成功,25岁时他已拥有200万英镑财产,这时的李嘉图深感早年教育不足,因此在经济生活有了保障以后开始自学。1799年的一次乡村度假里,李嘉图偶然阅读了斯密的《国民财富的性质和原因的研究》,从此对政治经济学发生兴趣并开始研究经济问题。当时英国突出的经济问题是"黄金价格"和"谷物法",他热心地参与这两个问题的辩论,37岁的时候他完成了第一篇经济学论文,10年后他在这一领域获得了极高的声誉。李嘉图在证券交易所的工作使他非常富有，1814年42岁时便退休了。

参加社会经济问题的辩论促进了李嘉图对政治经济学理论的研究和写作。1817年李嘉图发表了代表作《政治经济学及赋税原理》，他也因此成为当时英国最著名的经济学家。1819年，李嘉图被选为英国下议院议员，他不仅揭露旧法规的弊病，主张进行议会改革，还提出一系列经济主张，如反对谷物法，宣传自由贸易，批评政府财政政策和货币政策，建议进行币制改革等。李嘉图在他的《政治经济学及赋税原理》一书中，建立起了以劳动价值论为基础，以分配论为中心的理论体系。他坚持商品的价值由生产中耗费的劳动决定的原理，批评了斯密价值论中的二元观点。他第一个提出了决定价值的劳动不是实际的个别劳动而是社会必要劳动，他还指出了决定商品价值的不仅有直接投入生产的活劳动，还有投在所耗费的生产资料上的劳动。李嘉图发展了有关地租、工资和利润的理论，他在经济理论方面的主要成就有：

比较优势理论 根据李嘉图的理论，即使一个国家在所有制造业中比其他国家更加高效，它也能够通过专注于其最擅长领域，与其他国家进行贸易交往而获取利益。比较优势学说构成了现代贸易理论的基石。

工资理论 李嘉图认为，从长期来看，价格反映了生产成本，可称之为"自然价格"。自然价格中的人力成本，是劳动者维持生活所需的花费。如果工资反映人力成本的话，那么工资必须保持在可以维持生活的水平。然而，由于经济的发展，工资水平会高于勉强维持生活的水平。相对工资——能购买的食物和必需品的数量。劳动者维持自身生活以及供养家庭的能力，不应取决于其工资的货币数量，而应取决于这笔货币所能购买的实物和必需品的数量，即货币的实际购买力。

利润理论 李嘉图认为，实际工资的增加会导致实际利润的降低，因为货物销售的毛利可分为工资和净利两个部分。利润取决于工资的高低，工资取决于生活必需品的价格，生活必需品的价格取决于食品的价格。

专栏8.1

李嘉图：一个天才的业余经济学家

经济学刚刚诞生的时候，几乎所有的经济学家都是业余经济学家，不管是英国的亚当·斯密，还是法国的萨伊、巴斯夏。那个时候，大学里面也没有经济系，政府也没有开办经济研究和顾问机构，要搞经济学研究，就得自己先给自己找到饭碗。自己解决了

生活问题，才能谈得上研究经济学。而英国古典经济学家李嘉图正是这么一个典范，而且他也许是有史以来最富裕的经济学家。

由于所有的人在中学就学习过政治经济学课程，所以大卫·李嘉图的名字在中国可能比任何国家都更广为人知。李嘉图于1772年4月18日出生在伦敦城。他是犹太人，有学者说，他之所以在后来的著作中喜欢抽象地演绎推理，就跟他的犹太血统有关。

李嘉图的父亲是个富裕的证券经纪人，尽管李嘉图并没有正儿八经地上过什么学，但他的父亲却有钱给他请任何他喜欢的家庭老师来给自己讲课。他12岁的时候，就曾被父亲派到荷兰留学，那时候的荷兰，可是全球商业最发达的地区。两年后，李嘉图回到英国，开始下海，跟父亲经商。

如果是这样一路下去，英国不过又多了个天才的证券经纪人而已。然而，李嘉图却爱上了一个跟自己家的宗教信仰不同的姑娘。父亲坚决不同意这门亲事，年轻气盛的李嘉图跟老父亲闹翻，21岁那年，父亲将李嘉图赶出家门。

李嘉图只好独立经营。他已经在证券交易界摸爬滚打了7年，已经有了自己的朋友圈子，在这些朋友们的帮忙下，他的事业很快就上了正轨。短短几年时间，他就已经发财致富。据说，在他去世时，他的资产大约价值70万镑（如果折合成现在的货币，可能价值数千万美元），每年还有2.8万镑的收入。他的一个得意之作是在滑铁卢战役前4天，成功地买进大量政府债券，结果英军打败拿破仑，他大赚了一笔。

至此，仅仅发财致富已经不能让李嘉图看到人生的意义了，于是他开始寻找在知识领域搞点什么。27岁那年，他偶尔读到了亚当·斯密的《国富论》，对政治经济学产生了兴趣。不过，与其说是他选择了政治经济学，不如说是政治经济学选择了他。因为，两年前英国宣布脱离金本位制，英镑正在经历剧烈波动，年轻的金融家李嘉图不能不思考货币问题。因此，很容易理解，李嘉图最初的经济学研究几乎完全集中在货币问题上，他的第一篇文章就是《黄金的价格》。

发表这篇文章已经是1809年了，在这之前长达10年，即从27岁到37岁，是李嘉图学习研究政治经济学的时期。这中间，他得到了英国当时著名学者、功利主义的创始人詹姆斯·穆勒的无私帮助。李嘉图虽然是天才，但搞经济学还得学会研究问题，尤其得学会写文章。对于没有好好上过学的李嘉图来说，这方面的训练是痛苦的，但又是绝对必要的，否则我们也不会看到他那11大卷著述了。

——《中国经营报》，2003年4月14日。

第 2 节　李嘉图的国防经济思想

李嘉图提出了自由贸易促进和平这一古典主义理论范式的基本框架，开创了国防、和平问题的经济学分析传统，对战时财政、税收、贸易等问题进行了研究。

一、战争财政与税收

李嘉图在国防经济思想上的主要贡献在战争财政方面。在他看来，战争可能产生于国家领导人的政治私利，因为利润、荣誉和他们心目中的国家利益等。李嘉图认为，战争开支是非生产性开支，因此应当注意节约。

> 一国为战争之目的或为政府一般开支所征收的税，还有主要用于维护非生产性劳动者生活的税，都取自于该国的生产性行业。这种开支每有节省，即使不增加到纳税人的资本中，一般也会增加到他们的收入中。如果为筹集一年的战争经费，通过贷款获得 2000 万，那么这 2000 万就是从该国的生产性资本中抽取的。每年为偿付这笔利息而征收的 100 万税款只不过是从支付这 100 万税款的人转移到接收这 100 万税款的人手中，从纳税人转移到国家债权人身上。实际支出是 2000 万，而不是 2000 万税款的利息。
>
> 　　　　　　李嘉图：《政治经济学及赋税原理》（中译本），华夏出版社 2005 年版

李嘉图论述了战争与和平相互转换时期对国民经济的影响，同时论述了解决财政问题的方法。对于怎样筹措战争费用，李嘉图主张采用征税而非"举债"的办法。认为如果以发行公债的方法征集战费，最终会导致国家的贫困：

> 假定战费每年是 4000 万镑，每人每年应为这笔战费捐纳 100 镑。如果立即令其交足应交款额，他就会迅速从收入中节约 100 镑。但在举债的办法下，他就只要支付这 100 镑的利息，即每年 5 镑，并会认为只需在支出方面省下这 5 镑，因而错误地认为自己的境况和以前一样富足。如果全国的人都这么想，并且这样做，因而只节约 4000 万镑的利息即 200 万镑；那么损失的就不仅是把 4000 万镑资本投在生产事业所能提供的全部利息或利润，并且还有 3800 万镑，即他的储

蓄和开支之间的差额。

李嘉图：《政治经济学及赋税原理》（中译本），华夏出版社 2005 年版

李嘉图分析了征税与举债之间的利弊：

> 如果像我前面所说的那样：每人都必须自行借债，并缴纳其全部应缴纳以解国家之急；战争一停止，课税也就停止，我们也会立即恢复价格的自然状态。某甲在战争期间向某乙借钱，以便支付战费中他应负担的一部分，他就要从他私人的资金中拿出一部分来支付利息，但这事和国家没有关系。

肯尼迪：《国防经济学》（中译本），解放军出版社 1986 年版

当然，不可否认国家在战争中会出现负债的情况。如果这样，李嘉图认为偿债基金如不是从公共收入超过公共支出的那部分中取得的，就不能有效地达到减轻债务的目的。对于如何节俭军费或战费，李嘉图还另有其独到的见解：

> 我们应通过节俭使它名副其实地成为偿付债务的实际有效资金。将来如果战争爆发而我们没有极大地减轻债务，下面两种情况中就会有一种情况发生：一是全部战争费用必须靠逐年征税来支付；二是战争结束之后（即使不是在战争结束之前），我们也会陷于国家破产的境地。这不是因为我们不能负担更多的债务，一个大国的力量是很难限量的，而是因为个人为保持在本国的居住权而甘愿支付的长期赋税为形式的代价肯定是有限度的。

李嘉图：《政治经济学及赋税原理》（中译本），华夏出版社 2005 年版

通货膨胀是战时财政的一个重要问题。李嘉图特别提到，政府在考虑战费时要注意通货问题。他认为，当一种通货完全由纸币构成，而这种纸币的价值又与其所要代表黄金的价值相等时，以纸币代替黄金就是用最廉价的媒介代替最昂贵的媒介。这样国家便可以不使任何私人受到损失而将原先用于这一目的的黄金全部用来交换原料、用具和食物。使用这些东西，国家财富和享受品都可以得到增加。他还举例道：

> 假定装备一支远征军需款 100 万镑；如果政府发行 100 万镑纸币来代替 100 万镑铸币，那么这支远征军的装备费用就无需国家来负担。……实际上这支远征军是由于我们的制度改良而装备起来的，也就是由于使价值 100 万镑的资本在商品形态下变为生产性的，而不让他保持非生产性的铸币形态。

李嘉图：《政治经济学及赋税原理》（中译本），华夏出版社 2005 年版

李嘉图认为，战争税的主要征收对象应为资本家和金融家，当然征收对象也包括那些有维持生计以外的剩余金钱的比较富足的产业工人。这种税收制度通过鼓励私人积蓄来支持战争，可以有效地防止国家资本的滥用。而如果政府通过高利贷来缓解财政压力，则不利于资本的合理使用，因为大高利贷者借债的目的仅仅为追求高额的利息。税收调节的优势在于，只有它才会立竿见影地控制经济行为。当和平时期到来时，这些税收将不再需要，战争税之所以在战时被作为一种必要的应急措施，是因为它不像高利贷一样会使国家负债累累。李嘉图还论述了收入的支出方式与战争进而与人口的关系。指出：

> 如果地主或资本家像古代贵族那样，把收入供养很多的侍从和仆役，而不是购买家俱、马车之类的奢侈品，那么他雇佣的劳动会多得多。因为收入是相同的，购买奢侈品以后就不会再有劳动雇佣，事情到此为止。如果购买衣着食物，显然会增加对劳动者的需求，而这种增加只是因为我选择了花费收入的方式之后才会产生的。同样道理，战时一个国家需要更多的陆海军，战费也比以前多得多，用这些赋税后的收入增加雇佣士兵衣着食物的生产，会吸引更多的劳动力，因此用收入而不是用国家资本来维持战争是有利于人口增殖的。
>
> 李嘉图：《政治经济学及赋税原理》（中译本），华夏出版社 2005 年版

二、战争与自由贸易

战争对正常商业活动是一种破坏，因为它迫使资本在工业部门之间进行流动（从生产"和平"商品转而制造"战争"物资）。由于某些固定资产具有专门用途，转产的结果在有的部门将造成过多或闲置的生产能力。在李嘉图看来，这是对生产资本的一种浪费。他说：

> 长期和平以后开始战争或长期战争以后开始和平，一般说来都会给商业带来很大的困难。它极大地改变了各国资本以前所投入的行业的性质。资本在新的条件下寻求最为有利的投资方向时，大量的固定资本得不到使用，也许会全部损失掉，劳动者不能充分就业。
>
> 李嘉图：《政治经济学及赋税原理》（中译本），华夏出版社 2005 年版

李嘉图的比较优势理论认为，贸易会实现和平，因为贸易使各国的消费者具有共同的利益，因此贸易有利于拉近国与国之间的关系。然而，李嘉图认为在长

期内经济会静态地发展，国际贸易仅仅是一个缓解剂，甚至会使利润率减少，但是在中短期内它对经济具有促进作用。

> 战争在商业国家中会扰乱各国间的通商，经常会阻碍谷物从生产成本较低的国家出口到生产成本较高的国家。在这种情形下，大量资本被吸引到农业中，以前进口谷物的国家不再依靠国外。战争一结束，进口障碍得以消除，对本国种植者不利的竞争开始了，而他要退出这种竞争就得牺牲大部分所投入的资本。这时国家最好的政策就是对从国外进口的谷物征税，在一定年限内税额逐渐减少，以此向本国种植者提供逐渐从土地上撤出其资本的机会。
>
> 李嘉图：《政治经济学及赋税原理》（中译本），华夏出版社 2005 年版

显然，在李嘉图看来，农业方面过剩的生产能力是战争的破坏造成的严重倒退。这一情况促使他修改了自己的自由贸易原则：在战争刚刚结束后的一段短时间内，政府可以以法令形式继续限制进口，以使过剩的农业生产能力有时间逐渐消失。

第9章 萨伊的国防经济思想

作为最早将斯密经济学说介绍到法国,而又因"萨伊定理"等成为古典经济学奠基人之一的法国古典学派先驱萨伊,促使人们更进一步思考世界和平的好处,认为通过自由贸易能够实现世界和平。

第1节 萨伊的生平与经济思想

让·巴蒂斯特·萨伊(Jean Baptiste Say,1767~1832年),法国政治经济学家。萨伊生于里昂一个商人家庭,少年时代即开始经商。曾在英国伦敦附近一所商业学校学习,在此期间了解到英国工业革命进程并接触到斯密的学说。1789年法国爆发大革命时,他正在一家人寿保险公司任职,拥护当时大资产阶级的执政,积极参加政治活动并一度从军,雅各宾派上台后转而反对革命。1794~1799年任《哲学、文艺和政治旬刊》主编,于该刊发表经济文章,批评国民大会活动,后受拿破仑一世重视被委任为法官,又被派往财政委员会工作。1803年,萨伊出版《论政治经济学,或略论财富是怎样产生、分配和消费的》(简称《政治经济学概论》)一书,宣扬斯密的贸易自由放任思想,后因拒绝支持拿破仑保护关税政策被解职。1805~1813年与人合伙办纱厂。1815年,波旁王朝复辟,他又受到重视,被派往英国考察工业。1816年起先后在法国阿森尼大学和工艺学院讲授政治经济学,他把讲稿整理为《实用政治经济学全教程》

(共6卷)，在1828～1829年间出版。1830年萨伊还担任过法兰西学院政治经济学教授，1832年11月15日于巴黎逝世。

萨伊的主要著作除上述书外，还著有《政治经济学入门》、《政治经济学精义》、《关于政治经济学各方面的问题，特别是商业普遍萧条的原因给马尔萨斯先生的信》、《政治经济学杂录和通讯》等。萨伊是19世纪初欧洲大陆最重要的经济学家之一，他使斯密的经济学说通俗化和系统化，但他同时也抛弃了斯密学说中的科学因素。萨伊的经济思想主要表现在：

萨伊定律 萨伊否定生产过剩的存在，提出了著名的"供给能够创造其本身的需求"的观点，即所谓的"萨伊定律"。萨伊认为商品买卖实质上是商品交换，货币只在刹那间起媒介作用。产品总是用产品来购买，买者同时也就是卖者，买卖是完全统一的。因此，商品的供给会为自己创造出需求，总供给与总需求必定是相等的，局部供求不一致也会因价格机制的调节而达到均衡。

"三位一体"公式 萨伊在效用价值论的基础上阐明分配。他认为资本、土地如同劳动一样能提供生产性服务，创造效用，具有创造价值的能力，因此也具有创造收入的能力。他据此断言工资、利润、地租各有自己的来源。劳动—工资、资本—利润、土地—地租，这就是"三位一体"公式。这个公式否定斯密关于利润、利息和地租是劳动所创造的价值的扣除部分的观点。他又把利润划分为相互独立的两个部分：使用资本所付的租金，即利息；使用资本的劳动的利润，是对企业家从事冒险、监督和管理企业的报酬。他认为企业家的"智力和才能"应得到高的报酬，甚至认为工人的技能也是一种"资本积累"，也会获得像企业家那样的报酬，他称其为"劳动利润"，这就否定了工资与利润具有根本不同性质的观点。

第2节 萨伊的国防经济思想

与马尔萨斯和李嘉图的悲观不同，萨伊对通过自由贸易实现世界和平的可能性表示出了乐观态度，并在国防技术、国防工业、国防人力等方面提出了一些有价值的思想。

一、自由贸易、经济发展与和平

萨伊是一位乐观的古典主义经济学家,他谴责当时的国家政策,宣扬贸易与和平的积极意义。"萨伊定律"指出,战争毫无用处,终究会自我消失。他说:

> 工业与商业日益增长的繁荣,使人们对它们有更高的评价。战争的目的,从掠夺与破坏富源改变为悄悄地独占富源。在过去两百年,在战争不是为满足国家或君主孩子似的虚荣的地方,成为斗争的原因的,不是殖民统治,即是商业独占。战争现在不是饥饿的野蛮人和他们的富裕、勤奋邻人的斗争,而是文明国家与文明国家之间的斗争。在战斗中,战胜者竭力保存征服地的资源。土耳其人在15世纪侵入希腊,似乎是野蛮对文明所作的最后一次的进攻。现在劳动与文明习惯在一般人类中间占着优势,这似可使这样不幸事故不可能再发生。的确,军事科学的进步已经使人们无须为着这样斗争的结果而担心。
>
> 萨伊:《政治经济学概论》(中译本),商务印书馆2009年版

萨伊认为,从长远来看,政治经济的发展进程终会使国家把自由贸易作为第一策略。随着教育对知识的普及、经济机制的健全发展,和平必将在世界范围内实现。萨伊认为他的定律能启发政府和平的思路,尤其是能引导大众追求自由,从而推动人类社会不断进步。他写道:

> 还须再走一步,但要走这一步,非更广泛地传播政治经济学原理不可。这些原理总有一天使人类明白:在为获得或保留殖民统治或商业独占而作的斗争所牺牲的许多生命是白白牺牲的,因为他们所追求的是代价很高而又是妄想的利益;国外产品,甚至自己殖民地产品,只通过增加国内产品才能获得;因此成为关心的适当对象是国内生产,而最能促进国内生产的因素,乃是稳定的政治、适当与平等的法律以及便利的交通。今后国家的命运,将不再依存于可能朝夕瓦解的政治优势,而依存于知识与智慧的大小程度,公务人员将越来越多地依靠生产阶级,因为他们必须依靠生产阶级取得供给。人民把租税权掌握在自己手里,就能确保不受暴虐的统治。为反抗进步潮流而作的斗争,将以它自己的灭亡而结束,因为违反自然道理而做的斗争绝对没有效果。
>
> 萨伊:《政治经济学概论》(中译本),商务印书馆2009年版

萨伊赞扬市场经济有利于和平的优点,作为这一观点的热心拥护者,萨伊不

仅给政府提出了关于防务政策的一些建议,还解释了他的关于和平繁荣社会的观点,抱乐观的自由思想主张。他支持自由贸易,认为自由贸易能够实现国家之间的和平。

> 决心维持有利的贸易差额,就是说,决心一方面输出货物,一方面换回现金,实际上就是等于决心不要对外贸易。理由是,跟我们做交易的国家,只能拿出它所有的东西和我们交换。如果一方只要现金,其他东西一概不要,另一方也可能作出同样的决定,而当双方都只要同种货物时,就没有相互交易的可能。要是贵金属的独占果有可能,世界上可望成立商业关系的国家,就必定寥寥无几。如果一个国家能够供给另一个国家以它所需要的东西,后者还有什么好要求呢?黄金在哪方面比其他东西更可取呢?黄金除准备用做购买所想要东西的手段外,还有什么值得取得呢?
>
> 萨伊:《政治经济学概论》(中译本),商务印书馆2009年版

萨伊认为这一天迟早会到来,因为人们会发现,以前需要武力来得到的东西,通过自由贸易就能轻易得到,那么为什么还要求助于武力呢?萨伊认为和平是经济繁荣不可或缺的必要条件,因为自由贸易只有在一个和平的世界环境里,才能得到充分的发展。在他的著作中,萨伊坚持认为和平对经济发展的重要性和战争的破坏性。在他看来,以道德标准来讲,战争是灾难。战争是由仇恨或是为追求一种"虚假的繁荣"而引起的,认为武装冲突只会造成人力和资源的浪费,引起国民收入减少,福利水平下降。萨伊认为战争杀死了消费者的同时也葬送了产品生产者,认为从"机会成本"的角度看,等于"消耗了它所没有收获的"。他解释说:

> 这就是罗马人在罗马共和国末期以及在罗马帝国头几个皇帝统治时期所采用的方法。这个方法和个人使用违法强暴手段或欺骗手段抢夺别人的财物没有不同。这样做并不是实际生产,只是侵占别人产品。
>
> 萨伊:《政治经济学概论》(中译本),商务印书馆2009年版

萨伊认为即使战胜国也不能通过"掠夺"来获得什么好处,因为掠夺来的货物不但不能增加生产,反而通过阻碍货物和资本的循环,扰乱生产,冲突会对本土造成严重破坏。

> 最后一句话,如果我们不考虑战争所造成的破坏,我们就不能正确估计战争费用,因为交战国中,成为战场的哪一个国家土地,无论如何总要遭到践踏。一

个国家越勤奋，所遭受的损害越大。而战争进入一个充满农田、工厂和商店的地区时，好比火烧到充满可燃物的赌坊，火势越来越猛，破坏是非常巨大的。斯密把士兵称为非生产性工人。如果他只是如此，而不是破坏性工人，那多好啊！他不但没用自己产品增加总财富，以报答他所消费的生活必需品，而且往往于己无益地破坏别人的劳动果实。

知识的缓慢但不可抗拒的进展，也许会使对外政治关系发生更进一步的变化，因而将大大节省旨在进行战争的费用。各个民族将会了解，相互战争对他们实际上没有利益，他们必然要遭受战败所带来的灾难，而战胜的好处全是空中楼阁。

萨伊：《政治经济学概论》（中译本），商务印书馆 2009 年版

因此，萨伊（1803）认为战争对经济的破坏有不可估量的后果，国家扩张殖民帝国的意愿在经济上是不合理的，因为他们不仅要在征服上付出昂贵的代价，而且此后还需要维持足够的军事力量来保证帝国的和平。

二、技术进步、工业与国防

随着科学技术的进步，技术对战争胜负的影响越来越大，萨伊（2009）认为这就要求"要做卓越或优秀的将军、工兵、副官甚或兵士，非经过长时间训练与不断实践不可。如果一个国家不根据这些原则行动，就处于以不完全技术对抗完全技术的劣势。因此，除非举国鼎沸揭竿而起，否则占优势的总是受过训练的职业军队。"萨伊并举例认为：

虽然土耳其人都说他们基督教邻国的技术毫无足取，但由于害怕灭亡，也不得不学习这些国家的战争技术。所有欧洲强国都被迫采用普鲁士战术。当法国在革命的激烈战斗中征用一切科学技术为战争服务时，法国的敌人也不得不仿照这榜样。

萨伊：《政治经济学概论》（中译本），商务印书馆 2009 年版

萨伊重视技术对战争的重要性，他在从海运业和国民财富的关系出发来考察海运业的基础上，专门就海运业对国家安全的影响进行了考察：

航海技术既是商业的手段，又是战争的手段。船只航驶可以说是一种军事演习。如果其他情形都相同，拥有较大比例的海员的国家，从军事观点来看便拥有

较强大的力量。因此,考虑航海时,政治的考虑与军事的考虑总是和商业的考虑相抵触。英国通过驰名的航海条例,禁止所有船主和至少四分之三的水手非英国籍的船只在英国经营运输业。这个条例的用意,主要在于发展英国海军和阻碍别国特别是荷兰海军的发展,保护本国运输业的利益尚在其次。荷兰当时掌握着巨大的运输业务,它是英国主要的妒忌对象。

萨伊:《政治经济学概论》(中译本),商务印书馆2009年版

技术进步引起工业进步,萨伊认为工业中的劳动者更易于联合起来,影响政府的决定。按他一贯关于自由贸易和世界和平的主张,他认为战争会在工业化国家自然消失。而经营与战争有关的工业,也是矛盾和麻烦的事。他这样认为:

> 我知道有些事业非由政府自己经营不可。政府不能安全地把建造军舰的事体留给私人处理,也许也不能把制造火药的事业留给私人经营。但是,大炮、滑膛枪、弹药箱、弹药车等物,法国政府都是向私人定购的,而且从表面上看这种办法似乎很有利。是不是可以推广施行这种制度呢?政府必须由其代表或一批人经手处理事务。这些人的利益与政府的利益是直接相反的。他们自然首先考虑自己的利益。如果政府所作的交易,总不免上人的当,那么,政府何苦自己经营生产和商业,从而增加受人欺骗的机会,就是说,何苦从事那些必定无止境地增多和私人打交道的事业呢?

萨伊:《政治经济学概论》(中译本),商务印书馆2009年版

萨伊认为,即使战争有悖于公众利益,但一些企业家在战争中也会找到自己的利益。显然,当国际贸易扩张时,在国家经济中,军事商业变得越来越重要。然而,由于经济利益的驱使,强大的军事商业集团往往维护国际战争,而国际战争会导致军备竞赛。

三、战费、经济武器与人力资本

萨伊认为经济学家的任务是启迪政府和人民注意由战争和更高层次的军事扩张所引起的浪费。他认为随着先进技术在战争中的大量应用,战争的代价越来越大。

> 火药的发明导致更复杂与更昂贵武器的使用,这些武器特别是野战列炮与攻城列炮的运输费用非常可观。不但如此,海军战术的极大改进,以及不同种类与

不同构造船舰的使用，都要求人们发挥极大的才能与劳动。造船厂、船坞、机器、仓库等，使好战国家在平时与战时几乎要花同样大的费用，并使它们不但要花费大部分收入，而且要把大量资本投在军事企业。此外，应该指出，现代殖民制度，就是在世界遥远地方对某些城市或省保持宗主权制度，使欧洲国家很容易在最遥远地区受到袭击。当主要强国是交战国时，整个世界就成为战场。

因此，财富像勇敢那样，成为现代战争不可缺少的因素，而穷困国家将不能抵御富裕国家。因为财富只能得自勤俭，所以我们可这样说，由于不良政治或沉重赋税而将农业、工业与商业弄得没落的国家，必定受它的节俭邻国的奴役。我们可进一步说，自今以后，国力和国家的科学与文明将成为分不开的伙伴，因为只有文明国家才能维持巨大常备军。我们有理由相信，历史上常常发生的文明帝国被野蛮民族突然推翻的事实，将来不会再发生。

一个国家为进行战争而花的费用，超过战争实际费用。此外，战争使这个国家失去它本来可获取的利润。

萨伊：《政治经济学概论》（中译本），商务印书馆2009年版

因为巨大的战争花费，所以他并不认同以武力保护贸易的观点，认为这样做的基础是以"浩大的经费维持军队以保护它的国民"，因此他特别强调了"外交手段"在解决冲突中的作用，认为"战争使这个国家失去它本来可获取的利润"。萨伊在其有名的《政治经济学概论》中的《公共消费》部分曾专门研究了"陆海军费用"，强调必须削减军费开支到最小限度以保证发展的潜力。他主张建立防御性而非进攻性武装，以减轻国家因军备开支过高而造成的经济负担。对筹措战争费用，他主张采用"借贷"办法。

借贷能力给国家带来一个大好处，就是使它能够把意外紧急事变所需要的费用在若干年内分摊。就现在的政府职务和国际战争规模说，没有一个国家能够依靠经常岁入支付那么大的费用。比较大的国家所收的税，几乎已经达到纳税能力的限度，因为它们习于奢侈，经常收入很少超出经常支出很多。如果国家为了挽救灭亡，必须把费用增加一倍，除非愿意抵赖一切现有债务，并冒掠夺自己人民与外国人的不韪，否则借贷常是唯一可取的办法。借贷力甚至比火药火力更大，但如果一味滥用，它的功效不久可能趋于消灭。

萨伊：《政治经济学概论》（中译本），商务印书馆2009年版

萨伊坚决反对贸易限制政策，不建议拿经济做武器，认为这样所付出的经济代价远远超过一国所期望得到的政治利益。他也质疑了禁运的效率，认为禁运的

敌国会被迫改变他们的部分产品结构,因此认为这些措施并不会使他们有太大损失,因为所有产品会在国内交换成其他产品。对此萨伊有一段精彩的论述:

> 拒绝和你建立一切商务关系的国家,无疑地伤害了你,因为它在它能力所及的范围内,使你丧失对外贸易所能给你的利益。所以,如果你能够通过报复,使它害怕而放弃排外措施,那么作为一种策略,报复无疑是一种合宜方法。但绝不可忘记,报复固然使你的竞争者受到损伤,但也使自己受损伤。报复所起的作用不是抵抗竞争者利己措施的防卫性作用。为了间接地攻击你的竞争者,你却先受到报复对你自己所起的进攻性作用。这里唯一的问题是,你的报复是由什么程度的仇恨所激发,你愿意放弃多少利益以图报复的痛快。
>
> 萨伊:《政治经济学概论》(中译本),商务印书馆2009年版

萨伊并不迷信军队,他认为军队经常扰乱经济,尤其是产品流通,而且始终在政府和民众之间扮演着传播战争思想的角色。萨伊把一种关于人类资本的思想带进了战争经济学,从法国方面就战争及其根源提出了批评。萨伊认为,人生命的损失就是财富的损失。这种财富包括前几年用于维持及教育的全部开支。他进一步写道:不应仅仅考虑过去的,包括年轻人的生命在内的损失,还应考虑因年轻人的死亡给日后的收入方面带来的无法挽回的损失。萨伊试图从伤亡的代价方面估量人生命的社会价值。他的这一思想很简单:社会以向孩子们提供消费及教育进行投资,而当他们长大成人,并独立参加生产后,社会又将这笔投资收回。如果一个年轻人在战争中阵亡,他将不能偿还他以前的消费,也将无法提供下一代所需要的消费。如果他因伤致残,无力养活自己,那么他的余生就变成社会的额外负担。萨伊估计拿破仑给人类造成的损失为100亿法郎左右——难怪这个"科西嘉人"认为萨伊的著作是个威胁。他对军人的作用进行了攻击:

> 斯密把士兵称作非生产性的工人。但愿士兵不比这种说法更坏!然而,士兵是破坏性的工人。他们不但消耗那些维持自身的产品,而且常常奉命去破坏别人艰苦劳动的成果,而他自己从中并不能得到任何好处。
>
> Say,J. - B.,1803,*Traite d'economie politique*,Calmann-Levy

萨伊关于防务经济的这些主张与19世纪经济上关于防务、战争与经济的争论大体相一致:经济问题从此以后成为社会组织和人们精神生活的中心,防务政策也不能排除这种演变。

第 10 章 李斯特的国防经济思想

李斯特是德国"经济国家主义"学派和德国历史学派的先驱,他提出了一整套与以亚当·斯密为代表的英国古典经济学相对立的理论,其关于国力、战争、和平、保护主义等思想在国防经济学中也具有独到的价值。

第1节 李斯特的生平与经济思想

弗里德里希·李斯特(Friedrich List, 1789～1846年)是古典经济学的怀疑者和批判者,德国历史学派的先驱者,保护贸易论倡导者。

李斯特生于南德符腾堡州卢林根镇的一个鞋匠家庭。高中毕业参加文官考试被录取,任下级官吏,后提升为该州(当时称邦)会计监察官,曾任图宾根大学行政学教授。李斯特的一生似乎总和一系列的失败和困苦连在一起,因鼓吹德国统一,废除多邦关卡,不容于当局,被迫辞职。后主持德国工商同盟工作,被选为符腾堡州议会议员,因提出改革方案受迫害,被判处10个月监禁。1825年赴美,任当地德文报纸主笔。1830年入美籍,曾任美驻莱比锡、汉堡领事。后移居德国继续致力于振兴国家的事业。1834年以普鲁士为中心的关税同盟成立,在封建势力控制下,依然实行自由贸易政策,李斯特已无法进行政策活动,特赴巴黎从事写作,1841年其代表作《政治经济学的国民体系》问世,数月之内发行

3版。1846年赴英，鼓吹保护贸易。后因病返德，生活潦倒，身心憔悴。1846年11月30日，李斯特在一个小镇开枪自杀。时年57岁。

李斯特的经济思想主要体现在生产力理论、贸易保护以及社会经济发展阶段理论等方面。

生产力理论 李斯特理论体系的中心是对生产力的研究。李斯特系统阐述了生产力这一概念，他的生产力概念中既包括"物资资本"形成的生产力，也包括人类知识和精神力量形成的生产力。李斯特强调生产力的重要性，认为生产力是价值的源泉，他说"财富的生产力比之财富本身，不晓得要重要到多少倍。"他主张通过保护关税、实行专利政策、保护科学技术的发明和创造、吸收国外先进的技术和经营管理方法、发展本国的教育事业，培养科学技术人才、制定各种经济立法等方式促进生产力的发展。

贸易保护理论 李斯特认为自由贸易只有在世界联盟与持久的和平局势下，在工业与文化、政治与权力达到尽可能近于同等程度时才能办到。李斯特认为生产力落后国家实行保护贸易是促进生产力发展的重要途径之一。向别的国家购买廉价的商品，表面上看起来能获得更多的财富，但这样做的结果是德国工业的生产力无法得到发展，德国将处于落后和从属于外国的地位。而采取保护关税的政策，将使德国的生产力得到发展，商品生产费用会下降甚至会降到进口商品的价格以下，因此，"保护关税如果会使价值有所牺牲的话，它却使生产力有了增长，足以抵偿损失而有余。"

社会经济发展阶段理论 李斯特的社会经济发展阶段理论是其保护贸易的一个主要根据。认为各国经济发展的历史都经历五个阶段，即原始未开化时期、畜牧时期、农业时期、农工业时期和农工商时期。不同时期实行不同贸易政策。在农业时期，实行自由贸易，自由输出农产品，自由输入工业品，一面促进农业发展，一面培育工业基础。在农工业时期转而实行保护贸易，对具有发展可能的工业，采取措施防止外国竞争，保护民族工业的建立与发展。在农工商业时期，则转而实行自由贸易，用先进工业打入外国市场，以获得最大的贸易利益。

第2节 李斯特的国防经济思想

李斯特经济理论的核心是其独特的生产力论,宣扬国家主义。以此为基础,他主张实行保护关税政策,反对自由贸易。国力、战争、和平、保护主义在李斯特的著作中占有重要地位,因此李斯特的思想对于国防经济很有研究意义。

一、战争与经济发展

李斯特认为坚实的经济基础能长期保证国家的安全。生产力是国家安全的关键,发动战争的能力取决于一国创造财富的潜力及生产力的发展。为此,他的发展学说即重点研究如何使一国增长其生产力。李斯特认为军事活动产生的需求和军事活动对运输事业的促进是对经济的有力刺激,在对各国历史进行总结的过程中,也通过对史实的分析体现了这样的思想:

> 许多城市,许多地区,先后上升到了繁荣状态,并且由于十字军活动,在前进道路上更加受到了强有力的刺激。十字军战士以及他们装备和军需的运输,对意大利来说,不但有利于它的海运事业,而且提供了一个大好机会,使它与东方建立了商业关系,从而传入了许多新的生产事业、新发明、新植物品种,还使它学会了许多新的享乐方法。
>
> 李斯特:《政治经济学的国民体系》(中译本),商务印书馆2009年版

在这里,李斯特通过对意大利历史的分析,指出军事活动为意大利的海运事业提供了机会,也促进了其经济的发展。但紧接着,李斯特又说明,由于意大利对外面临着持续的战争,对内面临着不同教门的相互敌对,它无法实现持久的繁荣,甚至会引起工商业的崩溃。

> 意大利这样煊赫一时,却独独缺少一件东西,因此使它不能达到像今天英国这样的地位,因为它缺少了这件东西,所以一切别的繁荣因素都如风卷残云,一霎时化为乌有了,它缺少的是国家统一以及由此而产生的力量。
>
> ……
>
> 如果意大利的海军力量能够联合起来,那就不但足以维持它在希腊、小亚细

亚、爱琴海以及埃及一带的优势，而且它的势力可以不断扩大、加强，一方面还可以遏制土耳其在陆上的进展，防止它在海上的劫掠，同时关于好望角绕道与葡萄牙进行竞争也并不困难。

李斯特：《政治经济学的国民体系》（中译本），商务印书馆2009年版

李斯特认为经济发展是国防建设的基础，国防建设依赖于经济基础，因此经济发达的区域成为国防得以发展的基地。

亨利一世和他的后继者，正同后来的法国和英国国王一样，都把城市看作是能抵消贵族政治势力的最强大力量，是国家最大的财源，是国防的新基地。

李斯特：《政治经济学的国民体系》（中译本），商务印书馆2009年版

李斯特指出经济发展的需要将促使经济同盟的产生，而经济同盟的进一步发展使同盟国之间的海外贸易不断扩大，进而产生了对军事防御力量的需求。加强防御力量的需求使得军事同盟成为可能。

北日耳曼沿海城市是强盛的，具有朝气勃勃的自由精神，欣欣向荣的生产事业，但不免要受到由陆上与海上来的盗贼的袭击，因此感到有进一步相互团结以谋共同防御的必要。

李斯特：《政治经济学的国民体系》（中译本），商务印书馆2009年版

到13世纪末，所有沿波罗的海与北海的85个城市结成了"汉撒同盟"，制定了共同的商业政策，并为保卫其海外贸易，创立了强大的海军。因此，军事是保卫经济成果的客观需要，而经济基础是军事发展的基础。

军事发展虽然源自经济发展的需要，但军事发展对经济具有反作用。李斯特认为战争将使经济发展遭到破坏，即使战争结束后，这种负面影响仍将在一定时期内持续，而没有参与战争的国家，其工业和生产力却会因为其他国家的战争而得以发展。

英国由于它的岛国地位，不但得以避免了争夺领土的战争，而且从大陆战争中还可以为它的工业优势取得极大的利益。陆上战争与地区的遭受破坏，使战争中心的工业受到种种损害；直接妨碍农业，毁坏农作物，从而剥夺了耕作者所赖以购买工业品并为工业家生产原料与食物的手段；间接往往使工厂被毁，或者至少被破坏，因为战争足以妨碍原料品输入，工业品输出，因为这时工厂主势必要负担额外的、繁重的捐税，并且在资本与劳动的取得上发生困难；还有一

层,即使在战事停止以后,它的不利后果仍将继续发生作用,因为农民和他们的收获在战时受到的损害越大,则资本与劳力就越受农业工作的吸引而从工业中转移过去,从而为资本与人力的使用开辟一个比工业更为简捷有利的领域。像这样的情况在德国大致每百年就要重演两次,它使它的工业倒退,而英国的工业则不断前进。每当英国用装备战舰与军队的办法,或用津贴的办法,或两者兼用,准备积极参加海外战争时,英国的工业家,与它的大陆竞争者正相反,却可以从中获得一倍或两倍的利益。

李斯特:《政治经济学的国民体系》(中译本),商务印书馆2009年版

关于战争支出以及维持军队的支出是否有利,在理论界一直没有一致的观点。李斯特反对将非生产性支出,即用于战争与维持庞大军队的支出以及公债的性质界定为绝对的有利或者不利。他认为在不同的形势下,战争支出对一个国家的作用可能是正面的:

军队设备、战争以及由这类目的所发生的债务,在某种情况下对国家生产力的增长可能是非常有利的,英国的情况就是一个例子。

李斯特:《政治经济学的国民体系》(中译本),商务印书馆2009年版

李斯特指出非生产性消费可以刺激生产力的增长,非生产性消费可能是一次性的,但由此带来的生产力增长却会长期存在,增长的生产力所带来的财富可能会超过为战争消费所增发的国债支付的利息。在欧洲大陆战争期间,英国向在大陆上的驻军支付费用。

这类费用是全部用英国工业品形式支付的,它把这些工业品运到战争地区,那里的工业原来已极度困难,由此就更快地使它趋于末路,而英国工业品从此就占有了那个国外市场。这种行动所起的作用实际上无异是一种出口津贴,得到好处的是英国人,遭殃的是外国工业家。

李斯特:《政治经济学的国民体系》(中译本),商务印书馆2009年版

二、持久和平与世界联盟

李斯特赞同亚当·斯密的观点,认为持久和平是可能的。随着各国经济的发展,城市同盟和国家联盟的出现,国家之间的合作使军事冲突的可能性降低,各国会逐渐采取和平的手段来解决冲突。随着交通工具的进一步改善,欧洲大陆各

国政府将以更加快捷的方式密切合作,这些国家通过物质和文化方面的交流而联合在一起的密切程度,将不亚于此前一个世纪英国各郡之间的联合。

> 历史告诉我们,当发生了战事,个人投入了战争海运时,人类幸福就降到了最低度;当国际协作情绪有了高涨时,人类幸福就有了相应的增长。
>
> 李斯特:《政治经济学的国民体系》(中译本),商务印书馆2009年版

随着协作的不断加深,人类的协作将扩展到更大的规模,甚至是全世界范围内的联合协作:

> 在这样的趋势之下使一切国家联合起来也是有可能的。如果人类智力能够理解到这种大规模联合的利益,那么我们就应当敢于作这样的设想,因全人类联合而产生的更大利益,人类智力也是能够理解的到的。
>
> 李斯特:《政治经济学的国民体系》(中译本),商务印书馆2009年版

工业的发展、武器装备的更新换代意味着杀伤力的增强、战争破坏性的增大,各国为战争付出的成本和代价将更加巨大。在两个具备相当发达工业的国家之间进行的战争,对双方的破坏力会更加惊人,出于对这种巨大破坏性的畏惧感,国家之间可能不会轻易发动战争:

> 工业愈进步,愈加匀称地扩展到世界各国,则发生战争的可能性将愈小。两个工业同样发展的国家如果互相冲突,则彼此在一星期内可以使对方受到的损害,或者经过整个世代还难以恢复。但是同时也可以推想的到的是,原来专用于生产的新生力量同样也可以为破坏性的战争服务,这一点将主要有利于取守势的一方,特别是欧洲国家,而英国原来以岛国地位在防御上所占有的优势,或将由此丧失。
>
> 李斯特:《政治经济学的国民体系》(中译本),商务印书馆2009年版

为了避免战争带来的破坏性,以非武力的方式解决冲突,在欧洲各大国的国会已经形成了具有各国共同组成的国会的雏形。以谈判、协议的外交手段和平解决冲突的方式,比之动用军事手段更加具有优势。

> 一切文明国家比较开明的首脑,对于财富与工业的本质进一步深入观察以后,已经确信,对未开化、半开化或文化在衰退中的国家进行的教化工作和殖民地的形成,为文明国家提供了发展生产力的场所,而这比战争的相互敌对行动或贸易限制能提供更丰硕更安全的果实。
>
> 李斯特:《政治经济学的国民体系》(中译本),商务印书馆2009年版

即使是实现了世界联盟，李斯特认为一个国家也要保持本国的军事力量，认为如果因为世界联盟的形成而将本国的军队解散，销毁兵舰，那么该国一旦遭遇战争，其商业和农业都将遭受到巨大的打击：

> 战争对于国与国之间的商业关系是要起破坏作用的。这一国的农业家因此不得不与别一国的工业家分手。这时工业家——尤其是属于有关广泛商业关系的海军强国的工业家——可以从容地从他本国农业那里获得补偿，或者与别的可以接触到的农业国家发生关系，而那个纯农业国家的居民，在这样关系中断的情况下，却要受到双重打击。
>
> 李斯特：《政治经济学的国民体系》（中译本），商务印书馆2009年版

李斯特认为保护国内经济免受商业危机、战争与禁运引起的经济波动的最好办法是将所有国家生产力集合在一起。在未来，出于理性及宗教原因，所有人类的联合体是可能的、可期盼的，这种国家联合体代表着人类科学、艺术、工业、社会的进步。但只要各国诉诸战争及保护措施，这种联合体就是不可达到的。关税等保护措施只在一国经济发展的特定阶段有作用，只适合那些已经较发达、立志要进入顶级经济体的国家，但应随着各国对独立自主、经济主导的追求过程中国际贸易对手的逐步消失而结束。李斯特赞成国家间缔结商业条约，主张通过商业条约实现国家间的互惠，减少世界范围内的保护主义措施。甚至理想地设想，在长期，所有具有相同发展水平的国家联合起来成立一个联邦，废除关税，这个联邦就能保证永久的和平。

三、殖民主义与国家扩张

遗憾的是李斯特赞成海外殖民的做法，并将此作为一个国家完成其发展的政治经济任务。认为各国自然资源、气候、人口、资本的差异都使移民、殖民合理化。对殖民国来说，从扩大殖民地中获取的经济利益将高于从战争、贸易冲突中获得的利益，而且主张对野蛮民族的文明开化也是一个要达到的政治目标。认为对殖民地来说，经济推动了文明的扩大，而文明的扩大将对一国的经济产生有益作用，因此殖民能满足经济、道德利益，是由自然法则引导的，将惠及人类总体。

> 它（国家）的政体、法律和制度对于本国人民必须提供高度的安全和自由，对于宗教、道德和繁荣必须能有所促进，总之必须以提高人民福利为目标。它在

陆上、海上必须具有足够力量来保护其独立生存以及国外贸易。它还应当有力量对落后国家的文化发生有利影响，用它的过剩人口以及与物质资本来建立殖民地，建立新国家。

李斯特：《政治经济学的国民体系》（中译本），商务印书馆2009年版

李斯特认为地大物博和人口众多是正常国家的基本条件，也是一国物质、文化发展和政权巩固的基本条件，一个土地狭小、人口稀少的国家无法具备完善的科学制度和充分的发展机会，因此：

它只有靠了与强大的国家结成同盟，牺牲一部分国家利益，并加倍地努力，然后可以有希望勉强保持独立地位。

李斯特：《政治经济学的国民体系》（中译本），商务印书馆2009年版

李斯特认为只有当所有国家都达到相同的发展、文化、国力水平才能形成国家的联盟，而在所有国家发展水平一致前，联盟只能是部分国家的。由于国家间力量的不平衡，所有的国际经济关系仍然被一个领导力量所主导，欠发达国家仍然处于依附地位。另外，隐藏在"工业化国家势力范围的重新划分"后面的是第三世界国家被视作新的殖民地。他认为殖民贸易是合理的，会继续，因为所有国家不需要一个保护性的体系。

李斯特对其资源决定论还有进一步的阐述，他指出，一个国家领土上的缺陷是可以通过王位的继承、收买和征服等方式补救的。此外还有一种方式，比军事的方式更加合理，即通过自由协商的方法，使不同国家之间的利益趋同的方式，实现精神扩张。李斯特受到民主、自由的影响，希望国家间和平地分享经济版图。

德国通过关税同盟这一措施，初次取得了它在民族精神上的一个重要表征。但是这个同盟的范围还没扩展到全部海岸地区，它的范围应当从莱茵河口直到波兰边界……到那里德意志国家就可以享有它目前所缺乏的那些，那就是渔业和海军、海外贸易和殖民地。

李斯特：《政治经济学的国民体系》（中译本），商务印书馆2009年版

李斯特认为进行海外殖民、占领新的殖民地有利于一国生产力的发展、国力的提高。认为国家必须训练国民、制造机器、建造通讯网以保障国防，但发起战争、实行殖民地政策也是明智政府贸易、教育、国防、文明开化政策的延续。对殖民地的占有代表了一国工业发展、贸易、国力方面的成就。以工业制成品换取

农产品和原料的殖民贸易使母国的国力得到增强，同时为母国工业化加速积累了资本，对于生产力的发展很必要。其次，通过海外殖民扩张，发达先进的工业国家也将自身先进的思想文化、社会制度、文明成果扩张到落后的殖民地国家，使这些欠发达国家经济、文明得以发展，社会得以进步。显然这些主张都是为侵略和殖民别国找借口的。

四、经济发展阶段与国防

按照对经济发展按其发达程度而进行的原始未开化时期、畜牧时期、农业时期、农工业时期、农工商业时期五阶段划分，李斯特认为在进入农工商业时期时，必须依靠国家力量，实行保护制度，即对外征收统一关税。而战争对一国来说，将起到与禁止性关税制度同样的作用。战争使一国的国际贸易停滞，对一个工业不发达的农业国来说，工业品来源的中断使其必须实现自给自足，因而其工业将逐渐兴起。

> 由战争所造成的形势，使它知道了自己建立工业的巨大利益，使它从实际经验中体会到了战时对外贸易关系的中断，对它实在是利多于弊的。
>
> 李斯特：《政治经济学的国民体系》（中译本），商务印书馆2009年版

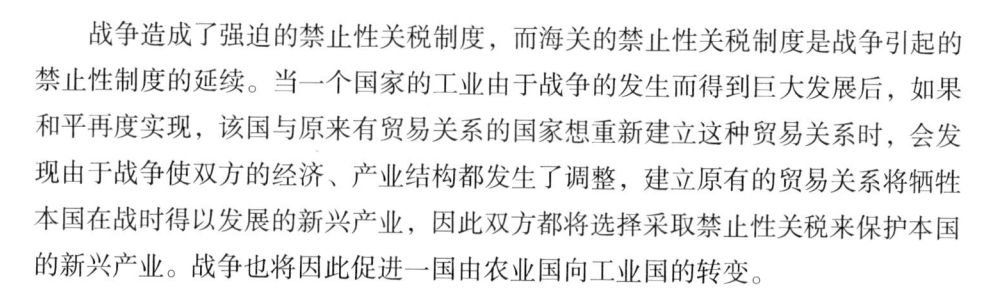

战争造成了强迫的禁止性关税制度，而海关的禁止性关税制度是战争引起的禁止性制度的延续。当一个国家的工业由于战争的发生而得到巨大发展后，如果和平再度实现，该国与原来有贸易关系的国家想重新建立这种贸易关系时，会发现由于战争使双方的经济、产业结构都发生了调整，建立原有的贸易关系将牺牲本国在战时得以发展的新兴产业，因此双方都将选择采取禁止性关税来保护本国的新兴产业。战争也将因此促进一国由农业国向工业国的转变。

> 对未开化国家来说，农业还处于原始落后状态，只有与文明的工业国家进行贸易，才能获得进步；但是当它已经达到了一定的文化程度以后，除了自办工业，就再没有别的方法可以使它在富强上、文化上达到最高度。因此当战争使一个纯农业国改变了局势，使它得以转变为工农业国家时，对它来说，战争实在是一个福星，美国的独立战争就正是这样，它尽管牺牲很大，但对后代说来，却由此获得了无穷幸福。
>
> 李斯特：《政治经济学的国民体系》（中译本），商务印书馆2009年版

此外，李斯特认为工业是一国海军实力得以巩固的基础。工业是大规模国内、国外贸易的基础，也是大量商运船舶得以存在的基本条件，其最大职能是为工业供应燃料和原材料，因此在纯农业国家，航运事业无法得到较大发展，纯农业国家缺乏大规模海运事业发展的基础。有经验的船员无法实现像陆军一样的速成培养。

> 必须在沿海与国际航运以及海洋渔业的服务中经过锻炼。因此，国家的海军力与这类海上事业总是齐头并进的，以纯农业国家来说，在这些方面就几乎完全没有基础。
> 李斯特：《政治经济学的国民体系》（中译本），商务印书馆2009年版

但李斯特却认为海军军力得以扩大的必要因素是殖民地。母国通过向殖民地供应工业品换回剩余农产品和原料，进而使母国工业获得发展、人口增加，国内的农产品需求也将因此而增长，海运事业和海军军力也因此而得以扩大。

> 要使工业以及由此而来的国内贸易和国外贸易获得发展，要使广大的沿海与海外航运事业和海洋渔业，从而使海军力得到较大的发展，最不可缺的工具就是殖民地。
> 李斯特：《政治经济学的国民体系》（中译本），商务印书馆2009年版

总之，李斯特认为不能完全通过军事力量来征服别国，也不主张发展程度相当国家间的经济战，认为国家扩张可以通过继承、收买、征服和协商等手段实现。李斯特认为普遍的世界联盟不是取决于国家的消失，而是国家间独立自主的结盟。李斯特看到随着工业的发展，武器的毁灭力会增加，直到诉诸武力解决冲突不再可行，国家间会通过谈判、对话的方式解决冲突。他还预见到在他所处时代不久的将来，将出现比欧洲大陆的国家联盟更强大的力量。这些观点在今天看来都是具有先进性的。但另一方面，李斯特赞成殖民主义，认为殖民主义对于殖民者和被殖民者都是一种有益的结果，这又使他的观点具有一定的局限性。

第 11 章 拿破仑的国防经济思想

拿破仑是历史上最惊人的奇才之一，在近 1/4 的世纪里，他驰骋战场，亲自指挥和参加了 60 多次大战役，比历史上著名的军事统帅亚历山大、汉尼拔和恺撒指挥的战役总和还要多，显示出他的军事天才。从普通的科西嘉岛民，到成为法兰西共和国的皇帝，叱咤欧洲 20 余年，他所建立的荣耀使得法兰西人在欧洲得到前所未有的尊敬。他刻意摧毁欧洲的旧制度，深刻地改变了欧洲的面貌，在长达 20 年的战争中，欧洲历史上所有的军事强国都一一败在拿破仑手下。无疑，拿破仑独特的国防经济思想也为他在战场上的胜利立下不小的功劳。

第 1 节 拿破仑的生平与军事思想

拿破仑·波拿巴（Napoleon Bonaparte，1769~1821 年），著名的法国将军和皇帝。拿破仑于 1769 年出生在科西嘉岛的阿亚丘镇，年轻时拿破仑是一位民族主义者，认为法国人是压迫者，但拿破仑却被派遣到法国军事院校学习，1785 年毕业时，他年仅 16 岁，就开始在军队当少尉。4 年后，法国大革命爆发，他指挥炮队在 1793 年土伦包围战中，从法军和英军手中收复了土伦。因为土伦包围战中的战功，拿破仑被提升为旅长，1796 年又被提升为驻意大利法军司令。从 1796 年到 1797 年，拿破仑在意大利赢得了一系列辉煌的胜利，随后以英雄的身份返回巴黎。1798年拿破仑率领法军入侵埃及，这次出征惨遭失败。虽然拿破仑的军队在陆地上取得了全盘胜利，但是纳尔逊统率的英国海军摧毁了法国舰队。1799年拿破仑放弃了他在埃及的军队，返回法国。回到法国后的拿破仑发现人们记忆犹新的是他指挥意大利之战的成功而非出征埃及的溃败。拿破仑利用这一优势，一个月后就与阿贝·西叶雨及其他人一起发动了一次政变，宣告成立一个新政府——执政府，他任政府的第一执政，年仅30岁的他就成为法国毋庸争辩的君主，而且他在君主的宝座上一坐就是14年多。

1813年大不列颠及北爱尔兰联合王国、俄国、普鲁士和奥地利共和国组成了第六次反法同盟，双方在德国境内多次激战，虽然法军取得了多次胜利，但是针对拿破仑的压力却是越来越大，直到10月的莱比锡战役法军被击溃，各附庸国也纷纷脱离法兰西共和国独立，同盟军开始向巴黎挺进。1814年3月31日，巴黎被占领，同盟军要求法兰西共和国无条件投降，同时拿破仑必须退位。1814年4月13日拿破仑在巴黎枫丹白露宫签署退位诏书，此前两天拿破仑宣布无条件投降。拿破仑本人在退位后被流放到地中海上的一个小岛厄尔巴岛，拿破仑保留了"皇帝"的称号，可是他的领土只局限在那个小岛上。

拿破仑在前往厄尔巴岛的路上几乎被暗杀，自己也尝试自杀未遂。而在巴黎，路易十八回到法兰西共和国，重新成为法兰西共和国国王，波旁王朝复辟。拿破仑的妻子和儿子被奥地利共和国人囚禁，还有传闻说拿破仑将被流放到大西洋上的一个小岛，这一切令拿破仑别无选择，最后在1815年2月26日逃出小岛，率领1000人于3月1日回到法兰西共和国。本来被派来阻止他的法兰西共和国军队转而继续支持拿破仑。3月20日拿破仑回到巴黎，此时他已经拥有一个14万人的正规军和20万人的志愿军，路易十八逃跑，百日王朝开始。但是好景不长，欧洲各国迅速组成第七次反法同盟。1815年6月18日拿破仑的军队在比利时滑铁卢战役中全军覆没，7月15日他正式投降。法兰西第一帝国覆灭，路易十八再度复辟。拿破仑被流放圣赫勒拿岛。1821年5月5日，拿破仑在岛上去世，5月8日在礼炮声中这位征服者被葬在圣赫勒拿岛上的托贝特山泉旁。

专栏 11.1

拿破仑·波拿巴：不可一世的永存者

1769 年 8 月 15 日，生于科西嘉岛的阿亚丘。后进入巴黎军官学校学习，于 1785 年 9 月 1 日被提前授予炮兵少尉军衔。

1795 年，拿破仑临危受命，镇压了巴黎保王党的暴乱，一举成名，成为法国炙手可热的人物。

1798 年，拿破仑调任东方远征军总司令，远征埃及。

1799 年，拿破仑获悉国内局势动荡不安，返回巴黎，发动"雾月政变"，成为新政府的第一执政官。

1804 年 5 月 18 日，拿破仑称帝，成为法兰西皇帝。

从 1800 年到 1812 年的这段时间，拿破仑数次打败反法联盟军队，瓦解反法联盟，取得辉煌的战果。1812 年远征俄国，损兵折将，损失惨重。次年 10 月又在莱比锡大会战中指挥不力，再次惨败，这次惨败直接导致了拿破仑退位。

1814 年 4 月 13 日，拿破仑退位，被流放到厄尔巴岛，路易十八复辟。

1815 年 3 月 1 日，拿破仑逃出厄尔巴岛并成功登陆。3 月 20 日，不开一枪一炮的拿破仑重新夺得皇位，积极准备与反法联军作战。可惜的是他在这年 6 月 18 日的滑铁卢战役中再次败给了联军，6 月 22 日拿破仑再次宣布退位，后被流放到圣赫勒拿岛。

1821 年 5 月 5 日，拿破仑在流放地圣赫勒拿岛病逝。

——福尔，《阅读与作文》，2005 年第 2 期。

拿破仑一生虽然没有写过长篇的军事理论专著，但他在晚年口述而由别人笔录的关于 1793 年围攻土伦的战争，1796～1797 年对意大利的战争，1798～1799 年远征埃及和叙利亚的战争，以及他在这些战争中向士兵发表的讲话、命令，及后来由布尔诺将军根据他的书信、手令和日记等摘编出版的《拿破仑军事语录》等，都是他留给后世的颇有价值的军事理论遗产。拿破仑的军事理论，归纳起来有以下几点：

作战原则 第一，力图消灭敌人的军队。在拿破仑看来，在一场革命中，主要的目标不是争取军事力量的援助，而是瓦解军事力量。基于这种认识，拿破仑总是把消灭敌人的军队作为战争的主要目的。他说："欧洲有很多优秀的将军，但他们一下子期望的东西太多，而我只看到一点，那就是敌人的大量军队。我力图消灭他们，因为我相信，只要把军队消灭，其他一切就会土崩瓦解"。

第二，积极行动，主动进攻。拿破仑把积极采取攻势行动视为主要的作战手

段,认为这是战争艺术中的一条公理。拿破仑说过,一个人总是应该先动手攻击的。如果允许别人进攻自己,那是一个极大的错误。拿破仑一生指挥的几十次战役,除1813年的莱比锡战役可以称为纯粹防御性战役外,其余几乎全是进攻性的。然而,拿破仑并非不顾一切地一味采取攻势行动,而是注意把进攻和防御作为有机联系的统一体。

第三,集中大于敌人的优势兵力。拿破仑认为,为了保证以我之优势兵力击敌之劣势,首先必须集中兵力。其次,在敌优我劣的情况下,必须善于在关键性的局部集中优势兵力,各个击破敌人。在拿破仑一生指挥的几十次战役中,约计有30多个战役,都是在战场作战总兵力处于劣势的情况下,依靠在战场上形成的局部优势而以寡击众,以少胜多。

第四,行军就是战争。强调快速机动,是拿破仑的重要作战原则之一。他论述说:"军队的力量与力学中的动量相似,是质量与速度的乘积。快速的行军,能够提高军队的士气,足以增加取胜的机会。"

第五,绝不做敌人希望你做的事,出奇制胜。在如何出奇制胜的问题上,拿破仑一是出其不意,攻其不备;二是多方误敌,乘虚攻击;三是利用失策,迅即打击。在作战过程中,拿破仑以其敏锐的洞察力,善于发现和利用敌人的失策,并能以闪电般的速度给敌人以毁灭性的打击。

军队建设 拿破仑最喜欢的成语是:"谁有强大的军队,谁就有发言权。"他死时的最后一句话就是:"法兰西……军队……先锋。"拿破仑在战争实践中,始终把建设军队的问题摆在重要的位置,并力求建立一支能征善战的强大的资产阶级军队。其建军思想主要表现在以下几个方面:

第一,重视选拔将帅。拿破仑在选拔将帅时,彻底破除了传统的讲究贵族出身的门阀观念,注重唯才是举。在平时和作战中,拿破仑也经常把将军证书授予年轻有为的军官,进而有力地鼓舞了下级军官力求上进的激情。他手下的缪拉、贝尔纳多特、勒菲弗尔和其他一些优秀将领,都是从服役士兵而提拔起来的,出身于劳动人民。1804年,他当皇帝时封的14位元帅,多数是在40岁以下,其中兰恩元帅仅32岁。这种具有活力的做法,在当时等级制度森严、封建意识浓重的条件下,是非常难能可贵的。拿破仑还非常喜欢挑选文武双全的将军,他认为"文的品质高于单纯的武力"。这是因为,"需要统帅做出的决定,就像需要牛顿和欧拉计算的数学难题一样"。

第二,重视依靠群众。即拿破仑说的"群众性"即"重力",认为大批士兵

决定一切，他经常重复这个真理。为此，他废除了雇佣兵制，代之以征兵制和志愿兵制，特别强调动员和征集解放了的农民当兵。早在1791年，拿破仑在给费什副监督的一封信中就说：我到处可以发现农民的立场非常坚定，尤其在多菲内是如此，这里的人都愿为拥护宪法而献出生命。为了作战时有大批善战的士兵，拿破仑把老兵与新兵编在一起，即把新兵装在老兵的框子里。这种组织方法加强了军队的战斗力。

第三，强调指挥统一、纪律严明。拿破仑在《格言录》中写道："一人者，万人也。"只有指挥统一，才能集中兵力，实施战略战术。他认为，指挥上的统一，是战争的第一要素。他甚至说："虽得两员良将分兵各战，实不如由一名愚将统一指挥争取胜利。"拿破仑要求全军纪律严明，特别是要求高级军官为人表率。1797年远征意大利时，拿破仑对意大利方面军管理上的严重缺点进行了深入的调查，发现部队的账目混乱。因此，他在致督政府的信中要求成立"有权枪决任何（证实有贪污罪行的）部队管理人员的法庭。"即使部队在最困难的时候，拿破仑也不允许破坏纪律。他说："在紧急时，葬身沙漠光荣地死去，较之胡作非为破坏纪律要好一些。"认为只有这样才能得军心和民心，才能立于不败之地。拿破仑说："好的将领，好的军官，好的组织，好的训练，好的纪律，就可以形成一个好的部队。"

第四，重视各兵种的比例与作用。拿破仑把兵种分为步兵、骑兵和炮兵，并把一些兵种合编到军队的较小单位（军、师）中，每个师约1万人，能单独作战，对数量占优势的敌人具有相当的抵抗力，成为一支小型军队，这就形成了当时军队巨大的战术优势。在兵种的比例上，拿破仑说："步兵、骑兵、炮兵三个兵种合理的比例关系是所有伟大的统帅必须深思熟虑的课题。"他根据当时每一发炮弹的毁坏力，每1000名兵士配备3门火炮，每门火炮的炮弹不少于200发，其中1/4或1/5是筱弹。这一比例在当时成为常规，为其他国家所仿效。

第五，强调素质才能。拿破仑说：一位统帅最主要的条件是冷静的头脑。他的情报要像望远镜的镜头那样清晰，要能认识事情的真相，而决不能随便为好消息或坏消息所影响。

军队训练 拿破仑认为，要组建一支好的军队，必须有好的训练；未经训练的队伍，只会引起麻烦。其训练军队思想主要表现在以下几个方面：

首先是善于训练军官。拿破仑非常重视对各级军官的训练，职务越高，训练通晓战术的要求就越高。他说：一个国家在缺少干部和缺乏军事组织原则的时候，它是很难组织军队的。他还具体地说：选择营地或选择阵地的艺术牵涉那么

多的情节，非有正确的眼光，非有丰富的经验和才干不可。拿破仑还认为，越是近代对各级军官的要求就越高。他训练军官主要途径有三：其一是"长期的学习培养"。在中等学校就开始对学生进行军事训练，毕业考试后进入军校进行正规的训练；其二是在军队中进行短期的随军训练；其三是注重实战训练，并提拔在实战中具有军事才能的军官。拿破仑为了把自己的战略、战术贯彻到全军中去并在实战中训练军官，1805年12月在奥斯特里茨战役中，他调集了几乎所有的元帅和高级将领，他自始至终都指挥这一战役，实际上他充当了实战训练教官的角色。他知道，光辉的战例是最好的教师，而战争的理论和实际不是同一回事，教条式的论断，没有在实践中检验的事物是愚昧无知的行为。拿破仑训练军官时，特别强调军人素质的训练。他说：一个统帅应该每一天要这样询问自己：如果敌军出现在我的面前、右边或左边，我怎么办？

其次是善于训练士兵。"'多兵之旅必获胜'——拿破仑喜欢这样解释作战胜负的原因"。因而他非常重视而且善于训练士兵。拿破仑在训练士兵中，提到首要地位的是思想训练，培养团队精神。拿破仑本人就是具有勇气和胆量的表率。他认为，有时光靠人数多少解决不了问题，可是，"勇敢精神却能决定一切。"他说：在战争中，军队的士气和看法比半个战役更重要。他甚至提出"士气与武器成三与一之比"的著名格言。因此，他把"武装力量集中起来、奋勇向前、坚决像一个士兵之死那样决死战场"作为战争艺术三大原则。他经常用各种手段使士兵英勇战斗，视死如归，他提出不想当元帅的兵不是一个好兵。

不论对军官还是对士兵的训练，拿破仑说："物资缺乏、贫困和艰苦是训练好兵的学校。"他还说："军队应当日日夜夜、时时刻刻地准备做它力所能及的一切抵抗。这就要求士兵经常做到武器不离手，装备不离身；要求步兵不要离开炮兵、骑兵，不要离开自己的将军；要求全军各师团经常能够互相支援、互相依靠、互相掩护；要求部队在营房、休息中以及在行军中经常处于对任何战场上作战都最为有利的戒备状态"。

第2节 拿破仑的国防经济思想

作为政治家，拿破仑深深懂得，国内和平是对外战争取得胜利的前提，在国内和平中，经济又起着举足轻重的作用。他认为繁荣的经济可以抑制人民的反抗，稳定社会秩序，更可以巩固他的专制统治。著名历史学家勒费弗尔在《拿破仑时代》一书中指出："同一切开明君主一样，拿破仑非常注意经济的发展，这的确不是因为它能改善人民的处境，并使平民各阶层分享文明的成果，而只是出于政治动机。"拿破仑的国防经济思想，具体表现在以下几个方面。

一、战争与经济

拿破仑认为，一切经济活动都必须服从于战争的需要。为了给前线提供战马，拿破仑竭力鼓励发展畜牧业。1805 年，法国有 180 万匹马，1814 年已发展到 200 万匹；牛也从 600 万头增加到 700 万头。大陆封锁后，在农业中，他变自由主义政策为干涉主义政策，积极推广种植土豆、甜菜和棉花，用菊苣代替咖啡。1811 年，内政部决定种植甜菜 10 万公顷。1811 年 3 月 18 日，拿破仑写信给内政大臣克雷特，要他拟订一份报告，详细介绍种植甜菜的好处、种植的方法。在他的大力提倡下，法国开办了 6 所学校，专门讲解用甜菜制糖的技术。

> 我命令军需官立即派出一名军官，携带二十万金法郎和八十万钞票，替我购买一百万份干粮。这些干粮只在全军集合时候才准动用。巴伐利亚兵在乌耳姆和奥格斯堡，也必须准备两万份干粮。军需官柔安维耳应在乌耳姆和多瑙佛尔特租定几条船（一个月限期），派好几小队士兵，以便在多瑙河运送一切必需品。
>
> 最后我命令工兵司令和军需官在 4 月 1 日以前到达斯特拉斯堡，他们要在斯特拉斯堡和乌耳姆之间建立兵站，每站准备六十辆大车，以便把必须运输的军队运往乌耳姆，特别是有三或四……弹药和六千支火枪，必须储存在乌耳姆的炮库中；
>
> 还要运送二千件普通土木工具，这是工兵所必需的；
>
> 还要运送医院财物和靴鞋，这些东西现存斯特拉斯堡。
>
> 我命令军需官除上述事项以外，还要在斯特拉斯堡准备十万双鞋子，在乌耳姆准备五万双，在奥格斯堡准备五万双。要注意鞋子质量必须合规格，在这方面不容许有蒙混欺骗行为。
>
> 《拿破仑文选》（中译本），商务印书馆 2009 年版

18 世纪末，法国国内经济千疮百孔、危机迭起。由于长期的国内外战争和社会的动荡，大革命时期法国的财政一直处于瘫痪状态。从 1789 年起发放的纸

券不断贬值，粮食供应紧张，国家财政赤字严重。革命和战争也不利于法国资本的原始积累，贵族携资逃亡国外，造成了资本外流。随之出现的通货膨胀，投机活动猖獗，影响了人民群众的正常生活。同时，革命也挫伤了一部分工业家的创业精神，许多工业家甚至被推上了断头台。但是，大革命毕竟解放了生产力，扫清了阻碍资本主义发展的障碍。首先，革命废除了什一税，解决了土地问题，满足了下层人民的要求。其次，废除了严重阻碍生产力发展的行会制度。1791年3月2日，法国制宪议会通过法令，宣布彻底废除一切行会制度，重申了贸易自由和工业生产自由的原则。最后，革命取消了地区间的关卡，统一了度量衡，使法国成为一个统一的经济市场。经过督政府和执政府时期的努力，1800年，法国的工业生产已恢复到1786年的60%，国防工业的技术革新和生产规模也得到了较大的发展，军队的战斗力得到很大保证。

> 他们得到的供应有：上等面包、大米、塞浦路斯葡萄酒、海枣酿的白酒、啤酒、肉类、鸡鸭、鸡蛋和各种各样的蔬菜。由于物价便宜，依照法国标准发给官兵的薪饷，使他们获得了比币值多三倍的实惠。军需官多尔按期发给上等咖啡，同时每班都有自己的咖啡壶。他用足够数量的骆驼代替篷大车和辎重车运送饮水、粮食、卫生器材和其他物品供应各营。将军和老军官都有自己的卧榻、帐篷和骆驼。除此以外，法军的一切都按照这个国家的习俗加以组织。这样一来，兵士们的情绪又和从前一样了：充满了热情和进取心。
>
> 《拿破仑文选》（中译本），商务印书馆2009年版

为了建立一个繁荣强大的法兰西帝国，在经济上同英国抗衡，垄断欧洲大陆的市场，提高对英国作战的实力，拿破仑在上述基础上进一步采取了一系列经济改革措施，有力地加强了战争的经济基础。

二、战时经济供给

以战养战，就地补给，多种手段聚财的战时经济思想，是拿破仑军队作战的一贯指导思想，是其国防经济思想的核心。这种国防经济思想的形成，有着客观的政治、军事和经济条件。拿破仑最初的战争，是资产阶级领导的、广大下层群众参加的反对旧的君主制的战争，因而使革命具有民主的性质，正是因为这个原因，使拿破仑的军队受到人民群众的欢迎与支持，得以在战争中补充军事人力、

物力和财力。其次，拿破仑转战整个欧洲，战争迅速发展变化，机动性大，回旋余地大，这就必须依靠当地的物质来保障军队的供应。

>大本营要驻到勒根斯堡，处于二十万大军的中间，整个大军将控制住大河，并控制着多瑙河右岸从勒根斯堡到帕骚的地带。军队处在这种地位，就用不着担心敌人的侵犯，并且能利用自己的优越地位，沿多瑙河迅速运输一切军需品。
>
>《拿破仑文选》（中译本），商务印书馆2009年版

以战养战，就地补给，多种手段聚财，这里有以下几层含义：一是靠军队中原有的物质、装备重新组织使用，二是勒令当地富豪或地方政府解决，三是多方筹措人力、物力、财力，手段多样，四是以敌方物资补充自己。

>如果法军在洛迪战役之后向曼图亚推进，就会发现这个要塞里缺乏粮食和兵器，因而就可以乘机占领它。这个设想是很危险的。法军在几天之内征服了整个伦巴迪亚。它必须逗留在那儿封锁堡垒、占领重要据点并组织行政管理。法军在这些情况下所作的一切，都是以最快速度和最大积极性做出来的。除此以外，如果还想做其他的事，那就等于要求做不能做到的事情。法军在伦巴迪亚逗留的六天时间内，给炮兵补充了物资，为骑兵征集了壮马，集结了由于强行军而掉队的士兵。这样就使得它的战斗力增加一倍。
>
>《拿破仑文选》（中译本），商务印书馆2009年版

在土伦战役中，拿破仑发现，这里的炮兵形同虚设，既无足够的火炮，又无充足的弹药，在他到来以前，只有几门破破烂烂的野炮和臼炮。士兵们没有起码的素养，也没有经过认真的训练，他们既不会使用火炮，更不懂得如何修理。更可笑的是，他的上司卡尔托将军，竟缺乏炮兵方面的起码常识，对他那很少的几门炮，连射程有多远都一无所知。为了改变炮兵的落后状态，拿破仑投入了紧张的工作。首先，他想方设法搜集各种火炮。在不长的时间里，便弄到近百门大口径火炮，其中有远射程的臼炮，有发射24磅炮弹的大炮，还有大量的弹药。接着，他派专人到里昂和格勒诺布尔等地，搜集一切有用的军械器材，并且在奥利乌尔建立了一个有80名工人的军械工厂。为了解决炮兵的机动和工事构筑问题，拿破仑征用了从尼斯到瓦朗斯和蒙彼利埃一带的马匹，并在马赛安排生产了几万个供修筑炮垒用的柳条筐，这些为土伦战役的胜利提供了物质基础。

> 军需官应当保证有可能利用多瑙河上一切运输工具，他手下应掌握一连修炉匠和一连烤面包师。
>
> 《拿破仑文选》（中译本），商务印书馆2009年版

如此重视"以战养战，就地补给，多种手段聚财"的拿破仑，却在东征俄国时栽了大跟头。从国防经济的角度看，拿破仑为了远征俄国，密令在德意志、奥地利和波兰大量购置马匹，在东欧地区设置兵站基地，储备粮食、弹药等军需物资，在附庸国征集粮饷。拿破仑过于自信，以前和沙皇交手的经历令他对对手不屑一顾。因而他并没有充分估计到在俄罗斯的荒原上将要遭遇到什么样的困难，认为只要抓住俄军主力打上几仗，战争很快就会结束，根本不会拖到冬天。拿破仑命令军队带上了尽量多的随身军需用品，却并未重视大力加强军队的后勤补给。但是，正是后勤问题给他的东征俄国一直带来着麻烦。法军人多，又远离本土作战，后勤补给线本来就拉得很长，运输较为困难，供不上大军的日常消耗。在以往作战时法军经常是就地取食，偏偏俄国人这次采取了坚壁清野的策略，法军所过之处一片废墟，即使大肆洗劫也得不到多少东西。而且俄国正值盛夏，不但酷热难当，还经常大雨倾盆。俄国的土质道路一片泥泞，法军行军极为困难。因为粮食缺乏，喂牲口改用其他饲料，结果骡马大批死亡，导致上百门火炮无法携带，只好被迫丢弃。战争被拖到冬季，俄罗斯开始降雪，气温迅速下降。法军在撤离莫斯科时根本没有预料到要在冰天雪地中行军，没有带足防寒保暖用品，加上粮草殆尽，饥寒交迫，秩序开始大乱。法军三五成群地到处抢劫，以寻找食物和燃料，只要有一匹马倒下，大家就疯狂地冲上去抢食，许多人常常为了争夺一块面包和一个土豆而发生自相残杀。俄军的骑兵不时冲来，砍杀一顿后又迅速消失。法军一路弃尸无数，大量的人开了小差，很多伤病员被丢下，连装满劫掠物资的大车也丢在路边无人问津。因为法军的马匹在马蹄上没有安装防滑钉，在雪地上非常容易摔断腿，加上在严寒中冻死的，至此已所剩无几，许多大炮和弹药车不得不丢弃。此时，奇恰戈夫的俄军已攻占了法军补给地明斯克，拿破仑在这里休整的计划破灭，只好再向北撤往立陶宛的维尔纳。在零下30多度的严寒中，腹内无食、衣着单薄的法军每天都有上千人倒在雪地中，很快就被厚厚的积雪所掩埋。如果说前面是拿破仑在战时经济供给方面的成功做法，那么这些显然是其在这方面刻骨铭心的教训。

三、军人社会保障

拿破仑建立和完善了军人的社会保障立法。拿破仑认为军队常年在外作战，解除军人的后顾之忧便成为保证战斗力的重要因素。

首先是有关退、残军人的立法。1803 年，法国政府颁令将军人领取退休金和抚恤金的条件区分为三种情况：服役年限已满的退休军人；由于战争和伤病等原因致残者；因伤病但未致残的退役军人。凡服役满 30 年者即可领取养老金，超过此年限者还可按超过的年限提高养老金的比例，领取养老金的最高年限为 50 年。此外，参战情况、参战次数、是否在殖民地服役等也是计算养老金的重要参数。

其次是对退伍军人的生活安置。拿破仑时代在这方面就有一些规定，如尽可能地安排他们再就业、军官在退休时工资再提一级（目的在于提高养老金比例）、专业技术好的军官在退役后可到军校任教，从事培养年轻军官的工作。老兵在拿破仑的眼里是一个特殊的群体，他们和一般退伍兵的待遇是不一样的：老兵的名字继续列入部队的花名册中，他们可以照旧穿军服，仍有部队隶属关系。在生活上比现役军人有一些特殊的实惠，他们的薪饷虽然不多，但生活没有脱离部队，又能同家人生活在一起，可以在划分给他们的地块上经营农业、小手工业甚至商业，从而在经济上得到一些补偿。划分给老兵的地块不能出卖，老兵死后要交还国家。拿破仑还为老兵建有居住营地，这些居住营地成为支持政府的据点。建立在归并于法国的外国领土上的营地，更是成了法国殖民扩张、扩大法国市场的据点。这样，拿破仑就把老兵作为一种社会政治力量而加以利用。

再次，建立老兵和残废军人院，使他们有栖身之地，并明确规定其生活权益。有关建立残废军人院的法令在大革命时期就颁布过，但由于资金短缺而未能认真实行，引起军人的普遍不满，到了拿破仑时代才重又颁令加以实施。拿破仑还将历代帝王的行宫——凡尔赛宫交给残废军人居住。

最后，关于阵亡军人的父母、孤儿寡妇的有关法律规定。拿破仑对阵亡军人的遗孤尤为关注，失去双亲的孤儿由国家供养并提供教育，为此他还专门建立了少儿教育院，实行男女分校，男校设在拉姆宫，女校设在圣日耳曼宫。对这些孩子的日后安排是进中学或进军校，使这些孤儿能受到较好的教育，以利于他们日后的发展。法令还有对军人遗孀予以生活补贴的规定，列入军人社会保障的预算之中。

　　拿破仑有关军队的立法活动其核心内容是实行系统的物质利益的原则，一时间它使拿破仑军队成为欧洲最有战斗力的军队。物质利益的原则，被后来欧美各国所广泛采用，并通过立法明确加以规定，成为军队建设中最普遍的原则之一。

第 12 章 若米尼的国防经济思想

若米尼生活在新兴资本主义制度代替封建主义制度的时代，亲身经历过法国资产阶级革命和拿破仑战争的洗礼。他虽出生于小国瑞士，但却受到了法国和俄国两个大国包括拿破仑一世在内的6个皇帝的赏识。他虽连初级军校都未进过，但却通过刻苦自学及军事实践，从一个普通徒工成长为军事理论家、军事历史学家和步兵主将，其坎坷的一生颇富传奇色彩。尤其是他几乎耗费毕生精力撰写的传世之作《战争艺术概论》，更使其闻名遐迩，被誉为一代兵学大师。

第 1 节 若米尼的生平与军事思想

安托万·亨利·若米尼（Antoine-Henri Jomini, 1779~1869年），又译为约米尼。祖籍意大利，1779年出生于瑞士西南部沃州的帕耶讷市一个中等资产阶级官员家庭。若米尼的父亲邦雅曼一生从事公证工作达40年之久，1790年和1796年曾两次当选为帕耶讷方旗骑士（按当时制度，方旗骑士相当于市长），负责掌管该市的钥匙和大印。他的政治和社会活动很活跃，对若米尼的要求非常严格。少年读书时，若米尼立志成为一名商人或银行家，走出学校后到巴黎一家大银行当上了职员。17岁时，拿破仑大军在意大利战争中取得震惊全欧的奇迹般的胜利，一下子改变了他一生的道路。这个年轻的瑞士人热情向往刚刚经过革命洗礼的法国，尤其仰慕拿破仑光彩初露的统帅艺术。这一年，若米尼投笔从戎，先是在为法国服务的一个瑞士步兵团任职，后来进入法国国防军的一个后勤部门当军需官。虽然一无正式军官的荣誉身份，二无薪可拿，但若米尼毫不计较，表现出出色的才华，不久被选到司令部当参谋。但由于没有受过正规军人教育，无法得到重用，更没有机会上前方领兵打仗。

1802年，若米尼重返商界，他用了两年时间，潜心研究拿破仑的崭新作战方式和统帅艺术，并且同前代名将腓特烈大帝的帅道做了比较分析，据此写出处女作《大军作战论》。这部著作引起了拿破仑手下大将内伊元帅的重视。他不仅掏钱资助出版了这本书，还推荐给拿破仑，并礼聘若米尼为随身助理。据说拿破仑读了以后，拍案而起："年轻的瑞士人把我的全套战法都写出来告诉我们的敌人了！军政部为什么批准出版这本书？"过了一会儿，他平静了下来，又说："我实在不必这么自扰。敌人的那些老将们根本不读书，而肯读书的青年人又不够资格有指挥权。不过，今后再出版这种书，必须由我亲自批准。"不久，若米尼被提升为上校，当了内伊的参谋长。

1806年，欧洲战事重启，拿破仑亲自召见若米尼，决定把他留在统帅部以备咨询。召见完毕后，若米尼需要返回内伊军部做个交代，行前问拿破仑："四天以后我是否应该到班堡再去见您？"拿破仑一听，一半惊异，一半恼怒，反问："谁说我要去那里的？"因为这是他内心的机密行动计划，未曾泄露给他人。若米尼不慌不忙地回答："陛下，是地图和您指挥的马伦哥、乌尔姆两次战役告诉我的。"这件事给拿破仑留下极深刻的印象，在他被流放到圣赫勒那岛的晚年，还曾对人讲述起这段往事。1812年，若米尼升任准将，同年，在拿破仑远征俄国的战争中他被任命为维尔诺城防司令和斯摩棱斯克省省督。他虽然不是行伍出身，被称为"文人战略家"，据他本人讲，甚至"从未见过刺刀肉搏的实际场面"。但如果以为他只会纸上谈兵，那就大错特错了。法国大军征俄失败，遇到俄军追击时，是他的预见措施和所率部队的迅速行动，使法国皇帝及其残军安全地撤过了别列津纳河，返回西欧。而若米尼本人却在这个时候积劳成疾，几乎丧命。据拿破仑后来说，如果不是久病不愈，他那时就可以得到元帅的节杖了。

若米尼的超群才略和拿破仑的格外器重，引起了一班元帅们对这个"外来户"、"文人战略家"的嫉妒。加上他有恃才傲物的毛病，更加招致了人们的不满，拿破仑的参谋长贝蒂耶元帅尤其是他的死对头。若米尼心里很清楚这一点，先后15次提出辞职，但每次都被慰留了下来。后来，他感到继续在法国军队干下去肯定不会有什么好的结局，乃于1813年8月致书俄国沙皇亚历山大，表示

愿意前赴俄国效劳。亚历山大早已闻其大名，欣然表示欢迎。这样，若米尼又踏上了俄罗斯的土地。在后半生的56年中，他一直名列俄国的将领名单，官拜至上将。

初到俄国军队时，他在亚历山大的统帅部当军事顾问。随后又帮助奠基了俄国第一座高等军事学府，给俄军将军们讲授军事理论和战争艺术史。1828～1829年的俄土战争和1853～1856年的克里木战争中，他参加制订了俄军的作战计划，对于若米尼的离法去俄，法国方面未做苛责，因为他的国籍是瑞士，而瑞士又是个中立国，所以人们并不把他的做法视为叛国。当俄国等欧洲反法同盟国家在1815年重新对法国开战时，若米尼也保持了人格的荣誉，从未为俄国及其盟友设一谋。有一次普鲁士国王亲自来征求作战建议，他也当面拒绝。对此，亚历山大也很体谅，对法战事期间特地让他回瑞士休假。在1815年以后的和平年代里，若米尼继续充任俄皇的军事顾问，协助进行军事改革。不过，主要的精力还是用于著书立说，而且大部分时期住在法国。1869年3月24日，这位90岁的老人在巴黎逝世。

若米尼一生历经坎坷，生活漂泊，但在戎马倥偬的生涯中，却笔耕不辍，著作等身。从1803年写出其第一部著作《论大战术》起，到1856年完成《战争艺术概论·续编（二）》为止，其著述的历史长达55年之久，数量之多也难以准确计量（有说约30部，也有说约60部）。其主要著述包括《论大规模军事行动》，15卷的《法国大革命战争军事批判史》，4卷本的《拿破仑的政治和军事生涯》，《1815年战局的政治和军事概论》，《战略战术综合研究入门》等。不过，他的传世之作还是战争理论名著《战争艺术概论》。他的军事著述中贯穿着法国18世纪启蒙学派理性主义的风骨。他针对那种视战争为"充满阴影的领域"、毫无规律和科学可言的战争神秘主义，大胆宣布战争"确有若干基本原则，"而这些原则又是可以了解的。同时，他又针对那种把牛顿力学机械地搬入军事领域，用几何学原理和方法指挥作战的军事学说，指出最错误的莫过于"相信战争有一种'纯粹的科学'，一切行动都可以用数学计算的方式加以决定"。他重视科学技术，认为"武器本身虽并不能获得胜利，但却是胜利的重要因素之一"。在军事科学的研究方法上，他坚持从战争的实际历史经验中去提炼理论。据说，他一生深入钻研了欧洲历史上40多位著名将领指挥的近200场战例。因此，他的著作有血有肉，文笔如行云流水，被欧美各国普遍采用为权威性军事教材。

若米尼是拿破仑成功的见证人,虽然拿破仑未能留下军事著作,但若米尼弥补了这一遗憾。若米尼在理论上总结了拿破仑战争的规律、经验和教训,因此人称"拿破仑只是立功而未立言,把拿破仑的战绩加以理论上的解释,是若米尼的功劳"。若米尼在著作中对战争的本质、规律、基本原则、战略战术、战争原因等许多重大理论均有较精辟的论述。

关于战争 若米尼关于战争的军事理论,归纳起来:一是关于战争规律。若米尼认为,所有作战的成功与否,都与是否善于应用战争的原理和规律有关。他还指出,尽管战争受到许多偶然因素的影响,战争理论也不可能教会每一个人在所有可能的情形中如何行动,但战争的原理和规律可以告诉我们哪些错误是必须避免的。因此,不应当用战争中出现的少数例外事件或偶然因素否定战争规律的存在。若米尼还极力反对把战争原理和规律绝对化的做法,提出应善于依照不同的环境活用原则,切不可被固定的规则所束缚。他认为,虽然战争理论在19世纪已得到很大丰富和发展,但不能认为兵法已达到不需要向前发展的程度了。然而,若米尼却认为,战争的原理和规律只有为数不多的几条并断言"战略原理是永远不变的"。

二是关于民众战争。若米尼认为"只有是全民参加的战争,或者至少是在全民中精神振奋而决心捍卫自己独立的、占大多数的人参加的战争,才能称为人民战争。"同时,他还涉及并论述了民众在战争中的地位和作用问题。认为,任何一支精锐的军队,如果碰上一个大民族实施全民抵抗,都是难以取胜的。

三是关于战略思想。若米尼在《兵法概论》中设有"战略"章,对其战略思想作了较为集中的阐述。若米尼认为,从内涵看,战略是一种研究和指导整个战争的艺术。他说:"战略是在地图上进行战争的艺术,是研究整个战争区的艺术。"在若米尼看来,战术只是在发生冲突的现地作战和根据当地条件配置兵力的艺术,是在战场范围有限的使用兵力的艺术,而"战略则是包括战前和战后在内的整个战争"。从外延看,战略是涉及整个战争区的范畴,"凡涉及整个战争区的问题,均属战略范畴。"若米尼还列举了十多项包含在作战总计划中的内容,诸如查明战争区的特点及在战争区可能出现各种情况的特点;选定最有利的作战行动方向;选择和建立固定的作战基地及作战地区;选择预期的进攻或防御的目标;选定作战的战略线;建立临时作战基地和战略预备队等。

四是关于进攻防御。若米尼着重从攻守双方的利弊方面作了探讨,认为无论进攻和防御,都既有利又有弊。他先从政治和军事两个方面区别了进攻的利与弊。从政治上看，进攻总是有利的：它可以把战祸引到敌人领土，使本国免遭战争破坏，减少敌方的资源和增加自己的资源，提高己军的士气并打击敌军的士气。但进攻有时也会激起敌方的抵抗怒火，尤其是维系对方国家命运时更是如此。从军事上看，进攻则有利又有弊。在战略方面，如果进攻达到入侵的程度，使己方作战线伸入敌方领土则总是危险的。如果所采取的是为争取主动而实施的进攻，则进攻总是有利的。在战术方面，进攻虽也比较有利，但又不及战略方面。另一方面，若米尼又论述了防御的利与弊。一般说来，守方总是处于不利的地位。但防御战争如经周密计划，不走极端，也有其有利的一面。若米尼指出："防御通常可分两种：一种是惰性防御，或称消极防御；另一种是积极防御，即同时也要实施进攻的防御。消极防御总是极为有害的，而积极防御则能取得巨大成功。"他还强调，许多最重大的历史事件都证明了一条重要的真理："任何一支军队，假使它只在阵地不动，专等敌人进攻，那么久而久之它终究会被敌人击溃；反之，假使它能充分利用防御的长处，把攻方的优势变为它的优势，那么它就有希望取得最大的胜利。"

五是关于集中兵力。若米尼通过对战史的研究得出一个结论：一些伟大的统帅在战争中大获全胜的秘密就在于，善于"集中他的主力去攻击敌人的一翼"。并确信，如果在战略上都采用这种作战原则，"那就将发现全部战争科学的锁钥。"他还由此指出，分散兵力是兵家的大忌，而只要兵力集中就能取胜。在若米尼看来，拿破仑所惯用的作战方法就是，正确而迅速地判断各个作战地区的利弊，把主力集中用于最有利的作战地区。若米尼称拿破仑这种集中主力击破敌人的方法是一种消灭敌人军队的"最好的方法"。为此，若米尼提出，必须善于将主力用于战场的决定点上。一切战略行动，都必须通过巧妙的行军，把主力连续地投到敌人作战正面的决定点，以主力各个歼灭敌人。

关于和平时期国防建设 若米尼在1840年发表的著名军事著作《战争艺术概论》中，把和平时期国防建设作为其战争艺术理论的一个重要组成部分加以阐述，提出了许多颇有价值的理论。

一是用良好完善的政策制度保证国防建设，既不剑拔弩张，又常备不懈。一个长期处于，或者战后转入和平环境的国家，还要不要建设、用什么标准建设自己的国防？对于这个问题，若米尼在《战争艺术概论》中作了明确的回答："我决不主张国家要从早到晚剑拔弩张，天天准备打仗。这种情况对人类来说，简直是一种祸害，而且从现在的国家情况来看，也是不可能出现的。我只是想说明，

一个文明国家的政府应该常备不懈,以便能随时开始有利的战争。而要达到这一目的,则政府当局一定要有远见,要有良好的军事制度和完善的军事政策。"若米尼认为,战争是人类社会发展到一定阶段的产物。它伴随着人类社会的演进,但人类却不是为它而生存的。有的时候,战争是为了和平;但任何时候,和平都不该是为了战争。在和平时期,一个国家,无论政府还是人民,都应当把主要精力放在发展生产、创造美好生活上。这是人类物质生活和文明发展的客观要求。相反,如果穷兵黩武,或者对战争形势高度过敏,置生产和人民生活于不顾,脱离客观需要,从早到晚剑拔弩张、准备打仗,结果只能是造成国家经济匮乏,人民生活紧张、动荡,国防力量日渐削弱。但是,不天天准备打仗并不等于不要国防、不准备打仗。这是因为,人类自进入文明时代以后,一天也没有摆脱战争的威胁。由于各种矛盾、各种利益的复杂冲突,战争往往被强加给人类,其中包括那些爱好和平、反对战争的国家和人民。在风云变幻的国际环境中,人们即使是处于和平时期,也不敢忘记战争的危险。

二是建设一支精锐的军队,努力使之从各方面达到完善的程度。若米尼把军队建设作为国防建设的核心来看待,他从精锐的军队和伟大的统帅相结合,"就一定能创造出更大的奇迹"的历史事实出发,认为一个国家要使自己的国防坚不可摧,就必须建设"一支精锐的军队",并使这支军队从各方面"达到完善的程度。"

三是采取措施,大力培养全民族的尚武精神。若米尼指出:"如果政府不采取措施培养人民的尚武精神,那么它为建设军队而采取的一切最好的措施也都将是徒劳的。"若米尼认为,尚武精神,是统帅领导艺术和英明军事制度所产生的结果。就是说,它不是单纯依靠地理环境、民族传统、民族心理、情况刺激等因素取得的,而主要是通过国家正确的方针、政策、制度、措施引导和培养出来的。因此要在全民族中培养尚武精神,就必须从制定正确的方针政策等方面入手。若米尼认为,鼓励尚武精神,有两个重要方法应当采取:第一,提高军人的社会地位,使军队受到普遍的尊重和关怀。第二,保证那些曾为国家服役的人,对于政府官员的空缺,享有优先候补权,甚至可以规定某些职务必须由服役满多少年者始可充任。若米尼在强调通过提高军队地位在人民中倡导尚武精神的同时,并没有忘记强调军队自身对这一精神的培养。他指出:"单在居民中提倡尚武精神是不够的,还必须在军队中鼓励尚武精神。"要使每一个军人特别是军官坚信:"自我牺牲精神、英勇精神和责任感,都是美德;如果没有这种美德,那

么任何军队都不会受到尊敬，都不可能得到荣誉。"

第 2 节　若米尼的国防经济思想

若米尼一生历经坎坷，生活漂泊，但在戎马倥偬的生涯中，却笔耕不辍，著作等身。这些著作中，也闪耀着若米尼的国防经济思想。

一、经济与国防建设

若米尼是西方资产阶级军事理论家中较早注意到综合国力对于国防有巨大影响的人。若米尼认为，要在经济上打牢国防建设的物质基础。

> 富有黄金的大国，其国防可能有时很差。历史证明，最富的民族并不一定是最强大的和最幸福的。从军事力量的天平上来看，钢铁至少是和黄金一样重。但是我们仍需毫不迟疑地承认，要使一个国家具有最强大的国力，并能经受长期战争，就必须要有英明的军事制度、爱国精神、大量财富和社会信用，而且要能把这些因素很好地结合起来。
>
> 若米尼：《战争艺术概论》（中译本），解放军出版社 2006 年版

若米尼的这段话，道出了一个深刻的真理：国防力量决非是一种纯粹的军事打击力量的显示，而是一个国家政治、外交、经济、文化、科技等各个方面的面貌和实力在国防军事上的综合反映。一个国家国防是否强大和巩固，归根结底取决于这种融汇在一起的综合国力。从这个意义上说，综合国力，乃是国家国防力量的真正内涵和本质。东西方历史上俯拾皆是的例子早已说明，一些国家成功在这一点上，一些国家也失败在这一点上。若米尼的所谓"最强大的国力"，就是要把形成综合国力的每一种因素健全、培养、保护、发展到最佳状态，并使之互相渗透、紧密结合至最优程度，从而体现出巨大的整体威力。这样的国家，这样的国防，才是一切敌手所不敢轻易较量的。

在综合国力的发展问题上，若米尼最为重视的是国家财政和经济。认为战争是一部巨大的消费机器，而以应付未来战争为目的的国防建设同样要花费大量的财力物力。在科学技术不断进步、战争手段不断更新的情况下，一个国家紧跟形

势发展国防事业，就意味着要花费更多的钱财，因而国防对经济的依赖关系显得愈加紧密。正是由于看到了这种关系，若米尼深刻指出：发展国防，决不应该忘记国家的财政状况。应把财政状况同决定战争胜负的其他因素同等看待，既要重"钢铁"，又要重"黄金"。若米尼认为，尽管拿破仑的军队善于"以战养战"，善于把领袖们的鼓励当成精神食粮，然而他们士气不衰，归根结底是由于拿破仑能够"在正常地支付国家开支和军饷的同时，还在杜伊勒丽宫的地下室里储藏了两亿法郎。"因此，若米尼指出，绝不能把"以战养战"和"领袖们的鼓励"作为国防的基础，而必须重视发展自身的经济，使国家从根本上富强起来，从而为国防建设打下雄厚的物质基础。只有这样，才能从根本上建成真正巩固的国防和真正强大的军队。

二、国防经济保障规则

若米尼主张系统的国防经济保障规则，他综合考虑国家的状况、季节、兵力和当地人民的精神等变化因素，在此基础上提出了10条国防经济保障规则。

一是，除首次战役以外，一般依靠当地资源保障。作为资产阶级军事家，他是针对侵略别国时说的。

> 在一个人口众多，物产丰富、居民又无敌对情绪的国家里，对于一支10万至12万人的入侵军队来说，为了能不冒险便占领一个相当大的地区而向远离自己的敌人挺进时，在整个作战期间，都依靠当地资源保障运动。
>
> 若米尼：《战争艺术概论》（中译本），解放军出版社2006年版

二是，在作战开始阶段，采用一切手段组成补给仓库，以便在军队完成第一阶段作战任务后，满足休整或遂行新任务的需要。

三是，配置军队物资应以梯次形式，尽力配置在三条不同的交通线上。

> 因为这样，一方面，可使军队每翼都能得到供应；另一方面，可以最大限度地扩大征收地区。
>
> 若米尼：《战争艺术概论》（中译本），解放军出版社2006年版

四是，在物产贫乏的国家，军队的行动不应离开补给仓库过远。他同时强调，军队要携带足够的补给品，以保障受挫时可以退回到设有大仓库的作战

基地。

五是，在被入侵国家的居民将物资全部毁光时，要建立移动补给点和可靠的补给基地。

六是，在快速行军和神速作战时，要尽量用便于携带的物品。

七是，与海洋接近，会大大地便于军队物资的运输。如果与海洋的距离增加，各种物资器材的储备品也就需要增加。当然，这些也是建立在具体分析的基础上的。对于一支庞大的陆军来说，优势中也有劣势，即存在着易于被击溃的极大危险。

八是，凡想利用海洋运输补给品的陆上军队，都不应该忽视在大陆上建立自己的主要作战基地，并且还要有一部分不依赖船只运输的储备品。

九是，利用河流运输补给品，并认为与河流平行的作战线是最有利的。但强调，必须注意在敌国内很少可能利用大河运输补给品，因为这样容易遭到袭击。但在友邦和同盟国中，情况却完全不同。

十是，在军队急需时，可用牲口充饥。

若米尼在总结了10条原则后，并不希望人们把它当作教条，而希望把它看作一般的规则，在运用时要注意各种因素的变化。他指出：

> 假使把这一原理视为一个体系的基础，那当然可能是荒唐的。但是这个原理却可以说明，为什么许多大胆的行动能够取得成功；同时还可以说明，真正的战争与过分谨慎的计算之间有多么大的差异。

若米尼：《战争艺术概论》（中译本），解放军出版社2006年版

三、国防经济管理

若米尼在他的《战争艺术概论》中，包含了比较系统的国防经济管理理论，包括国防经济计划、组织、指挥和监督等职能。他曾经说过，要供养一支庞大的军队，尤其是在敌国，那真是一种最难的艺术。他还说：

> 古代的补给系统很少有人知道，因为韦格蒂乌斯所说的罗马人的国防经济问题，根本不足以向我们说明这一复杂领域里的各种问题。

若米尼：《战争艺术概论》（中译本），解放军出版社2006年版

管理本身就是一门领导艺术，若米尼显然认识到了这门艺术，把补给问题提高到国防经济管理的高度来认识。他把补给称之为"体系"，既然是个体系，那么对体系的管理或者说领导，毫无疑问地是在说明国防经济管理问题。

若米尼在谈到战争勤务学时，指出这门新的学科不仅包含参谋学，而且还包含司令官的领导艺术，而后提出很多重要的国防经济管理方面的观点。

> 预先为动用军队，即为开战准备一切必需的物质器材。拟定各种程序、指示和行军路线，以便集结部队，而后投入战斗。组织和指挥各种侦察和间谍手段获取有关敌人配置和运动的尽可能准确的情报。采取一切措施，按总司令命令规定，精确协调一切运动。……保障为此准备好一切常用器材，以便既可以方便，又可以确保行军。组织并监督军需库、弹药库、粮秣库和野战医院在纵队中及在后面的移动，不要使其妨害军队的行动，但又要保持较近的距离；要采取措施确保他们在行进中，在正常停留时以及在车堡（由辎重车构成的堡垒）内的秩序和安全。
>
> 若米尼：《战争艺术概论》（中译本），解放军出版社2006年版

若米尼还对兵站线与交通，武器装备的维修，医院、缝纫工厂等的建立、安置、协调都有很多精辟和完整的论述，这是若米尼的前人所没有的。尽管战争已发展到现代化阶段，但若米尼著作中这些闪光的国防经济管理思想仍然值得后人进一步借鉴。

第13章 克劳塞维茨的国防经济思想

西方军事理论巨匠克劳塞维茨所著《战争论》，使其享誉西方兵学界，被誉为"西方兵圣"。克劳塞维茨不仅是军事方面"全世界公认的权威人士"，而且在他的《战争论》中，还充溢着丰富和精湛的国防经济思想。

第1节 克劳塞维茨的生平与军事思想

卡尔·冯·克劳塞维茨（Karl von Clausewitz，1780~1831年），普鲁士著名的军事理论家、军事历史学家和战争哲学家。克劳塞维茨少年时代，因家庭经济困难，不满12岁时便被送到军队，开始了他辉煌的行伍生涯。1793年，当普鲁士同大革命后的法国作战时，年仅13岁的克劳塞维茨便参加了围攻美因兹城的战斗，高举军旗，在枪林弹雨中引导部队冲击。初次参加的战斗虽然规模不大，但法军胜利和普军失败的景象，给年幼的克劳塞维茨留下了极深的印象。1795年普鲁士与法国媾和后，15岁的克劳塞维茨少尉随部队返回驻地诺伊鲁平。此间，书籍成了他最亲密的"朋友"。每当执勤回来，克劳塞维茨就把三角帽、银饰带和军刀挂在墙上，脱下军服，解开衬衫领子，坐在松木桌前，聚精会神地看起书来。军事、文学、哲学，以及古典的和现代的、本国的和外国的各种书籍，他都孜孜不倦地阅读。一系列军事著作的阅读也使克劳塞维茨思想日新，胸襟日广，对他产生了重要影响。

1801年秋天，克劳塞维茨被选送到柏林军官学校深造。在学习中，他认真学习和研究了战略战术、军事地理、炮兵、筑城和攻城战等军事课程，同时还广泛涉猎了理论数学、应用数学、逻辑学、历史等学科，尤其爱听当时在柏林很有名望的康德主义者基塞韦特的哲学讲演。基塞韦特宣扬的康德哲学对他后来研究战争理论产生了重要影响。当时出色的军事理论家、柏林军官学校校长沙恩霍斯特在报告中评价克劳塞维茨："从能力、判断力、勤勉和学识各方面，他都出类拔萃。"从柏林军官学校毕业后，克劳塞维茨担任了奥古斯特亲王的副官。正在此时，第4次反法同盟掀起了对拿破仑的新一轮战争。克劳塞维茨随奥古斯特亲王参加了奥古斯塔特会战，退却时与亲王一起被法军俘虏，并在法国过了近一年的战俘生活。在法国，克劳塞维茨把拘留变成了"深造旅行"。他攻读法语，研究数学、音乐、文学及雕塑、绘画艺术。当然，他研究最多的还是军事，尤其是应对拿破仑军事革新的作战问题。1807年11月，克劳塞维茨与奥古斯特亲王一起获释回国。他根据这段经历，用约4个月的时间，写了一份长14页的备忘录《关于普鲁士未来对法作战行动》，对以后可能发生的战争作了预测和探索。

　　1808年，普鲁士军队实行大改组。克劳塞维茨充分发挥了其"笔杆子"作用，起草了许多重要的决策性文件。当时，普鲁士军队的军官普遍老化，训练墨守成规，装备在欧洲是最差的。针对这种情况，沙恩霍斯特和克劳塞维茨从管理制度、征兵体制、训练方法以及装备改进等一系列问题上，对普鲁士军队动了"大手术"。旧的军事体制被打破，新的军事体制开始建立。1809年秋，克劳塞维茨被调到总参谋部工作，次年夏天晋升为少校，并被任命为柏林军官学校战略学和战术学教官。当时，拿破仑发动的战争震慑了整个欧洲，普鲁士人民要求摆脱异国统治。一些富有爱国热忱的将军如沙恩霍斯特、格乃泽瑙等反对屈服于拿破仑。克劳塞维茨受沙恩霍斯特等人委托，于1812年2月写成了著名的《三个信念》，指出民众战争在民族解放事业中将起决定性作用。然而，普鲁士国王非但没有宣布对法作战，反而同意派兵随同法军进攻俄国。克劳塞维茨愤然辞去普军军职，告别妻子和亲友，启程去俄国，在俄军总参谋部担任沙皇顾问富尔将军的中校副官。

　　1812年6月，拿破仑对俄宣战。12月，克劳塞维茨以俄军联络官的身份，同普鲁士军队指挥官约克谈判，说服他反对拿破仑。1813年，克劳塞维茨重返普鲁士军队，晋升为上校。这样，他就成了俄军和普军的双料上校。1818年5

月9日，克劳塞维茨被任命为柏林军官学校校长，同年9月晋升为少将，正是在这里，克劳塞维茨阅读了大量前人及同时代的哲学、历史和军事理论著作，依据自己的作战经历，认真回忆了历次战争经历，并悉心研究了130多个大大小小的战例，写了许多重要的战史著作。在此基础上，进一步综合提高，使之上升为系统的军事理论，名著《战争论》就这样产生了。1831年11月16日，克劳塞维茨在回到布雷斯劳的第8天，不幸染上霍乱死在妻子的怀抱中，终年51岁。克劳塞维茨去世后，他的妻子玛丽投入全部身心，仅用半年多的时间，便陆续整理出版了《卡尔·冯·克劳塞维茨将军关于战争和战争指导的遗著》共10卷，其中的第1、第2、第3卷就是《战争论》，其余各卷主要是对战史的研究和评论。

克劳塞维茨倾注毕生心血浇铸的《战争论》，被资产阶级国家奉为军事经典和军人的必读之书，是近代西方军事科学发展史上的一部鸿篇巨著，代表了近代资产阶级军事理论的最高成就，在世界十大军事论著排名当中仅次于《孙子兵法》居第二位，成为世界性的文明成果，给后世留下了极其宝贵的精神财富。克劳塞维茨关于战争的军事理论，归纳起来有以下几点：

战争规律 克劳塞维茨提出，应根据盖然性规律推断战争。他说，对于战争，"只能根据现实世界的现象所提供的材料和盖然性的规律来确定"。"敌对双方的任何一方都可以根据对方的特点、组织和设施、状况以及各种关系，按盖然性的规律推断出对方的行动，从而确定自己的行动"。克劳塞维茨曾指出，战争不仅是一条真正的变色龙，其特性在每一具体情况下或多或少有所变化，而且透过战争的全部现象看，战争还是一个奇怪的三位一体：战争要素的暴烈性，即仇恨感等往往是盲目的自然冲动；盖然性和偶然性使战争成为一种自由的精神活动；作为政治工具的从属性使战争属于理智行为。在克劳塞维茨看来，这三个方面中的第一个方面同人民有关，第二个方面主要同统帅及其军队有关，第三个方面主要同政府有关。克劳塞维茨还认为，这三种倾向就像三种不同的规律深藏在战争的特性之中，并同时起着不同的作用。任何一种战争理论都不应忽视其中的任何一个方面。

民众战争 克劳塞维茨在《战争论》中专列"民众武装"一章，对民众战争的地位、作用、特点及其运用等问题作了有益的探讨。克劳塞维茨着重指出了两点：一是民众战争是不容忽视的战争现象。他认为，"一般说来，民众战争应该看作是战争要素在我们这个时代突破了过去人为的限制的结果，看作是我们称之为战争的整个发酵过程的扩大和加强。"民心和民意是国家力量、军事力量和

作战力量中一个极为重要的因素，精神力量只有在民众战争中才能充分发挥出效果。二是民众战争是战争发展的趋势。然而，克劳塞维茨反对从政治上把民众战争作为一种斗争手段，未能从性质不同的战争中考察民众武装的作用，并且还把民众武装只看作是用于正规军进行战争的自始至终的辅助手段。

战略思想　克劳塞维茨在《战争论》中辟有"战略概论"篇，对其战略思想作了较为集中的阐述。克劳塞维茨曾对战略概念作了明确阐释，他写道："战略是为了达到战争目的而对战斗的运用，因此，战略必须为整个军事行动规定一个适应战争目的的目标，也就是拟制战争计划；并且必须把达到这一目标的一系列行动同这个目标联系起来，也就是拟制各个战局的方案和部署其中的战斗。"同时，他还深入探讨了作为"战略的最本质的部分"的诸如政治对战争计划的决定性影响、必须打击敌人的重心等问题，以及应善于夺取主动权、善于交替运用攻防作战体系等战略制胜的主要原理，由此建立起较为系统的战略理论体系。

进攻防御　克劳塞维茨在《战争论》中不仅专辟有篇幅最大的"防御"篇和"进攻"篇，还注意运用辩证法把进攻和防御联系起来考察。在他看来，进攻和防御是相辅相成、相互作用和相互促进的。其一，防御是由巧妙的打击组成的盾牌。在克劳塞维茨看来，战争中的防御绝不是绝对的等待和抵御，而是一种相对的等待和抵御，因而多少带有一些进攻因素。同样，进攻也不是单一的整体，而是不断同防御交替着的。克劳塞维茨在军事思想史上第一次明确提出"积极防御"和"消极防御"的概念，并主张积极防御而反对消极防御。其二，防御是一种较强的作战形式。克劳塞维茨认为，进攻是一种具有积极目的的较弱的作战形式，防御则是一种具有消极目的的较强的作战形式。防御这种作战形式就其本身来说比进攻这种作战形式强。其三，迅速而猛烈地转入进攻是防御最光彩的部分。认为只有在力量弱小而需要运用防御这种形式时，才不能不运用它，一旦力量强大到足以达到积极目的时，就应立即放弃它。

集中兵力　克劳塞维茨明确指出："数量上的优势不论在战术上还是战略上都是最普遍的制胜因素。"他还将数量上的优势分为绝对优势和相对优势。认为，当敌我力量对比不能取得绝对优势时，就应力求通过巧妙地使用军队，在决定性的地点和时机最大限度地集中优势兵力，以造成相对的优势。他还把数量上的相对优势进一步区分为空间上的兵力集中和时间上的兵力集中。他概括道："数量上优势应该看作是基本原则，不论在什么地方都是应该首先和尽量争取

的。""战略上最重要而又最简单的准则是集中兵力","我们要严格遵守这一准则,并把它看作是一种可靠的行动指南。"克劳塞维茨还认为,仅仅集中兵力是不够的,还必须找到敌人抵抗的重心,重心即力量和运动的中心,亦即敌人整体所依托的关键的和具有决定意义的部位。敌人的重心一旦受到致命打击,其整体就会失去平衡,走向失败。

第2节 克劳塞维茨的国防经济思想

克劳塞维茨不仅是军事方面"全世界公认的权威人士",而且在他的《战争论》中,还充溢着丰富和精湛的国防经济思想,这可以从战略、战术和效益三个方面来进行分析。

一、战略视角的国防经济

战略就是为了达到战局和战争的目的而把组成战争的各个战斗结合起来。克劳塞维茨把战略上为数不多主要是以国家和军队的状况为基础的原则简单扼要地归纳为以下几点:

> 在首要的一般原则中,就要求把夺取敌人无生命的作战力量和其他补充来源视为作战的三个主要目的之一。为了夺取敌人无生命的作战力量,应该把自己的进攻指向这些力量最集中的地方,如首府、仓库、大要塞等。第一,消费多的地方,储存也一定多;第二,人口稠密的地方,通常生产也比较多,更何况在人口非常稠密的地方,陆上交通和水上交通也比较发达和便利,运输工具也比较多,商业交易也比较容易和可靠。因此,可以说包括首府在内的富庶的大城市特别是商业中心,是敌人财力、物力、交通运输设施、商业贸易等无生命的作战力量主要的集聚地,是军队天然的仓库。所以它们的得失对军队有直接的影响。有着许多吮吸器官的战争就最喜欢在交通要道、人口众多的城镇、富饶的河谷或者水路通航的海岸上进行的原因之一。"仓库"作为无生命的作战力量最集中的地方是自不待言的。要塞本身可作为有安全保障的仓库,可作为兵站,因为这些要塞储存着弹药、武器、饲料和粮食,是金库。所以,要塞不仅具有原始的和最自然的使命,而且具有超出城垣范围的作用,对占领或保卫国土,对战争胜败的整个结

局都有了影响。这样，它甚至成为一种把战争更紧密地联结成一个整体的手段。于是要塞就获得了战略意义。

克劳塞维茨：《战争论》（中译本），商务印书馆1978年版

显然，这种把"夺取敌人无生命的作战力量"作为战略的一般原则的思想，其中是有客观的国防经济原因的。克劳塞维茨在战略的一般原则中还强调，为了达到作战目的，必须高度重视动员，正如克劳塞维茨所言：

> 尽最大的努力动员我们可以动员的一切力量。在这方面表现出来的任何松懈都会使我们达不到目标。即使取得胜利的可能性很大，如果不尽最大的努力使自己完全有把握取得胜利，那也是极不聪明的。这种努力决不会产生不利的结果。即使国家的负担因此而加重了，也不会产生不利，因为这种负担会因此而消除得更快。我坚信，谁能为了经常有新的兵力而动员自己的一切力量，谁能利用一切可能利用的手段进行准备……他就做到了战略指导在大的方面所能够做的一切。

克劳塞维茨：《战争论》（中译本），商务印书馆1978年版

克劳塞维茨在这里所指的"动员"当然应该理解为广义的战争动员，而国防经济动员是战争动员的重要组成部分，是连接平时国防经济和战时国防经济的桥梁。持续不断的动员能够为战争与平时需求提供源源不断的物质保障。克劳塞维茨正是基于这样的基本认识，要求在动员的手段上，尽最大努力使用一切可以利用的手段；在动员的内容上，包括了人力、财力、物力等一切力量；在动员程度的标准上，做到完全有把握取得胜利；在动员结果上，说明绝不会产生不利。

对战争计划，克劳塞维茨力图从总的方面进行探讨，其中包括依据敌我双方经济状况制订战争计划的国防经济观点。然而作战涉及的面很广，此外，还有无数的行动方式要人们选择。不难理解，考虑和比较这些错综复杂地交织在一起的多种多样的事物而制订出正确的战争计划，是一道难题。克劳塞维茨认为，应把敌我双方的经济状况作为制订战争计划的基本依据：

> 人们大体上可以知道敌国有多少金钱、财富和信用贷款，也可以知道敌国有多少军队。在战争开始时大量增加这些东西是不可能的。知道了敌人最多有多大的力量，自己不致遭到完全的毁灭就有了相当的把握；意识到自己力量有限，就会选择适当的目标。各国政府的全部力量就集中表现在自己的金库上。军队好比

是一棵树，它总是从它借以生长的土壤中取得生命力的。从上可以清楚地看出克劳塞维茨的富有哲理性的解题思路，金钱、财富和信用贷款等经济状况，是军队生命力的重要基础，是国家力量的集中体现。只有预计所发生的战争可以追求的目标和战争要使用的手段，才能制订出科学的战争计划。

克劳塞维茨：《战争论》（中译本），商务印书馆1978年版

克劳塞维茨之所以从错综复杂地交织在一起的多种多样的事物中，以敌我双方的经济状况作为制订战争计划的基本依据，这同他对战争与经济相互关系的深刻认识是分不开的，这在逻辑上也与他对战争的物质暴力属性的本质认识是一致的。

克劳塞维茨还从战略的角度，分析了保障军队给养。克劳塞维茨在理论上把战争活动分为两大类：一类只与使用军队有关。另一类则是维持军队的活动。克劳塞维茨对后者的认识，证明他对给养的重视和肯定，他还把给养提高到影响战争胜败的高度来认识：

> 而在那些单纯属于维持军队而同战斗没有相同之处的活动中，只有军队的给养同战斗的关系最为密切，因为给养几乎是每人每天都必需的，军队给养虽然既不属于战略，也不属于战术，但给养在战略范围内对军队行动有较大影响，因为对军队给养的考虑影响到一次战局或战争的主要方面的情况是极为常见的。在现代战争中，给养的重要性比以前大得多。给养方面的困难往往使军队的伟大胜利的光芒消失，各种力量耗尽，退却成为不可避免，尔后真正战败的各种症候就会逐渐增加。忍饥挨饿必须是暂时的，只是迫于环境，不能成为一种可怜的制度，不能是对部队的需要进行抽象地苛刻地计算的结果。否则，每个士兵的体力和精神一定会不断地受到削弱。只能吃到可怜的一小块面包的士兵，往往会像一个幽灵似地到处摇晃。在这样的情况下，要想战胜敌人或者取得更大的胜利是很困难的。因而，就应着眼从制度上改善部队的给养，在军费不足的情况下，也应从给养上满足部队最基本的生活需要，这是形成部队战斗力的起码条件。凡是为了伟大的目的而要求士兵忍受给养上极大缺乏的人，不论是出于感情或是理智，随时都应该想到，有机会时要给他们相应的报酬。

克劳塞维茨：《战争论》（中译本），商务印书馆1978年版

二、战术视角的国防经济思想

克劳塞维茨的战术视角的国防经济思想，首先体现在对物质的重视上。克劳

塞维茨认为，战争中的物质因素与精神因素，起着决定战争胜负的作用，是战争观的一个基本问题。战争虽然是敌我双方物质因素和精神因素的综合较量，但只有通过物质力量方能发生作用。离开物质力量，精神力量也就失去了存在的基础和前提，同时精神力量的发挥也不能超越客观物质条件许可的限度。克劳塞维茨在论述战争物质暴力性的基础上，认为物质要素是决定战争胜败的重要因素和首要标志：

> 战争是交战双方的精神力量和物质力量通过物质力量进行的一种较量，物质力量的作用和精神力量的作用是完全融合在一起的，不可能像用化学方法分析合金那样把它们分解开。既然如此，对战争胜败起决定作用的，当然是物质力量和精神力量的总和。胜利包括三个要素，首要的就是敌人的物质力量的损失大于我方，只有在摧毁对方物质力量方面得到的利益才是确实可靠的，才是真正的利益。因为在杀伤敌人、俘获敌人和缴获敌人火炮等方面，胜利者所获得的利益永远不会从账本中勾销。在摧毁对方物质力量方面获得的利益，能够始终保留在整个战局的账本上，而且在最后的结算中总是一种纯利。因而，它就成为体现胜利的主要标志，是胜利的真正结晶。相反，因为失败者的精神力量能逐渐恢复起来，队形能重新建立起来，勇气也能再度高涨。更何况战斗的胜利者在精神方面所取得的优势，在大多数情况下，往往只有一小部分可以保留下来。也不排除在极个别情况下，由于失败者抱有复仇心而提高了士气，进而会对胜利者产生不利的效果。因此，精神力量的得失是没有绝对价值的，也不一定会在最后的战果中表现出来，不是任何时候都能当作衡量胜利的尺度。
>
> 克劳塞维茨：《战争论》（中译本），商务印书馆1978年版

克劳塞维茨的战术视角的国防经济思想，还体现在对民众的重视上。克劳塞维茨在《战争论》"民众武装"一章中，对战争与民众等问题做了有益的探讨，堪称开辟了民众战争理论研究的先河。克劳塞维茨认识到了民众是军事人力的重要源泉。军事人力是国防经济中最活跃、最革命的因素，也是国防经济供给的主要方面。

> 自从拿破仑出现以后，战争首先在作战一方，尔后又在另一方变成全体人民的事情，于是战争获得了完全不同的性质。现代战争是全民对全民的战争，不是国王打国王，不是一支军队打另一支军队，而是一个民族对另一个民族作战……法国革命时民众力量又登上了战争舞台，这样，只依靠政府的财力就显得不够了。以这种有限的财力为基础并以这种有限的财力为保障的整个军事制度被粉碎

了。因而，为了满足战争对财力的巨大需求，还得再辟财源和重建新的军事制度。要重视依法利用民众的人力、财力和物力，全体民众以他们的体力、财产和精神在战争中不同于一般地或多或少志愿地协助作战。

克劳塞维茨：《战争论》（中译本），商务印书馆1978年版

1831年年初，克劳塞维茨曾起草一份《民军和后备军组织要点》计划。这个计划后取名《关于维斯瓦河右岸立陶宛、东普鲁士和西普鲁士各省后备军的规定》，提交省议会讨论通过。主张后备军的军饷和给养由所属省政府发给，如果枪支不足，每人则装备八尺长矛一支、短斧一把，服装为便服，由士兵自备。民军所需物品则几乎全部自理。

三、效益视角的国防经济思想

克劳塞维茨亲身参加过普法战争和法俄战争，亲身感受到战争的残酷和激烈，特别是对战争的巨大物资消耗有着十分深刻的认识。克劳塞维茨的效益视角的国防经济思想，首先体现在以战养战转嫁战争负担等方面，克劳塞维茨认为：

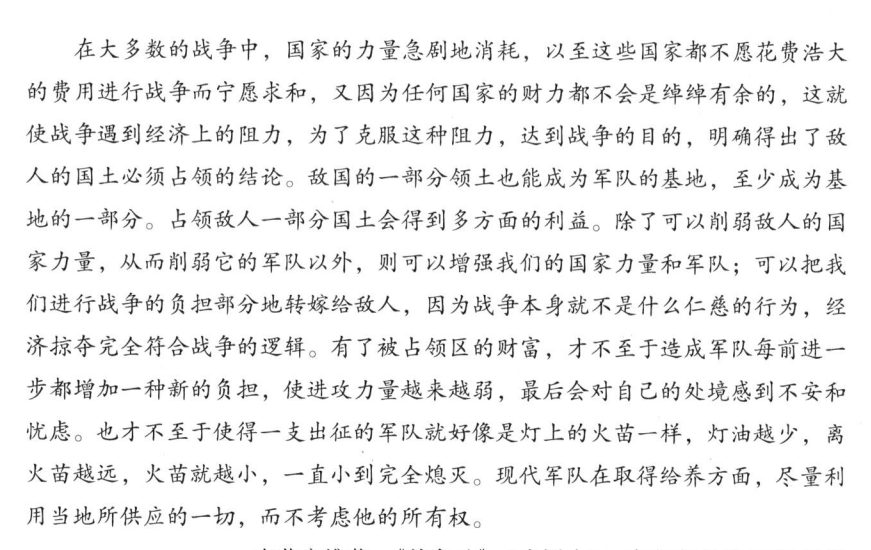

在大多数的战争中，国家的力量急剧地消耗，以至这些国家都不愿花费浩大的费用进行战争而宁愿求和，又因为任何国家的财力都不会是绰绰有余的，这就使战争遇到经济上的阻力，为了克服这种阻力，达到战争的目的，明确得出了敌人的国土必须占领的结论。敌国的一部分领土也能成为军队的基地，至少成为基地的一部分。占领敌人一部分国土会得到多方面的利益。除了可以削弱敌人的国家力量，从而削弱它的军队以外，则可以增强我们的国家力量和军队；可以把我们进行战争的负担部分地转嫁给敌人，因为战争本身就不是什么仁慈的行为，经济掠夺完全符合战争的逻辑。有了被占领区的财富，才不至于造成军队每前进一步都增加一种新的负担，使进攻力量越来越弱，最后会对自己的处境感到不安和忧虑。也才不至于使得一支出征的军队就好像是灯上的火苗一样，灯油越少，离火苗越远，火苗就越小，一直小到完全熄灭。现代军队在取得给养方面，尽量利用当地所供应的一切，而不考虑他的所有权。

克劳塞维茨：《战争论》（中译本），商务印书馆1978年版

克劳塞维茨在注重以战养战，力求减轻本国的经济负担的同时，还强调"如人员、武器，往往还有弹药，则通常只能由本国解决。军队与本国的联系是

不可缺少的，有的是不可取代的。"克劳塞维茨在推崇以战养战转嫁战争负担的同时，也清醒地认识到了它的局限性。克劳塞维茨强调，在任何情况下，都必须考虑到需要付出的代价和取得的利益。

  消灭敌人军队是一切军事行动的基础，是一切行动最基本的支柱，一切行动建立在消灭敌人军队这个基础上，就好像拱门建立在石柱上一样。要看付出的代价和取得的利益相比是否值得。消灭敌人军队要求我们付出较大的代价，我们越想要消灭敌人军队，自己军队的消耗也必然会越大。军事活动的效果越是体现在物质领域，困难就越小，越是体现在精神领域，成为意志的动力，困难就越大。而在许多情况下，使敌人精神力量遭受损失也是摧毁敌人物质力量从而获得利益的一种手段，而获得这种利益是战斗的真正目的。

       克劳塞维茨：《战争论》（中译本），商务印书馆1978年版

克劳塞维茨要求从多方面、多层次、多角度掌握评价国防经济效益的标准，通过辩证分析来考察国防经济效益的高低和好坏。这反映了他对国防经济效益成果的多元性、目标的军事性、计量的相对性、内容的综合性等基本特点的把握和认识。除以上几个方面以外，他还要求应该注意国防经济近期效益和远期效益、宏观效益和微观效益、全局效益和局部效益的辩证统一。

第14章 马克思恩格斯的国防经济思想

作为国际无产阶级革命的导师,马克思、恩格斯在19世纪工人运动实践的基础上创立的马克思主义,在哲学、政治经济学和科学社会主义等方面作出了卓越的贡献。马克思和恩格斯在他们数以百计的军事学和经济学著作中,批判地继承了社会各个时期关于战争和经济相互关系理论的优秀遗产,第一次揭示了战争和经济相互关系中的内在本质联系,为马克思主义国防经济学的建立和发展作出了重要贡献。

第1节 马克思恩格斯的生平与马克思主义

卡尔·马克思(Karl Marx,1818~1883年),全世界无产阶级的伟大导师、科学社会主义的创始人。伟大的政治家、哲学家、经济学家、革命理论家。马克思生于德意志邦联普鲁士王国莱茵省(现属于德国莱茵兰-普法尔茨州)特里尔城一个律师家庭。主要著作有《资本论》、《共产党宣言》等。他是无产阶级的精神领袖,是近代共产主义运动的弄潮儿,支持他理论的人被视为马克思主义者。马克思最广为人知的哲学理论是他对于人类历史进程中阶级斗争的分析,他认为这几千年来,人类发展史上最大的矛盾与问题就在于不同阶级的利益掠夺与斗争。依据历史唯物论,马克思大胆地假设,资本主义终将被共产主义取代。

弗里德里希·冯·恩格斯（Friedrich Von Engels，1820～1895年），德国思想家、哲学家、革命家，全世界无产阶级和劳动人民的伟大导师，马克思主义的创始人之一。恩格斯是卡尔·马克思的挚友，被誉为"第二提琴手"，他为马克思从事学术研究提供了大量经济上的支持。恩格斯和马克思共同撰写了《共产党宣言》，参加了第一国际的领导工作。马克思逝世后，他承担整理和出版《资本论》遗稿的工作，还肩负领导国际工人运动的重担。除同马克思合撰著作外，他还著有《自然辩证法》《家庭、私有制和国家的起源》等。

马克思主义是关于全世界无产阶级和全人类彻底解放的学说。它由马克思主义哲学、马克思主义政治经济学和科学社会主义三大部分组成，是马克思、恩格斯在批判地继承和吸收人类关于自然科学、思维科学、社会科学优秀成果的基础上于19世纪40年代创立，并在实践中不断地丰富、发展和完善的无产阶级思想的科学体系。

马克思主义哲学 马克思主义哲学是辩证唯物主义和历史唯物主义的统称，其前身是德国古典哲学。辩证唯物主义认为：世界的统一性在于它的物质性，物质是世界所发生的一切变化的基础。运动是物质的存在形式，物质的运动是绝对的，静止是相对的。物质不是精神的产物，精神只是运动着的物质的最高形式。社会存在决定人们的意识，人们能够认识并正确运用客观规律。辩证法的规律是从自然界和人类社会的历史中抽引出来的，实质上可以归结为以下三个规律：从量转化为质和质转化为量的规律；对立的相互渗透的规律；否定之否定规律。辩证法是关于一切运动最普遍的规律的科学。运动的根源在于矛盾。矛盾双方只存在于它们的相互依存和相互联系之中。人们要认识物质世界的运动规律，必须通过实践，人应该在实践中证明自己思维的真理性。人的认识能力是无限的，个别人的认识又是有限的，这个矛盾要在无穷无尽的，连绵不断的世代中解决。

专栏14.1

马克思主义诞生历程

马克思主义在19世纪40年代产生于西欧，当时西欧资本主义已有相当发展。英、法、德3国是其发源地。因为当时英、法、德等国已经或正在实现产业革命，生产力和科学技术达到前所未有的水平。无产阶级已经由自在阶级开始向自为阶级转变。英国宪章运动、法国里昂工人起义和德国西里西亚纺织工人起义标志着无产阶级已经作为独立政治力量登上历史舞台,是资本主义矛盾激化和工人运动发展的产物。以《共产党宣言》的问世为标志,它吸收和改造了人类思想文化的一切优秀成果,特别是18世纪中叶和19世纪上半叶的社会科学和自然科学的成果。它的主要理论来源是德国古典哲学、英国古典政治经济学和英法空想社会主义。此外,法国启蒙学者的思想和法国复辟时期历史学家的阶级斗争学说,也为科学社会主义理论提供了有益的思想资料。19世纪科学技术的新成果,特别是细胞学说的确立,能量守恒和转化规律的发现、进化论的新发展为马克思主义的产生奠定了坚实的自然科学基础。马克思和恩格斯完成了这一历史使命。他们按其社会地位而言,原是资产阶级知识分子;按其哲学观点而言,原是唯心主义者;按其政治观点而言,原是民主主义者。大体上在1842~1844年间,他们积极投身于现实的政治斗争、工人运动和科学研究,转变为无产阶级知识分子、唯物主义者和共产主义者,从1844年起合著《神圣家族》、《德意志意识形态》,并分别著有《英国工人阶级状况》、《哲学的贫困》等书,阐明无产阶级的新世界观。1848年2月出版的《共产党宣言》中,第一次对无产阶级的思想体系作了系统的表述,这标志着马克思主义的诞生。在以后他们的毕生活动中,继续丰富了马克思主义。马克思主义一词,是在1883年3月马克思逝世后,才被作为无产阶级思想体系的代表而逐步流行起来的。

——佚名,《马克思主义》,百科名片。

唯物史观(历史唯物主义)认为,物质生活资料的生产劳动是人类社会存在和发展的基础。劳动者和生产资料始终是生产的因素,两者的结合构成生产力。人们在发展生产力时也发展着一定的相互关系,即生产关系,生产关系总合起来就构成为社会关系。生产关系和社会关系的性质随着生产力的改变而改变。人们首先必须吃、喝、住、穿,然后才能从事政治、科学、艺术等等;所以每一个历史时代物质生活资料的生产以及由此产生的社会结构,是该时代政治和思想的基础。从原始公社制解体以来,全部历史都是阶级斗争的历史。历史活动是群众的事业,人们自己创造自己的历史,但他们是在现实关系的基础上进行创造。个人在历史上有一定作用,每个时代都需要而且能够创造出自己时代的伟大人物。

马克思主义政治经济学 马克思、恩格斯运用辩证唯物主义和历史唯物主义,研究作为人类社会发展基础的各个时代的生产关系,尤其是着重研究资本主义社会的生产关系,创立无产阶级政治经济学,其前身是英国古典政治经济学,这是马克思主义理论最深刻、最详细的证明和运用。它阐明人类社会各个发展阶段上支配物质资料的生产、交换以及与之相适应的产品分配的规律。在资本主社会中，商品生产占统治地位，资本主义生产的重要特点是自由雇佣劳动制，工人的劳动力成为商品。劳动力的价值是由维持和再生产劳动力而必需的生活资料的价值决定的。马克思发现劳动力是一种特殊的商品，它一天创造的价值同它每天的消耗全然不同。雇佣工人每天除了补偿自身劳动力价值以外，还必须额外工作若干小时，马克思称之为剩余劳动时间，剩余劳动时间创造的价值称之为剩余价值。他还对剩余价值率、绝对剩余价值、相对剩余价值、剩余价值的分解等等作出科学分析。马克思的剩余价值学说揭示了资本家剥削的秘密，成为马克思经济理论的基石。马克思把社会产品按价值分为不变资本、可变资本和剩余价值3个部分，从而分析了资本主义实现价值和剩余价值的深刻矛盾，论证了资本主义制度下生产社会性和私人资本主义占有形式之间的矛盾日益暴露和周期性经济危机的不可避免性。马克思阐明资本主义积累的一般规律，指出资本积累必然造成社会两极分化，无产阶级与资产阶级之间的对抗更为尖锐。生产资料的集中和劳动的社会化达到同资本主义私有制外壳不能相容的地步，从而资本主义不可避免地要让位于社会主义。

科学社会主义 其前身是法国空想社会主义。唯物史观的发现，使了解人类社会发展的历史过程成为可能。剩余价值的发现，揭示了资本主义生产方式的性质及其运动规律。这为社会主义从空想变为科学奠定了理论基础。科学社会主义是马克思主义理论体系的核心，它的任务是研究无产阶级解放事业的历史条件以及这一事业本身的性质。它是最直接又全面指导无产阶级和全人类解放斗争的行动科学。马克思、恩格斯认为：社会主义必然代替资本主义是社会生产力发展的要求和合乎规律的结果，推翻资本主义并实现社会主义是无产阶级的历史使命。反对资产阶级的阶级斗争和无产阶级革命是通往社会主义的必由之路。工人革命的第一步就是使无产阶级上升为统治阶级，争得民主。阶级斗争必然要导致无产阶级专政，这个专政是达到消灭一切阶级和进入无阶级社会的过渡。无产阶级的共产主义社会按其成熟程度不同分为低级阶段和高级阶段：在低级阶段，各方面还存在旧社会的痕迹，实行的是等量劳动的交换；在高级阶段，随着个人的全面发展，生产力也增长起来，那时将实行各尽所能、按需分配，共产主义社会将是这样一个联合体，在那里每个人的自由发展是一切人自由发展的条件。

科学社会主义认为，要保证社会主义革命获得胜利并实现共产主义的最终目标，工人阶级必须组成与有产阶级一切旧政党对立的独立政党。工人政党要有一个新的科学世界观作为理论基础，它比其余无产阶级群众更善于了解无产阶级运动的条件、进程和一般结果,始终代表着整个运动的利益,坚持整个无产阶级的不分民族的利益。共产党在为实现自己纲领的斗争中要实行正确的战略策略,要使全世界无产者联合起来,要善于争取各种同盟者,善于同其他政党采取种种共同行动。

马克思主义的诞生是人类思想史上的伟大革命,它第一次确立了科学的世界观和方法论,不仅为全世界无产阶级和全人类的解放指明了正确的道路,而且为各门科学的发展提供了锐利的武器。

第2节　马克思恩格斯的国防经济思想

马克思和恩格斯当时所在的欧洲,资本主义经济发展十分强劲,但经济增长并不稳定,民族主义者和革命力量发动的武装起义和暴动此起彼伏。马克思、恩格斯受到上述历史背景和他们亲身观察和体验的影响,基于他们的理论取向,对战争、军队和经济问题投入了相当多的关注。

一、战争是私有制的产物

人类有史以来,战乱不断,战争的根源和本质一直是人们苦苦求索的问题。马克思、恩格斯认为,战争不是上帝意志的表现,也不是人类社会从来就有的现象,而是人类社会发展到一定历史阶段的产物。原始社会,由于社会生产力极其低下,人们共同劳动、平均消费,人与人之间没有剥削,不存在发生内部彼此斗争的条件,氏族组织之间也无发生战争的利害冲突。进入原始社会末期,随着生产力的发展,劳动产品有了剩余,逐渐出现了私有财产,出现了按血缘关系、地缘关系互相结合的部落联盟,氏族、部落、部落联盟之间开始频频发生旨在抢夺土地、牲畜和人口的掠夺性战争。因此在《致路德维希·库格曼》中,马克思这样写道:

> 私有制引起战争,并且永远会引起战争。
>
> 《马克思恩格斯军事文集》

私有制导致阶级分化,导致不同经济利益集团之间的暴力对抗,而且随着这种分化和对抗的加剧,原始社会最初形态的暴力冲突便逐步转化为现代意义上的

军事斗争形式——战争。马克思和恩格斯认为，没有生产力一定程度的发展，也就不会有私有财产，因而也就不会有以掠夺财产为目的的战争。掠夺是资产阶级的生存原则，夺取外国领土始终是"夺取"。生产力一定程度的发展，私有制和阶级的产生，催生了为掠夺而进行的战争，掠夺财富和保存旧的经济制度是发生战争的根本原因。恩格斯认为：

> 在这些民族那里，获取财富已成为最重要的生活目的之一。他们是野蛮人：进行掠夺在他们看来是比进行创造的劳动更容易甚至更荣誉的事情。以前进行战争，只是为了对侵犯进行报复，或者为了扩大已经感到不够的领土；现在进行战争，则纯粹是为了掠夺，战争成为经常的职业了。

《马克思恩格斯军事文集》

生产力决定生产关系，经济基础决定上层建筑。马克思恩格斯认为，政治现象存在于资本主义的上层建筑中，他们是由生产关系所直接决定的，而生产关系又依赖于组成社会经济基础结构的生产力发展水平。阶级斗争是所有社会发展的基础，正如《共产党宣言》所主张的"迄今为止所有存在的社会历史都是阶级斗争的历史"。

> ……只要有利益相互对立、相互冲突和社会地位不同的阶级存在，阶级之间的战争就不会熄灭。

《马克思恩格斯选集》

一切历史冲突都根源于生产力和交往形式之间的矛盾，各种各样的战争，同时根源于阶级社会生产力和生产关系的对抗性矛盾之中。这是因为生产力和生产关系之间的矛盾是人类社会的基本矛盾，是社会发展和变革的根本原因，当这种矛盾发展到对抗性冲突的时候，就会酿成战争。按照马克思主义的观点，战争是一定的经济关系的产物，战争随着经济的发展而发展，也将随着经济的进一步发展而消亡。

二、经济是暴力的基础

在战争和经济关系中，经济是基础，是本原的东西，战争是由经济决定的，是实现经济要求的手段。马克思和恩格斯指出：

……暴力不是单纯的意志行为，它要求促使意志行为实现的非常现实的前提，特别是工具，其中，较完善的战胜较不完善的；其次，这些工具必然是生产出来的，同时也可以说，较完善的暴力工具即一般所说的武器的生产者，战胜较不完善的暴力工具生产者；一句话，暴力的胜利是以武器的生产为基础的，而武器的生产又是以整个生产为基础，因此是以"经济力量"，以"经济情况"，以暴力所拥有的物质资料为基础的。

《马克思恩格斯军事文集》

暴力是每一个孕育着新社会的旧社会的助产婆，暴力本身就是一种经济力。恩格斯在《反杜林论》中进一步解释了"暴力的本原"：

暴力本身的"本原的东西"是什么呢？是经济力量，是占有大工业这一强大的手段。以现代军舰为基础的海上政治暴力，表明它自己完全不是"直接的"，而正是取决于经济力量，即冶金工业的高度发展、对熟练技术人员和丰富的煤矿的支配。

《马克思恩格斯军事文集》

马克思和恩格斯从生产力出发，科学阐明了战争对经济的依赖性，揭示了战争的物质基础，并指出"暴力本身就是一种经济力"。暴力的强弱，根本上取决于经济力的大小。在战争中，谁的后备多、给养足、物力资源丰富，谁就会占据优势。

目前，暴力是陆军和海军，而我们大家遗憾地知道，这两者需要"巨额的金钱"。但是暴力不能铸造金钱，它最多只能夺取已经铸造出来的金钱，而我们从法国的数十亿法郎同样遗憾地知道，这也不会时常奏效的。因此，归根到底，金钱还必须通过经济的生产才能取得；就是说，暴力还是由经济情况来决定，经济情况供给暴力以配备和保持暴力工具的手段。但是还不仅如此。没有什么东西比陆军和海军更依赖于经济前提。装备、编成、编制、战术和战略，首先依赖于当时的生产水平和交通状况。这里起变革作用的，不是天才统帅的"悟性的自由创造"，而是更好的武器的发明和兵士成分的改变；天才统帅的影响最多只限于使战斗的方式适合于新的武器和新的战士。

《马克思恩格斯军事文集》

阶级出现和国家形成之后，战争成了解决阶级对抗或向外扩张掠夺的一种手段。因此，作为暴力的形式，战争同经济之间的关系可以用"暴力仅仅是手段，经济利益是目的"来表述。1848年11月，在维也纳十月革命失败之际，马克思撰写的《反革命在维也纳的胜利》，针对资产阶级热衷依赖暴力来建立和维护其反动统治，非常深刻地评论到：

> 就算武器能帮助反革命在全欧洲复活，金钱也会促使它在全欧洲死亡。欧洲的破产，国家的破产，注定要把它的胜利化为乌有。刺刀尖碰上了尖锐的"经济"问题会变得像软绵绵的灯芯一样。
>
> 《马克思恩格斯选集》

恩格斯综合分析了普法战争，指出物质的即经济的条件是影响军事作战进程和胜负的重要因素，军队的全部组织和作战方式以及与之有关的胜负，取决于物质的即经济的条件。任何一支军队，战时如果缺乏储备物资，军需部门不能及时地、充分地保证对前线武器、装备、粮食等的供应，就不会有战斗力。

三、经济决定军队的数量质量、编制编成和军事技术进步

与经济是暴力的基础相联系，事实上前面的引用中，马克思恩格斯已经提到，没有什么东西比陆军和海军更依赖于经济前提。装备、编成、编制、战术和战略，首先依赖于当时的生产水平和交通状况。作为战争物质力量的军队，它的存在和发展是由经济决定的。在人类战争史上，军队规模的日益扩大，产生于军事人力资源的不断扩大和武器装备、弹药、粮食的不断增多，而这些所依赖的重要前提就是社会生产力的不断发展。

> ……有组织的暴力首先是军队。没有任何东西比军队的编成、编制、装备、战略和战术更加依赖于经济条件了。装备是基础，而它又直接地取决于生产的阶段。石制的、青铜制的、铁制的武器、盔甲、骑术，火药以及大工业通过后装的线膛枪和火炮在战争中所造成的巨大变革——这些枪炮都是只有大工业用其等速工作的并且生产几乎绝对同样的产品的机器才能制造出的产品。编成和编制，战略和战术，又取决于装备。战术还取决于道路的状况——耶拿会战的计划和成就在当前公路的状况下是不可能的——更何况还有铁路！因而，正是暴力比其他一切都更加依赖于现有的生产条件，……
>
> 《马克思恩格斯军事文集》

军队的规模、军人的数量和质量，同经济发展水平和经济制度也有密切关

系。恩格斯曾经指出，在资产阶级和自由小农制度下可能召集的兵员数量在人口总额中的比重，要比在经济落后的封建制度下可能召集的兵员数量在人口总额中的比重高得多。因为前者提供的劳动生产率大大超过后者，从而有可能有更多的人口脱离生产领域转入军队或其他领域，有更多的剩余产品可由民用转入军需。在其他条件不变的情况下，一国的兵员数量与该国的人口密度成正比例；与交通条件的好坏成正比例；与劳动生产率成正比例。

> 增长了的生产力是拿破仑作战方法的前提；新的生产力也必定是作战方法上每次新的改进的前提。铁路和电报现在已给了有才干的将军或陆军部长一个在欧洲战争中采取完全新的策略的机会。生产力的逐渐提高，以及随之而来的人口的逐渐增多，同样也提供了征集更庞大的军队的可能性……
>
> 《马克思恩格斯军事文集》

恩格斯全面考察了军队的产生、发展过程，从古代东方奴隶制国家最初的军队组织方式，到封建社会以步兵为主的常备军的产生，再到现代工业条件下多技术兵种和庞大军团的出现；从古希腊军队方阵技术、古罗马军团制度等的形成和衰落的演变过程，根据大量的实际资料，揭示出军队组织、装备、战略战术的变化与社会经济及科学技术的内在联系。指出，对武装力量的发展过程，只能从生产力和社会关系的联系上加以理解。归根到底，它是由构成社会经济基础的物质生产方式的发展变化决定的。军队的每一发展进步，都同社会经济形态历史地、具体地紧密联系在一起。社会生产力越是发展进步，军队的组织、编制就越趋完善，战略战术及训练、装备就越先进。

> ……随着新作战工具即射击火器的发明，军队的整个内部组织就必然改变了，各个人借以组成军队并能作为军队行动的那些关系就改变了，各个军队相互间的关系也发生了变化。
>
> 《马克思恩格斯军事文集》

恩格斯对军事后勤方面感兴趣，并且常常考察现存的供应和运输系统对军事效率的不利或者有利的影响，这反映在他关于武装力量和战争的文章中，他认为：后勤组织的改善是现代大规模军队发展的前提条件，需要有充足的运输工具、更好的通讯条件、在战役进行中比以往的军队需要更多的弹药供应。由此，他把先进的军事后勤网和资本主义生产方式联系起来。

军事发展取决于技术进步和工业发展，军事上每一种新的成就都是以新的生产力为前提的。马克思恩格斯在许多著作中分析了军队的编制、编成同武器装备改进以及经济发展水平的关系。

> 在十四世纪初,火药从阿拉伯人那里传入西欧,它使整个作战方法发生了变革,这是每一个小学生都知道的。但是火药和火器的采用绝不是一种暴力行为,而是一种工业的,也就是经济的进步。不管工业是以生产什么东西或破坏什么东西为目的,工业总还是工业。火器的采用不仅对作战方法本身,而且对统治和奴役的政治关系起了变革的作用。要获得火药和火器,就要有工业和金钱,而这两者都为市民所占有。因此,火器一开始就是城市和以城市为依靠的新兴君主政体反对封建贵族的武器。以前一直攻不破的贵族城堡的石墙抵不住市民的大炮;市民的枪弹射穿了骑士的盔甲。贵族的统治跟身披铠甲的贵族骑兵队同归于尽了。随着市民等级的发展,步兵和炮兵愈来愈成为决定性的兵种;在炮兵的压力下,军事行业不得不增加新的纯粹工业的部门——工程部门。
>
> 《马克思恩格斯军事文集》

武器装备的发展与社会生产和科学技术的发展同步,科学技术的发展使武器装备过时和贬值的速度加快。恩格斯通过对武器装备发展历史的分析,揭示了武器装备与科学技术和生产力发展的关系。现代生产力呈几何级数增长,这使武器装备的价值呈几何级数下降。这是工业革命以来军事史和经济史共同证明了的历史事实。任何一支军队,假如得不到物质资源的支持,就永远也不会有战斗力。他们认为:

> ……军队的全部组织和作战方式以及与之有关的胜负,取决于物质的即经济的条件:取决于人和武器这两种材料,也就是取决于居民的质与量和取决于技术。
>
> 《马克思恩格斯军事文集》

马克思和恩格斯多次详细地考察论述了经济力量(即:对于人力资源、资本存量、原材料的一种总体衡量)和军事能力之间的关系。他们认为,纵观历史,生产力的全面提高和技术上的部分发展是军队表现的关键所在。这一点最直接地反映在《反杜林论》的"军力理论"章节中:军力上的成功基于武器装备的生产,依次的是基于一般的生产、进而基于经济力量、基于经济效率、基于支配军力发展的物质手段……没有哪方面比陆军和海军更依赖经济条件,它们的装备、组合方式、组织结构、战术和战略首先依赖于同期生产和通讯方面所达到的阶段。在《致尼·弗·丹尼尔逊》中，恩格斯这样写道：

> 自从军事生产成为大工业的一个部门（装甲舰、线膛枪、速射炮、弹仓式步枪、钢皮弹头、无烟火药，等等）以后，制造这一切所不可缺少的大工业，便成为政治上必需的了。要生产这一切，没有高度发展的金属加工工业是不行的，而金属加工工业没有其他一切工业部门，特别是纺织工业的相应发展，也是无法存在的。
>
> 《马克思恩格斯军事文集》

现代军舰不仅是现代大工业的产物，而且同时也是现代大工业的缩影。马克思、恩格斯认为，一旦技术上的进步可以用于军事目的并且已经用于军事目的，他们便立刻几乎强制地，而且往往是违反指挥官的意志而引起作战方式上的改变甚至变革。恩格斯在分析大量历史事实的基础上得出结论：

> 生产力的增长是拿破仑作战方法的前提；新的生产力同样是军事上每一种新的成就的前提。
>
> 新的军事科学是新的社会关系的必然产物。
>
> 《马克思恩格斯全集》

马克思、恩格斯认为，经济因素在冲突中、在军事科技中具有决定作用。恩格斯在考察陆军和海军历史的文章中，认为战略和战术深受技术和工业发展水平的影响。武器的创新和改进以及国防工业军事技术为先进国家的军事优势提供了基础。由于这个原因，他们认为，资本主义工业支撑的资产阶级军队与封建时代的军队相比，是相当先进和高级的。恩格斯把经济力量中的技术程度看作武装力量的重点。他在关于陆军的研究中，举了很多例子，如炮兵和冲锋枪方面的技术进步带来了军事能力的提高；非军事技术，比如：铁路、蒸汽推动的舰船、电报，也对冲突的结果有影响。他相信，海战已经由于舰炮、蒸汽发动机、装甲舰板的技术革新而发生了巨大变化。在其他一些地方，他还讨论了电报的发明使得现代大规模军队的战略指挥成为可能，并且导致了战术行动节奏的加快等问题，认为拿破仑划时代的成就在于通过革新，创建了应用于更庞大军队的正确战术和战略。

四、暴力对经济具有反作用

马克思恩格斯在阐明战争与经济关系中，在强调经济是基础、是"本原"的同时，反复强调战争、军事对社会经济的反作用。马克思、恩格斯认为，暴力既可以破坏经济，阻碍经济的发展，又可以起革命作用，推动社会经济的发展。战争这种暴力形式，在历史上也起着一种革命的作用。它是每一个孕育着新社会的旧社会的助产婆，它是社会运动借以为自己开辟道路并摧毁僵化的垂死的政治形式的工具。恩格斯特别以中国为例进行了分析：

> 在中国进行的战争给了古老的中国以致命的打击。闭关自守已经不可能了；即使是为了军事防御的目的，也必须铺设铁路，使用蒸汽机和电力以及创办大工业。这样一来，旧有的小农经济制度（在这种制度下，农户自己也制造自己使用的工业品），以及可以容纳比较稠密的人口的整个陈旧的社会制度也都在逐渐瓦解。
>
> 《马克思恩格斯军事文集》

战争不仅对社会制度的变革起着促进作用，而且更多的是通过对一般经济过程和科学技术的发展，促进社会经济关系的发展变化。鉴于军事领域的特殊需求，新的科学技术成果往往是最先运用于战争和军事部门，而伴随新的科学技术的运用，新的经济关系的萌芽也往往首先在军事组织中出现。由于这些新的经济关系的内部力量，它们逐步渗透到社会经济生活之中，成为推动社会经济关系变革和社会生产力发展的重要因素。

> 随着新式武器的发明，军队的全部组织必然改变……
>
> 军队的历史比任何东西都更加清楚地表明，我们对生产力和社会关系之间的联系的看法是正确的。一般说来，军队在经济的发展中起着重要的作用。例如，薪金最初就完全是在古代的军队中发展起来的。同样，罗马人的军营里的财产是承认非家长的动产的第一种法律形式。在军队服役的手工业者的公会是行会制度的开端。大规模运用机器也是在军队里首先开始的。甚至金属的特殊价值和它作为货币的用途，看来最初（格林石器时代以后）也是以它在军事上的作用为基础的。部门内部的分工也是在军队里首先实行的。此外，军队的历史非常明显地概括了市民社会的全部历史。
>
> 《马克思恩格斯军事文集》

战争这种暴力形式，作为人类互相残杀的怪物，必然给社会带来强烈的破坏，在一定环境条件下，会对经济资源造成毁灭性的灾难。马克思和恩格斯把军事看作经济当中非生产性的一个组成部分，因为军事部门不仅没有生产出可以创造剩余价值的商品，反而是其他部门产出的一个消费者。尽管如此，他们认为军事是一个重要的经济方面的活动者，并多次讨论军事作为工业品和原材料消费者以及作为技术创新的激发力量而具有的重要性。偶尔，他们也提到武装力量在民用领域对经济发展的贡献（例如：修建公路和桥梁）。马克思认为军官和士兵的劳动有益于社会安全，但不属于生产性劳动。

尽管马克思恩格斯对国防经济的研究还不是十分系统，但在他们数以百计的军事学和经济学的著作中，运用科学的世界观和方法论，批判地继承了社会各个时期关于战争和经济相互关系理论的优秀遗产，第一次揭示了战争和经济相互关系中的内在的本质联系，为马克思主义国防经济学的建立和发展作出了重要贡献。

第 15 章 古典时期中国的国防经济思想

西方的古典时期，大概正处于中国的清代。作为中国历史上最后一个封建王朝，在统治中国的 268 年里，清朝出现过"康乾盛世"，也把封建专制推向了最高峰。这一时期也是中国社会、经济、政治剧烈变动的时期，鸦片战争时期、太平天国时期和洋务运动的代表人物都提出了一些有代表性的国防经济思想，考察这些处于不同立场的国防经济思想，至今仍令人思绪万千。

第 1 节 鸦片战争时期中国的国防经济思想

鸦片战争的失败，不仅在中国人民思想意识中引起了极大的震动，同时也惊醒了地主阶级中的少数有志之士，他们逐渐开始认识到中国落后于西方资本主义国家这一严酷的事实。为了改变这一状况，他们在中国历史上第一次提出了学习西方军事技术，以富国强兵和有效抵抗外国侵略者的主张，这一主张形成了这个历史时期国防经济思想的核心内容，其代表人物就是林则徐和魏源。

一、林则徐

林则徐（公元 1785~1850 年），字元抚，又字少穆、石麟，晚号俟村老人、俟村退叟，福建侯官人（今福建省福州市），清朝中后期著名的政治家、思想家，中华民族抵御外辱过程中伟大的民族英雄。林则徐

出生在儒学世家，他14岁中秀才，20岁中举人，嘉庆十六年（1811年）中进士，选为庶吉士，授编修。曾任江西乡试副考官、云南乡试正考官、江南道监察御史、江苏按察使、陕西按察使、江宁布政使、河南布政使、河东河道总督、江苏巡抚、两广总督、湖广总督、陕甘总督和云贵总督等，官至一品。他两次受命为钦差大臣，因其主张严禁鸦片，抵抗西方的侵略，坚持维护中国主权和民族利益，而深受人们的敬仰，被称为"睁眼看世界的第一人"。道光二十七年（1847年），任云贵总督。二十九年，因病辞官归籍。三十年九月（1850年10月），因太平天国革命兴起，奉旨为钦差大臣，赴粤西剿办军务，在途中病逝，终年65岁，谥号文忠。林则徐的著作，经过搜集、整理为《林则徐集》，由中华书局出版。

林则徐为官40年，其主要活动在嘉庆、道光两朝，这正是清王朝由"康乾盛世"走向"道咸衰世"的时期。与此同时，正处于上升期的西方资本主义列强，以攫取财富和瓜分中国市场为目的，在中国进行罪恶的鸦片走私贸易。鸦片的输入，使中国人民深受其害，不仅民穷财乏，而且精疲体弱，要求禁烟的呼声越来越高。道光十七年（1837年），林则徐任湖广总督，他所面临最严重的社会问题就是鸦片走私和吸食泛滥，他深刻认识到鸦片对国人的危害，指出：

……今鸦片之贻害于内地，如病人经络之间久为外邪缠扰，常药既不足以胜病，则攻破之峻剂，亦有时不能不用也。

当鸦片未盛之时，吸食者不过害及其身，故杖徒已足蔽辜。迨流毒于天下，则为害甚巨，法当从严。若犹泄泄视之，是使数十年后，中原几无可以御敌之兵，且无可以充饷之银。

《林则徐集·奏稿》

我国古代儒家认为人民群众是国家存在的基础，提出"民惟邦本，本固邦宁"的思想，林则徐继承了儒家的这些传统思想，他的国防经济思想也是与他的民本思想紧密相连的。道光十三年（1833年），他在任江苏巡抚时，面对阴雨连绵而使有的地区颗粒无收，广大民众生计维艰的境况，他一再上书朝廷，请求赈灾、减税，而清廷则以"国计民生两无兼济"为由，继续搜刮民财。对此，林则徐以"民惟邦本"为据指出，国计与民生密切相连，朝廷的一切支出无不出于民，没有民生哪有国计？他说：

窃维尽职知道，原以国计为最先，而国计与民生实相维系，朝廷之度支积贮无一不出于民，故下恤民生正所以上筹国计，所谓民惟邦本也。

《林则徐集·奏稿》

林则徐认为"民心可用"，他相信群众，依靠群众，认为人民群众是抗击侵略者的主力，这也是他民本思想和爱国思想的具体体现，他在广州禁烟时给朝廷的奏折中说：

臣等察看民情，所有沿海村庄，不但正士端人衔恨刺骨，即渔舟村否亦俱恨其强梁，必能自保身家，团练抵御。彼见处处有备，自必不致停留。

《林则徐集·奏稿》

对待入侵的侵略者，他说：

要令人人得而诛之，不论军民人等，能杀夷人者，均按所献首级，给予极重赏格。似此风声一树，不瞬息间，可使靡有孑遗。

《林则徐集·奏稿》

林则徐认为，只有了解敌人的长短之处，方能克敌制胜，为了"制夷"必先"师夷"，他认为诸夷"彼之大炮，远及十里内外，若我炮不能及，彼炮先已及我，是器不良也。彼之放炮，如内地之放排枪，连声不断，我放一炮后，须辗转移时，再放一炮，是技不熟也"。故而，他认为要加强国防、抵御侵略，应从建造坚厚大船和大炮入手，他甚至建议用广东关税收入的十分之一来制造炮船以抵御侵略，他说：

洋面水战，系英人长技，应另制坚厚战船，以资制胜……此系海疆长久之计，似宜及早筹办。

即以船炮而言，本为海防之必须之物，虽时难以猝办，而为长久计，亦不得不先事筹维。且广东利在通商，自道光元年至今，粤海关已征银三千余万两，收其利者必须预防其害。若前此以关税十分之一，制造炮船则制夷已可裕如。

《林则徐集·奏稿》

林则徐认识到敌我双方武器装备的差距，要与外国侵略者进行战争并取得胜利，就必须建设一支新式海军，"以为海疆久远之谋"，他说：

窃谓剿夷而不谋船炮水军，是自取败也。沿海口岸，已防不胜防，况又入长江与内河乎？逆夷以舟为窟宅，本不能离水，所以狼奔豕突，频陷郡邑城垣者，以水中无剿御之人、战胜之具，故无所用其却顾耳。侧闻议军务者，皆曰不可攻其所长，故不与水战，而专于防守。此说在前一二年犹可，今岸兵之溃，更甚于水，又安得其短而攻之？况岸上之城郭庐庐，弁兵营垒，皆有定位者，水中之船，无定位者也。彼以无定攻有定，便无一炮虚发。我以有定攻无定，舟一躲闪，则炮子落水矣。……求其良且熟焉，亦无它深巧耳。不此之务，即远调百万貔貅，只恐临敌之一哄。况逆船朝南暮北，惟水军始能尾追，岸兵能顷刻移动否？

《林则徐书简》

林则徐抗英有功，却遭投降派诬陷。道光二十一年（1841年）被贬新疆后，他不顾年高体衰，从伊犁到新疆各地"西域遍行三万里"，实地勘察了南疆8个城，加深了对西北边防重要性的认识。林则徐根据自己多年在新疆的考察，结合当时沙俄胁迫清廷开放伊犁，指出沙俄威胁的严重性，临终时尚告诫"终为中国患者，其俄罗斯乎！"林则徐的远见卓识，已被后来的历史所证实。林则徐在新疆时，除了兴修水利，发展生产，推广坎儿井和纺车外，还提出了屯田与边防相结合的思想。他在家信中，说明了他招回民屯田的意义，他说：

夫田亩欲招民户者，为边防计耳。殊不知回疆之所谓边防者，除卡外之浩罕、布鲁特、安集延而已，若八城回民，何防之有？……如果南路欲严备边之法，只有将巴尔楚旷地大为开垦，设为重镇，厚集兵力，不难成一都会，则卡外各夷如浩罕辈，永远不敢窥边。……何必欲于各城安插民户？

《林则徐信稿》

二、魏源

魏源（公元1794～1857年），名远达，字默深，湖南邵阳人，中国近代启蒙思想家。魏源早年在北京与龚自珍同治公羊学，时人以龚魏并称，中年曾做过十余年幕僚，道光二十二年完成《圣武记》，叙述了清初到道光年间的军事历史及军事制度，道光二十四年中进士，官至知州，期间改革盐政、筑堤治水。他编成《海国图志》，成为当时及稍后颇具

173

影响的外国史地专著。晚年，潜心学佛，辑有《净土四经》。咸丰七年（1857年）卒于杭州东园僧舍，终年63岁。魏源著述等身，除《圣武记》、《海国图志》等巨著外，主要著述还有：《默觚》、《古微堂诗文集》、《书古微》、《诗古微》、《公羊古微》、《曾子发微》、《高子学谱》、《孝经集传》、《孔子年表》、《孟子年表》、《小学古经》、《大学发微》、《两汉古文家法考》、《明代兵食二政录》、《老子本义》、《孙子集注》等若干卷。

魏源生活在清朝中后期，这一时期统治阶层日趋腐败，西方入侵者的炮声惊醒了地主阶级中的少数有识之士，他们逐渐认识到中国落后于西方资本主义国家这一严酷的事实，为了改变这一状况，他们在中国历史上第一次提出了学习西方军事技术，以富国强兵和有效地抵御外国侵略者的主张，这一时期的代表人物主要是魏源。魏源的《海国图志》囊括了世界地理、历史、政治、经济、宗教、历法、文化、物产等知识，对强国御侮、匡正时弊、振兴国脉之路作了探索，提出"以夷攻夷"、"以夷款夷"，和"师夷之长技以制夷"的观点，主张学习西方制造战舰、火械等先进技术和选兵、练兵、养兵之法，改革中国军队。他提倡创办民用工业，允许私人设立厂局，自行制造与销售轮船、火器等，使国家富强。他主张革新，要求"去伪、去饰、去畏难、去养痈、去营窟"，"以实事程实功，以实功程实事"，对清王朝长期昧于世界大事，夜郎自大，固步自封，封关锁国的闭关政策和媚外求和的路线予以犀利的批判。魏源主张在开放中学习西方的军事技术和军事工业，他的国防经济思想成为我国传统国防经济理论历史变革的转折点。

魏源一生跨越鸦片战争前后两个阶段，目睹了资本主义列强的残暴和清政府的腐朽，面对民族危亡，在他的思想中产生了强烈的反侵略意识和富国强兵的内容。鸦片战争前，魏源就深感清王朝所面临的社会积弊和民族危机，尤其是鸦片的输入，给中国人民的身心健康和国家的财政收入造成严重危害，因而坚决主张禁止鸦片输入，他说：

> 夷烟蔓宇内，货币漏海外，漕艘以此日敝，官民以此日困，视倭患尤剧也。……其他宗禄之繁，养兵之费，亦与前市相出入。是以节用爱民，同符三代，而天下事患常出于所备之外。司农多呼癸之求，将材有拊髀之叹。立乎今日以指往昔，异同黑白，病药相发，亦一伐得失之林哉！

《明代食兵二政录叙》

鸦片耗中国之精华，岁千亿计，此漏不塞，虽万物为金，阴阳为炭，不能供尾闾之壑。

《军储篇一》

在魏源看来，清朝国力贫穷，财政枯竭，并不是由于国家的财富不足，而是由于官吏的腐败无能和财政经济政策的不当造成的，他认为开展正常的对外贸易，可以促进造船业和航运业的发展，扩大财政收入，他说：

（清初）国家严防海贼，曾禁商船出洋。自康熙中年开禁以来，沿海之民始有起色，其船由海关给执照稽出入，南北逍行，四时获利。

《复蒋中堂论南漕书》

他主张培植和保护税源，指出"善赋民者，譬植柳乎，薪其枝而培其本根"。他指责苛重税敛，认为重税破坏了纳税人的财产，也就破坏了国家赖以生存的基础，他说：

不善赋民者，譬则剪韭乎，日剪一畦，不鏖不止，……

彼贪人为政也，专朘富民；富民渐罄，复朘中户；中户复然，遂致邑井成墟，……

有因何不种稻稷？秋收不给两忙税，洋银价高漕斛大，纳过官粮余秸秸。

《魏源集》

"师夷长技"是魏源富国强兵思想的具体实施，他认为列强制胜的根本原因是由于"船坚炮利"之"长技"，只有师夷长技才能"制夷"，他主张开办外国新式工业，聘请外国技术人员，自己设厂制造军舰和枪炮等，他还认为这样做不仅仅局限在军事工业上，而且从发展本国经济出发，以建立军事工业为开端，进一步发展民用现代工业。他说：

盖船厂非徒造军舰也。战舰已就，则闽、广商舻之泛南洋者，必争相效尤；宁波、上海之贩辽东、贩粤洋者，亦必群就构造；……此外量天尺、千里镜、龙尾车、风锯、水锯、火轮机、火轮舟。自来火、自转碓、千斤称之属，凡有益民用者，皆可于此造之。……沿海商民有自愿仿设厂局以造船械，或自用，或出售者听之。

《海国图志》

第2节 太平天国的国防经济思想

太平天国（公元1851~1864年）是清朝后期的一次由农民起义创建的农民政权，开始的标志是道光三十年（1851年）金田起义，结束的标志是同治三年（1864年）天京陷落，历时14年。在这段时间里，代表性的主要有洪秀全、洪仁玕的国防经济思想。

洪秀全（公元1814~1864年），原名仁坤，广东花县人。洪秀全出身于农民家庭，自幼好学，受过传统教育，16岁因家贫停学务农，后曾作过几年私塾教师。几次参加科举考试均未考中，由此科举功名的幻想破灭，从而愤愤不平。当时正值鸦片战争失败，他目睹了外国侵略者给中国人民造成的危害和清政府的腐败无能，从而激起了对清朝统治者的愤恨和革命情绪，终于决心走上革命道路。1851年1月，洪秀全在广西桂平金田村举行起义，建立了太平天国，1853年攻克南京，并定都天京（南京），正式建立了国家政权，洪秀全自称天王。1864年7月，天京失陷，太平天国革命运动失败，洪秀全于同年6月病逝。洪秀全的国防经济思想主要体现在1853年颁布的《天朝田亩制度》这一重要文献之中。

洪仁玕（公元1822~1864年），号益谦，广东花县人，洪秀全的族弟，太平天国后期主要领导者。他自幼读书，学习经史、制艺，但多次考秀才未中，在家乡做塾师，早期曾参加过拜上帝会。金田起义后，洪仁玕赶往广西寻找太平军，未遇而返。咸丰二年（1852年）被捕，脱险后转至香港，接受基督教洗礼，并受聘担任教士职务达4年之久，这期间受西方文化影响，思想发生很大变化。以后历尽艰辛于1859年到达天京，被封为军师、干王，总理太平天国朝政，执政期间，著《资政新篇》，提出了一套统筹全局的革新方案，其基本精神就是向西方学习，在中国发展资本主义，但由于客观条件限制没有付诸实施。他策划和组织了东征和西征，虽取得某些进展，但终未成功。1864年7月，天京陷落后，辗转于安徽、浙江、江西一带，后被俘，同年10月在南昌被杀害。其主要著作有《资政新篇》、《英杰归真》、《军次实录》及《自述》等。

洪秀全、洪仁玕的国防经济思想主要体现在以下几个方面：

首先是建立了军政统一的军事人力动员及管理体制。太平天国将农村彻底军事化，对农民全部实行军事编制，解决了社会组织和军事人力动员如何结合的问题。太平天国采用《周礼》中的伍、两军事编制和名称，并把它和《周礼》中的社会编组结合起来，《天朝田亩制度》规定：

> 凡设军，每一万三千一百五十六家先设一军帅，次设军帅所统五师帅，次设师帅所统五旅帅，共二十五旅帅；次设五旅帅所统五卒长，共一百二十五卒长；次设一百二十五卒长各所统四两司马，共五百两司马；次设五百两司马各所统五伍长；次设二千五百伍长各所统四伍卒，共一万伍卒。通一军人数共一万三千一百五十六人。

《天朝田亩制度》

其次是实行广泛的军事供给制度。与军事人力动员及管理体制相适应，太平天国采用军事供给制度来解决战时分配问题。《天朝田亩制度》规定：由"两司马"主管各种事务，"一切生死黜陟"均由两司马逐级上报。每25家组成一"两"，每"两"分设一国库，又称"圣库"，每当收获时，除了每人留足必需的粮食以外，一律上缴国库，连保存的部分粮食也必须由"两司马"代为存储，必要时取用。如有特殊情况需用钱谷，严格按规定数额向圣库领取，但无劳动能力者可免除劳役，由国家给养。此外，在军事建制中，太平天国实行兵农合一，劳武结合：

> 有警则首领统之为兵，杀敌捕贼；无事则首领督之为农，耕田奉尚（上）。

《天朝田亩制度》

太平天国的领导人还十分重视西方国家的先进生产技术和科学文化，他们认识到这些有助于消除当时中国社会中的愚昧闭塞状态，促进社会经济的进步。比如，洪仁玕就对西方国家的生产、运输机械和科学仪器大加赞赏，他指出：

> 中地素以骄奢之习为宝，或诗画美艳，金玉精奇，非一天可取，第是宝之下者也。夫所谓上宝者，以天父上帝、天兄基督、圣神爷之风三位一体为宝……中宝者以有用之物为宝，如火船、火车、钟镖、电火表、寒暑表、风雨表、日晷表、千里镜、量天尺、连环枪、天球、地球等，皆有奇造化之巧，足以广闻见精，此正正堂堂之技，非妇儿掩饰之文，永古可行者也。

《资政新篇》

此外,太平天国在坚持独立自主和不承认不平等条约的对外政策基础上,为了增强其国力,也积极开展对外贸易。比如,1853年6月8日美国驻华专使马沙利在其致国务院的报告中说:

> (文翰在访问南京时)曾从天王的大臣接获正式文书,允许……对西方国家表示友好,并表示极愿建立最自由的贸易关系。
>
> 《文翰致革命军首领书》

> 一俟平定时,不惟英国通商,万国皆通商,天下之内兄弟也。立埠之事,俟后方定,害人之物(指鸦片)为禁。
>
> 《太平天国史稿》

第3节 洋务运动的国防经济思想

洋务运动,又称自强运动或同光新政,是指自咸丰十年(1860年)年底开始至1894年结束,清朝政府内的洋务派在全国各地掀起的"师夷之长技以制夷",以图挽救封建统治危机的救亡自强运动,历时34年。这一期间清王朝面临着内忧外患的双重威胁。一方面,太平天国革命已成为清朝统治集团的心腹大患,强大的农民革命力量从内部动摇了清王朝存在的基础,这是迫使清政府兴办洋务的内部原因;另一方面,以英国为首列强的不断入侵也从外部威胁着清政府的统治,这是迫使清政府兴办洋务的外部原因。洋务运动就是这种特定历史条件的产物,清政府统治集团内的一部分要求兴办洋务的人通常称作洋务派,其主要代表人物在中央有奕䜣、文祥、沈桂芬等,在地方有曾国藩、左宗棠、李鸿章、张之洞等。

奕䜣(公元1832~1898年),爱新觉罗氏,道光帝第六子,咸丰帝异母弟,咸丰元年(1851年)封为恭亲王。1860年,英法联军攻陷北京,咸丰帝逃往热河,令奕䜣留守北京"督办和局",同年10月,奕䜣先后与英、法代表交换《天津条约》批准书,并订立《北京条约》。1861年,与桂良、文祥一起主持总理各国事务衙门,同年8月,咸丰帝病死后,他联合慈禧,发动政变,夺取政权,从此慈禧垂帘听政,奕䜣为议政王,掌管军机处及总理衙门。

奕䜣力主"借洋兵助剿",镇压太平天国革命;他支持曾国藩、李鸿章、左宗棠等举办近代军事工业,开展洋务活动,成为清廷中央主持洋务的首脑人物,1898年戊戌变法之初病死。

曾国藩(公元1811~1872年),初名子城,字伯函,号涤生,谥文正,湖南湘乡人,出身于地主家庭,崇尚程朱理学。1838年中进士,次年任清政府礼部侍郎,后官至两江总督、直隶总督,官居一品。太平军进入湖南省境后,他领命在湖南督办团练,后扩充为湘军。湘军以地域关系为纽带,以程朱理学为思想武装,成为绞杀太平天国农民革命的重要力量。1861年,因镇压太平军的需要,在安庆创办军械所,成为在中国兴办最早的军事工业。曾国藩是地方洋务派的主要代表人物之一,地方上的代表人物多数与曾国藩有关,同治十一年(1872年)卒于南京。

李鸿章(公元1823~1901年),字渐甫,号少荃,别号省心,谥文忠,安徽合肥人,清末重臣。道光二十七年(1847年)中进士,曾任翰林院编修,累任江苏巡抚、两江总督、直隶总督,后又兼北洋大臣。1853年,回安徽老家办团练,协助镇压太平军,屡遭失败,后投靠曾国藩当幕僚。1861年,仿湘军编练淮军,他曾雇用外国侵略军头目训练淮军,招募外国工匠制造军火,加强了淮军的力量,使之成为镇压太平军和捻军起义的重要力量。1870年,在曾国藩推荐下,任直隶总督兼北洋大臣,掌管清政府的军事、经济、外交等大权,他陆续开办军火工厂和筹建北洋海军,同时又开办一些民用工业,如轮船招商局、开平煤矿、天津电报局、津榆铁路、上海织布局等,成为洋务派的首领。

左宗棠(公元1812~1885年),字季高,号湘上农人,谥文襄,湖南湘阴人,晚清军政重臣。1832年中举,曾做过多年幕僚,累任浙江巡抚、闽浙总督、两江总督、军机大臣。1860年由曾国藩推荐,率湘军镇压太平军。1862年任浙江巡抚,组成中法混合军,并扩充中英混合军,先后攻陷金华、绍兴等地,次年升闽浙总督。1866年,依靠法国人创办福州船政局,成为当时中国最大的轮船修造厂。他创办的福州船政局,在19世纪70年代以后开始裁撤洋员,反映了他具有一定的自力更生办洋务的思想特点。1867

年，他奉命督办陕甘军务，在陕甘任间，继续从事洋务，创办兰州制造局、甘肃织呢总局等，成为地方洋务派的主要代表人物之一。

张之洞（公元1837~1909年）字孝达，号香涛，谥号文襄，河北南皮人，出身于官僚地主家庭。1863年中进士，先后任湖北学政、四川学政，翰林院侍讲学士等职，1882年任山西巡抚。中法战争爆发，力主与法决战，清廷授以两广总督之职，期间在广东筹建官办新式企业，并设立水师学堂。1889年，调湖广总督，其后除两度暂署两江总督外，一直久于此任。他将在广东向外国订购的机器移设湖北，建立湖北铁路局、湖北枪炮厂、湖北纺织官局，并开办大冶铁矿、内河船运和电讯事业。为培养洋务人才，他尤注重广办学校，还多次派遣学生赴日、英、法、德等国留学，是仅亚于李鸿章的洋务名臣。

洋务运动前期，洋务派以"自强"为旗号，主张利用西方先进生产技术，强兵富国，摆脱困境，他们创办了一批近代军事工业，兴办了一批民用工业，希望利用资本主义发展工商业的手段来维护清朝的封建统治。洋务派对引进西方列强的武器装备和先进科技、优先发展军事工业等举办洋务的必要性进行了论述：

讲求洋务为当今第一艰巨之事。

《曾文正公全集》

外国技术之精，为中国所未逮。如舆图、算法、步天、测海制造机器之事，无一不与造船练兵相表里……精通其法，仿效其意，使西人擅长之事，中国皆能究知。

《曾国藩年谱》

中国欲自强，则莫如学习外国利器，欲学习外国利器，则莫如觅制器之器。

《筹办夷务始末》

但八旗、绿营弓箭刀矛抬鸟枪旧法，断不足以制洋人。……唯各国皆系岛夷，以水为家，船炮精炼以久，非中国水师所能聚及。

……

（英法）大炮之精纯，子药之精细，器械之显明，队伍之雄整，实非中国所能及。

《李文忠公全书》

自法人启衅以来，历考各处战事，非将帅之不力，兵勇之不多，亦非中国之力不能制胜外洋，其不免受制于敌者，实因水师之无人，枪炮之不具。器械不利，与空手同；不能及远，与缺兵同，史之良规也。

《张文襄公全集》

洋务派已认识到清兵的落后状况远远不能适应近代战争的需要，要提高它的作战能力，除了要有先进的武器装备外，还必须掌握近代军事技术、军事理论和近代军事训练方法。他们主张"自强以练兵为要"。李鸿章认为：

探源之策，在于自强，自强之术，必先练兵。

《筹办夷务始末·咸丰朝》

洋枪实为利器，和、张营中①虽有此物，而未操练队伍，故不中用。

《李文忠公全书·朋僚函稿》

在洋务派看来，练兵就是要聘请外国人训练清兵——练洋操，掌握洋枪洋炮等等。为此，他们聘请西人充当教习，改习洋操，训练清军兵勇，还先后设立了天津武备学堂等多所军事学堂，培养军事人才，取得了一定效果。另一方面，在筹备洋务过程中，他们深感人才的重要性，知道要独立自主地设厂制造，兴办军事工业而不受外人掣肘，就必须培养和依靠本国的专业技术人才，他们广泛罗致精通洋务人才，主张开设新式学堂，培养本国技术力量，还排除阻力力主派遣幼童出国留学。曾国藩说：

讲求洋务为当今第一艰巨之事。……洋务之棘手，在于人才之匮乏，人才之罕见。

《曾文正公全集》

自斌春及志刚、孙家谷两次奉命游历各国，于海外情形亦已窥其要领，如舆图、步天、测海、造船、制器等事，无一不与用兵相表里……军政船政直视为身心性命之学……今中国欲仿其意而精通其法，当此风气既开，似宜亟选聪颖弟子携往外国肄业，实力讲求。

《洋务运动》丛刊

---

① 指清军江南大营。

> 洋务日繁，动关大局，造就人才，似不可缓。亟应及时创设学堂，先选两湖人士，肄业其中，讲求时务，融贯中西，研精器数，以其教育成材，上备国家任使。
>
> 《张文襄公奏稿》

在筹办洋务过程中，洋务派意识到军事工业需要完整的近代工业体系，需要雄厚的经济基础，于是，他们提出了"寓强于富"的口号，企图通过求富来达到自强。显然，洋务派已认识到军力和经济力之间的关系，没有强大的经济为后盾，单纯地发展军力是不可能的。在这种思想指导下，洋务派官僚大办"求富"型民用企业。李鸿章说：

> 古今国势，必先富而后能强，尤必富在民生，而国本乃可益固。……惟中国积弱，由于患贫，西洋方千里数百里之国，岁入财赋动以数万万计，无非取资于煤、铁、五金之矿，铁路、电报信局、丁口等税。酌度时势，若不早图变计，择其至要者，逐渐仿行，以贫交富，以弱敌强，未有不终受其敝者。
>
> 《李文忠公全书》奏稿

第3篇

新古典时期的国防经济思想

- ◇ 瓦尔拉斯的国防经济思想
- ◇ 帕累托的国防经济思想
- ◇ 马歇尔的国防经济思想
- ◇ 埃奇沃斯的国防经济思想
- ◇ 凡勃伦的国防经济思想
- ◇ 赫斯特的国防经济思想
- ◇ 庇古的国防经济思想
- ◇ 熊彼特的国防经济思想
- ◇ 罗宾斯的国防经济思想
- ◇ 凯恩斯的国防经济思想
- ◇ 鲁登道夫的国防经济思想
- ◇ 森武夫的国防经济思想
- ◇ 列宁等的国防经济思想
- ◇ 新古典时期中国的国防经济思想

第16章 瓦尔拉斯的国防经济思想

作为"边际革命"的三位奠基人之一,瓦尔拉斯与杰文斯和门格尔几乎同时但又独立地提出了边际效用价值原理和以此为核心的经济理论体系。作为洛桑学派的创始人和数理经济学的主要代表者,瓦尔拉斯提出的经济数理模型引导经济学研究方法走上了一条新道路。瓦尔拉斯在国防与经济安全、自由贸易与世界和平、和平与掠夺等方面也提出了一些独到的观点。

第1节 瓦尔拉斯的生平与经济思想

里昂·瓦尔拉斯(Leon Walras,1834~1910年)出生于法国的埃夫勒,是一位大器晚成的学者。瓦尔拉斯1870年受聘于洛桑学院法学院新设立的政治经济学讲座,开始了经济学的研究和创造时期。在长达22年的教学研究中,瓦尔拉斯不仅构建了著名的一般均衡理论,而且建立了洛桑学派。

瓦尔拉斯的主要著作有《政治经济学和正义》、《社会思想研究》、《纯粹经济学要义》、《社会财富的数学理论》、《社会经济学研究》和《政治经济学应用研究》等。其中1874年问世的《纯粹经济学要义》是他最重要的代表作,在这本书中,瓦尔拉斯独立地提出了边际主义原理。瓦尔拉斯认为,欲阐明政治经济学的研究对象,首先必须区分科学、技术和伦理学。与这种划分相对应,经济学应区分为纯粹经济学、应用经济学和经济伦理学。纯粹经济学也就是社会财富论，其研究对象是商品交换和交换价值，其核心内容是价格分析；应用经济学也就是社会财富生产论，其核心内容是研究分工条件下的产业组织，是有关工业生产、农业生产和商业贸易的理论；经济伦理学也就是财产理论，亦即社会财富的分配理论，其中心课题是研究公平，而公平的基本要义是"把个人所应有的归还个人"。瓦尔拉斯也把经济伦理学称为社会经济学。

瓦尔拉斯在经济学发展史上公认的贡献，是提出了以边际效用为基础的一般均衡理论。熊彼特曾如此评价道："经济均衡理论是瓦尔拉斯的不朽贡献。这个伟大理论以水晶般明澈的思路和一种基本原理的光明照耀着纯粹经济关系的结构，在洛桑大学为尊敬他而竖立的纪念碑上刻着这几个字：经济均衡。"[①] 瓦尔拉斯的经济思想主要体现在以下方面：

一、以"稀少性"为核心的纯粹经济学理论

瓦尔拉斯认为经济学是研究物品"稀少性"引起的后果的，纯粹经济学是实用经济学和社会经济学的基础，因为纯粹经济学研究的交换是一种普遍、自然的现象，而财富的生产、占有和分配则是人类制度的范畴。瓦尔拉斯的纯粹经济学理论体现了三种观点：

边际效用价值论 稀少性原理是瓦尔拉斯纯粹经济学的核心。他宣称：商品的稀少性随其消费量的增加而递减，并与购买商品时支付的价格成比例，消费者在进行购买时，力图使他每一元货币所能购买到的每一种商品的效用量相等。这时，他得到最大的效用，即处于均衡状态，瓦尔拉斯的效用论被称为"基数效用论"，即认为效用可以用1、2、3等数值来衡量。

在经济研究中数学方法的使用 对瓦尔拉斯而言，数学方法是研究经济理论的唯一合乎逻辑和科学的方法。在他看来，只有使用数学才能表达交换理论中构成市场均衡的两个条件：交换双方获得最大效用，总需求等于总供给。

经济变量之间的相互关系和影响 瓦尔拉斯认为，各种商品和劳务市场的供求数量和价格是相关的，一种市场上的价格和数量的变化会影响其他市场的供求关系。因此，在考察经济问题时，不能仅仅研究一个市场上的供求情况，还必须

---

① 熊彼特：《从马克思到凯恩斯十大经济学家》（中译本），商务印书馆1965年版，第79页。

同时研究其他一切市场上的供求情况。由于变量之间的相互影响，只有当一切市场都处于均衡状态，个别的市场才能处于均衡状态。研究者不能满足于找出一个市场的数量和价格的均衡量，还必须找出能使一切市场供求相等的全部价格和数量系列。

二、一般均衡模型

在"稀少性价值"的基础上，瓦尔拉斯按照从简单到复杂的思路一步一步地构建自己的一般均衡理论体系。首先，他从产品市场着手来考察交换的一般均衡，而后从要素市场的角度来考察包括生产过程的一般均衡，然后再对资本积累进行一般均衡分析，最后他还运用一般均衡分析方法考察了货币交换和货币窖藏的作用，得出了他的"货币和流通理论"，从而把一般均衡理论由实物经济推广到货币经济。

瓦尔拉斯认为，任何一种商品的供求，不仅是这一商品价格本身的函数，也是所有其他商品价格的函数。所以，任何商品的价格都必须同时被其他商品的价格联合决定。当一切商品的价格恰好使它们供求相等，市场达到均衡，一般均衡也就形成了，这时的价格是均衡价格，即瓦尔拉斯价格。他用"卖者喊价"说明市场均衡的形成，喊价后，商品供求若不符，就会重新喊价，一直到各个商品的供需相等，整个市场达到均衡。他还根据数学关于方程式数目若等于未知数数目，则可推算出未知的数值原理，认为只要列出和商品交换中未知价格的数目相等的联立方程组，表明每一种商品的总供给等于总需求的条件，就可推算出一切商品在一般均衡状态的价格。

瓦尔拉斯认为，市场上所有价格都是相互依赖的，依据当"方程数等于未知数数目时，就可推出未知数数值"的原理，论证市场交换一般均衡问题的确定解。数学表示方法是：假定市场有 $A, B, C, \cdots, m$ 个商品，每个商品价格都以其余所有的商品来表现，他最终得出一般均衡条件的价格决定公式：边际效用之比（稀少性）=价格之比。因此，"两种商品中任何一个的价格（用对方表示），等于这两种商品用任何第三种商品来表示的价格的比例。"瓦尔拉斯的一般均衡理论提供了一种框架，从包含商品和生产要素两方面在内的经济整体上考虑基本的价格和产量的相互作用，其方法是静态的，后来经帕累托、希克斯、谢尔曼、萨缪尔森、阿罗、德布鲁等经济学家的改进和发展之后，形成现代一般均衡理论。

第2节 瓦尔拉斯的国防经济思想

瓦尔拉斯重视社会问题,并试图把科学的经济学规律和社会正义原则、基本伦理准则调和起来。虽然这个伟大目标并未实现,但在他非技术性的著作中也表达了其明确的社会观和安全观。

一、防务与经济安全

虽然供需法则表明"自由是组织需要分工的工作的最好准则",但历史事例确实表明政府干预有时必不可少。瓦尔拉斯在《社会经济研究》中指出,自由放任的经济政策也有科学、合理的例外。比如在防务领域,军队和警察保障国家独立和安全,自由市场经济不能有效地满足需求,因而需要政府干预。例如,如果自由贸易带来的生产要素转移会给一国生产带来灾难性后果时,就需要国家的贸易和关税政策来保护本国的产业和经济安全。但瓦尔拉斯也指出,这种国家干预只是出于政治原因,绝非理论或科学的原因:

> 保护主义是以往所有战争的后果:战时每个国家都建立保护制度,人为地支持工业发展。一旦和平恢复,继续保护这些工业的愿望阻碍了保护性措施的废除。
> 库仑:《战争与和平经济理论》(中译本),经济科学出版社2010年版

经济史中保护主义的存在并不能证明政府干预经济活动在理论上是合理的,即使是在国家经济安全面临威胁时,政府干预也不具有理论上的合法性。而瓦尔拉斯认为,一个国家如果仅从实用主义角度出发,根据所观察到的具体事实出台一些政策和商业措施,那么这个国家将有被削弱的危险。他指出:

> 应用到科学和政治领域的经验主义将阻碍革命的进程,鼓励权力的非法掠夺,因为经验主义毁掉了原则,从而使所有可能成功的努力付之东流。没有原则,任何事情都不能成功。
> 库仑:《战争与和平经济理论》(中译本),经济科学出版社2010年版

瓦尔拉斯理论是要科学地建立一种新的社会理想,揭示有关经济运行的科学

规律，并由此赋予政府干预以新的含义。他把政府干预区分为"以政治为基础的"和"以理论和科学为基础的"两类，这种区分体现了"理想"与"现实"的差距。在《社会经济研究》中，瓦尔拉斯用平等和自由两个概念定义社会理想：

> 尽管在古代，个人经常为国家作出牺牲，但随着封建领主发起的战争增多，中世纪唯心主义社会理想开始主张国家为个人利益牺牲。瓦尔拉斯认为，在两个极端情形之间，有必要去寻找"一个我们祖先所预见的新的理想，这个理想调和了秩序意义上的自由和权威、正义意义上的平等与不公"。
>
> 库仑：《战争与和平经济理论》（中译本），经济科学出版社 2010 年版

二、自由贸易与世界和平

瓦尔拉斯所认为的科学方法的基础，就是由纯粹的政治经济学、社会政治经济学和应用政治经济学三个层次构成的新经济学理论，他说只有在这三个层次的经济学相继建立之后，才能根据经济学家的结论采取政治行动。瓦尔拉斯认为，政府将逐渐意识到自由放任和自由贸易会带来经济的一般均衡以及世界和平，而世界和平则代表了经济学的最高成就。他认为，如果对经济科学规律进行真正的研究，世界和平一定会随之而来，通过社会公正和自由贸易是可以实现和平的。

瓦尔拉斯指出，促进绝对自由贸易的措施才能保证普遍的和平。因为绝对自由贸易意味着政府的贸易保护政策消失了，而民主制度可以保证经济自由和自由贸易。瓦尔拉斯预期，在民主制度下，常备军会逐步被取消，各国通过仲裁来解决国际冲突。正是因为揭示真正的经济规律能够促进民主制度的建立，因此瓦尔拉斯认为经济学家的任务就是要给出自由贸易具有优越性的无可辩驳的科学证据，这样自由贸易将很快在世界范围内建立起来，而世界和平通过几代人的奋斗就可以实现：

> 到那时，人类将会进入一个只有工作和财富积聚的时代，这不仅是物理学和自然科学进步的贡献，也是道德和政治科学进步的贡献。这是社会主义者的梦想，也是我们的梦想。
>
> 库仑：《战争与和平经济理论》（中译本），经济科学出版社 2010 年版

基于这样的理想，瓦尔拉斯呼吁政府要大力资助国家教育，特别是大学教育，以支持社会科学（包括经济学）与自然科学同步发展。

三、占有与和平

瓦尔拉斯的"占有"理论,也就是"财产所有权"理论,认为稀缺的、有用的物质是可以占有的。这种占有是合法的或合乎公道的占有,适用于一切社会财富。而且占有理论与瓦尔拉斯的和平主义思想连接在一起。瓦尔拉斯指出,占有是人类现象,是由整个社会的集体活动所形成的,并不是由各个人的单独意志所形成。他写道:

> 在早期社会中,在分工制下发生的对社会财富的占有或分配,是通过武力、诡诈和机运来实现的,但也并不是完全无理性的。社会中最勇敢、最强横、最机警和最交运的那些人获得了最大的部分,而其他的人所得到的只是些剩余,为数很有限,甚至简直没有。但是财产的历史跟政治的历史一样,人类从原始的混乱状态,逐渐地、稳固地发展到了最后的、有原则的体系。

瓦尔拉斯:《纯粹经济学要义或社会财富理论》(中译本),商务印书馆2009年版

瓦尔拉斯进一步指出,占有是制度现象,占有的方式取决于人类的决定,因此人类的决定影响着财产占有的公平合理性与合法性。他说:

> 如果方式是好的,就会出现人类命运的相互配合,公道就会占上风。如果方式不好,有些人的命运就会屈从于另一些人的命运,不公正就会占上风。

瓦尔拉斯:《纯粹经济学要义或社会财富理论》(中译本),商务印书馆2009年版

而占有的方式,就是分配社会财富的方式。那如何判断好的、公道的占有方式呢?瓦尔拉斯认为:

> 正当的办法是,根据发端于人类伦理道德的公道观点,或者根据平等与不平等的观点,来仔细审查种种不同的分配制度,来研究一下所有过去的以及现在的这类制度在哪方面存在着缺点,然后对唯一的优良制度加以阐述。

瓦尔拉斯:《纯粹经济学要义或社会财富理论》(中译本),商务印书馆2009年版

瓦尔拉斯区分了两种殖民行为:应受经济、道德谴责的18世纪殖民体系,以及具有积极经济意义的现代殖民体系,如北美殖民地。他认为,经济理论应该帮助避免所有殖民事业中都包含的战争和屠杀。

第17章 帕累托的国防经济思想

帕累托是瓦尔拉斯在瑞士洛桑大学教席的继任者，也是洛桑学派的共建人、经典精英理论的创始人和社会系统论的代表人物。帕累托在收入分配和个人选择分析中，提出了帕累托最优的概念，并用无差异曲线创造了一种经济学分析的新模式，深入影响了墨索里尼和意大利法西斯主义的发展，而他对军事部门的认识、战争观和安全观也具有异于常人之处。

第1节 帕累托的生平与思想

维尔弗雷多·帕累托（Vilfredo Pareto，1848～1923年），意大利经济学家和社会学家。帕累托1848年7月15日生于巴黎，1858年才随父亲返回意大利，并在那里接受了教育。帕累托曾在都灵大学学习工程学和数学，于1869年获得工程博士学位。

在帕累托热衷政治活动期间，他同情自由派人士，接待并保护过流亡者、政治避难者和社会主义革命者。但在与这些人的接触和交往中，他慢慢地失去了热忱，因为在他看来，所有这些所谓的革命者与那些他们企图取而代之的腐朽统治者之间没有本质差别，都是贪婪的、自私的、蛊惑人心的政客，帕累托变成了一个阴郁的悲观主义者。帕累托的兴趣广泛，并在历史、哲学、社会学、宗教、数学和经济学领域都有所建树。他强烈反对政府干预政策，攻击保护主义政策、政府和政治领袖。他钟爱自由主义，提出了形式上最纯粹的个人主义。1890年，在继承一笔可观的遗产后，帕累托脱离商界，回到学术领域。对帕累托来说，这时的意大利是一个文化沙漠，而且他也无法在自己的祖国找到一份大学教职。庆幸的是，1893年瓦尔拉斯要求帕累托接替自己在洛桑大学的政治经济学教职。帕累托欣然接受，并在那里开始了自己学术生涯的第二个阶段，即作为纯理论经济学家的阶段。

1906年，帕累托由于心脏问题辞去了教授职务，此后的17年一直孤独地隐居在日内瓦湖畔塞里格尼的庄园里。帕累托潜心构建自己的社会学体系，但他的社会学在本质上是思辨式的，他成了"塞里格尼的孤独思想家"，这时他的思想更趋保守，更敌视没落资产阶级的人道主义，以致有人这样评价帕累托："依帕累托的看法，整个世界正处于无可挽回的彻底衰败之中。他成了灾难遇难者，但没有人愿意听他的话。到最后，帕累托觉得自己只是个置身事外的旁观者，公正地批判着人类和社会。"[1] 晚年的帕累托"独立、狡猾而骄傲"，他是一个天生的反叛者。1922年为了抗议瑞士社会主义者倡议提取财产税，帕累托在迪沃那住了几个月。该年年终时，他同意出任意大利（墨索里尼）政府驻国联代表，1923他被任命为意大利王国参议员。他在《等级体制》上发表了两篇文章，表示归附法西斯主义，但要求法西斯主义自由主义化。1923年8月19日帕累托死于塞利涅，并葬于该地。

帕累托的博学体现在他众多的著作里，1896～1897年帕累托在洛桑用法文发表《政治经济学教程》（两卷）和《政治经济学手册》，1901年帕累托用法文在巴黎发表《社会主义体制》、在佛罗伦萨出版《普通社会学》，1916年帕累托出版了《一般社会学论文集》，1920年帕累托在佛罗伦萨出版《事实与理论》，1921年帕累托的《民主制的变革》在米兰出版。帕累托思想敏捷，言辞犀利，清高自负，他对各种理论观点，从人道主义到法西斯主义，从民主到专制等无一例外地进行过批判。他这种毫不顾忌地斥责他人的尖刻性格，使他遭致很多人对他的非难，但帕累托的社会精英理论为法西斯分子所推崇，所以当意大利法西斯上台后，他倍受青睐。

---

[1] 塞利格曼：《现代经济学主要流派》（中译本），华夏出版社2010年版，第412页。

> **专栏 17.1**
>
> **帕累托**
>
> 帕累托的经济学思想有很大的影响,尤其是在意大利。他的社会学在20世纪20年代和30年代的美国也流行一时。帕累托的一些经济学方法已经进入了标准教科书,例如著名的无差异曲线分析方法。即使对经济学的贡献只有这些,帕累托也足以名垂青史了。他更重要的贡献是提出了高度精炼的一般均衡理论,它是现代经济学思想的起飞点之一,也正是它使帕累托成为经济科学发展史上的巨人。
>
> ——塞利格曼:《现代经济学主要流派》(中译本),华夏出版社2010年版。

一、帕累托的社会政治思想

帕累托在社会学领域的成就不亚于其在经济学理论上的贡献,主要表现在以下方面:

"剩余物"理论 在帕累托社会学代表作《普通社会学》中,帕累托对非逻辑行为进行了逻辑分析,提出了"剩余物"和"派生物"的概念。帕累托认为经济学与社会学的不同在于,经济学主要研究人们的逻辑行为,而社会学则主要研究人们的非逻辑行为。他通过对非逻辑行为的逻辑分析指出,人类行为的背后有两种驱动力,一是"剩余物",一是"衍生物"。剩余物指的是本能的驱动力,是社会变迁的力量;衍生物则是指人类用于为非逻辑的剩余物辩护的合理理由。剩余物和衍生物理论是帕累托用来分析非逻辑行为的重要理论工具。

通过分析和研究大量历史事实,帕累托指出,剩余物是稳定不变的,而衍生物则是快速变化的。因此,剩余物是人类经验中的一般要素。他区分了六种剩余物:

(1) 组合的本能:聪颖的创造力,狡诈的心智和想象力,组合相似或对立物的本能。

(2) 组合体的持久性:顽强地、持久地维持和捍卫现状和传统的情感。

(3) 行动的本能:通过外部行为表达感情的需要。

(4) 社会性:与社会有关的剩余物,即渴望有所归属和被接纳、关心社会生活和形成社会凝聚力的情感。

(5) 个人的完整性：指物质利益上的个人主义感情，对地位和自我实现的渴望。

(6) 性本能：满足性欲望的剩余物。

贾春增：《外国社会学史》，中国人民大学出版社2000年版

帕累托认为，这六种剩余物都是人类行为的非逻辑性模式。衍生物则代表着人们为剩余物合理性辩护的意愿，它们有时是合乎逻辑的，但经常是非科学的。衍生物分为四类：

(1) 简单肯定即由绝对真理、公理，或定理组成的论点。

(2) 权威论据靠引用权威者的话来证明其正确性的判断。

(3) 原则靠通行的规范和感觉组成的论据。

(4) 口头论据纯粹用语言表达的证言，没有任何可观依据的东西，如某些形式逻辑的诡辩。

贾春增：《外国社会学史》，中国人民大学出版社2000年版。

帕累托剩余物理论中的第一类和第二类剩余物是个体的心理特征。前者推动变化和改革，后者则趋于稳定和保守。一个政府的类型取决于第一类剩余物和第二类剩余物如何组合：如果政治精英由第一类剩余物支配，它就倾向于具有适应性、能快速反映并擅于妥协。这样就避免使用武力，倾向于通过金钱的方式解决冲突，通过赋予某些特权来平息矛盾。但以第二类剩余物为主导的政府很难适应变换的环境，它更加专制，并会诉诸武力解决不满。传统保留下来，但社会革新暂停了。第四类和第五类剩余物是人类社会的社会性特征，帕累托认为理想状态应该是位于这两者之间的。经济繁荣、政治稳定以及国防都是一国社会繁荣的必要条件。每个国家面临的问题可能是相同的，但解决的方案各有不同，它取决于是第一类还是第二类剩余物占主导。因此，政府的风格比形式更重要。帕累托认为，如果一个政府的特征由第一类剩余物和第二类剩余物的某种合适的组合来界定，会更有助于解决内政问题。

精英和精英循环论　在帕累托看来，任何社会中都有占统治地位的少数人和被统治的广大群众之分。他把少数统治者称为精英，把广大被统治者称为群众。在帕累托的社会学中，群众与精英的划分是认识和说明社会的前提，历史的发展反映在精英的活动中。

精英的分布不是恒定不变的。社会的特点主要是由统治精英的性质所决定

的。统治精英可以分为两种：一种是富于"组合情感"的人，他们聪明狡诈，擅于吸收下层精英，用阴谋诡计和圆滑的手段进行统治；另一种是"组合体持久性的情感"丰富的人，他们惯于用赤裸裸的、毫无顾忌的暴力进行统治。帕累托认为，一个政权存在的时间越长，组合体持久性的情感在统治集团中就越少，而在下层群众中相对保留较多。统治者一方面会变得更加贪婪和腐化，引起群众的普遍不满；另一方面变得软弱无力，不善于运用暴力进行统治。这种情况引致的后果就是旧的精英被消灭，新的精英上台。但可悲的是，新的精英也会变老，被新生代取代，这就是帕累托著名的"精英循环理论"。精英循环理论讲述的是社会的成长和腐化，实际上是变迁理论，它指出，暴力、斗争和革命是社会发展的首要推动力。

二、帕累托的经济思想

帕累托早期的经济学理论具有瓦尔拉斯的学术风格，特别是对一般均衡理论的研究和对经济学中数量方法的拥护上。这种相似性很明显地体现在《政治经济学教程》和《政治经济学手册》两本著作中。后来帕累托抛弃了瓦尔拉斯学派的价值理论，并把自己的价值理论建立在埃奇沃斯所发明的无差异曲线的基础之上。他也仔细检查了瓦尔拉斯的生产和资本化理论，并在货币及其他问题方面发展了自己的学说。这个新体系见之于1906年版的《政治经济学教程》。

序数效用论 帕累托对"效用"一词并不满意，他主张用"满足欲望的能力"表示"经济效用"，用"基本满足欲望的能力"表示"边际效用"。在他看来，对某物品的效用不可能说出它的绝对值，但可以比较不同物品效用的大小或等级的高低。因此，他建立了边际效用序数论。

帕累托认为满足欲望的能力（即效用）具有以下三个特征。他说：

> 根据我们关于物品数量所作的假定，即我们把这些量仅仅理解为某人所希求的量，满足欲望的能力总是正值。这是它的第一个特征。第二个特征是研究这个问题的首批经济学家们也都承认的，即如果一个物品满足欲望的能力被认为仅仅取决于该物品的数量，则它的基本满足欲望的能力（边际效用）会随其消费数量的增加而减少……对于口渴者来说第一杯水会比第二杯水给他更多的快乐，对于饥饿者来说，第一份食物会比第二份食物给他更多的快乐，如此等等。沿此思路

还可得出为数众多的物品满足欲望能力的第三个特征。不仅第二杯酒比第一杯酒给他的满足要少，第三杯比第二杯要少，而且第三杯和第二杯给他带来满足的差额，比起第二杯和第一杯的差额也减少了。换言之，当消费量增加时，不仅微小相等增量所提供的快乐在减少，而且由这些微量所提供的快乐越来越趋于相等。

Pareto,1971, *Manual of Political Economy*（1906），A. M. Kelly

无差异曲线分析法 在序数效用理论的基础上，帕累托提出了用无差异曲线研究消费行为和需求。他指出，物品满足欲望的能力虽然不能用确定的数值加以测定，但是是可以互相比较的。人们把商品按不同比例组合起来而取得相同的效用，从而可以得到许多可以无限扩展的等效用序列，即无差异序列，并在图上表现为无差异曲线。

帕累托还研究了不同条件下无差异曲线的各种形式，主要包括：（1）在两种物品中，只有一种对某人有满足欲望的能力；（2）两种物品是严格意义上的互补品；（3）两种物品的互补性并不严格；（4）两种物品基本满足欲望能力是各自独立的，即一种物品的边际效用仅取决于其本身的数量；（5）两种物品是可以相互替代的物品，但替代比例是不定的；（6）两种物品总能以相同的比例替代等。帕累托的无差异曲线是对埃奇沃斯契约线的引用和发展。经过帕累托的加工和提炼，无差异曲线具有了更确定的形式和内涵。到了1934年希克斯和阿兰（Allen）在序数效用论基础上改建了消费者行为理论。

帕累托最优 帕累托提炼了瓦尔拉斯的一般均衡分析，并提出了今天被称为帕累托最优的条件，或者最大化福利条件，即完全竞争的产品市场与资源市场能够实现帕累托最优。帕累托认为，当不存在能够使某人处境变好的同时不使任何人处境变坏的任意变化时，就会出现最大化福利。这意味着社会不能以一种帮助某人而又不伤害其他人的方式来重新安排资源配置或产品与服务的分配。因此，帕累托最优意味着：（1）产品在消费者之间的最优分配；（2）资源的最优技术配置，即生产的最优化；（3）最优的产出数量，经济体产出产品的组合必须反映消费者的偏好。此时任意两种商品之间的边际替代率必须与任何生产者在这两种商品之间的边际产品转换率相同。

帕累托建立起以序数效用论和无差异曲线为基础的一般均衡理论，对西方经济学的"新福利经济学"、"最适度"资源配置等问题的探讨有极大的影响，他本人也因此被公认为新福利经济学的奠基人，在帮助经济学家更好地理解经济效率的条件和经济效率的福利意义方面做了许多工作。但是，最主要的帕累托标

准,"是否一个变化使某些人的处境变得更好而没有使任何人的处境变坏"并不总是非常适合于对公共政策的评价。

第2节 帕累托的国防经济思想

帕累托认为,一个国家的社会繁荣取决于经济的繁荣、政治的稳定以及国家的防务,这些方面都非常重要且相互关联。在帕累托看来,那些政府表现为第一类和第二类剩余相结合的国家是最能够维持社会繁荣的,由第一类或第二类剩余支配的相反的例子会导致社会繁荣的消失。他所提供的一些分析方法确实有值得考虑之处。

一、国家安全与财产权

帕累托指出,统治阶级掠夺人民是社会运行的根本原理,这种制度从古至今基本没有改变。这也是他反对议会制度的主要原因之一。帕累托认为:

> 阶级冲突是现代经济运行的主要原则,因为不同阶级的经济利益不同,每个阶级都寻求各自的利益……
>
> 缴税者以国债的形式为战争买单,而那些投机者("政客的朋友们")却从中受益。因此,军事行动实际上侵犯了人们的财产权利,然而却被认为是社会的基础。其他一些只使少数人受益的措施,如保护主义政策、货币干预措施和殖民征服等,亦是如此。
>
> 库仑:《战争与和平经济理论》(中译本),经济科学出版社2010年版

帕累托总结出两种决定一国军费开支水平的因素:一是统治阶级妄自尊大的程度;二是政府对外部威胁的需要程度,因为外部威胁可以分散人民对政府滥用权力的关注,并增强社会凝聚力。政府和军队相互利用,政府利用军队维持统治,军队利用政府获得额外利益。因此,帕累托坚决反对议会制度,还不止一次地谴责欧洲国家的军事化趋势,强调国家对安全问题的干预也应该受到限制。

二、战争与安全

帕累托认为人民大众的苦难主要源于政府政策,如果政府遵循经济运行的自然规律,人们就会保持一种经济上满足的状态。帕累托批判了马尔萨斯"通过减少人口的方式,才能结束人民的痛苦"的观点。从英国人民通过要求停止战争并废除有损社会福利的保护主义政策,成功维护自身利益的历史事实,帕累托发现,政府越来越少地依赖武力作为权力统治工具,却越来越多地依赖政治性(市场或非市场)的收入再分配。政府依靠经济繁荣来创造收入以满足日益增长的政府支出的需要。

> ……战争作为调节人口数量的手段在工业社会已经失效。因此,战争已不再合理合法……战争是一种过时的制度,尽管在过去它或许是有效的……以经济状况好坏为标准的社会选择能够增强一个民族的自卫能力,而如果没有这种社会选择,这个民族也许会衰败或屈服于其他民族,就像印度因其种姓制度而被英国统治。从长远看,那些具有较高文明的国家会统治那些文明程度较低的国家。
>
> 库仑:《战争与和平经济理论》(中译本),经济科学出版社 2010 年版

帕累托对于战争和安全的分析离不开其剩余物理论。帕累托认为,如果卷入战争的国家其政府由第一类剩余物主导,在保护国家利益的问题上,它通过金钱解决国际争端,通过"援助"巩固关系,政府的权力工具是金钱而不是军事和武力。那么,战争通常是其他政治活动的无意结果。

> 当我们说目前我们的投机者正在通过持续增加公共开支来为战争打基础时,我们并不是说他们是有意这样做的——而恰恰相反!他们持续增加公共开支并煽动经济冲突,并不是要引起战争,而是要从每一件小事获得直接的利益。这里有一个更为重要的原因——他们尽可能地在大众面前呼吁爱国主义情感,只是为了进行统治……将来有一天,他们制造的但并不希望的战争可能会爆发;到那时,战争将是投机者过去行为的一个结果,而并不是他们那时曾经或者一直所意愿的。
>
> Pareto,1935,*The Mind and Society*,Brace

但卷入冲突的政府如果是由第二类剩余物主导,那它可能不愿通过谈判解决问题,而是更愿意冒险发动战争来解决争端。帕累托对第一次世界大战及德国战败的原因也进行了评述。帕累托认为:

轴心国战败是一个极具重要性的现象。在战争的第一阶段，德国军队是成功的，它的军事能力与协约国毫不充分的军事准备以及意大利对战争的完全没有准备形成了鲜明的对比。但是紧接着的下一阶段，最终以德国的敌人的彻底胜利结束。造成这一结果的原因有很多，很显然其中的一条是双方在人力和金融资源比例方面存在巨大的失衡——这在现代战争条件下，是压倒一切的重要因素。

Finer, S. E., 1966, *Sociological Writings*, Praeger

　　帕累托还对比了1866年德奥战争、1870～1871年德法战争和第一次世界大战中德国所面临的国际环境。他认为，在第一次世界大战中，德国没有做好外交上的准备，把国家命运完全交给了军事玩家，他们对每个问题只有一个简单的解决方案——采取暴力的恐怖行动，丝毫不考虑其行为所造成的间接或最终后果。而俾斯麦统治的德国能够取得巨大成功，是因为他的政府统治精英是由第一类剩余物和第二类剩余物的理想结合构成的。因此帕累托总结说：

　　信仰"德国的命运"，信仰军事实力，信仰"组织"的力量和"至关重要的利益"的信条——所有这些遮住了统治者的视线……我们可以说在德国统治者中第二类剩余物是占主导的，而除了俄国之外的协约国的统治者，第一类剩余物（本能组合）占绝对优势……无论是在德国还是在俄国，正是它（第二类剩余物）拖垮了整个国家，而且也毁灭了统治者；但如果俄国和德国一样保持之前的联盟形式，这一命运很容易就可以避免了。

Finer, S. E., 1966, *Sociological Writings*, Praeger

　　帕累托对国家安全的研究并不仅仅限定在该主题所讨论的范围内。在他看来，一个国家的社会繁荣取决于经济的繁荣、政治的稳定和国家防务。这些方面都非常重要而且相互关联。政府的风格才是国家关系中最重要的内容。政府的风格类型取决于统治阶级的构成（包括政府中的精英以及政府外有影响的精英）。帕累托认为，那些由第一类和第二类剩余物相结合的政府所统治的国家是最能够维持社会繁荣的。

第18章 马歇尔的国防经济思想

作为19世纪末20世纪初英国和西方其他国家中影响非常大的经济学家,马歇尔综合了古典经济学和边际主义经济学的主要成果,创立了新古典经济学。他所提出的以供求均衡和市场价格理论为基本框架的市场理论是现代微观经济学的核心内容。马歇尔虽然没有专门和系统地讨论过防务问题,但在他的一些著作中也涉及到有关国防和安全的问题。

第1节 马歇尔的生平与经济思想

阿尔弗雷德·马歇尔(Alfred Marshall,1842~1924年)1842年出生于英国伦敦。他9岁进入泰勒学校主修古典文学,成绩优异,但也表现出对数学的浓厚兴趣和才华。19岁时按照父亲的安排攻读希伯来语,但马歇尔仍痴迷于数学,他不顾父亲反对,于次年毅然放弃了牛津大学的奖学金而进入剑桥大学主修数学专业,并于1865年获得数学荣誉学位,留校任研究员,并兼授数学。在此期间,马歇尔阅读了康德和黑格尔等哲学家的著作,同西奇威克教授等著名思想家和知识分子有了广泛接触和交往。英帝国的兴衰和国内诸多社会经济问题的出现,使他对与人类生活相关的课题越来越感兴趣,他曾经倾向于研究哲学、神学、伦理学和心理学,但发现这些学科都不能给人类带来"福音",于是他最终转向了经济学,希望从中得到理解社会现状、寻求消灭贫困和增进社会福利的途径。

马歇尔从1867年25岁就开始了经济学研究，到了1883年他的主要观点已全部形成。从1877年至1881年，马歇尔受聘于布里斯托尔学院。1879年，在马歇尔的允许下，西奇威克私人出版发行了马歇尔此前撰写的关于国际贸易的部分论文，书名为《对外贸易纯理论与国内价值纯理论》。1881年马歇尔因病辞去布里斯托尔院长和教职，赴意大利地中海边镇和旅游胜地修养，这期间他开始写作规划已久的《经济学原理》。该书于1890年初版问世，1891年、1895年、1898年、1907年、1910年、1916年和1920年分别出版了第二版到第八版，是这一时期西方最流行的标准教科书。

1882年马歇尔被选为牛津巴利奥尔学院政治经济学教授和研究员，1885年被聘回母校剑桥大学，接任政治经济学教授，一直到退休。这是马歇尔事业最为辉煌的时期，他完成了对经济学基本原理的研究并陆续发表了相关论著，又以卓越的教学和研究活动培养了一批经济学精英，建立了经济学发展史上称得上独一无二的口述传统，从此奠定了英国剑桥学派的基础，这使马歇尔成了英国经济学之父，也造就了自由主义经济学的全盛时代。马歇尔从剑桥大学退休后，继续从事著述。1919年发表了其第二部代表作《工业与贸易》，该书共3卷，采用历史和比较方法着重论述了"当前工业和贸易问题的根源"、"工商业组织的主要趋势"以及"垄断趋势：它们与公共福利的关系"等内容，这部书对工商业组织的发展和演变作了详尽的叙述和研究，在一定程度上改变了马歇尔先前坚守的自由放任主义的基本立场。1923年他的第三本代表作《贸易、信用和商业》出版。该书对货币、商业信用、国际贸易以及经济波动等宏观领域的问题作了深入论述。此后，马歇尔继续整理加工《进步：它的经济条件》一书，但未能完成，1924年7月13日马歇尔病逝。

除了上述著作以外，由于马歇尔经常在调查委员会作证，所以他的许多经济学思想都体现在官方报告当中。1887年他在金银委员会的证词，1899年为印度通货委员会的证词，以及为皇家劳工委员会、皇家地方税务委员会等发表的证词等，这些证词后来被收进1926年庇古（Pigou）编的《马歇尔官方报告》。马歇尔的部分书信和杂志论文亦被收进1925年庇古所编的《马歇尔回忆录》，其中就有凯恩斯为纪念马歇尔撰写的著名传记论文。马歇尔是著名的《经济学杂志》的发起人，1903年马歇尔还成功说服剑桥大学设立经济学和政治学荣誉学位，使经济学从道德科学以及哲学和心理学中独立出来。

马歇尔经济学的内容十分丰富，几乎所有的现代经济思想都能够追溯到马歇尔。在研究对象上，马歇尔与之前的传统经济学没有根本区别，不过他更强调人的心理和动机，把他的经济体系建立在心理因素的基础上。马歇尔认为，人类的动机有两种：一是追求满足，二是避免牺牲。前者促进了人类的某种经济行为，后者则制约了人类的某种经济行为。"满足"与"牺牲"在数量上、程度上可以通过间接的方法来加以衡量，这就是以货币为标准间接地衡量。他认为，经济学主要就是通过货币来对活动着的动力和阻力的数量加以研究。在研究方法上，马歇尔采取局部均衡分析，研究经济力量相互之间的关系。马歇尔的经济思想主要体现在以下方面：

需求理论 按照马歇尔的观点，需求建立在边际效用递减规律的基础上。"随着一个人所拥有的某一事物数量的每一次增加，这个人从这一事物中获得边际效用是递减的。"他将这一思想转化为需求表和需求曲线；马歇尔接受了边际主义者的分析成果，指出消费最大化的条件是边际效用相等；马歇尔发展了"需求弹性"的概念，为经济学的发展作出了巨大贡献；"消费者剩余"是马歇尔提出的一个新概念，这基本是一种度量效用的方法。消费者得到这种剩余的前提是存在市场自由竞争，从而消费者可以在不同的售卖价格之间进行选择，以便获得额外利益。

供给理论 马歇尔认为供给是由产品的成本决定的，他设想的供给是一条曲线，即对应于一系列不同价格而产生的一系列供给数量。马歇尔将时间划分为三个时期：现期、短期和长期。马歇尔发明的"时间期间"概念使他的分析区别于彻底的静态，从而在短期静态均衡和长期动态变化之间建立起联系。马歇尔认为，在短期中，生产能力是不可变动的；在长期中，产出可以调整，这就让新生产要素进入成为可能；在很长的长期中，人口、资本、消费者口味和技术等因素都是可变的。

均衡价格理论 与古典学派的"生产成本"和早期边际学派的"需求"决定价格不同，马歇尔认为是"需求与供给"共同决定均衡价格。认为在供给背后存在着货币和主观成本，在需求背后存在着效用与边际效用递减，卖方与买方的"讨价还价"会产生一个均衡价格，这一价格会使需求量与供给量相等。马歇尔在讨论市场价格的过程中熟练运用了时间要素，这是他对经济学思想的许多重大贡献之一。他认为，时间越短需求对价值的影响越大是个一般规律，其原因在于消除生产成本的影响所需要的时间要比消除需求变化的影响所需要的时间更长。偶然发生的事件会影响市场价值,但从长期来看,这些偶然事件的作用会相互抵消。因此,在长期中生产成本是价格与价值最重要的决定因素。马歇尔将长期正常价格定义为恰好使供给量与需求量保持平衡的价格,且该价格等于长期平均生产成本。正常价格随着生产效率的每一次变化而发生变动,市场价格将围绕着正常价格而上下波动,只有在极其偶然的情况下它们才是相等的。

分配理论 马歇尔的分配理论是其价值理论在生产要素价值决定上的应用。从广义上说,它是在各生产要素的正常价格已经确定的情形下,对供给和需求条件的检验。马歇尔的生产要素理论在传统的土地、劳动、资本三要素基础上,增加了组织(企业经营)要素。这些要素的收入分别是租金、工资、利息和利润。这些收入加在一起,就构成了国民收入。分配理论的目标就是要发现影响各生产要素的供给和需求因素。

马歇尔认为,工资是劳动的报酬,也是劳动这个要素的价值或价格。工资决定于劳动的供给和需求。维持劳动的各种成本和开支构成劳动的供给价格,劳动的边际生产率决定着劳动的需求价格,实际的工资则决定于劳动的供给和需求价格的均衡;租金是土地的报酬。土地收益中扣除所费资本和劳动等投资收益之后的剩余部分,即生产者剩余,就是土地的纯收入。马歇尔还认为土地报酬递减规律是一个普遍规律。利息是资本的报酬,为了使资本所有者愿意放弃当前的享受,必须为资本的使用支付报酬,这就是利息。因此,资本的供给来源于储蓄。利率可以平衡投资中的供给和需求。在短期中,资本数量是固定的,决定价格的主要力量在于市场上的需求方,而在长期中,货币利率和真实利率趋于一致。马歇尔把利润分解为工资、资本利息和风险报酬。为了解释风险报酬并使之成为分配理论的一部分,马歇尔将组织单列为一种独立的生产要素。这是对 19 世纪末资本主义国家经济生活中利息和利润逐渐分离这一客观趋势的概括。马歇尔指出,商人得到的报酬同样服从于劳动报酬的分配定律,任何超出这个范围的报酬都具有准租金的性质,因为这里有一个固定的因素——"机会价值",它在竞争性的环境中很容易消失。在完全竞争条件下,利润趋近于零,组织作为一种生产要素可能退化为一种特殊状态的劳动。

货币理论 虽然马歇尔很晚才发表自己的货币理论,但他可以被看做是货币理论领域的一位开创者。他在调查委员会的陈述和他有关货币问题的几篇论文体现他许多货币理论的观念。马歇尔留给新一代剑桥经济学家的货币思想主要包括

"现金余额"或曰流动性方法。在货币供给的决定因素中，以及在数量论的框架内的价格水平的决定因素中，马歇尔的现金余额方法从中选出了公众以现金余额的形式持有小额收入的愿望。同时，马歇尔也用现金余额来指公众希望以货币形式持有的一小部分资产。马歇尔以口头形式提出的分析，随后借助于符号公式进行下去。在其最简单的形式中，产生了公式 $M = KY$（其中 M 代表货币数量，Y 代表货币收入，K 代表公众愿意以现金形式持有的货币收入的比例），这为后来在凯恩斯的流动偏好利息论中利率与可取的现金余额之间基本关系的概念化打下了基础。

第 2 节　马歇尔的国防经济思想

马歇尔倡导自由贸易政策，1900 年他曾呼吁在英国和美国之间达成自由贸易协定。不过，他也承认德国和美国实施的保护主义政策并没有妨碍它们成为经济强国。马歇尔意识到经济实力的战略性意义，他曾谈到，当时英格兰所肩负的军事义务要求它保持相对于其他民族的经济优势地位。马歇尔虽然没有系统研究社会问题，但作为一名关注社会现实的学者，他对战争也有自己的思考。在第一次世界大战爆发前，当马歇尔被问及英国是否应该参战时，他回答说：

> 我认为，和平或是战争的问题，不仅取决于我们的兴趣，也必须取决于国家的责任。我坚持认为，我们应该立即动员，并且宣布，如果德国入侵比利时，我们将宣战。
>
> Keynes, 1924,"Alfred Marshall, 1842 – 1924", *The Economic Journal*, 34 : 135

但在战争爆发后，他却于 1914 年 8 月 10 日和 25 日在《泰晤士报》上发表文章，呼吁缓和民族仇恨心理。不久（1914 年 10 月 28 日）他又在《泰晤士报》上撰文，希望把一国人民在什么样的情况下会反对侵略军暴行的信息传播开来。他于 1916 年 12 月 30 日曾写信给《经济学家》(*Economists*) 杂志，主张大幅度提高税收以支付战争的巨额开支。但他认为这只是应对战争的临时措施，在战争结束之后，还应该恢复自由贸易制度。他说：

> 一个广泛的关税保护制度将摧毁英国在战争中能够承担主要财政压力的力量，

虽然会赋予特定行业一些优势，但代价是给全体人民带来更大的伤害；还将减少能够支付给伤员和寡妇的养老金；对于降低目前的巨额债务来说，这样的制度可能会使后代所面对的危险变成灾难。

Keynes,1924,"Bibliographical List of the Writings of Alfred Marshall", *The Economic Journal*, 34:135

马歇尔还在写给凯恩斯的一封信中表达出对德国热衷于领土扩张的忧虑，并预见到了第二次世界大战。

除了这些零散的观点，马歇尔的著作并没有过多关注战争及防务问题。不过，值得一提的是，在《经济学原理》中，他认为德国历史学派为经济学的发展做出了重要贡献。在马歇尔看来，当时德国特殊的政治形势引起了经济学家对民族主义的重视，他写道：

> ……但近代德国政治史对德国经济学家在国家主义方面的影响，是毫无疑问的。为侵略大军所包围的德国，只有借助于爱国热忱才能存在。德国学者竭力主张（也许有些过分），利他主义感在国与国之间的经济关系方面的活动范围比在个人与个人之间的经济关系方面还要狭隘。
>
> 马歇尔：《经济学原理》（中译本），商务印书馆2010年版

但马歇尔认为这些经济学家基本上是从总体角度思考和研究国际经济问题的，他们对以往经济事实采用的是比较研究方法。

> 虽然德国人在情感上是民族主义的，但在他们的研究上却是高尚国际主义的。在经济史和通史的"比较"研究方面他们是领先的。他们罗列了各个国家和各个时代的社会工业现象，把它们做了这样的整理，以便阐明各现象彼此之间的关系；并对这些现象和可供参考的法学史结合起来加以研究。
>
> ……
>
> 他们把自己的注意力集中在历史地探讨科学上，集中在把科学应用在德国社会政治生活条件特别是德国官僚政治的经济义务上。但是由于赫尔曼卓越天才的指导，他们曾进行了精辟的理论分析工作，这种分析丰富了我们的知识，同时他们也大大地扩大了经济理论的范围。
>
> 除了革命的社会主义者以外，德国还有许多思想家，他们坚决认为，私有财产制度的现存形态缺乏历史根据；并根据许多科学和哲学的理由要求重新考虑和个人相对的社会权利。德国人民的政治军事制度，近来助长了他们那种比英国人

依赖政府多而依赖个人企业少的自然趋势。在有关社会改良的各种问题上,英德两国有许多值得互相学习。

马歇尔:《经济学原理》(中译本),商务印书馆 2010 年版

马歇尔认为德国历史学派为经济学的进步作出了贡献,这表明他默认了该学派对战争和防务的历史性认识,还默认了国家实力在国际经济关系变化中的重要作用。

第19章 埃奇沃斯的国防经济思想

埃奇沃斯是马歇尔同时代的人,虽然马歇尔的光辉和魅力使同时代的其他英国经济学家有些黯然失色,但埃奇沃斯绝对是可"与马歇尔才智匹敌的人",埃奇沃斯将英国的纯理论经济学研究提高到了一个新水平,他对国防经济思想的最大贡献在于他认识到可以运用微观经济学来分析国际冲突。

第1节 埃奇沃斯的生平与经济思想

埃奇沃斯(F. Y. Edgeworth, 1845~1926年),出生于爱尔兰的上流社会家庭,在牛津大学接受了全面的古典训练。1891年,他接替索罗尔德·罗杰斯(Thonld Rogers)成为牛津大学德拉蒙德政治经济学讲座教授,并在那里度过余生。1922年,他从牛津的教授职位上退休时是埃默里特斯讲座教授。他在1889年和1922年两次被选为英国科学促进协会经济组组长,他是皇家统计学会的前会长,皇家经济学会的副会长以及英国科学院研究员。他是《经济学杂志》的第一位编辑、杂志的设计者和缔造者。从1891年3月的第一期直到1926年2月13日去世,他一直是这本杂志的编辑、编辑委员会主席和合作编辑。

同马歇尔一样,埃奇沃斯是从数学和伦理学进入到经济学的。他的第一部著作《伦理学的新旧方法论》主要讨论了当时英国哲学家热烈争论的痛苦与快乐的衡量问题。埃奇沃斯在书中对个人之间效用比较的分析实际上构成他后来经济理论的出发点和重要组成部分。埃奇沃斯的目标是把数学应用到社会科学中去，尽管埃奇沃斯在使用数学工具的时候常常显得笨手笨脚，但无论在创造力、造诣还是天性偏爱上，他都是一位伟大的数学家。他对经济思想的各种贡献中，有三个方面特别突出：

无差异曲线 埃奇沃斯属于英国的功利主义传统，他说消费者从他们有限的收入中寻求他们所能得到的最大效用，工人们从他们的劳动中寻求最大净收益，企业家以能够使任意产出水平成本最小化的方式来组合各种资源，寻求利润最大化。功利主义伦理学会不可避免地导向效用度量问题的讨论，而效用的计算必然要对效用进行比较。在这一方面，埃奇沃斯提出了无差异曲线，这一分析方法后来被帕累托所采纳。埃奇沃斯坚持认为，效用应当是进入消费者预算当中的所有商品的函数，而不仅仅是某一种商品的函数。埃奇沃斯在其《数学心理学》中提出的无差异曲线的画法与今天不同，它的价格线始于原点，在假设总效用保持不变的情况下，生成的曲线就可以表明消费者愿意放弃多少商品以便获得另一种商品。

双边垄断 埃奇沃斯认为，在双边垄断情况下，均衡是不确定的。他指出，垄断定价不一定会损害社会福利，特别是在存在价格歧视时。埃奇沃斯还指出，虽然解是不确定的，但在一定范围内，可能会存在一系列的交易，它们构成了契约曲线，是双方都可能获益的交易。不过，最终的交换比率究竟在曲线上哪一点还不能确定，这与双方讨价还价能力的大小有关。在埃奇沃斯盒中，埃奇沃斯让两个垄断寡头分别从一条对角线的一个端点出发，它们的无差异曲线的切点就是交易发生的那一点。"埃奇沃斯的解决方法是在一定的限制条件下，让价格在竞争价格、垄断价格和策略性价格之间振荡。这种方法具备了动态方法的所有因素，但是也让埃奇沃斯感到纯理论有必要给经验研究让路，这一点令现代理论经济学家不怎么愿意接受。"①

边际产品与平均产品 埃奇沃斯的另一个重要思想是提出了边际产品与平均产品的区分。他指出，如果将资本数量固定并不断增加劳动数量，开始总产品以递增的比率增加，随后以递减的比率增加，最后不断下降。劳动边际产品与平均产品先是上升了一段时间然后开始下降。当边际产品大于平均产品时，平均产品

---

① 塞利格曼：《现代经济学主要流派》（中译本），华夏出版社2010年版。

在上升；当边际产品小于平均产品时，平均产品在下降。这些关系在现代微观经济理论中是非常重要的。

第 2 节 埃奇沃斯的国防经济思想

在《数学心理学》一书中，埃奇沃斯阐述了战争与私人契约经济的关系，比较了在市场经济和国际关系中的战略性互动，启发了理查德森提出军备竞赛模型。埃奇沃斯论述了"经济计算"的方法，而且他指出这种方法可以扩展到对政治斗争和贸易斗争的分析。他写道：

> 经济学的第一原理是每个行动者只计算自己的利益。对这一原则的运用可以分为两种情况：行动者没有得到或者得到了受其影响的人的许可。在广泛的意义下，第一种情况下的行动可以被称为战争；第二种被称为契约。
>
> Edgeworth, 1881, *Mathematical Psychics*, C. K. Paul

由此看到，埃奇沃斯认为经济计算的方法可以用来研究战争。他把权力看成是一种经济物品，把交战双方的关系看成普通经济个体之间的关系，只是在战争中经济计算的标准不同。但在其后的研究中埃奇沃斯承认，通过将企业冲突模型一般化来建立战争理论的想法并不可行。他指出：

> 经济学家们必须证明每个民族国家在战争中都将一无所获，从而说服各国不再诉诸战争。无论是两个公司还是两个国家之间的武装冲突中，问题的关键是都要分析效用最大化，所以必须比较冲突的成本和收益。
>
> 库仑：《战争与和平经济理论》（中译本），经济科学出版社 2010 年版

埃奇沃斯意识到对国际冲突进行经济分析很困难，因为一个国家的成本与收益是广义的，涉及国家的尊严、荣誉、安全等非经济意义的因素，很难将它们量化后进行比较。

第20章 凡勃伦的国防经济思想

作为制度经济学的代表人物，凡勃伦用制度学的方法来分析现代社会经济民族主义的决定性作用，强调了封建王朝国家和现代国家之间的对立，这就关系到国际间和平怎样维持的问题，战争、和平和国防问题在凡勃伦的研究中占有很重要的位置。

第1节 凡勃伦的生平与经济思想

托斯丹·邦德·凡勃伦（Thorstern Veblen，1857~1929年），美国经济学家、社会学家，制度学派的奠基人和主要代表人物。1857年出生于美国康斯威辛州，是挪威移民的后裔，1884年获耶鲁大学哲学博士学位。曾先后在康奈尔大学、芝加哥大学、斯坦福大学、密苏里大学任教，1929年初退休后定居加州，同年8月去世，享年72岁。其一生的主要著作有《有闲阶级论》、《营利企业论》、《德意志帝国与工业革命》等。

1899年，凡勃仑的第一部著作《有闲阶级论——关于制度的经济研究》出版，尽管书中表面上是在描绘太平洋岛国和其他遥远地区土著的生活习惯，实际却是用冷峻而充满野性的笔调，以独特的散文风格，剖析美国"镀金时代"的叶克斯家族、洛克菲勒家族和哈珀家族等豪门的生活。作者以其敏锐的洞察力，针对暴发户们在曼哈顿大街构筑豪宅、追逐时髦消费品的疯狂行为，提出了"炫耀性消费"

这一社会科学界内的不朽术语,可是在当时的社会背景下凡勃伦却受到了广泛的批评,甚至其著作在相当长一段时间内无人问津。直到 20 世纪 80 年代以后,随着西方社会由生产主导型社会向消费主导型社会的全面转变,消费问题越来越受到学界的关注,人们才愈加认识到凡勃伦"炫耀性消费"的重要性。

　　凡勃伦一生都游离在主流经济学之外,他批判正统的资产阶级经济学,甚至曾因为反对资本主义的学说而被迫离职;他建立以研究制度演进过程为基本内容的经济理论,是制度学派的奠基人。更进一步地讲,主流经济理论围绕着均衡的概念而被组织,主要是均衡含蓄地与常态和和谐联系在一起。而凡勃伦却站在上帝的位置来"观照"整个世界,采用"进化论"式的方法来研究社会发展过程(一个变化和选择的达尔文过程,包含人类的信仰和行为倾向与模式),认为社会结构的发展实际上是制度的自然淘汰,社会和经济机制都是不断前进中的社会发展过程的结果和有效因素,因此凡勃伦理论建立背后的组织原则不是均衡,而是累加的因果关系和曲折前进的动态过程。从某种意义上说,经济进化论的哲学根基与另一位非主流经济学家马尔萨斯提出的人口原理的哲学根基如出一辙,也类似于中国道家典籍《老子》中所讲的"人法地,地法天,天法道,道法自然"。著名经济学家韦斯利·米切尔(Wesley Clair Mitchell)曾经这样评价自己的这位老师:"凡勃伦给世界带来了一种令人困惑的影响——他像来自另一个世界的访客,以超然的眼光,冷静地剖析时下司空见惯之物,他平常思想里所熟悉的一切,就像外力在他身上炼成的奇妙产物一样。在社会科学的领域里,没有其他一个心智的解放者,能像他一般摆脱环境的微妙钳制,而在思想探究的领域里,我们几乎再也找不到一个像他一样锲而不舍的人。"

　　的确如此,凡勃伦成年时代经历了世纪之交帝国主义引起的第一次世界大战和各种各样的冲突,他在一些著作中讨论了战争与和平这一伴随了整个人类历史的话题。在构想于第一次世界大战爆发前并在第一次世界大战爆发后不久出版的《德意志帝国与工业革命》中,凡勃伦考察了德国作为一个富于侵略、令人生畏的战争力量出现的原因。在美国参战前夕,凡勃伦写了《对和平的本质和它的永恒条件的探索》,这是关于战争与和平问题的一套完整著作。

专栏20.1

凡勃伦与美国经济学

美国经济学家与社会科学家凡勃伦对新古典主义经济学体系提出了挑战，他在20世纪之交发表了一系列有影响的论文。凡勃伦认为，新古典主义的中心观念不是建立在真理之上，而只是建立在得到证实的信条上面。新古典主义经济学家进行的精心计算、提出的个人快乐最大化只不过是人为的捏造，认为人类动机是复杂得多的。经济生活是发展演变的，因此提出静止的、持续有效条件的经济理论是错误的。正如经济制度发生了变化一样，经济学主题也应该变化，不应该信守新古典主义而忽视这个事实。

在《有闲阶级理论》中，凡勃伦考察了主宰美国社会的富人们的行为方式和动机。他把社会分成拥有商业企业的"掠夺"阶级，即"有闲"阶级以及生产商品的"劳动"阶级。凡勃伦认为企业所有者强调收获，因此而批评他们。他还认为，有闲阶级的特征在于，他们是经济的寄生虫，对经济具有不利影响。

镀金时代 凡勃伦批评的目标是19世纪末期所谓镀金时代那些非常富裕的人们，他们因为夸张地花钱而引人注目，甚至还被人艳羡不已。范德比尔特（Vanderbilt）等家族因为在花钱上的无度而使许多美国人神魂颠倒。社会达尔文主义显然是赞同这种行为的，这种学说把社会地位等同于天生的高人一等。

不过，凡勃伦认为，他所抨击的富人的"奢侈"消费是没有用处的，可能还是有害的。他把富人作为一种人类学现象加以考察，他写到"有闲阶级"的形成，是野蛮文化高级阶段充分发展的一种现象。现代社会中巨富们的炫耀财富与原始社会中部落首领的卖弄行为如出一辙。正如部落首领大量储藏他们女人的装饰一样，"妻子"也成了他所生产的正式消费品。对四肢不勤的富人的攻击激起了许多美国的人共鸣，这些美国人受到的成长教育是信服自力更生、努力工作的美德的。

凡勃伦的影响 以前的经济学家认为，消费是古典经济学的最高目的。18世纪的杰里米·边沁认为，"幸福"是一个经济体中所有人的目标，而消费及其满足提供了幸福的最终源泉。判断一切努力和辛劳的最终标准是，有能力消费更多东西。

凡勃伦的贡献在于，把消费归结为只不过是幼稚的个人欲望无关紧要的满足。凡勃伦在其他著作中坚持认为，他那个时代的经济体系是基于价格波动的。他提出，通过让专家掌管生产和分配，可以修正那个体系的无效率。他发现，在工程师、科学家（熟练的、潜在的生产力）与追求利润的商人之间存在冲突，后者为了维持价格、使利润最大化，压抑了这些专业人员的积极性。凡勃伦还强调普通工人在工作中表现出来的高贵，蔑视统治了美国大学的知识分子对商业利益的为虎作伥。

凡勃伦对著名的制度经济学有很大影响，这个经济学思想流派在20世纪20年代的美国兴盛起来。这个流派包括了W.C.米切尔（1874~1948年）、J.R.康芒斯（1862~1945年）等人，但是没有形成一个统一的理论框架以取代或补充正统的新古典主义理论。不过，制度经济学家是同仇敌忾的，他们都不满于正统经济学抽象的理论化。正统经济学往往把自己与其他社会科学割裂开来以及正统经济学关于自动市场机制的先入为主之见。

——美国布朗参考书出版集团：《经济史》（中译本），中国财政经济出版社，2004年。

凡勃伦用"制度趋势"方法分析和批判资本主义社会。凡勃伦认为，在人类经济生活中普遍存在两种主要制度，即生产技术制度和私有财产制度。它们都以人的本能为基础。按他的说法，人类社会经济的发展已然经历了草莽、野蛮、手工业和机器工业四个时代。机器工业时代就是资本主义时代。凡勃伦认为，资本主义社会是由"机器利用"和"企业经营"这两个基本制度构成的，这两个制度是生产技术制度和私有财产制演进到当代的具体表现形式。"机器操作"和"企业经营"之间存在矛盾，这是资本主义一切冲突和缺陷的根源。首先，它们的矛盾表现为两者的目的不同；其次，它们的矛盾表现为两者的行为方式不同。凡勃伦认为资本主义的各种弊端表现为：（1）工业和商业、生产和流通的矛盾；（2）经济危机；（3）垄断；（4）垄断资本主义的寄生性和腐朽性。凡勃伦对现代资本主义社会的批判实际触及到资本主义生产方式中生产力与生产关系之间的矛盾，并明确指出资本主义制度的主导因素是追求利润以及这一动机对生产过程的支配。当然，其改革主张是通过人们的思想习惯和本能的逐步演进来消除资本主义的弊病，而不是消灭资本主义制度。

第2节 凡勃伦的国防经济思想

凡勃伦所生活的年代整个世界都处于动荡时期，帝国主义之间因瓜分与掠夺引起各种冲突并最终导致第一次世界大战。因此，他非常注重研究战争与和平等问题，在《德意志帝国和工业革命》和《和平的本质》两部著作中，凡勃伦分析了战争的起因与后果，并对如何维护和平进行了探索。

一、爱国主义、民族主义与制度

凡勃伦关于战争的著作的中心是他对爱国主义和民族主义相关现象的论述。他多方面地将爱国主义和民族主义描述为情绪、精神、思维习惯，如此等等。认为在现代，处于这些感情之上的制度就是单一民族的独立国家。爱国主义和民族主义通过单一民族的独立国家制度来制造武装冲突，凡勃伦认为，从历史上看武装冲突有助于加强和持续爱国和民族感情以及单一民族的独立国家制度。

凡勃伦将他那个时代的爱国主义和民族主义看作是与身份竞争有关的结果，认为身份，通常包含相关地位。首先与通过武力打败其他人真实的或显而易见的能力联系在一起；其次也与财富的占有联系在一起。凡勃伦认为，每个国家与其他国家联系在一起，以及与一国有效力量或财富的分量联系在一起的国家威望在人际身份等级制度中是极其重要的一件事。认为不同国家（或那些国家中的公民）之间的关系包括反映相关国家身份的严格的礼节，一个政党没能遵守仪式被认为是这个国家的荣誉在其他国家面前的当众受辱。凡勃伦声称盛行于他那个年代的思维习惯和行为模式保留了许多掠夺性的特质，这些奠定了封建时代的基调。特别是，民族主义仍然是生活结构中的一个重要部分。现代生活的某些方面逐渐灌输给个体国家荣誉的观念，领导者持续利用底层民众的感情来获得个人利益。

凡勃伦认为，单一民族的独立国家制度是帮助维持民族主义现代生活的另一方面，其《和平的本质》的一个中心议题就是单一民族独立国家制度是战争存在的必要和充分条件。凡勃伦认为，没有国家就不会有国家间的战争，他认为正是国家的存在引起了战争。单一民族的独立国家的存在产生了国际秩序问题，这就产生了谁会频繁地挑起战争的问题。

在凡勃伦看来，制度影响着个人思维的方式和习惯，从而决定着社会的发展。制度指导人们的行为，但是同时，思维习惯的改变又带来了制度和社会的改变。他认为社会的发展一般是由弱肉强食式的"丛林法则"规则决定的，人们之间的关系由力量和先天的本能决定。参照达尔文主义的观点，他认为战争能够淘汰旧制度，从而有助于社会的选择过程。凡勃伦认为，战争经常成为社会经济发展的关键因素，因为在国家安全的名义下可以采取各种各样的经济和政治措施。凡勃伦认为所有的现代社会都有战争倾向，这种倾向随时都可能爆发。

在这些现代国家里，好战的意图总是被人们所欣赏；因为这些国家的政府具有强制性的特征并且统治阶级被封建王朝的野心所鼓动，所以，现代国家也就必然会存在封建王朝的好战倾向。在这种情况下，共和国也会不加批判地全然效仿封建王朝国家，从而使本国不会在当时的规则下面临可能灭亡的命运。历史传统和先例决定了这种现象的出现。所以，混乱的局面一直很容易出现。如果没有特别的挑衅行为，国民的主体（它们为其他的利益和兴趣所忙碌，并且没有为战争而战争的本能倾向）会很容易转入和平的习惯思维，从而会从和平的角度（如果不是从友善的角度）思考人际关系甚至国际关系。

气质古怪的人，就如那些依据特别的阶级传统或阶级利益被划分出来的那些人，愿意看到好战的进取心表现出的价值，并且对国家仇恨煽风点火。爱国主义、海盗行为和特权构成了一种社会问题。

Veblen，T.，1915，Imperial Germany and the Industrial Revolution，Augustus M. Kelley.

二、战争、技术与王朝国家

凡勃伦把国家分为王朝国家和现代国家。按照凡勃伦的看法，德国和日本最接近典型的王朝国家，而最接近现代国家的是英语系的国家。他认为王朝国家中主要的行为模式和思维习惯同封建模式保持紧密，凡勃伦对这两种国家进行了详细对比，认为"和平"在现代国家中，不被看作是准备战争的一段时期，而是"作为正常的稳定的生活方式，好的和值得称赞的个人权利"。

实际上，民主国家基本上被其他利益所推动，而且公共防务是第二考虑因素……在其他方面与王朝国家相比，对它的管理者来说所有其他利益必然是第二位的，次要的，并且主要当它们有助于这个国家的战争计划的准备时才予以考虑。

Veblen，T.，1917，An Inquiry into the Nature of Peace and the Terms of its Perpetuation，Augustus M. Kelley.

凡勃伦认为，战争行为被王朝国家的民众和领导人认为是正常、适当的，其领导人将战争视为受人尊敬的行为和实现目标的有效手段。这些国家的民众接受其领导人的价值观并以毫不犹豫的忠诚支持他们的好战冒险行为。如果说王朝国家暂时没有卷入国际侵略行为，那是因为它正在谋划中。

凡勃伦认为，新技术可以把更新的武器、更有效的后勤支援系统等方式运用

到战争中去。更为重要的是，新技术在很大程度上扩大了使用它的王朝国家的生产潜力。在王朝国家，很少有人去阻止大部分扩大的潜力运用到提高军事力量中去。凡勃伦（1917）认为，历史悠久的"封建状态的狂热忠诚"与现代技术的结合使王朝国家成了令人生畏的好战力量。认为战争和好战行为颠倒了盛行于技术潮流中的文化趋势，同样减少了劳动力的技术功效，从而减少了王朝国家的战争效果。因此，凡勃伦（1915）写道"帝国……可能被认为离开了机械工业就不能过活，但从长远看也不能与之相处融洽；因为从长远来看这一工业系统逐渐破坏了国家的根基"。凡勃伦认为，王朝国家的存在使战争不可避免，但是王朝国家并不必然导致战争。

三、战争、商业与现代国家

凡勃伦眼中的现代国家是由商业利益所控制，所以和商业机构金钱利益的相关考虑就会影响现代国家政策的制定。当然，在这里凡勃伦解释道，这并不是说这类国家的政府机构和军事机构中没有信奉王朝统治理想的领导人，或说这些理想在商业社会观念中没有立足之地，但在现代国家中商业利益具有更重的分量。凡勃伦认为，不同于王朝国家，商人对战争不感兴趣，实际上他们更喜欢在和平的环境中进行商业活动。但如果他们认为某些情况能够引起新的和平的建立，在这种新的和平中更有利于他的利益，那么商人也将支持破坏现有的和平。

在凡勃伦看来，商业利益集团经常会利用国家的军事生产能力，因为他们认为军事力量在某些时候是必需的。当两个或更多国家的商业利益集团在世界一个落后地区相遇时，军事力量通常是市场分割方式的最终仲裁者，这也就产生了殖民战争和帝国主义冲突。现代国家的商业利益集团也并不仅仅在殖民地才会相遇。现代商人不遗余力地寻求市场，并调集国家力量，包括军事力量，来帮助或保护他们避免袭击。

凡勃伦认为，商人们并不总希望用战争来解决问题，但会希望有一个足够强大的军事力量以在谈判中建立可置信的威慑。凡勃伦认为在使用国家机器作为工具来获得竞争优势的过程中，现代国家的商业利益集团所得可能比他们预期的更多。商业竞争，不管包括关税、战争威胁，或是对战争的求助，都伴随民众中加强的民族主义、爱国主义情感和王朝国家思维习惯的复兴。

凡勃伦认为，战争对于个体商人来说是好的。当签订政府合同的时候商人会不遗余力地保护他们赚钱的方式,因为他们发现战争中会有一些机会,在这些机会中他们可以"免费地"得到一些好处,这就是当民众支付战争成本的时候来扩大他们利益的机会。然而,军事与贸易的冲突依然存在,在所谓的现代国家也是如此。凡勃伦对这一现实状况的解释是,现代国家依然存在封建王朝的倾向,而且爱国主义和民族主义在增强国家凝聚力方面发挥着重要作用。

四、文化、思维与持久和平

在美国参加第一次世界大战的前夜,凡勃伦写了《对和平本质的探索以及它永恒的方式》,该书除对前面所述的对战争起源的分析外,对如何维护持续的和平进行了考察。凡勃伦认为,第一次世界大战的文化冲击在本质上不同于任何以前的战争。在机械化和商业准则下,现代国家的思维习惯已从战争渴望转移到战争罪恶上来,对战争破坏性后果的观察加速了这一情绪的转移。此外,凡勃伦认为,新的战争技术将优势转移到进攻一方,并给具有侵略意图的国家打击全球几乎任何地区的能力。希望避免战争的国家面临着几乎难以置信的高昂代价来建立一支足以威慑或防备侵略的军事力量。于是达成了这样一种看法,和平国家只有团结起来才能够负担足够防备侵略者的国防,随着战争的继续,人们会更相信战争的高代价以及持续的王朝国家存在造成的危险,并因此更愿去做出他们所认为的牺牲来获得持续的和平。

凡勃伦认为,战争已成为一个技术性的事务,士兵熟悉现代技术的日常方式与手段并与之相处融洽,成功的官员将战争视为一个客观的技术工程。凡勃伦认为:

> 并不随普遍的工业的和平事务处于交叉的目的中……它没有在很大程度上使幸存的人们不适应工业应用……或打破了由工业制度导致的思维习惯的范围的连续性。
>
> 战争仍然在参与者中反复灌输激烈的爱国主义和毫不犹豫的服从,但是它不再削弱它们的技术功效。
>
> Veblen,T.,1917,*An Inquiry into the Nature of Peace and the Terms of its Perpetuation*,Augustus M. Kelley

战争的这一新形态与持续和平的机会有关。按凡勃伦的估计,英国会在任意

的和平谈判中确立这一基调。在战争爆发时英国被受到良好教养的绅士们所统治，军队也由他们领导。这些绅士们，尊重君主政体，为帝国而骄傲，并在殖民系统和保护主义中有既得利益，从来不会构想出一个号召消除这些格局的国家联盟。但凡勃伦认为，战争正在逐渐破坏英国统治阶级的权力。滋生英国绅士的特性——勇敢、仁慈、慷慨，在现代战场上证明并不是有利条件，残忍和技术能力才能在这一战场上获胜。

凡勃伦认为，如果战争持续了足够长的时间，人民也许还有现代国家的统治者将处于做出牺牲来换取持久的和平这样一种思维框架中。此外，如果战争继续破坏现存制度中的信仰，并强化现代国家民众的唯物主义的思维习惯，他们可能不再将保护主义、君主立宪制、殖民野心，以及其他单一民族独立国家制度的外部装饰视为一个非常重大的牺牲。这一机会非常小，但如同凡勃伦在几个场合中所指出的，战争持续的时间越长，这一机会就越大。凡勃伦认为阶级敌意的加剧是持续和平的结果，也是它中断的一个原因。如果（很可能）增长中的阶级敌意以内乱的形式爆发出来对抗已建立的商业政府，可以想象和平联盟的资源将被征用以恢复秩序。

第21章 赫斯特的国防经济思想

赫斯特是国防经济学初创时期重要的代表性人物,面对19世纪末20世纪初世界政治、经济、军事的急剧发展变化,赫斯特深入思考战争的政治经济因素,较为集中地论述了战争与经济、战争与财政、战争与工业等方面的关系,提出了自己独特的战争经济理论。

第1节 赫斯特的生平与时代背景

赫斯特(Francis Wrigley Hirst,1873~1953年),1873年出生于英国约克郡西部哈德斯菲尔德市。他的孩童时代,似乎是一个幸福的孩子,但实际上已经在思考战争及相关问题。在战后那些饥饿的年月里,失业、税金增加使粮食涨到难以接受的价格,这些给他幼小心灵留下了深刻的印象。1891年赫斯特赢得牛津大学沃德汉学院最优秀的公开奖学金,在那里度过了他杰出的大学时代,并连续被选为图书管理员和牛津大学学生俱乐部主席。1899年赫斯特赢得科布登奖金,并开始当律师。尽管他多年来一直怀有靠当律师来获取收入的想法,但几乎没有几个客户找他办事,渐渐地他发现自己没有从事法律工作的天赋,此后他实际上渐渐放弃了律师工作,并转而从事新闻业和写作工作。

1900年2月14日，随着布尔战争①的进行，赫斯特和其他成员共同创建了自由主义者联盟（协会），反对侵略和黩武主义。他编辑了一部有益的演讲和作品选集，题为《曼彻斯特学派的自由贸易和其他基本原则》，并翻译和编辑了《英格兰当地政府》——一部很受欢迎的作品。也正是在这个时期，他分别于1904年和1905年编写出版了《事实与虚构》、《军备负担》。前者回应约瑟夫·张伯伦的关税改革演讲，后者请求缩减军事支出和海军支出。1906年，赫斯特在科布登主义者托马斯的资助下，匿名发表了作品《议会里的仲裁者》。在这部作品中，赫斯特通过想象一名前科布登成员和其他人之间的一系列对话，试图运用经济（学）的原理分析战争的罪恶。他还曾为大学图书馆编写了一些有关货币、投资、公共财政、国际贸易、海洋法及关于股票交易的书籍。

1907年，赫斯特开始担任《经济学家》杂志的编辑，并对该刊物进行重大改革，使其影响力超出商业界的范围。赫斯特一直担任该刊编辑，直到1916年，由于他反对第一次世界大战而被迫辞职。他并不后悔自己的选择，他对战争有自己的看法，正如他的朋友约翰·穆勒所说，他从战争一开始就认为这场战争是一场悲剧。赫斯特于1915年出版了《战争的政治经济学》。1916年到1921年，他编辑出版了商业周刊《常识》，后来该周刊与《曼彻斯特商业卫刊》合并，从此他全身心投入写作和旅游。

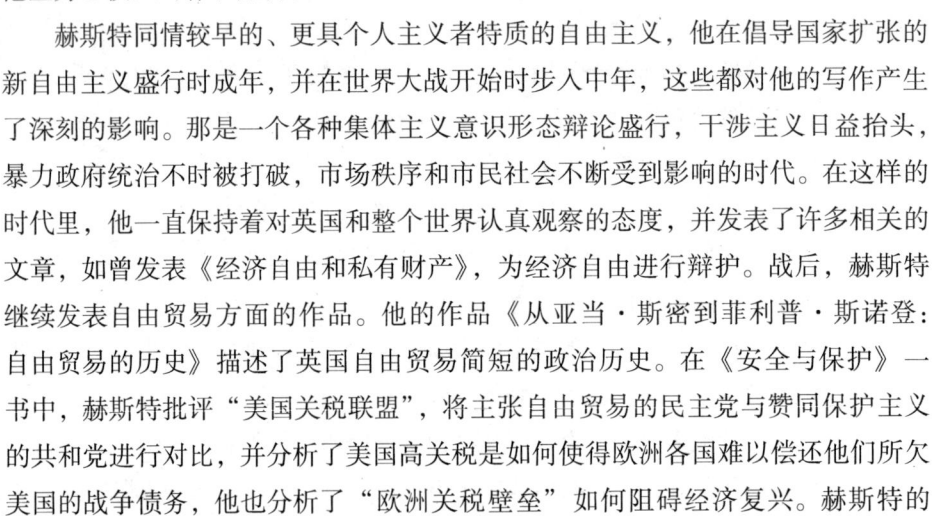

赫斯特同情较早的、更具个人主义者特质的自由主义，他在倡导国家扩张的新自由主义盛行时成年，并在世界大战开始时步入中年，这些都对他的写作产生了深刻的影响。那是一个各种集体主义意识形态辩论盛行，干涉主义日益抬头，暴力政府统治不时被打破，市场秩序和市民社会不断受到影响的时代。在这样的时代里，他一直保持着对英国和整个世界认真观察的态度，并发表了许多相关的文章，如曾发表《经济自由和私有财产》，为经济自由进行辩护。战后，赫斯特继续发表自由贸易方面的作品。他的作品《从亚当·斯密到菲利普·斯诺登：自由贸易的历史》描述了英国自由贸易简短的政治历史。在《安全与保护》一书中，赫斯特批评"美国关税联盟"，将主张自由贸易的民主党与赞同保护主义的共和党进行对比，并分析了美国高关税是如何使得欧洲各国难以偿还他们所欠美国的战争债务，他也分析了"欧洲关税壁垒"如何阻碍经济复兴。赫斯特的

---

① 布尔战争：1899~1902年，德兰士瓦省和奥兰治自由邦的布尔人政府联盟与英国政府之间为争夺德兰士瓦省和奥兰治自由邦的管辖权及商业利益而爆发的战争，以英国的胜利而告终。

其他作品还有《托马斯·杰菲逊的传记和书信集》、《约翰·穆勒的早期传记和书信集》，以及《穆勒1914年8月辞职备忘录导言》。在写作穆勒的国家传记辞典当中，赫斯特写道，穆勒的"忠诚行为，忠于信念胜于忠于党派"，这句评论也同样适用于赫斯特本人，他曾在1910年和1929年成功地当选为自由党候选人，后来又很快离开了该组织。1953年2月22日，赫斯特在经历了一场流行性感冒后，孤独地死于英国苏塞克斯郡。他是一位多产的作者，精于传记写作，并具有学者风度，知识广博，一生致力于对个人自由、贸易自由的不懈追求。

任何经济理论都是在一定的经济社会背景下产生的。17世纪中叶，人类技术时代形态开始由农业时代向工业时代过渡、政治社会形态开始由封建社会向资本主义社会转变，军事形态也随之开始由冷兵器军事向热兵器军事发展。19世纪末20世纪初，以电机、内燃机为标志的世界第二次科技革命对世界政治、经济、军事产生深刻的影响，这些都为赫斯特战争经济理论的最后产生提供了波澜壮阔的时代背景。

世界经济：始入帝国主义时代 19世纪末20世纪初，自由资本主义已经发展到垄断资本主义阶段，加剧了资本的积累和集中，社会生产力的发展和资本的增长已越出了单个民族的狭隘范围。在这样的大环境下，世界性大国总是力图奴役别的民族，掠夺殖民地，以获得原料产地和资本输出场所。后起的资本主义国家正在利用生产和资本的高度集中以及最新的科学技术成就，超越老牌经济大国，而后者又不甘心于这种局面的到来，从而大大加深了资本主义各国经济发展的不平衡性，于是新老帝国主义的矛盾达到了不可调和的地步。当时，在资本主义基础上，要想消除生产力发展和资本积累同金融资本对殖民地和势力范围的分割两者之间不相适应的状况，除了战争已难有其他解决办法了。

世界政治：世界大战爆发前夜 1882年，由德国、奥匈帝国、意大利三国建立的"同盟国"形成。1892~1907年，由英国、法国、俄国组成的"协约国"逐步形成。从此，这两大政治军事集团日益加快了争夺战略要地和扩张军备的步伐。当这种局面到了无法通过政治手段来解决的地步时，发动战争就成为了唯一的途径。帝国主义战争的经济政治根源已形成，帝国主义战争，即争夺世界霸权、争夺银行资本的市场和扼杀各弱小民族战争的爆发，正在成为不可避免的事实。这一切都必然引发人们对战争的思考，促使人们对战争经济进行深入的研究。

世界军事：进入机械化战争时代 18世纪中期爆发的第一次工业革命——

蒸汽机革命,对军事装备的发展产生了巨大影响,特别是蒸汽动力船的出现,造就了现代海军。蒸汽机车和铁路的实际运营,增强了军队后勤补给和战略机动能力,使战争规模明显扩大,预示着机械化战争时代的到来。19世纪下半叶,以近代科学炼钢法的发明与应用为起点,以电能及内燃机的广泛应用为标志,人类又开始了以重工业为重点,以大机器生产为特征的第二次工业革命。在科技革命的推动下,19世纪末20世纪初,以电机、内燃机为标志的世界第二次科技革命迅猛而至,不仅极大地推动了社会生产力的发展,更为军事技术的提升准备了雄厚的物质技术基础。汽油机、柴油机的发明,使战场上大量使用坦克、汽车等成为可能,新的军事工业部门如汽车生产工业、坦克加工工业等随即产生,速射机枪、坦克、飞机、潜艇、航母、无线电等一大批自动化、机械化武器装备相继问世,随着1903年美国莱特兄弟制造出世界首架飞机,在其后短短十多年的时间里,大批飞机在战场上使用,新的工业部门——飞机制造业出现。上述技术的发展,不仅使战场面貌发生了彻底变化,也使军事领域开始了一次新的革命,人类真正步入了机械化战争时代。

第2节　赫斯特的国防经济思想

今天的人们已很难想起赫斯特,但在20世纪上半叶,他却是一个曾在个人自由的万神殿赢得一席光荣之地的值得记忆的人[①],他曾在第一次世界大战及第一次世界大战后坚决主张个人自由、自由贸易,并拥护和平。他于第一次世界大战前夕出版的《战争的政治经济学》集中论述了战争与经济、战争与财政、战争与工业的关系,在国防经济学发展史上占有十分重要的地位。

一、战争与经济发展

长期的战争实践,使人们深刻认识到,战争越来越依赖于经济,经济实力与潜力对战争进程及结局具有决定性影响。作为一名极具才气的作者,赫斯特对研

---

① Brady,M.,1999,"Against the Tide: The Life of Francis W. Hirst", in *Freeman-New York Roundation for Economic Education*, Vol. 49 No. 6.

究战争与经济的关系，给予了足够的重视。

赫斯特首先指出了三种关于战争与经济关系的错误观点：（1）认为战争具有经济上的好处，即可以促进经济的发展；（2）认为战争可以增加财富，即可以用战争的手段来抢夺资源和财产；（3）认为战争可以促进经济贸易，即可以用战争手段打开对外贸易的口岸，占领对方市场等。赫斯特在指出三种关于战争与经济关系错误观点的同时，深入分析了它们之间的关系，得出了自己的结论：首先，战争给经济带来的繁荣只是短暂的。他认为，战争对经济资源的需求，可以在一段时期内刺激经济的一定增长，但这种增长是短暂的、虚假的。一旦战争需求的刺激消失，劳动力就将大量过剩，投资就会大量减少。市场上过剩的劳动力同过少的资本相对立，就会给经济带来破坏。其次，战争带来的债务，是一种最可怕和最有害的非生产性债务。为此，赫斯特在其著作中指出，欧洲各帝国主义国家"如此规模的军事开支决不可能是再生产性的。它耗尽了国家的财源，加重了税收，使国家的金融和商业活动陷于瘫痪，使公众的福利受到抑制"（库桂生，1998）。

二、战争与财政

早在第一次世界大战之前，赫斯特就曾对战争与财政的关系进行过大量的论述。此后，他对此类问题一直保持关注，论述也更加深刻。概括起来，主要有以下三个方面的内容：一是仅就经济意义而言，他认为所有用于陆军、海军和毁灭性武器方面的财政支出，都是浪费。他着重从经济学的意义上进行分析，指出对生产而言，军事开支的性质属于一种浪费；二是认为在全世界普遍的、永恒的和平确立之前，为实现这样的和平而支出一些费用，是绝对必要的；三是认为军事开支的数量，只限于保卫国家安全，使之免受侵略。

三、战争与工业

赫斯特在总结斯密等前人关于战争与工业发展关系理论的基础上，通过对欧洲各国军备与工业发展关系的考察，指出随着工业的发展，以往军队所使用的弓箭和石弩，已经被火药和步枪所取代。现代工业创造了新式武器，随着武器装备的发展变化，军队的组织结构也发生了变化。而武器装备的变化和军队组织体制

的变化，必将使现代战争出现新情况。此外，他还认为，现代战争的胜利，更多地依赖于工程和机械技术以及技术装备、相关的战略战术。前线震撼人心的战争胜负，往往是由不被人们关注的后方实验室及工厂中赢得的。

不难看出，赫斯特的战争经济理论就像他早期的作品一样，带有坚定地捍卫"自由和财富"以及对个人自由、贸易自由追求的色彩，具有一定的阶级利益、意识形态倾向以及属于那个阶层的价值判断。但在当时，这些观点尤其是关于战争与财政的三个基本观点，却是经济学、军事学界中最具代表性、系统性的理论之一，充分揭示了军事开支与国家安全、经济发展之间最深刻的内在关联，基本符合社会经济及战争发展的规律，成为国防经济思想史上宝贵的理论财富。

第22章 庇古的国防经济思想

庇古是20世纪英国最卓越的经济学家之一,学术界更多地把他作为福利经济学之鼻祖来看待,但不应忘记他也是国防经济学初创时期重要的代表性人物,他关于战争与经济、战时财政、战争资源筹集、战时经济管制、战争经济动员等的思想在今天看来依然具有十分重要的意义。

第1节 庇古的生平与经济思想

阿瑟·塞西尔·庇古(Arthur Cecil Pigou,1877~1959年),英国著名经济学家,剑桥学派的主要代表之一。庇古出生于英国一个军人家庭,他是这个家庭的长子,青年时代入剑桥大学学习,是英国著名经济学家马歇尔的高足,并在其鼓励下转学经济学。毕业后投身于教书生涯,成为宣传他的老师马歇尔经济学说的学者,先后担任过英国伦敦大学杰文斯纪念讲座讲师和剑桥大学经济学讲座教授,被认为是剑桥学派领袖马歇尔的继承人。他还担任英国皇家科学院院士、国际经济学会名誉会长、英国通货外汇委员会委员和所得税委员会委员等职。

庇古的名字总不可避免地和"庇古效应"相联系,他试图在古典主义有关工资和价格弹性的假设下通过逻辑完全性的演示,恢复新古典主义就业理论的地位。庇古首先注意到了私人活动会产生不良的社会影响，他还是当时攻击自由放任模型的重要人物。庇古早在 1912 年就在他的《财富和福利》一书中提出了这些令人困扰的问题，近半个世纪之后，经济学家们才意识到庇古曾经设法解决的论题是繁荣的经济所面临的最重要的问题之一，这个问题实际上将威胁到整个体系的合理性。

庇古比较有名的著作有《财富与福利》、《福利经济学》、《产业波动》、《失业论》、《社会主义和资本主义的比较》、《就业与均衡》等。《福利经济学》是庇古最著名的代表作，该书是西方资产阶级经济学中影响较大的著作之一，它将资产阶级福利经济学系统化，标志着其完整理论体系的建立，它对福利经济学的解释一直被视为"经典"，庇古也因此被称为"福利经济学之父"。庇古认为，《福利经济学》一书的目的，就是研究在现代实际生活中影响经济福利的重要因素，全书的中心就是研究如何增加社会福利。庇古的经济思想主要体现在以下几个方面：

福利经济学基本论点 庇古的福利经济学主要分两部分：一是根据边际效用价值学说提出一套福利概念，并把这种主观福利概念与国民收入联系起来；二是从国民收入的增加和国民收入的分配出发，推导出增加社会福利的各种因素。庇古从"福利"的概念展开论述。他把"福利"分为两类：广义的"福利"，即"社会福利"；狭义的"福利"，即"经济福利"，经济学所要研究的就是"经济福利"。庇古福利经济学的社会福利概念包含两个基本命题：第一，国民收入总量愈大，社会福利就愈大；第二，国民收入分配愈是均等化，社会福利就愈大。为衡量经济福利，庇古运用了边际效用基数论。个人经济福利即个人满足的总和，而满足来自商品的效用，因此个人经济福利就是由效用构成的。对效用的计量问题，边际效用论分为基数论和序数论两派。西方经济学界把庇古的福利经济学称为"旧福利经济学"，以区别于以序数效用论为基础的"新福利经济学"。

社会资源的最佳配置 为了研究社会资源配置问题，庇古提出"边际社会纯产品"和"边际私人纯产品"两个概念。他认为，要使生产资源的配置达到最适宜的程度，必须使"边际私人纯产品"和"边际社会纯产品"相等，从而使"边际私人纯产值"和"边际社会纯产值"相等。应当由国家来进行调节，使之趋于一致。当边际社会纯产品大于边际私人纯产品时，国家应通过补助金政策扩大该部门的生产；当边际社会纯产品小于边际私人纯产品时，国家应通过税收政策缩小该部门的生产。

收入均等化学说　庇古提出，从分配方面来说，要增加社会经济福利，就必须实现收入分配的均等化。庇古的政策主张包括：政府一方面采取向富人征收累进所有税、遗产税之类的措施；另一方面又采取一些社会福利措施，如养老金、免费教育等，将货币收入从富人那里"转移"给穷人，就可以增加穷人的所得，增加货币的边际效用，从而使整个社会的满足总量增加。庇古认为，福利措施应当以不损害资本增殖和资本积累为原则，否则就会减少国民收入和社会福利。

经济学界尚不熟悉的是，庇古还有一本专门关于战争的政治经济的书——《战争的政治经济学》，此书于1921年首次出版，1940年再版。此书以战时经济为中心，全面探讨了战前、战时和战后的战争与经济关系问题。庇古认为，第一次世界大战时经济学家有责任研究战时经济问题，这与和平时期的经济是完全不同的。他之前还写过《战争的经济和金融》和《资本杠杆和战争福利杠杆》，这都使他在国防经济学发展史上占有十分重要的地位。

第2节　庇古的国防经济思想

庇古继承了亚当·斯密的格言"富裕不是防御"，军备——即使是昂贵的，并对正常的经济活动造成干扰——但仍然是必需的。他把这种防范和国家的保险政策联系起来，同样原因他通过分析与经济动员管理相联系的问题，也认为一个国家必须适应这些限制。

一、战争与经济

庇古对战争与经济的探讨主要有两方面，一方面在于战争的发生对于经济的影响，另一方面在于经济对战争的影响，主要是对战争经济原因方面的分析。战争对经济的影响方面，庇古主要对战争对平时经济组织和经济政策的影响进行了分析，他认为战争对一国经济最显著的影响在于战争的存在使得一国必须致力于陆、海军及各种军需工作准备，许多人和物脱离了日常的生产。同时，战争对经济的影响还包括由于对军备的补充和设置而造成的经济牺牲。

最显著的，战争将起的威胁，足使一国必须致力于陆海空军及各种军需工业之置备。因此每年使许多人以上的体格、丰富的智能、饶有组织和发明能力的人以及许多灵巧的机器，都脱离了日常的生产事业。

……

因国防的考虑，各国海陆空运输制度的效率，必较常时为减低。只因此损害国富之程度若何，我们自不易言。不过我们可以很合理地推断：对于经济力自由运行的任何干涉，如不以改善经济福利为目的，而含有一种非经济的性质，总会移用一国资源于比较不生产之途，从而多少会使一国的景况不及平静无事的时候来得好。

庇古：《战时经济学》（中译本），北京理工大学出版社 2007 年版

庇古认为促成战争的情形有很多，但战争真正的原因，不外"统治欲"和"求利欲"两种：

战争的爆发，促成之情形甚多，有时且为至微细之事件，如："对于国旗之侮辱"，官吏之被暗杀，军队或战舰中慌张的军官之鲁莽的举动以及狡猾外交家之伪造电报等。但是这些并非战争的原因，不过是火药库中之一引火的火柴而已。真正的基本原因却在火药背后的那些东西（事件），最后分析起来，不外统治欲和求利欲二者。

庇古：《战时经济学》（中译本），北京理工大学出版社 2007 年版

他分别从工业化国家的商人、金融家、军需企业等的角度，对战争的经济原因——"求利欲"进行详细分析，并指出各国政府之间的角逐，实质上是各国政府以外交和军事力量为后盾，支持他们的商人和特权追求者的活动。

工业化国家的商人，自然欲获得有利可图的适合藏，以为推销货物的尾闾。因保护关税和特惠关税的流行，他们常常觉得在别国统治下的领土上辄遇到该统治国人民所无的重税窒碍。因此，为免除这些窒碍起见，他们希望本国政府统治的地域愈大愈好。已经获得广大领域之后，他们又想：如本国政府能予他们的竞争者以重税的打击，必可进一步改善他们自己的地位。因此许多国家中经营出口贸易的工商业家，都愿赞助本国政府在无绝大危险之情况下，扩张他们利益范围的地域。

金融家寻求有利的特权，也足以驱使他们趋向帝国主义的途径……取得特权的求利欲，同样地而且较商业上的求利欲更有力地足以驱使各国政府从事于未开发领域的势力范围和统治权的角逐。

国防经济思想史

他们（军需制造者）的欲望，是要售出他们的货物。他们的成功，各国政府相互间的猜疑与恐惧必将愈滋，从而使战祸爆发的材料堆积亦将愈高。

庇古：《战时经济学》（中译本），北京理工大学出版社 2007 年版

二、战时财政

庇古坚持认为政府必须通过税收来给日常运作提供财政支持，在平常情况下，主张应该限制从要求回报的资本市场上借入资金。

在秩序安定的国家，除非纯为一时权宜之计，所需经常费用，不宜有别种筹措的方法。因为如果一国政府常常举债来供应它的经常费用之一部分，久而久之势必债台高筑，单是债息一项，也要超过其每年所借到的费用。因此，通常认为健全的财政，其经常费——贫民之救济、学校之维持、和平时军队之给养等等——的来源，应取给予赋税，而且只应以赋税为唯一供给之源。

庇古：《战时经济学》（中译本），北京理工大学出版社 2007 年版

而在战争时期，政府不可避免地被迫借贷，庇古拒绝以强迫的方式来使公众向国家提供战争资金，他把强迫举债定义为"危险的举动"。政府必须通过调整方案的形式来"迎合各种不同的口味"而不要在通常所提供的条款上做任何提高。认为影响在战时成功举债的一个重要因素是在安置债务时的"直接的消极方法"，消极方法相当于阻断了一系列公众选择拨出资金的可供选择的途径。价格控制和配给可以控制消费品，而许可证则限制了资本商品的支出。这些方法，再辅以对资本流出的限制，可以使公众更清楚并增强成功募集战争债的前景。

欧战期间，英国政府曾竭力募集自由公债，此举异常重要。盖若应募者寥寥，则政府势必至于减少军费，而危及战事的地位。或须尝试强迫募债的危险；或更增加信用的制造，而影响物价与分配，以致于贻害民生。因此，政府曾经筹划了许多间接方法，以期增加债款而充实国库。这许多的方法，有些是积极的，有些是消极的。

最显著的积极方法，即为增高利息。

要增加募债的吸引力，有时不必借助于借贷实际条款的优越，而在运用迎合各种嗜好的方法和方式。

除了上述方法以外，在战时还诉诸爱国心的特殊手段。

促进战时公债流动的消极方法，在杜绝私人使用其资金于其他途径。

庇古：《战时经济学》（中译本），北京理工大学出版社2007年版

极度依赖举债来为战争提供资金最严重的问题就是最终会影响收入分配。首先会寻找上层收入群体来持有政府债券，这个交易的净结果就有利于富人而不利于穷人。

赋税方法可使富人在战时分任的负担，较其平时担负经常战费的比例为大，此外别无他事；而公债方法，尽管在当时是同样地运用，但至日后，富人或其子嗣却可以从贫民身上榨取一些利息来弥补他们当时一部分的负担。如果我们放开眼光作一久远的观察，我们可以这样地断言：在赋税方法之下，富人担负战费的比例远较其担负平时用费为大；而在公债方法之下，他们担负战费的比例，虽稍较平时为大，但不甚多。

庇古：《战时经济学》（中译本），北京理工大学出版社2007年版

但是庇古主张消除战争债还有另外一个原因。他料到因为金本位被恢复了，英国如果想具有国际竞争力，就必须在战后早期实行通货紧缩（在1921年他坚定了重建金本位或恢复战前对美元汇率的可取性）。在物价总水平下降的情况下，债务的实际负担就变重了，这种考虑也加强了对资本征税的论点。

有效金本位制度的恢复，第一必须确定，现金准备的常额足以制止因现金缺乏而引起贴现率的剧烈的变动；第二可以扫除战争所遗存的币制之（技术上的）困难，但是无价绝不能就此恢复战前的平准。战争驱使各国使用纸币以代现金，结果是大大地减少了现金换物的需求。

庇古：《战时经济学》（中译本），北京理工大学出版社2007年版

三、战争资源筹集

对战争资源的筹集，庇古主要从战争资金的来源和战费的筹集方式方面来分析。庇古认为在战争时期，一国基本的人力和物力总量并无异于和平时期，只是他们的用途有所改变。战争时期的焦点在于对战争直接耗用资源的供应。

在战争时，一国基本的人力与物质的资源，自无异于平日。但他们却流用于别途，而其注意的集中点亦变。平时所注意的是一国货物与劳役能有规律生产，

而其人民能有适当闲暇的享受；战时吾人所注意的，则是尽力榨取，以供应直接使用于战争的实际过程所需要。

庇古：《战时经济学》（中译本），北京理工大学出版社2007年版

而对于战争资金的源泉，庇古认为主要有四种：增加生产，减少个人消费，减少新投资和减少现有资本。生产的增加大部分是由于爱国意识的激励，同时有政府的强制手段的实施和劳资纠纷的减少做保证。

> 生产力的增加，自然大部是由于爱国意识的激动。许多国人自告奋勇地涌进军用品制造的工场，且愿从事长时间的劳动，正如一个家庭忽然发现其房屋正在着火而呼救时一样地奋勇出力。国家还可因爱国主义直接或间接强迫个人贡献其劳力。这种强制行为所增给国库的生产力，远过于爱国心输将之数。直接强制之最充分表现的实例，就是征集有兵役年龄的人们入伍作战。间接强制系经由明的或暗的重税而施行……在战争时，劳资双方为希望本国胜利的爱国心所激动，辍业之范围与重要，或可为之大减。

庇古：《战时经济学》（中译本），北京理工大学出版社2007年版

对个人消费的减少，庇古认为，人们节省平时用的很多资源都可以移到战争的用途，同时庇古认为减少个人消费应当是有选择的，一方面要考虑节省之物对国家的效用，另一方面要考虑个人的牺牲程度。他说：

> 如果人民能节饮食、少旅行、少赴戏院、少雇佣役、少用煤炭以及类似的节省，则平时用以满足个人欲望的许多资源，自可移供国家战争之用。
>
> ……
>
> 人民的义务，不但依据各种被撙节的东西对于国家效用的大小，而且还要视各种东西撙节对于撙节者的牺牲程度如何而定……比起他们自己个人好恶的标准来，他们应当多撙节那些表上位次较高的物品，少撙节那些位次较低的物品。至于这种义务应推行至何种程度，只能以一切有关的实际情形为根据而决定之。

庇古：《战时经济学》（中译本），北京理工大学出版社2007年版

庇古认为，减少新的投资是战争资金的第三种来源：

> 节省非战争工业的新投资，即可以大增战争用的资源，因在许多最进步国家中，平时每年新投入的资本，为数甚巨。

庇古：《战时经济学》（中译本），北京理工大学出版社2007年版

庇古认为，战争资金来源的第四种来源为现在资本的减少：

> 现在资本的减少，其中最显著的方式是直接将特种资本移供战争之用。一国平时资本的一部分，即在从生产者转入最后消费者之过程中，所存贮于货栈或商店的消费品。这种存货自可取用……我们不必取用零星的资本，而挪用那些平常用以维持资本运转的资源去充战时的"消费"。
>
> 庇古：《战时经济学》（中译本），北京理工大学出版社2007年版

对战费的筹集方式，庇古认为有赋税、公债和制造银行信用三种。庇古将赋税和公债进行比较，认为前者较可取。但在实际生活中，赋税的阻力较大。

> 许多人以为：战费如由赋税来应付，经济负担是限于当时的；如由公债来应付，则其负担可延缓到将来，这实在是一种误解。
>
> 内债与赋税之间，并不如一般所想象的那样有显著的差别……资源之得自额外劳动及私人消费之撙节者，大部由所得而来，其牺牲限于现在；至于资源之得诸新投资之限制，原有设备之减少以及出售产业于外人以及其他者则出自资本，其影响且于将来。如政府向某人征收定额的货币，而此人又不能将其担负转嫁于别人，则他究竟用哪种来源来担负，并不是决定于他所征收的方式。他可以资本来应付政府的赋税，以所得来应付政府的债款。故论决定用何种来源去担负时，应缴数额的大小较之缴付的方式，实为更重要的因素。
>
> 庇古：《战时经济学》（中译本），北京理工大学出版社2007年版

四、战时经济统制

庇古认为，自由市场经济不会自动成为最优的选择；社会经济领域的成本和优势不同于私人经济；干预主义可以调节收入分配，因而是正当的。对战时的经济统制，庇古主要从物价统制和定量分配方面分析，其中定量分配分为消费者生活品的定量分配和生产者生产资料的定量。

庇古在《战争的政治经济学》这本书中解释说，在战时，政府必须取代市场，这样才能控制关键商品和服务的供给，从而有力干预关键经济部门和企业，并以商定价格给这些企业以补偿，这样做的目的是阻止生产者额外提高价格。

> 这样的物价统制（由独占以外的因素形成之高物价的统制）为欧战前所未闻。在大战期间，它的任务却显得非常重要，其所适用的范围亦至广泛。它的目

的，是防止社会上占有幸运地位的人们，牺牲一般社会的利益而攫取"暴利"——统制的目的物，特别是那些政府要向他们购买的物品以及贫困阶层日常消费的必需品。

战争从两方面可使有些物品的供给大行缺乏。一方面，政府对于军用品、军服等的需要，远过平常供给的数额。另一方面，因为船只的不足和劳工为军队与军用工业所征调，各种日常生活品的供给，较寻常大为减少。不过物品的缺乏，无论是由于哪一方面的原因，都可使持有这些物品或能迅速生产这些物品的人们，大大地抬高其物价。

庇古：《战时经济学》（中译本），北京理工大学出版社2007年版

定量分配，是估定每人每周购买某几种食物的最大分量。庇古认为，定量分配是物价统制的辅助制度。在实行物价统制时，某些物品的价格被压低，导致需求大于供给，这就要求定量的分配。

采取定量分配制度，用意在辅助最高价格制度使其不陷于分配上的失调……战事期间，许多物品如乳酪、鱼类、马铃薯、鸡蛋等，其最高价格虽受限制，但每人购买额并未限定。要是对于大宗主要食品（面包除外，它的生产是受政府津贴，规定最高价格并不会使需求超过供给）单定最高价格，足以引起人们攫取有限供给量的剧烈的斗争，使斗争失败者蒙受严重的损害，而社会的和平亦将发生危险。主要食粮采用定量分配制度，即所以救济这些弊害。

庇古：《战时经济学》（中译本），北京理工大学出版社2007年版

在决定采用定量分配制度后，庇古接着提出定量分配的原则，"以生理上需要，而非市场上需要为根据"，他认为：

我们可以理想出一种分配制度，以各购买者（他的购买量必须削减）受到均等的牺牲为基本目的……这一种分配制度是要使任何买主从准许购买的最后一个单位商品中所得到的满足，与其他任何买主从准许购买的最后一个单位商品中所得到的满足相同；或更推广而言之，这种定量分配制度，是以生理上需要为根据，而非市场上需求为根据。

庇古：《战时经济学》（中译本），北京理工大学出版社2007年版

庇古认为，某些商品，消费者的需求是由商品各用途所引起的几种需要组成，对这些商品与其不问其用途而统制在人们之间的分配，不如统制用途间的分配，即对供给的统制。他认为这种统制，应以国家的缓急轻重为标准。

233

战时对于原料可供不同用途者的统制，自然只能粗以其用途对于国家的缓急轻重为标准。拟定这个标准最见到的方法是：如某种原料缺乏，则凡属一望而知为不重要的用途，一概不准使用。

庇古：《战时经济学》（中译本），北京理工大学出版社2007年版

庇古认为仅仅禁止某几种用途是不够的，还应确立一种优先使用的制度，同时政府可对原料制造商在生产规模上实行限制。

仅仅禁止某几种用途，还觉不够。我们还得另立一种优先使用的制度。优先购买证应分各种等级，必先满足持有用途较紧急之购买证者的需要，然后才许卖给持有用途较不紧急之购买证者。

当用途的分配已经统制后，因为原料须经过一种制造的过程，所以在从事制造的工厂间还有一个分配统制的问题。政府当局如于限制物价之外，别无措置，则这种分配，也会因幸运或徇私而发生紊乱状态。故有政府的统制往往较优。不过所谓统制，实含有选择某种标准的意义，依次标准，政府始得进行统制。

庇古：《战时经济学》（中译本），北京理工大学出版社2007年版

五、动员与复员

很多经济学家认为第一次世界大战期间的经济动员经验是一个专业的令人大开眼界的东西。实际上，在19世纪20年代早期，美国的一个研究机构就论证了关于战争经济的组织会产生此前不为人知的比正常情况下提高经济绩效途径的课题。该研究机构尤其提到了因为深思熟虑的协调所带来的效率上的巨大收获。因此他们主张鼓励建立行业协会并共享信息以消除浪费。

对经济复员是否涵盖在经济动员的学说中，常有争论。庇古的《战时经济学》详细论述了战后的"善后"问题，这表明庇古认为经济动员理论是包括复员内容的。在通货与汇兑的善后问题上，庇古认为在战时，制造银行信用的方法会受到反对，如果继续采用，会引起物价和汇兑率的不稳定，阻碍商业契约和工业的发展。他认为解决的办法是：

若要停止这种信用的扩张，除了政府自己停止制造信用和偿还国库券外，还须有更进一步的方法：或者提高银行的贴现率，或者禁止信用券的再制造。前一法足以间接使信用券的制造停止，后一法足以间接提高银行的贴现率，其归结的

目的，两者实际都是一样。

庇古：《战时经济学》（中译本），北京理工大学出版社2007年版

庇古认为，即使信用已经不再扩张，金融也不能都恢复到战前原有的状态。欧洲各国采取的战时财政制度，都破坏了本国的金本位制度。他认为，工业界最急迫的需要，是缩小世界各国间的汇价变动，尽量恢复有效的金本位制度。

减少实际上汇兑率变动的最好方法，是在尽量恢复世界各国的有效金本位制度——在此制度下，现金依照其与通货一定的平价，复可自由输出。这样一来，已恢复金本位各国间的汇兑率以及他们与金本位并未中断之国家间的汇兑率，均可与战前一样的平稳。

庇古：《战时经济学》（中译本），北京理工大学出版社2007年版

在输入品与国外投资问题上，庇古认为，战争使输入增加，尤其是军火和粮食，同时制造输出品减少。解决这一问题，庇古提出两个办法，一是获取充分的外国购买力的支配权，二是保留这种购买力去偿还这些必需品的货价。他说：

获取外国购买力的支配权，其方法有四：①输出货物与有价证券；②出卖证券、现金及其他可以买卖的资产于国外；③借发行普通公债向外人借款；④出卖本国纸币于外国投机家。在战时以及战后混乱的状态中，制造家绝不能输出大宗的货物，即可以卖给外人的证券和其他财产也很有限，不足以弥补这些货价。再，外国私人的借款以及外国投机家所购买的纸币，为数也极有限。不过除此之外，还可向外国政府借款。

庇古：《战时经济学》（中译本），北京理工大学出版社2007年版。

对内债的偿还问题，庇古认为应采取特别课税政策，一次偿还本金的大部分，如果可能甚至全部偿还。他认为：

就社会全体而论，偿付国内公债不能算是一种支出；它不过将社会某部分人的财富转移给另一部分人，社会全体却没有付出什么。由是个人的贫穷虽不足以清偿债务，社会的穷困虽不足以清偿其对外债务，然欲一社会一次付清其对内债务，却非不可能之事。

征课特别税以清偿宿债的直接效果，是在减少所需岁入的数量，亦即减少将

来应课的税率。

……

鉴于战后所需预算之巨大，以及各种赋税及税率之足以阻碍工业，就国民生产力的观点看来，我们征收巨额的特别课税以偿还国内公债是可以的。

庇古：《战时经济学》（中译本），北京理工大学出版社2007年版

战后实行的经济统制，庇古认为在某些特种工业内部还有意义。他举例说：

英国政府将铁路收归国有以后，各路彼此的合作，确较以前进步。譬如，属于私人煤炭公司而用于铁路方面的车辆从此集合起来，车运实行审慎的管理，为一般的经济而不为各竞争公司的营利以及其他等等。……复次，工厂之改造军用品者，政府的统制可使各种制造的方法和过程公开，而不致像平时因为生产竞争，各厂对于特长的制法保守秘密，以致有许多无谓的浪费。

庇古：《战时经济学》（中译本），北京理工大学出版社2007年版

而对统制政策应该采用"国有化"的政策，由政府指定一定的团体接办还是仅仅从旁加以监督，庇古并没有给出建议。

第23章 熊彼特的国防经济思想

熊彼特以"创新理论"解释资本主义的本质特征，解释资本主义发生、发展和趋于灭亡的结局。熊彼特也试图将战争引入对经济结构历史演化的解释中，对资本主义与战争、战争与资本主义演化、战争与经济政策等国防问题进行经济学分析。

第1节 熊彼特的生平与经济思想

熊彼特（J. A. Joseph Alois Schumpeter，1883～1950年），美籍奥国经济学家，当代资产阶级经济学代表人物之一。熊彼特出生于奥匈帝国摩拉维亚省特里希镇的一个织布厂主家庭。早年肄业于维也纳大学，攻读法律和经济，1906年获法学博士学位，是巴维克的门生，随后游学伦敦，求教于马歇尔。第一次世界大战前后，曾在奥国的几所大学任教，1913～1914年受聘为美国哥伦比亚大学客座教授，并被该校授以荣誉博士学位。1918年曾一度出任由考茨基、希法亭等人领导的德国社会民主党"社会化委员会"的顾问。1919年曾短期出任鲍威尔（Otto Bauer）等人为首的奥地利社会民主党参加组成的奥国混合内阁的财政部部长。1921年，任私营皮达曼银行经理。1925～1932年又从官场仕途回到学术界，赴德国任波恩大学经济学教授。1932年迁居美国，任哈佛大学经济学教授，直到逝世。其间，1937～1941年曾任"美国经济计量学会"会长，1948～1949年任"美国经济学学会"会长。

熊彼特的主要著作有《经济发展理论》、《经济周期：资本主义过程的理论、历史和统计分析》、《资本主义、社会主义和民主》、《从马克思到凯恩斯十大经济学家》、《经济分析史》等。熊彼特以"创新理论"解释资本主义发生、发展和趋于灭亡的结局，从而闻名于资产阶级经济学界，影响颇大。他在《经济发展理论》一书中提出"创新理论"以后，又相继在《经济周期》和《资本主义、社会主义和民主》两书中加以运用和发挥，形成了以"创新理论"为基础的独特的理论体系。"创新理论"的最大特色，就是强调生产技术的革新和生产方法的变革在资本主义经济发展过程中的至高无上的作用。熊彼特的经济思想主要表现在以下方面：

创新理论 按照熊彼特的观点和分析，所谓创新就是建立一种新的生产函数，把一种从来没有过的关于生产要素和生产条件的新组合引入生产体系。在熊彼特看来，作为资本主义"灵魂"的企业家的职能就是实现创新，引进新组合。所谓经济发展就是指整个资本主义社会不断地实现新组合，资本主义就是这种"经济变动的一种形式或方法"，即所谓"不断地从内部革新经济结构"的"一种创造性的破坏过程"。熊彼特认为，只有在他所说的实现了创新发展的情况下，才存在企业家和资本，才产生利润和利息。这时，企业总收入超过总支出，这种余额或剩余就是企业家利润，是企业家由于实现了新组合而应得的合理报酬。资本的职能是为企业家进行创新提供必要的支付手段，其所得利息便是从企业家利润中偿付的，如同对利润的一种课税。在这个创新理论中，人们只能看到生产技术和企业组织的变化，而资本主义的基本矛盾和剥削关系则完全看不见了。

经济周期理论 熊彼特又以"创新理论"为依据，在《经济周期》及有关书刊中，提出了他的经济周期理论。他认为，一种创新通过扩散，刺激大规模的投资，引起了高涨，一旦投资机会消失，便转入了衰退。由于创新的引进不是连续平稳的，而是时高时低的，这样就产生了经济周期。历史上的创新千差万别，对经济发展的影响也大小不同，因而周期有长有短。他综合了前人的论点，提出在资本主义历史发展过程中同时存在着三种周期的主张：（1）历时50~60年的经济长周期或长波，又称"康德拉季耶夫周期"；（2）通常所说的平均9~10年的资本主义经济周期，又称"朱格拉周期"；（3）平均40个月的所谓短周期或短波，又称"基钦周期"。他宣称，这几种周期并存而且互相交织的情况进一步证明了他的"创新理论"的正确性。

自动过渡论 熊彼特在《资本主义、社会主义和民主》一书中攻击了马克思

的历史唯物主义、劳动价值论和剩余价值论。他提出了资本主义将自动过渡到"社会主义"的论点。他断言：一旦经济进步使一切都非人身化和自动化了，无须人的作用了，创新本身降为例行事物了，那时企业家就因创新职能日弱、投资机会日渐消失而变得无用，"资本主义就将活不下去"，并将自动地进入"社会主义"。

当前熊彼特学说在西方学术界的影响有更大的扩展，特别是由于科学技术的进步，熊彼特的"创新理论"受到西方更多学者的重视。

第2节　熊彼特的国防经济思想

熊彼特所著的《资本主义、社会主义和民主》试图将战争引入对经济结构历史演化的解释中，在两次世界大战之间，推动了人们对国防问题进行经济学研究的发展过程。

一、资本主义与战争

熊彼特反对战争是经济驱动力的看法，认为虽然战争确实对经济产生了影响，但却不是长期的经济驱动力，只有主要的技术创新才可以解释长期的经济发展周期。他认为：

> 资本主义本质上是一种经济变动的形式或方法，它不仅从来不是、而且也永远不可能是静止不变的……这些变动（战争、革命等）常常是产业改变的条件，可是这些变动并不是产业改变的主要推动力量……开动和保持资本主义发动机运动的根本推动力，来自资本主义企业创造的新消费品、新生产方法或运输方法、新市场、新产业组织的形式。
>
> 产业突变的同样过程……不断地从内部使这个经济结构革命化，不断地破坏旧结构，不断地创造新结构。这个创造性破坏的过程，就是资本主义的本质性的事实。
>
> 熊彼特：《资本主义、社会主义与民主》（中译本），商务印书馆2009年版

熊彼特从宏观经济角度研究了国家关系，他认为国家关系和公司间关系类似。没有哪个国家能在很长时间内对国际力量平衡起决定作用。熊彼特否定了

"经济武器"的作用,认为大国之间经济竞争恶化所引起的"经济战争"并非资本主义消亡的决定因素。他以普法战争为例,认为:

> 没有一场战争在经济上重要得能以这种或那种方式施展重大影响,为德意志帝国奠定基础的普法战争可能是个例外。但是,在经济上发生重大作用的事件毕竟是关税同盟的建立。这期间有军备费用支出,但是在被认为军备费用达到真正庞大的 1914 年以前 10 年的环境中,这种开支对经济只是一种障碍而不是刺激。
>
> 熊彼特:《资本主义、社会主义与民主》(中译本),商务印书馆 2009 年版

熊彼特不认为资本主义国家间为争夺领土所发生的战争已经被资本家划分商业版图的冲突所取代,在熊彼特看来,地理争端的日益减少会刺激国际经济竞争,新的竞争领域将是技术层面的而非领土争端。

> 人口增长率的降低使人们不再考虑这个念头,即大自然对人类努力的报偿或者已经、或者会立刻变得不如过去那么慷慨。技术进步有效地扭转任何这样的趋势。我们现在最可靠的预言之一是,在可预见的将来,我们将生活在食物与原料的烦人富饶之中;让总产量尽量扩大吧,我们知道使用它。
>
> 熊彼特:《资本主义、社会主义与民主》(中译本),商务印书馆 2009 年版

随着战争成本的不断升高和各社会更加理性和对和平的推崇,国际关系会变得更为和平。熊彼特认为经济竞争不会导致军事冲突。但是,熊彼特认为领土的扩张会威胁到资本主义的长期存在。因为和人口增加、技术进步、公共部门的增多等类似,开疆拓土造成资本主义资源紧缺,这使一些没有被掠夺的国家便会成为这些国家侵略并可能开拓的新市场。

> 一个国家或地区越小,它的命运与生产过程中一个特定要素结合得便越密切,当这个要素告罄时,我们对今后贮藏它便感到越没有信心……这样的可能后果在经济世界分裂为敌对国家势力范围时可能大大严重,这也是正确的。
>
> 熊彼特:《资本主义、社会主义与民主》(中译本),商务印书馆 2009 年版

熊彼特弱化了对外扩张在资本主义发展过程中的重要性,认为版图的扩张是偶然事件,因此其对资本主义没有推动作用,而资本家的行为才是决定性的。他认为随着时间的流逝,经济将抹去国家之间的边界线,而真正的边界线其实是技术。

熊彼特并不同意马克思主义关于"资本主义的好战性"这一假设,认为资本主义越发展,因经济原因而爆发战争的可能性就越小。军事行动同"资本主

义制度下的人们"的"思想"和"才能"无关。即便资产阶级再有钱,他们也会放弃发动战争的念头,因为战争的成本太高了,这种观点和马克思主义的观点恰好形成了鲜明的对照。针对资本主义社会将大量资源投入军事这一现象,熊彼特解释说这样做的目的是自卫而不是侵略,他也并不认为军事开支对资本主义本身的运行有什么特殊之处。他的主张是:

> 第一,这种资产阶级分子好战的例子不能如马克思主义所说的那样——完全地或主要地——以经常造成资本主义征服战争的阶级利益或阶级地位来解释;第二,做你以为是你生活中正常的事业,你为它一年到头进行锻炼,你根据它决定你的成功与失败,和做不是你本行的工作,你的正常事业和你的精神状态使你不适合做这种工作,它的成功将增加大部分非资产阶级职业的威望,这二者之间是有区别的;第三,这种区别坚定地表明——在国内事务中和国际事务中都一样——即使衡量金钱利益显然对进行战争有利的地方(在现代环境下一般不大可能出现这种情况),也应反对使用武力,赞成和平安排。我们清楚地看到,事实上一个国家的结构和态度资本主义化越完全,这个国家越是主张和平——越倾向于计算战争的代价。
>
> 熊彼特:《资本主义、社会主义与民主》(中译本),商务印书馆2009年版

熊彼特认为,战争不是由经济结构体制决定的,而是历史发展的产物。针对人们对资本主义社会为何还会发生战争的疑问,熊彼特给出了三个原因:自卫、寻求经济利益和屈于利益群体的压力。并认为,经济原因而引发的战争不是资本主义制度所特有的现象,这样的战争只存在于特定历史阶段。

二、战争与资本主义演化

熊彼特认为,战争加速了社会主义的诞生,但并不是直接导致资本主义消失的因素。资本主义之所以活不下去,主要是由于创新职能日渐弱化和投资机会日渐消失所致。

> 这种职能(企业家创新职能)的重要性正在丧失,在今后,其重要性必定还会加速丧失……革新本身已降为日常事务了。
>
> 这样,经济进步日趋于与个人无关和自动化。机关和委员会的工作日渐取代个人的活动。

> 如果资本主义的进化——"进步"——停止了，或者变得完全自动化了，那么，产业资产阶级的经济基础，除了还能苟延一段时间的准地租与垄断利润的残余外，最后将降为付给日常行政工作的工资。因为资本主义企业由于它本身的成就使它的进步自动化，我们可以由此得出结论：它倾向于使自己变得多余——它会被自己的成就压得粉碎。完全官僚化了的巨型工业单位不但驱逐中小型企业，"剥夺"其业主，而且最后它还会撵走企业家，剥夺作为一个阶级的资产阶级。在这个过程中，资产阶级不但失去收入，而且丧失远为重要的它的职能。

熊彼特：《资本主义、社会主义与民主》（中译本），商务印书馆2009年版

熊彼特认为两次世界大战大大加速了资本主义向社会主义转变的进程，同时不可避免加强了国家干预主义，社会主义迟早会取代资本主义。他说：

> 战争和由它引起的混乱，把社会主义者推上政坛；但在旧外衣的破片底下，社会机构尤其是经济过程依旧和以前的一样。就是说，社会主义者必须管理一个本质上是资本主义的世界。
>
> 社会民主党人对国家行政机器各部分的牢牢掌握，不但有助于更严格的纪律，而且有助于增加党员和党可以指望的选票……他们就这样巩固他们的阵营，直到他们的地位根据寻常标准看来达到坚不可摧的程度。

熊彼特：《资本主义、社会主义与民主》（中译本），商务印书馆2009年版

熊彼特在1949年出版的《通向社会主义》书中，详细探讨了战争问题，同时它还比较了资本经济结构发生的变化。认为大的战争可以将社会制度加速改变为另一种制度（社会主义），但这是一个非常漫长的过程。他认为第一次世界大战和第二次世界大战均加速了资本主义向社会主义转变的进程。

三、战争与经济政策

熊彼特强烈反对战争刚刚结束时就实行通货膨胀政策，认为这会使工人要求增加工资，还会加强政府对经济的干预，从而不利于发挥个人的主动性。熊彼特强调更深层次原因所引发的战争对经济变革的催化作用，认为战争是持久修正资本主义组织条件的历史机遇。在这种考虑下，他批评那些旨在恢复战前面貌的经济政策，尤其反对通货紧缩和金本位制。

> 最重要的是，从他们（德国）的立场来看，他们完全有理由相信，他们也是

医治"帝国主义战争"造成的创伤,恢复国际关系和清理不是他们过失纯粹是资产阶级政府作为和平代价造成的混乱局面。在这方面,他们犯了与他们资产阶级竞争者根据不同立场犯下的同样错误——相信集体安全和国际联盟,重建金本位货币和取消贸易壁垒。

熊彼特:《资本主义、社会主义与民主》(中译本),商务印书馆2009年版

熊彼特虽然不甚满意,但他依然认为公共措施可以维持资本主义经济,即使在经济停滞时期也可以发挥效果。他高度评价了第二次世界大战以后美国的高军事支出,因为这可以遏制通货膨胀趋势,与凯恩斯以及其他经济学家的著作一样,熊彼特的著作表明经济学开始对国防问题感兴趣了。

第24章 罗宾斯的国防经济思想

罗宾斯是伦敦学派的主要代表人物，除了在经济学各个方面的卓越建树外，他还忧心于世界大战带来的全球性灾难和对人类未来生活所产生的影响，在第二次世界大战前后出版了多部关于战争与和平经济分析方面的专著，对战争的经济原因、和平与战时经济问题进行多角度探讨，丰富了战争的政治经济学理论。

第1节 罗宾斯的生平与经济思想

莱昂纳尔·罗宾斯（Lionel C. Robbins，1898～1984年），英国经济学家、伦敦学派的主要代表人物。生于英国的米德尔塞克斯，1920～1923年就读于伦敦经济学院。毕业后，他几乎一直在伦敦经济学院工作。其中，1923～1924年任研究助教，1925～1927年任讲师，1929～1961年任经济学教授，1962～1969年在辞去教授职务后，任兼职教授，1967～1980年，成为伦敦经济学院的荣誉教授。在校期间，罗宾斯还长期担任过伦敦经济学院经济学系的系主任。除此之外，他曾任英国经济顾问委员会委员、英国皇家经济学会会长、英国高等教育委员会主席、英国皇家科学院院长等职。在第二次世界大战期间，他还担任过战时内阁办公室部门的负责人，1944年还与凯恩斯一起，代表英国出席了布雷顿森林会议。

罗宾斯的主要著作有《论经济科学的性质与意义》、《大萧条》、

《经济计划和国际秩序》、《阶级冲突的经济根源》、《战争的经济原因》、《和平与战争时期的经济问题》、《英国古典政治经济学的经济政策理论》、《罗伯特·托伦斯和古典经济学演变》、《经济思想史中的经济发展理论》、《现代经济理论的演变》、《一位经济学家的自传》、《政治经济学,过去与现在》、《反通货膨胀》、《经济思想史:伦敦经济学院演讲录》等。罗宾斯在经济学上的贡献主要体现在:(1) 经济学宗旨和方法论方面的研究,在这方面,罗宾斯对经济学研究领域的界定以及与其他社会科学的区别等看法,对经济学家确定经济科学的性质,产生过重大的影响;(2) 长期坚持经济自由主义思想,确立伦敦学派的独特作用;(3) 在经济思想史教学与研究方面的贡献。这主要体现在罗宾斯自己撰写的著作和他对其他经济学家的影响方面。值得一提的是,罗宾斯本人在研究工作中很少用到现代经济学分析中必不可少的数学工具,但在他领导下的伦敦经济学院却成为当时研究经济计量理论的中心。

尽管罗宾斯在经济政策,研究方法和思想史上颇有建树,但他更被认为是一个理论家。他在二十几岁时便反对马歇尔著名的"代表企业"概念,他认为这个概念并不能帮助人们理解企业均衡或者是工业均衡的本质。在他早期关于劳动供给的著述中,也提到了工资收入的提高对劳动供给具有歧异效应。罗宾斯成名于那本著名的经济学散文集——《经济科学的性质与意义》。该书包含了三个主要思想:一是他对经济学的具有争议的定义:经济学是一门系统研究各种目的与具有多种用途的稀缺手段之间关系的人类行为的科学。二是他对于"实证"问题和"规范"问题的区分,实证问题关注"是什么",而规范问题解答的是"应该是什么"。罗宾斯认为作为经济学家,应该具有独立客观性,更多的关注"是什么"的问题,而不是"应该是什么"这样带有个人主观的问题上。三是罗宾斯认为经济学是一个基本原理的逻辑推导系统,他同时对实证经验的可行性和有效性提出了质疑。由于他和著名经济学家弗里德里希·哈耶克(Friedrich August Von Hayek)在伦敦经济学院共事多年,因此罗宾斯的这些观点带有浓重的奥地利经济学派思想。

1930年,在凯恩斯理论开始席卷英伦的时候,罗宾斯是五人经济顾问委员会中唯一反对采取进口限制和公共工程支出作为缓解萧条手段的委员。相反,他站在了奥地利学派的一边,指出萧条与衰退是由储蓄不足(过度消费)造成的,这一观点在他的《大萧条》一书中也得到了体现。尽管罗宾斯在几十年间一直对凯恩斯理论进行批评和反对,但这一情况在第二次世界大战后却发生了重大的改变。在《和平与战争时期的经济问题》一书中，罗宾斯转而支持凯恩斯关于通过控制总需求达到充分就业的政策理论，并感慨道："我欠剑桥经济学家的太多了，尤其是凯恩斯和罗伯森，他们把我从睡梦中唤醒"。

第 2 节 罗宾斯的国防经济思想

罗宾斯第一本关于战争与经济的专著《战争的经济原因》完成于第二次世界大战前夜（1939 年），当时法西斯日本和意大利已经分别入侵中国和北非。罗宾斯对这场即将到来的全球灾难和人类的未来生活产生了极大的忧虑。他认为如果不能找出并消除战争产生的根源，战争将不可避免地重复爆发，任何一场战争的胜利并不会带来永久的和平。他写作此书的目的在于寻找战争的原因并试图讨论战争在何种程度上被经济因素所左右。他认为人类的占有欲在一定程度上引发战争，只不过现代人单纯地把适用于古代的道理来解释现代战争的经济原因。因此他通过对 20 世纪前半叶重大国际冲突事件的分析，建立了一套以反马克思列宁主义为基础的战争政治经济学理论。

一、对帝国主义理论的批判

20 世纪初，西方社会在经历了经济大萧条和第一次世界大战后，开始对资本主义制度自身进行反省。加之苏联建立起了社会主义制度，列宁的帝国主义理论一针见血地指出现代所有战争都是由资本主义制度造成的，只要资本主义制度不消除，和平就无法实现。马克思主义思潮席卷全世界，这对困境重重的资本主义社会产生了强烈的思想撞击。罗宾斯通过逻辑分析和历史实证，对马克思、列宁的帝国主义理论予以否定。罗宾斯将马克思理论归纳为两个特点：（1）马克思理论具有特定的历史局限性。尽管马克思主义哲学，尤其是其历史唯物观，暗示经济原因将引发一切战争，但马克思的帝国主义理论并没有进一步明确指出这一观点。它只是解释了资本主义发展的这一特定历史时期。因此，试图通过马克思主义理论解释其他时期（如"十字军东征"和其他封建领主冲突）的战争经济原因是没有意义的。它只适用于资本主义时代的战争分析。（2）在资本主义时代这一特定历史时期，马克思理论具有一定的意义。在资本主义完全发展的时期内，马克思主义学派将所有战争和国际冲突的产生都归咎于资本主义模式和其社会形态。它并不是单纯指某一资本集团挑起战争，而是所有的罪恶皆因为资本主义制度的存在。因此，马克思主义理论并非是对某一场战争的历史解释，而是针对整个社会组织及其结果的通用解释。

消费不足理论最早由马尔萨斯和西斯蒙第提出，后经洛贝图斯、霍布森和卢森堡等人发展，逐步完整。针对马克思主义理论所批评的资本主义制度投资过剩的现象，他进一步解释，投资是一个降低成本的过程，从而商品价格可以降到足够低，甚至在货币收入不变的情况下，因为实际资本增长而生产的商品也有被完全分配的可能性。最后罗宾斯总结，马克思学派提出的消费不足理论只是最基本的货币制度考量，其所抨击的资本主义的内生缺点并不是私有制和自由市场的制度缺陷，而只不过是在货币供应的结构上出现了问题。罗宾斯认为，被当今共产主义思想所普遍接受的列宁理论并没有采纳消费不足的观点，其帝国主义论的理论核心是垄断金融和资产阶级对利益降低的挣扎。列宁认为，伴随着资本主义的发展，生产组织将趋向于发展垄断，这是无法避免的。而当垄断成熟后，他们将在某些方面操控政府政策，而垄断不仅对其所在行业进行操控，他们也会延伸到其他多个领域，这是由于经济运行中各行业相互影响造成的。而这必然会导致原材料的争夺，如果一个垄断集团想要保障其利益，就必须摆脱其他垄断集团对原材料的控制。全世界大的资本垄断集团都从未停止通过对生产原材料的控制来达到保障利益的目的，除此之外列宁认为最主要的战争根源在于金融，现代帝国主义充斥着金融的争端，对于领土的扩张，其实就是各国之间的金融资本为寻求垄断资源进行的扩张。

针对列宁认为帝国主义的特点不是工业资本，而是金融资本，资本输出的必要性和资本主义发展的成熟导致了帝国主义和他所列举的由资本主义向帝国主义发展的五个阶段，罗宾斯认为列宁理论中的金融资本这一核心概念在1914年之前并不存在。以英国为例，当时英国金融集团对工业的操控现象就很少。而马克思主义经济学家希法亭在《金融资本》一书中引证的德国垄断集团的发展也只能说具有这部分因素，但不是决定性的。罗宾斯进一步提出，将列宁理论中的"金融资本"改为"投资资本"将更具有说服力，更加现实。

罗宾斯承认，在特定的情况下，投资资本确实对外交摩擦的产生起了很重要的作用：很多时候国家成了金融资本的工具，或者至少代表了资本集团的利益，从而引发国家间的冲突。其中最经典的例子就是布尔战争。尽管布尔战争

的起因错综复杂，但不失为一个典型的，由境外投资者导致的大规模战争。除此之外，诸如德国在萨摩亚、美国在海地、英德两国在委内瑞拉[①]等历史上许多国际冲突都可归咎于强国政府在殖民地代表海外投资资本进行的掠夺行为。尽管如此，罗宾斯认为列宁的帝国主义论仅可以解释以上部分的冲突，但并不具备一般规律性，不能用来解释所有的冲突。比如，尽管日俄战争和意土战争[②]在表面上看是对殖民地经济利益的争夺，实际上却是由更深层次的国家政治利益操纵。所谓保护海外投资，只不过是隐藏在帝国政治野心后的借口而已。罗宾斯进一步指出，金融资本的博弈与海外投资争端也不是导致第一次世界大战的原因，将德国的军国主义发展与希特勒的掌权归咎于军事工业的压力也是不对的。

二、战时经济的基本理论

罗宾斯战时经济基本理论的核心在于战时管制。首先他从物资供应、资源分配、通货膨胀等各方面来论证战时管制的必要性。认为：

> 当发生全面战争时，这个论点（不可避免的通货膨胀的程度终究是有严格的限制）之所以要以误解为依据，有它分析上的深远原因。首先考虑军队的人员配备问题。这个国家的传统习惯是，和平时期补充新兵但是在自愿的基础上。工资和其他的待遇按当时流行的工资水平调整，以期能获得所希望的人数。在不很残酷的时期的小规模战争中，这种制度仍然能坚持下去。但是在最近两次战争中，当我们为生存而战时，那就不得不放弃这种制度而改行征兵制……当国家的安全遭到严重威胁时，以钱缴纳租税的义务需要以实物付税的义务来补充；这样，在交纳租税时，不仅是用货币，而且还要用你所能支配的生产要素的服务。

---

① 1902～1903年德、英、意三国使用武力向委内瑞拉索债造成的一次国际危机。1899年，卡斯特罗夺取委内瑞拉政权，就任总统。因连年内战，生产衰退，债台高筑，无力偿还。主要债权国德、英等要求还债，并以其侨民在委内瑞拉内战中遭到损失为由，向委内瑞拉勒索巨额赔款。1901年1月，卡斯特罗政府宣布不承认1899年5月以前的外债。同年3月又宣布暂停偿付债务。为向委内瑞拉索债，1902年12月7日德、英公使向委内瑞拉政府发出最后通牒。两天后，德、英、意三国舰队封锁委内瑞拉海岸，扣留拉瓜伊拉港的委内瑞拉海军舰艇，击沉一些船只，并炮轰卡贝略港。

② 意大利夺取土耳其奥斯曼帝国北非属地的黎波里的战争，又名的黎波里战争，爆发于1911年9月，翌年10月结束。通过战争，意大利获得的黎波里和昔兰尼加。

在物质资源的利用上也应作类似的考虑。当所需要的反映必须是整个的时候——即没有可利用的资源未被利用,或被用在不是主要的地方——依赖这种自动反应就不够了。应当使用权利来征用和指导利用存货、厂房、土地以及交通工具,如果需要的话,还要禁止把它们用于其他用途。任何东西都不得被留置不用。

由于供应可能是没有弹性的,结果所产生的暴力就成为人们所特别怨恨的对象。可以设想在这种情况下采用租税及强迫储蓄等办法来使支出减少到实际上均等的水平。但事实上这只是一种空的希望。这种办法不仅因为人们不愿意纳税,而且还怕会影响积极性,所以用不着再去讨论它。在这种办法不能实行时,除了用固定价格外、定量配给制和由于这些政策而必须进一步采取的供应管制措施外,别无其他办法。

罗宾斯:《和平与战争时期的经济问题》(中译本),商务印书馆1962年版

罗宾斯虽然称道战时控制的效果,但仍不愿归因于政府在暂时接管生产资料和劳动力调配的基础上执行的中央计划和统制,而竭力强调战争所引起的一些心理因素如社会责任感、意志的团结、自发的热诚和合作等所起的作用,他说:

在以中央的控制来代替已经消失的积极性,并且停止了那可能作出正常经济计划的机构后,我们如能挣扎地维持下去,结果会是怎么样呢?

在试图回答这个问题时,假如我们没有认清我们的特殊危险所导致的社会责任感和意志团结的作用,我认为,我们就看不出一个正确的前景来。

罗宾斯:《和平与战争时期的经济问题》(中译本),商务印书馆1962年版

在战争结束后,罗宾斯认为控制有一定的困难。他认为:

我们处在这样一个时刻,在我们思想上,一方面渴望全面极权主义计划的安慰与保证;另一方面,又不能采取能使这种计划实现的决定,同时也不愿屈从于实现计划所必须采取的措施。

罗宾斯:《和平与战争时期的经济问题》(中译本),商务印书馆1962年版

三、对战争原因的经济分析

罗宾斯首先提出,所有的国际关系,包括日常外交、国家同盟、发动战争,

归根结底都是永恒的权利争夺，无论是维护其主权，还是扩张其力量。在这种情况下，经济因素的涉及在所难免。因为从最狭义的定义理解，军事力量的胜利其实就是对稀缺资源的控制。这是任何社会结构都无法避免的。即便在社会主义制度下，国家力量在经济上的依赖同资本主义社会是一样的。

他认为，如果对资源的争夺是战争发起的基础，或者是领地内经济行为的基础，那么在战时无法获得的情况下，国家力量将被极大地限制。换一种说法，在给定和平条件下，资源问题只涉及到关税和贸易壁垒；甚至，在没有任何使用限制的条件下，冲突更加不会产生。但是真实的世界却充满了战争威胁，如果资源控制国即将面对战争，或是领土面临分割，那么国家权力的维护就必然涉及到对资源供给的保障。这就可以解释现代大国对拥有原油领土一直觊觎的原因，认为即便是社会主义国家，在考虑到战争的威胁和资源对战争的支持作用，也会主动发起战争。

罗宾斯认为，为了保证航运和军事部署的顺利，某些特定铁路和运河的所有权就变得极为重要。罗宾斯列举了巴格达铁路修建时金融辛迪加的例子。认为同样重要的经济因素还包括海外投资，拥有可实现的海外资产供给成为战争的主要诱因。并举例说，英国在第一次世界大战期间，由于战线过长，时间过久，导致欠债累累，其中主要债权都来自本国的海外投资。本土与海外殖民地之间的货币流通，在外交行为和战争行为上都具有一定技术优势。而且拥有足够的海外资产在外交发言权上也起到了一定作用。在分析国际金融与国际冲突的关系时，罗宾斯认为，一些发达资本主义国家，比如荷兰、瑞士、斯堪的纳半岛（北欧）各国都从未实行过扩张政策，而一些奉行扩张主义的国家，比如俄罗斯和意大利，却是债务国和资本输入国。然而，他也指出了几个可导致战争的经济原因，包括贸易限制政策对国家经济安全的威胁或关键贸易渠道的潜在危机。甚至，在缺乏"生存空间"① 的时候，对移民的限制也可引发战争。

罗宾斯强烈批评了贸易保护主义政策，认为各国对于贸易的壁垒和保护主义才是所谓战争经济原因的根源。罗宾斯指出，日本发动的对华侵略战争不仅仅是一场法西斯侵略战争，而且与此前的全球范围内的抵制日货行为密切相关，他也用这印证他对于贸易保护主义的认识和分析。但同时，他强调这种政策的确立与

---

① 生存空间，由纳粹分子提出，指国土以外可控制的领土和属地。其概念亦是希特勒《我的奋斗》一书的主题，也是他发动战争的理由。希特勒一再重复"把我们的目光转向东方的土地"。

实施更多是被国内利益集团左右，而不是资本主义本身。

　　罗宾斯在考虑了战争的经济和非经济原因后，认为"这是一场独立主权国家的混乱，而独立的主权则是国际冲突的最终条件。"他认为尽管经济因素对战争的发动起了很大的作用，但国家的主权与随之产生的权力博弈才是战争的最终原因。罗宾斯认为限制国家主权可以在某些程度上维护世界和平，认为即使从长期来看国家经济利益并不是矛盾的根源，但由于特定利益集团的压力，在缺乏国际性法律保护下，战争与冲突还是会不断重复地发生。

第25章 凯恩斯的国防经济思想

当代主流经济学对宏观经济问题的重视不仅是从凯恩斯开始的,而且它的大部分有关宏观经济的理论框架也是凯恩斯建立起来的,凯恩斯不但重视国内经济问题,也经常考虑国际经济问题。他出版的著作和在两次世界大战之间写的大量的文章和书信,表现了分析国家间经济依赖关系的兴趣,尤其是从国家和国际安全的角度。

第1节 凯恩斯的生平与经济思想

约翰·梅纳德·凯恩斯(John Maynard Keynes, 1883~1946年),现代西方经济学最有影响的经济学家之一。1906~1908年在英国财政部印度事务部工作,1908年任剑桥大学皇家学院的经济学讲师,1909年创立政治经济学俱乐部并因其最初著作《指数编制方法》而获"亚当·斯密奖"。1911~1944年任《经济学杂志》主编,1913~1914年任皇家印度通货与财政委员会委员,兼任皇家经济学会秘书,1919年任财政部巴黎和会代表,1929~1933年主持英国财政经济顾问委员会工作,1942年被晋封为勋爵,1944年出席布雷顿森林联合国货币金融会议,并担任了国际货币基金组织和国际复兴开发银行的董事,1946年猝死于心脏病,时年63岁。凯恩斯一生对经济学作出了极大的贡献,一度被誉为资本主义的"救星"、"战后繁荣之父"等美称。凯恩斯出生于萨伊法则被奉为神灵的时代,认同借助于市场供求力量自动地达到充分就业的状态就能维持资本主义的观点,因此他一直致力于研究货币理论。1929年经济危机爆发后,他感觉到传统的经济理论不符合现实,必须加以突破,于是便有了1933年的《就业、利息和货币通论》(以下简称《通论》),《通论》在经济学理论上有了很大的突破。

第一,突破了传统的就业均衡理论,建立了一种以存在失业为特点的经济均衡理论。传统的新古典经济学以萨伊法则为核心提出了充分就业的假设,认为可以通过价格调节实现资源的充分利用,从而把研究资源利用的宏观经济问题排除在经济学研究的范围之外。《通论》批判萨伊法则,承认资本主义社会中非自愿失业的存在,正式把资源利用的宏观经济问题提到日程上来。

第二,把国民收入作为宏观经济学研究的中心问题。凯恩斯《通论》的中心是研究总就业量的决定,进而研究失业存在的原因,认为总就业量和总产量关系密切,而这些正是现代宏观经济学的特点。

第三,用总供给与总需求的均衡来分析国民收入的决定。凯恩斯《通论》中认为有效需求决定总产量和总就业量,又用总供给与总需求函数来说明有效需求的决定。在此基础上,他说明了如何将整个经济的均衡用一组方程式表达出来,如何能通过检验方程组参数的变动对解方程组的影响来说明比较静态的结果。

第四,建立了以总需求为核心的宏观经济学体系。凯恩斯采用了短期分析,即假定生产设备、资金、技术等是不变的,从而总供给是不变的,在此基础上来分析总需求如何决定国民收入,把存在失业的原因归结为总需求的不足。

第五,对实物经济和货币进行分析的货币理论。传统的经济学家把经济分为实物经济和货币经济两部分,其中经济理论分析实际变量的决定,而货币理论分析价格的决定,两者之间并没有多大的关系,这就是所谓的二分法。凯恩斯通过总量分析的方法把经济理论和货币理论结合起来,建立了一套生产货币理论。用这种方法分析了货币、利率的关系及其对整个宏观经济的影响,从而把两个理论结合在一起,形成了一套完整的经济理论。

第六,批判了"萨伊法则",反对放任自流的经济政策,明确提出国家直接干预经济的主张。古典经济学家和新古典经济学家都赞同放任自流的经济政策,而凯恩斯却反对这些,提倡国家直接干预经济。他论证了国家直接干预经济的必要性,提出了比较具体的目标。他的这种以财政政策和货币政策为核心的思想后来成为整个宏观经济学的核心,甚至可以说后来的宏观经济学都是建立在凯恩斯的《通论》的基础之上的。

专栏 25.1

凯恩斯

毫无疑问，凯恩斯是一个伟大的经济学家，他敢于打破旧的思想的束缚，承认有非自愿失业的存在，首次提出国家干预经济的主张，对整个宏观经济学的贡献是极大的。凯恩斯不仅是经济学理论上的天才，而且还是位大胆的实践者。虽然说来容易做来难，但他仍然不顾风险，亏了再赚，毕竟技高一筹，果然名利双收。

在伦敦的一个早晨，一个男子已经醒了，但他仍躺在床上、衣衫不整。他在和他的经纪人通话，为他自已、一所大学、一个辛迪加的巨大投机业务作决定。这个人就是著名经济学家约翰·梅纳德·凯恩斯男爵，他不但开辟了宏观经济学的研究阵地（他的两本主要著作给他带来了巨大且历久不衰的声誉），还担任过大学司库和剑桥大学学监、政府官员和顾问等。凯恩斯男爵还是一位富有的投资者。凯恩斯的经济理论影响了几代人，在目前的经济政策制定中仍然起着举足轻重的作用，并将继续影响未来若干年的经济思想。

凯恩斯的祖上是英国的贵族，他父母在剑桥大学任教。凯恩斯是他们的第一个孩子，他们在他身上付出了很多，也对小凯恩斯寄予了很高期望。凯恩斯果然不负所望，从伊顿公学毕业，就取得了国王学院数学和经典著作的奖学金。1905年毕业于英国剑桥大学，并获得数学学士学位。1906年凯恩斯通过公务员考试，到外交部的印度办公室工作。两年后，申请国王学院的数学研究员职位，但没有成功。不久，剑桥大学向他提供一个教学一般经济学的研究员职位，这个职位一直保留到他去世。凯恩斯主讲的众多课程中有一门是每周一次的关于印度货币和金融方面的课程。不久，凯恩斯专门研究货币、信用和价值。这段时间，他也写了一些书，主要是在概率论方面，他的经济学方面的第一部著作是《印度的货币和金融》。

1914年，第一次世界大战爆发，当时社会上普遍担心出现金融危机，作为货币问题专家，凯恩斯去财政部任职。他的首次努力是去说服首相劳合·乔治保持黄金储备。到战争结束时，凯恩斯已在财政部树立了牢固的地位，并被派到国外处理一系列的金融问题。当和平会议在巴黎举行时，凯恩斯代表英国财政部参加了和谈。和谈结束后，凯恩斯从财政部辞职，撰写了《和平的经济后果》一书。这本书中描述了一些当时著名人物的事情，包括劳合·乔治等人物以及对当时社会的分析。

华特·利普曼把凯恩斯的著作编成一个系列，凯恩斯承担出版费，由麦克米伦公司出版。著作在爱丁堡印刷，用船把它运到伦敦，途中船不幸失事，2000本《和平的经济后果》被海水冲到丹麦海滩。按丹麦法律，书在当地公开拍卖。这本书最后被译成多国文字，大约售出了14万册。

凯恩斯是一个最会把理论化为实践的人，在撰书的同时，凯恩斯也从事货币买卖。根据他在财政部工作得到的经验和对战后德国的考察，他开始看好美元，看跌欧洲货币，并按10%的保证金进行交易，建立了一系列货币仓位。不久他赚了大笔利润，并就此认为自己能比普通人更好地看清市场的走势。1920年4月，凯恩斯预见德国即将出现信用膨胀，以此为理由，卖空马克。此前马克一直下跌，但现在开始反弹。4、5月间，凯恩斯自己损失了13125英镑，他任顾问的辛迪加也损失了8498英镑。经纪公司要求他支付7000英镑的保证金，于是他从一个敬慕者那里借来了5000英镑，又用他的预支稿酬支付了1500英镑，才得以付清。他承认，自己已经破产了。

1921年，通过写作，凯恩斯的经济状况好转，又开始了商品和股票投机，交易都采用保证金交易方式。1924年，凯恩斯投资57797英镑，到1937年增值506450英镑，在证券业中建立了自己的声誉。此间，凯恩斯每年的平均投资复利收益率为17%，利润虽高，但仍然比不上保守的投资家沃伦·巴菲特的业绩。凯恩斯的官方传记作者说，凯恩斯在1937年放弃了投机，原因是他身体欠佳。实际上，那时他的病已经好了，而且身体不错，以致可以在接下来的9年里继续影响经济学和政治的发展。但近年来出版的传记指出，凯恩斯在1937年美国股市上损失惨重，考虑到第二次破产可能会损害他作为世界上最著名的经济学家的声誉，于是及时退出了投机行列。

在《就业、利息与货币通论》一书中，凯恩斯谈到了他的投资哲学，我们可以恰当地称之为"选美理论"：共有100幅候选美女照片，由公众从中选出4人。然而，人们并不投票给他认为是最美的人，而是选择他认为大多数人都认为是最美的人。

像许多伟大的金融家一样，凯恩斯在大事上十分大胆，敢于冒险使用大量资金以支持一个论点。但小事上，他非常保守。一次，凯恩斯和一个朋友在阿尔及利亚首都阿尔及尔度假，他们让一群当地小孩为他们擦皮鞋。凯恩斯付的钱太少，气得小孩们向他们扔石头。他的朋友建议他多给点钱了事，而凯恩斯，这个世界上最伟大的经济学家，回答道："我不会贬抑货币的价值。"

——《凯恩斯传》，三联书店，2006年。

第2节　凯恩斯的国防经济思想

战争和安全问题在凯恩斯的政治经济思想中占有重要地位。凯恩斯对和平与经济发展、战争债务与战费筹措等国防经济问题进行了较深入的讨论。

一、经济发展、国际合作与和平

对于战争的起因,凯恩斯认为最主要的因素在于经济因素,包括人口压力和对市场的争夺。而其根本原因在于自由放任和国际上的金本位制度。他说:

> 战争具有种种原因。对于独裁者和其他的类似人物而言,至少在他们的期望中,战争会给他们带来愉快的兴奋状态。他们感到,比较容易利用人们的好勇斗狠的心理。但在此以外,协助他们煽起群众激情烈火的却是战争的经济原因,即人口压力和对市场的争夺。由于很可能是上述第二类原因而在19世纪中起着决定性的作用,并且还可能再度如此,所以在此加以讨论是相宜的。
>
> 处于国内的自由放任和国际上的金本位这种19世纪下半期的典型体制中,除了向外争夺市场以外,一国的政府在国内没有其他办法来缓解本国的经济不振的问题,因为在这种体制下,除了改善国际收支中的顺差的手段以外,一切的有助于解决长期或间歇性的失业状态的办法都被排除在外。
>
> 凯恩斯:《就业、利息和货币通论》(中译本),商务印书馆2009年版

凯恩斯认为战争是违反人类本性的,他呼吁裁军,并详细解释说这样做的好处是能够拯救国家经济。1929年,他致力于制订一个"欧洲信用恢复和金融体系重建计划",以使用金融手段来制止未来发生的冲突。尽管凯恩斯反对"贸易战",但是他不反对经济制裁,尤其是将经济制裁作为一种威慑手段。他支持对意大利实行经济制裁,因为他认为战争是一种不计后果的解决途径。

凯恩斯认为政府使用国内政策干预经济可以缓解国内的经济状况,就会减少一国与另一国之间的利益对立,这些政策主要是自主性的利率政策和国家的投资计划。

> 常识和对实际事务的正确理解使政治家们相信,如果一个在传统上为富裕的国家忽视市场的争夺,那么,它的繁荣会衰落并以失败告终。但如果各国都能学习到用国内政策来为它们自己维持充分就业(而且,我们还必须加上一句,如果它们也能使它们的人口趋向保持均衡),那么,就不会存在重要的经济原因来使一国的利益和它邻国的利益对立。在如此的条件下,仍然存在着正当的国际分工和国际借贷活动的余地。
>
> 凯恩斯:《就业、利息和货币通论》(中译本),商务印书馆2009年版

不受国际事态影响的自主的利息率政策再加上旨在取得最优国内就业水平的国家投资计划才具有双重的好处；即可以使本国和邻国同时受惠。如果所有国家在一起同时执行这些政策，那么，不论用国内的就业量水平还是用国际间的贸易量来加以衡量，经济上的健康和力量就会在国际的范围上得以恢复。

凯恩斯：《就业、利息和货币通论》（中译本），商务印书馆2009年版

第二次世界大战结束后，凯恩斯重申了国际合作的重要性。他认为国际和平有赖于国家间的经济依赖，主张国际经济关系的新平衡必须和公共政策调解下的国内经济协调同时实现。凯恩斯认为武装冲突并不能直接导致经济危机，它只会延缓经济增长。他批评了战后欧洲国家由于对经济机制的错误理解而实行的通货紧缩政策，认为这些政策要为危机的持续负责。认为虽然长期贷款的高利率政策会在战后几年得不到调整，但是后来这种政策还是错误地延续下来，而没有考虑到生产投资的需要。事实上，战争对经济的萧条效应被低估了，原因有两个：一方面是赔款和偿还战争债务的协定，另一方面是向黄金平价的回归。

凯恩斯以一种新的方式为国防和安全问题的经济理论发展做出了自己的贡献。他放弃了正统经济学"看不见的手"的概念，拓宽了国防和安全的含义，认为国防和安全不只是和战争及其准备有关，和国家间的经济依赖和世界经济的平稳运行等经济方面的安全也有关系。

专栏25.2

战后的欧洲

在美国与其他工业国家，俄国的共产主义赢得了大众相当程度的支持，其中一个原因在于，战争结束以后，资本主义体系面临着崩溃的威胁。

欧洲及其经济陷于废墟中。德国的情况最严峻，因为德国在战争中所扮演的角色，1919年的凡尔赛和约对其提出了苛刻的条件，德国要割让国内领土及其殖民地；它还被迫交出大部分的煤、铁路和商船。最糟糕的是，在大多数德国人的眼里，德国被迫完全承担了战争的责任，要进行战争赔偿。

德国经济毁于一旦，无法满足赔偿要求。1923年，法国军队开进德国鲁尔地区，占领了煤矿以收取赔款。德国政府鼓励工人们消极抵抗，印制了数量庞大的货币支付给他们。这成为超额通货膨胀的原因之一，价格在16个月之内疯狂上涨了100亿倍。储蓄、养老金、保险以及其他形式的固定收入都烟消云散了，这形成了一场社会革命，摧毁了德国社会的大部分稳定因素。

胜利的代价 对于战争的胜利者来说，情况几乎同样糟糕。在法国，战争结束时最迫在眉睫的国内问题就是把法郎稳定下来。1918年，当价格控制升级的时候，法郎的价值从20分下降到6分，最终下降到2分，1926年，法郎稳定在相当于其战前价值1/5的水平上。20世纪20年代后期，有一个短暂的繁荣时期，大萧条结束了这个时期。

在英国，战争的代价是，1918年的预算是1913年的13倍；税率上涨了5倍，国家债务上涨了14倍。在停战以后的选举中，社会主义的工党成为最大的反对党。到1922年的时候，战后短暂的经济繁荣逐渐销声匿迹了。

1925年，英国政府把英镑恢复到金本位制，按照古典主义学说，这是一种衡量各种货币价值的国际机制。不过，按照其战前黄金价值衡量，英镑就太昂贵了。英国的出口，特别是煤炭出口超过了世界市场价格。为了努力使出口具有竞争力，出口价格特别是工资被削减了。

1926年，一场大罢工爆发了，好像对国家本身提出一个直接的社会主义挑战。英国政府动用了军队平息罢工，并通过了削弱工会的立法。不过，与此同时，政府也做出一些努力来缓解社会困境。《老幼孤资助法案》为社会弱势成员提供了政府支持。

德国问题 英国经济学家 J·M 凯恩斯（1883～1946年）是20世纪最有影响的经济学家，他是最坚决反对恢复英镑金本位制决定的人之一。第一次世界大战期间，凯恩斯在英国政府财政部工作，他是参加巴黎和会的官方代表，正是这次会议，缔结了结束这场战争的条约（1919年）。凯恩斯反对凡尔赛和约的经济条款，尤其反对强加给德国的苛刻赔偿要求以及对德国经济进行的束缚。为了写作《和平的经济后果》，凯恩斯辞去了他的官方职务，在这部著作里面，他预言了德国赔偿对于欧洲的消极影响。

凯恩斯坚持认为，在德国的工业基础陷于混乱的这样一个时候，依靠出口收入，德国怎么也不可能还上所欠的赔款。由此导致的贸易和金融混乱将不仅惩罚正想方设法重建其经济的战败国，而且将同样殃及整个欧洲。在欧洲大陆的地理心脏地带，以前最强大的一个国家将成为一个经济荒原。同时，德国内部的不满将导致政治上的不满。

在战争刚刚结束以后，这个观点本身表明了对革命的共产主义的支持；但是随着20世纪20年代的演进，德国人开始从远不是那么回事的政治家那里寻求失业和贫困的安慰。阿道夫·希特勒的纳粹党20年代中期发源于巴伐利亚，获得了全国性的群众支持。希特勒鼓吹恢复国家尊严和地区侵略扩张政策。希特勒为德国的困境寻找的替罪羊不是把国家引向第一次世界大战的军国主义者，而是社会主义者，更罪恶的是，把德国的犹太人当成了替罪羊。

——美国布朗参考书出版集团：《经济史》（中译本），中国财政经济出版社2004年。

二、战争债务、公共投资与军费开支

凯恩斯认为,战争债务问题不应当阻碍政府鼓励生产投资。从长期来看,经济的繁荣会导致利润率的下降,恢复黄金平价对经济是不利的,因为这会加重战争债务负担。凯恩斯建议通过资本杠杆而不是经济衰退来稳定币值,因为经济衰退也会增加货币债务负担。在凯恩斯看来,单单保持货币数量不变不足以保持价格稳定。凯恩斯认为,克服当时的经济危机需要扩大靠贷款支持的公共支出。他对将国家干预仅限制在国防等极少领域的自由主义观点提出了批评,认为保证和平时期的经济繁荣也是政府的职责,因此主张政府应该像备战一样动员尽可能多的能量。考虑到军事支出也是一种特殊的公共支出,因此凯恩斯认为增加军事支出可以减少失业。因为增加军事支出所带来的军备经济活动可以刺激就业和工资的相对上涨,这样就可以增加需求,从而增加生产并减少失业。凯恩斯并作了一个计算:

> 15亿英镑的军备支出的直接效果是创造大约300000份就业机会。我想就算是悲观主义者也会认为这是一个相当保守的数字。
>
> Keynes, J. M., 1982, "Activities 1931~1939: World crises and policies in Britain and America", in Moggridge, D. (ed.) *The Collected Writings of John Maynard Keynes*, Vol. 20, St Martin's Press

凯恩斯相信增加15亿英镑的军费支出将有助于克服失业,因为军费支出会带来乘数效应,也许这就是"军事凯恩斯主义"最初的发源地。

专栏25.3

军事凯恩斯主义

"军事凯恩斯主义"是由波兰经济学家卡莱茨基(1899~1970年)于1943年提出的。卡莱茨基是最早研究经济周期和商业循环问题的经济学家之一。第二次世界大战期间,卡莱茨基流亡英国,先后在剑桥大学和牛津大学任教。卡莱茨基当时用"军事凯恩斯主义"这个新词,来解释纳粹德国在克服"大萧条"和实现"充分就业"方面所取得的成功。他认为,希特勒重新武装德国,目的是为了建立一支强大的军队,而不是出于什么经济原因。但是,希特勒的政策是由政府支持武器生产,因而得到了德国工业家们的认可和支持。卡莱茨基认为,从理论上说,政府在军火生产方面的支出加强了制造

业，增加了工人收入，对普通消费者支出也产生了"倍增效应"，这些都符合"凯恩斯主义"的基本原则。与此同时，常备军的扩大，使得军队成为"最后的雇主"，可吸收大量缺乏生产技能的年轻人，从而解决了就业问题。此外，政府和企业为研发新的武器系统，必须增加科研经费，建设新的基础设施，并产生新的技术。

——宿景祥：《"军事凯恩斯主义"的复活》，载《世界知识》2010年。

然而对这一观点，学术界一直存有争论。许多人认为，军事生产只是一个阻止衰退的措施，它不能满足社会需求，而且会减缓国民经济长期发展的潜力。军事开支是所有公共开支中最没有生产性的。武器在战时不是派不上用场就是消耗掉或被破坏掉；武器生产不能被看成是购买力的暂时转移，只是将生产要素从经济过程中排除出来。因此说，武器的消费没有生产性。战争的准备，而不是战争本身，只在短时间内刺激经济活动（库仑，2010）。也因此，凯恩斯并不同意后来所不断提及的"军事凯恩斯主义"观点，认为最好还是将公共投资用于兴办工业或公共工程，这些对社会有益：

> 有另外一个特殊原因让我希望工会组织者能尽其所能使这笔巨额的转移支出能够实现更充分的就业。我说一场宏大的试验已经开始了。如果军备开支真的减少了失业，那么我就可以预测我们再也不会回到以前的老路上去了。如果我们可以通过军备的浪费支出用途来减少失业，我们也可以在和平时期通过生产性的用途来解决失业。
>
> Keynes, J. M., 1981, "Activities 1929 ~ 1931: Rethinking employment and unemployment policies", in Moggridge, D. (ed.) *The Collected Writings of John Maynard Keynes*, Vol. 20, St Martin's Press

凯恩斯一度非常遗憾，好像当时可以解决失业问题的公共支出途径只有军事开支，然而他认为，用军费开支克服经济危机的效力只是暂时的；其他公共开支政策可能会更有效，认为如果其他公共开支提高国民经济的生产能力的话，那就好于军事支出。因此他认为，如果第一次世界大战以后德国无权拥有军队和军事工业的话，它反而是甩掉了一个很大的经济包袱，这有利于德国在战后的经济竞争中尽快取得优势，而如英国等还要承担维护世界安全的负担，反而影响发展。

> **专栏 25.4**
>
> **军事凯恩斯主义复活**
>
> 多年来,"军事凯恩斯主义"这个词已很少有人使用,几乎被彻底遗忘,但近来这个词又复活了。有经济学家指出,美国自20世纪30年代以来,一直依赖"军事凯恩斯主义",即通过政府对军队和武器的支出,来促进经济增长。美国所发明的许多新技术,如喷气式发动机、核能、芯片及互联网等,最初也的确都是军事项目,可以说是"军事凯恩斯主义"的正面成果。但"军事凯恩斯主义"所促成的经济繁荣,在很大程度上是虚假的,因为美国生产了大量对社会无用的产品,造成了巨大的资源浪费。"军事凯恩斯主义"是世界和平的一大威胁,它使美国在海外没完没了地进行战争。然而,美国目前的政治体系,已经无力扭转这种局面。美国军事工业过于强大,以至于无论在任何时期,总能得到政治家们的足够支持。
>
> 由此观之,美日韩"三角同盟"也可说是一种"军事凯恩斯主义"。东亚地区局势紧张,对美国有利。美国可以继续在日韩比较安稳地驻军,日韩也必须向美国支付更多的驻军费。此外,整个东亚地区财力相对充裕,相关各方有能力出资购买美国的武器。一句话,在美国,"军事凯恩斯主义"一直存在,且一直在发展,而复活的仅仅是"军事凯恩斯主义"这个词。
>
> ——宿景祥,《"军事凯恩斯主义"的复活》,载《世界知识》2010年。

三、供求平衡、需求管理与战费筹措

当第二次世界大战已无法避免的时候,凯恩斯开始研究在不损害英国经济的前提下,对战争进行金融支援的最佳方式,这些成果集中反映在他1940年出版的《如何筹措战费》这本书里。凯恩斯的一个基本观点是,所筹措的战费既要有效地满足战争需要,又要"公平"地分担于社会的各个阶层。凯恩斯分析了战争负担的归宿,认为战费来源有三个途径:(1)增加产出;(2)将已有资产变现;(3)改变产出的用途。认为如果按照以往传统的方法筹集战费,显然税收不能筹集到全部的战费,战费的另一部分必然要靠举债的方式筹集,而举债方式本质上只是让一部分人延缓消费,这仍会造成物价上涨。在战时消费者手中货币增多,而消费品数量减少的情况下,凯恩斯认为只有两条路可以选择:一是设法降低市场购买力,一是放开物价上涨,以吸收多余的货币,实行通货膨胀政策。对此，凯恩斯选择了前者。他根据战时经济中总需求大于总供给的情况，认为战费的筹措应以供求平衡来反对通货膨胀为中心目标。

> 余乃以为在最初阶段，供给缺乏必甚于物价飞涨也。此种现象，为限制消费之极不公平，极无效，且极易致民怨之办法：苟因以引起定量分配制之广泛实施，则因个人之需要及嗜好不同，必将浪费更大，效能更差。正确之方法，应先限制购买力至适当程度，然后尽量听凭消费者自由使用其金钱。况久而久之，购买力势必造成通货膨胀乎？故最自然及唯一有效之补救办法，乃限制购买力于适当程度也。
>
> 凯恩斯：《如何筹措战费》（中译本），中国农民银行经济研究处 1941 年版

凯恩斯建议，为了维护正义和社会稳定，应该在各阶级之间平等分配战费负担。经济重建活动会产生重要的个人储蓄，其中有一半会通过税收杠杆用来为战争融资。在《英国的收入和财政潜力》中，凯恩斯分析了英国能用于战争资源的数量，然后提出了税收、国债、强制性储蓄等融资手段的组合，认为这一组合有利于最大程度地降低通货膨胀。

> 凯恩斯主张建立以延缓个人收入支付为主的战费筹集方案。
>
> 努力增加至生产额，若全社会均欲于现实即行将其消费，乃物资上所不许可……盖战时努力增加之生产，为供应战争消耗，不能同时供应个人消费之提高。故努力增加生产者，唯有二途可循。若不将其愿得之消费增加量全然抛弃，唯有延缓之耳。
>
> 由此，遂令吾人想得解决之途径矣。途径唯何，即个人收益之适当部分必须延付是也。
>
> 凯恩斯：《如何筹措战费》（中译本），中国农民银行经济研究处 1941 年版

同时他还指出应以其他若干原则相配套实习，基本要点是：（1）对于生产资料的占有者，战费的筹集以增加税收为主要方式，对于绝大多数消费者，则以实行延缓支付收入为主要方式；（2）对于延付存款，在战争结束后，可通过征收资本税来分期偿付；（3）为保障生活水平极低的家庭不减少目前的消费，可实行家庭津贴制度；（4）在降低消费者购买力的前提下，对于因特殊原因而一时无法满足需要的少量生活必需品，可实行定量分配及价格统制。凯恩斯并主张，这些方案应配套实行，方能起到圆满效果。

> 为求实现此一目的计，吾人除确立延付现时一部分收益原则外，可加添第二第三两原则，吾人曾经建议：政府所需，约有半数可经以租税取得之，其余半数

则已延付收益办法供应之。吾人现可建议吾人之第二原则,应规定新创办法之租税,全部由收入二百五十镑或超过二百五十镑以上之阶级负担,而收入较低之阶级,则其贡献予政府者,大部分常不以租税而仅以延付方式为之。

至于第三原则,则在维持适当之最低生活标准,使优于现在。故吾人所建议之第二原则,其作用乃使富裕阶级负担较重,而吾人所建议之第三原则,其作用在特别宽恤贫穷阶级也。

数年以来,赞成家庭津贴制度者日多。现值战时,吾人对于生活费之涨落,自较平时尤为关怀。一旦生活费日益高涨,工资随之而要求提高,则家庭津贴问题必将成为重要问题。夫生活费之高涨,对于个人负担影响如何,与其家庭人口多寡最有关系。

凯恩斯:《如何筹措战费》(中译本),中国农民银行经济研究处1941年版

专栏25.5

战争带来的实惠

凯恩斯的统计分析证实了许多美国人所已经了解的:战争对于经济是有利的。从1939~1944年,由于要供应自己的军队和盟国的,美国的国民生产总值几乎翻了一番。个人消费也增加了,失业率从17.2%下降到1.2%。即使是凯恩斯主义的批评者也不能怀疑,这个引人注目的经济增长是公共需求的结果,证明这一点的是,联邦政府的商品和服务开支从228亿美元增加到了2697亿美元。凯恩斯的学说被吸收进了1946年的美国就业法案。这个法案是一个里程碑,承诺政府要维持就业和生产的高水平以支持需求的高水平。它代表着美国放弃了自由放任的国家政策。它还建立了总统经济顾问委员会,并且要求总统向国会提交一份年度经济报告。

英国在20世纪40年代实施了凯恩斯主义政策,一直持续到70年代后期。其目的在于,使总需求增长与经济生产能力相平衡,以便使生产水平高到足以维持充分就业,但是又没有达到引发通货膨胀的高度。只是在20世纪70年代,凯恩斯主义理论的有些缺陷才明朗起来。

——美国布朗参考书出版集团:《经济史》(中译本),中国财政经济出版社,2004年。

第 26 章 鲁登道夫的国防经济思想

鲁登道夫是德军著名将领和德国资产阶级著名军事家,他不但亲自带领部队参加了第一次世界大战,而且系统总结德国参加第一次世界大战的经验教训,提出了"总体战"理论,奠定了法西斯德国军事思想的基础,也成为"应战型国防经济理论"的代表人物。

第1节 鲁登道夫的生平与时代背景

埃里希·鲁登道夫(Erich Ludendorff, 1865~1937年),德国资产阶级著名军事家,德军著名将领,第一次世界大战期间,曾与兴登堡齐名。1865年鲁登道夫出生于一个商人家庭。12岁时入军校幼军班,后转入中等武备学校,并于1881年毕业,授少尉军衔。1890年考入柏林军事学院,获得了较丰富的军事知识,两次入军校成绩均名列前茅。1894年起在德军总参谋部供职,1908~1913年任总参谋部作战处处长,掌管全德军的作战、训练等工作,为其以后指挥千军万马积累下宝贵的经验,并在总参谋长小毛奇领导下对修改施里芬计划曾起到重要作用。1914年在斯特拉斯堡任德步兵第八十五旅旅长。

第一次世界大战爆发后,先任西线第二集团军军需长,率部攻占列日要塞,后任东线第八集团军参谋长。此后,历任东线德军参谋长、陆军总军务长等职。1916年8月,任德军最高统帅部第一总需长(相当于副总参谋长），成为德军中仅次于总参谋长兴登堡的第二号人物和战争的实际指挥者。其间负责实施了"兴登堡计划"和"辅助勤务法"，对全体德国人民及全国经济实施总动员。1917年2月，在鲁登道夫的大力倡导下，德国开始实行无限制的潜艇战，大量击毁协约国包括美国在内的运输船舰，结果导致美国参战。同年4月，他指挥德军强守"齐格菲防线"，在尼维尔战役中粉碎了英法俄联军的大规模进攻。从1918年3月开始，鲁登道夫又连续向协约国发动了5次大规模的进攻战役。同年9月，鲁登道夫的冒险战略遭到挫败，并于同年10月26日被革职，德国"十一月革命"时逃往瑞典，1919年2月返回德国。1920年为卡普叛乱的组织者之一，企图消灭魏玛共和国和建立军事独裁。1923年11月与希特勒勾结，企图在慕尼黑发动政变未遂。1924~1928年为国家社会党的国会议员，1925年被提名为纳粹党总统候选人，1935年出版《总体战》一书，并获希特勒政府授予的元帅军衔。1937年去世，终年72岁。

　　第一次世界大战是世界资本主义进入帝国主义阶段的产物，由于社会生产力在19世纪末20世纪初的迅猛发展，引起了军事技术装备和战略战术的重大变化，在军队中体力占优势的时代已被机械技术占优势的时代所替代，从而极大地提高了军队的战斗力和机动能力。第一次世界大战前就已出现了多种新式技术兵器，如陆军有自动步枪、机枪、迫击炮、手榴弹等，海军有驱逐舰、战列舰、巡洋舰、潜艇、鱼雷和鱼雷艇等，飞机开始用于军事，交通工具逐渐发达，通信器材得到广泛应用，战争中还出现了坦克、高射炮、毒气等。在第一次世界大战中参战人数之多，对社会经济破坏之深重，所涉及范围之广，武器装备之先进，在当时皆为罕见。这些都给鲁登道夫以深刻影响，并以《总体战》为书对第一次世界大战进行了反思和总结。《总体战》奠定了法西斯德国军事思想的基础，为法西斯德国国防经济学的兴起和战争经济政策的实施提供了思想理论支持，因此被称为"应战型国防经济理论"[①] 的代表人物。《总体战》一书也被看做"应战型国防经济理论"的代表作，其战争观具有总体主义的特性，即要把全民族的政治、精神、经济和军事联结为一个有机的总体，为战争服务。鲁登道夫的"总体战"理论被希特勒用于第二次世界大战，给人类历史带来巨大影响。

---

　　① 所谓应战型国防经济理论源于德国历史学派的总体主义战争观，这种战争观认为，生物有机体的"生存竞争"反映了社会生活的本质，"弱肉强食"即是社会生活的秩序。

第 2 节　鲁登道夫的国防经济思想

鲁登道夫的国防经济思想主要体现在《总体战》这部有关战争问题的巨著中，书中从战争研究引申出经济问题，全书共七章，原章节题目分别为：总体战的本质、民族团结精神是总体战的基础、经济与总体战、军队的兵力及其内涵、军队的编成及其使用、总体战的实施、统帅，其主要思想观点如下：

一、现代战争的特点

鲁登道夫认为，现代战争是全民族的战争，不仅战争已扩展到参战国的全部领土，卷入战争的人员也由军队扩大到全体民众。

> 总体战不单单是军队的事，它直接涉及参战国每个人的生活和精神。
> 鲁登道夫：《总体战》（中译本），解放军出版社 1988 年版

在这种情况下，要想赢得战争，全民都必须决心投入战场，每个人都必须不遗余力，奉献全部身心。总体战的中心是人民，因此总体战的领导必须考虑人民这一因素，总体政治应为总体战领导提供人民的力量，并为维护民族生存而服务。

> 总体战的本质需要民族的总体力量，因为总体战的目标是针对整个民族的。
> 鲁登道夫：《总体战》（中译本），解放军出版社 1988 年版

同时，鲁登道夫还认为，克劳塞维茨在看待战争与政治的关系时，只看到了处理国家相互关系、宣战和媾和的所谓对外政策，只认为战争和战争指导是紧密依赖于对外政策的。而为了发挥一个民族在总体战中的最大力量，政治必须提出维护民族生存的理论，总体政治必须在平时就为战时民族生存的斗争做好充分准备，战争和政治都应服从于民族生存，但战争是民族生存意志的最高体现，政治应为作战服务。鲁登道夫根据德国在第一次世界大战中失败的教训，认识到人民是实行总体战必不可少的重要因素，并强调：

> 一个民族的精神团结现在是、将来仍然是领导总体战的基础。
> 鲁登道夫：《总体战》（中译本），解放军出版社 1988 年版

鲁登道夫认为，在总体战中，"人民"这个词汇及其实体，已经被推到了第一线。虽然在总体战中保卫国家与民族生存密不可分，但在总体战中作战的毕竟不是国家而是人民。人民的每一个成员都应将其全部力量奉献给前线或后方。鲁登道夫还指出：

> 人民的力量表现在其体力的、经济的和精神的力量上，并决定了军队在总体战中的力量强弱。
>
> 鲁登道夫：《总体战》（中译本），解放军出版社1988年版

其中，精神力量可以起到使军民团结如一，休戚与共的作用，是维护民族生存斗争中必不可少的力量。同时，他还认为，应当采取特别措施，控制新闻舆论工具，镇压泄露军情和不满分子，利用一切手段进行精神动员，使军事教育具有种族特色，从而焕发出民族精神。

二、国民经济的军事化

鲁登道夫认为，国家的经济因素与人民及民族的精神因素一样，对总体战具有同等重要的意义，它们虽然是两个不同的领域，但实际上又互为影响，是总体战领导考虑制胜问题时缺一不可的。

> 经济不是死东西，它可以产生力量，也可消耗力量。
>
> 鲁登道夫：《总体战》（中译本），解放军出版社1988年版

鲁登道夫认为，一方面，农业、工业、劳动力和其他许多经济部门是战争的支柱，可以满足人民和军队的需求，使后方的经济秩序得以维持，使成百万工人有机会挣钱养家，从而减轻国家的经济负担；但另一方面，由于它占用成百万工人，其中大部分具有作战能力，从而使军队失去一大兵源。此外，国内交通和对前线的运输要保持畅通，大部队靠铁路进行机动的计划要能随时付诸实施，都需要大批工人。因此，总体战领导对这些问题应高度重视，并时时给以关注。他们需要认真审查的重大问题是：依靠国内力量能为全民的生活需求（包括军队尤其是作战）提供什么保障？需从外国进口哪些战争原料，以及战争爆发后能否继续维持？国家出海口是否仍能畅通，是否会因海战或敌国封锁而被封锁等。在战时应审查的重大问题是国家的金融状况，以及国家为战争动员和作战将要采取的财政措

施等。

为此，鲁登道夫指出，要实行平时经济战时化，粮食、服装、燃料等重要物资，平时就要大量储备，并应把发行银行置于中央权力之下，力争战争物资自给，扩大军备工业，做好长期战争的准备。此外，他还否定了集中管理的统制经济，倡导自主性，主张调动和发挥每个人的工作热情和责任感，进而促进经济的发展。

三、军队与总体战

鲁登道夫认为，强大的军队是总体战的支柱。为防止民族团结的涣散，防止在长期战争中人民及军事当局都难以忍受的经济困难危及战争的结局，总体战领导要力争尽快结束已开始的战争，必须在战前：

> 将由全民力量组成的一支训练有素、装备精良和编制合理的军队提供给军事当局。
>
> 鲁登道夫：《总体战》（中译本），解放军出版社1988年版

而如何建立这支军队，鲁登道夫认为一是训练良好：

> 良好的军事训练包括体魄和意志的锻炼，加之精良的装备，可以提高部队的战斗力。
>
> 鲁登道夫：《总体战》（中译本），解放军出版社1988年版

二是装备与人。鲁登道夫指出，尽管为应付世界大战的技术装备会战，必须奋起直追，以弥补德军装备状况差的不足。

> 但是，最终还是要看掌握技术辅助器材的人。技术和人，或者更确切地说，人和技术这两个因素构成了军队的实力。然而人总是处在第一位的。虽然是没有生命的装备将人运往前线，但装备却是由人来操纵的。并由人赋予它以消灭敌人的力量。
>
> 鲁登道夫：《总体战》（中译本），解放军出版社1988年版

三是精神坚定。要使士兵在战斗中履行其庄严的义务时，坚韧不拔，培养出紧张的战斗中承受巨大负担的精神。

四是军纪严明。

在依靠军纪加强的军队中，重要的事是要训练士兵的独立作战能力和责任感。军纪不应扼杀个性，而应发展个性。军纪应当引导大家摈弃自我私念，整齐划一，向一个目标迈进。这个目标就是胜利。

鲁登道夫：《总体战》（中译本），解放军出版社1988年版

五是编制合理。

除有强大的陆军之外，还必须有一支强大的海军和强大的空军。

鲁登道夫：《总体战》（中译本），解放军出版社1988年版

他因而强调各军种间的相互协同，认为军事行动要贯彻协同、突然、迅猛的原则，不宣而战以实现战略的突然性，在决定性的地区投入最大的兵力，实施最沉重的打击。要速战速决，而不要打一场旷日持久的消耗战。在分别论述了陆军、空军和海军各自的编成后指出：

军队是个庞大的组织。军队的各个部队并不都直接参加作战，但须合力击溃敌人的抵抗，决战时刻尤其如此。

鲁登道夫：《总体战》（中译本），解放军出版社1988年版

鲁登道夫强调：

军队数量、训练和装备是一支军队的外表，只有精神的和道德的内涵才能赋予军队以力量，使其坚持旷日持久的总体战。

鲁登道夫：《总体战》（中译本），解放军出版社1988年版

四、统帅与总体战

鲁登道夫认为，所谓统帅，系指以其头脑、意志和心灵为维护民族生存而领导总体战的人，统帅是实施总体战的首脑。他吸取德国在第一次世界大战中因战争指挥的多头体制而导致失败的教训，指出统帅的职责在于，平时致力于加强人民和军队在种族基础上的民族团结，考察与战争有关的各项方针政策，战时要指导全局等。

像每一个艺术家一样，统帅也必须掌握其"手艺"，这种手艺便是统帅的艺术。统帅除掌握"手艺"之外，还要靠其天才和创造力，以及有别于艺术家的能

肩负重任的力量，坚强的意志，高尚的品格和伟人所具备的使人心悦诚服的巨大魅力。当他以高度责任感和全部身心，为军队、为人民和每一个德国人尽力时，都表现出他的创造力和意志力，战史从来不能造就统帅，也无法反映他们的精神世界。他们的精神世界是他们个人的财富，也是在最紧张的时刻展现出来的。

鲁登道夫：《总体战》（中译本），解放军出版社 1988 年版

为此，鲁登道夫进一步强调，要建立独裁式的战争指挥体制，让具备卓越的才能、坚强的品格、充沛的精力、敏锐的观察力等优良素质的人来当统帅，由他来加强国民和军队"在种族基础上"的民族团结，考察与战争有关的各项方针政策，组织起由陆、海、空军、宣传、军事技术、经济、政治领域里的高手所组成的国防参谋部来保证其思想的贯彻落实。

专栏 26.1

总体战与苏德战争

在人类现代史上，第二次世界大战中苏德战争的规模和残酷性都达到了工业社会的极致。这场战争从起源、较量到结局，既与经济目的密切相关，本身也是一个经济过程。

德国的战争经济准备 在德国为摆脱凡尔赛和约而苦心重整军备的同时，"总体战"思想逐步成形。德军副总参谋长鲁登道夫 1935 年出版的《总体战》一书，强调战争需要在政治、经济和社会生活各方面对国家进行改造；要动员包括精神和经济在内的全民力量参战，不惜采取任何手段消灭敌方军队和平民。同时，针对德国的国情，必须扩大战争资源自给程度，预先储备战略原料，保证海外来源。这些思路无疑是后来纳粹战争实践的重要参考。

重整军备的前提是经济转入战争轨道。1933 年 7 月，纳粹命令一切工业组织都要成立辛迪加，控制国内市场和价格，并向企业派出领导人，在经济部门实行"领袖原则"。

在扩军过程中，德国中央财政只能负担军费开支的 2/3，为此，纳粹除收"国家敌人"的财产（仅剥夺犹太人资本就获得 60 亿～80 亿马克），还动用了一切财政手段：控制德意志银行、德累斯顿银行和商业银行，政府有权在紧急情况下处置所有公众资本存储中心的养老基金、社会保险基金等大规模公众资本；削减福利开支；发行国库券、特种汇票和税票。

1932～1938 年，德国生铁产量由 390 万吨提高到 1860 万吨，钢产量由 560 万吨上升到 2320 万吨。1934 年年初，德国国防工作委员会批准了动员 24 万家工厂供应战争订货的计划。1933～1936 年，德国新建 300 多家兵工厂，包括 55 家飞机厂、40 家汽车和坦

克厂、70家化工厂、15家造船厂和80家火炮厂。到1939年入侵波兰前夕，德国工业产量已超过英国，仅次于美苏。

但扩军备战并不能真正解决危机，反而使1939年德国出口下降，财政恶化，外汇和黄金储备仅五六亿马克，国债却高达600多亿马克。希特勒在1937年11月5日说："对德国来说，经济上的困窘也同样变成了推动力……唯一的，或许对我们值得梦想的补救办法，就是要争取获得更大的自下而上空间。"战争已不止是一种诱惑，也成为一种必然。

1940年7月31日开始准备侵苏时，德军估计需要120个师，8月2日总参谋长凯特尔要求战时经济与军备局制订装备180个陆军师的军备计划。到1941年2月，半年之内德国军火生产增加近60%，其中弹药增加100%，坦克增产25%，全国及占领区钢产量3180万吨，石油480万吨，煤4.39亿吨，整个西欧还有4876家工厂为德国生产军火，一时间德国工业基础超过苏联50%以上。

……

第三帝国的黄昏 1942年年初，希特勒不得不承认，闪电战没能击败苏联。同时，德国占领区开始缩小，所能获得的战略资源已达极限，重工业原料和人力资源短缺严重，不得不实行国家经济的总动员，"战争经济"真正开始。

1942年2月，施佩尔被任命为军备与军需部（1943年9月改组为军备与战时生产部）部长，开始德国工业的大改组。另一方面，德国加紧了掠夺，1942年从仆从国获得物资20.08亿马克，1943年从西欧被占领国运走物资42.3亿马克。应该说，这一时期德国军火工业显示了惊人的适应与生存力，1944年7月武器生产达到顶峰，比1939年扩大5.3倍，这一年的飞机厂从1943年的80家增加到550家，全年飞机产量39870架，其中战斗机30511架，是1941年的6.6倍，坦克产量增长33.9%，达到2.7万辆，火炮增加50.3%，达到8.7万门。

然而这一结果也是杀鸡取卵，畸形发展，1943年德国产品有4/5为军用品，农牧业生产不断下降，工业生产在1943年短暂地达到顶峰后开始下滑，钢铁、煤炭和电力等重要基础产业陷入停滞，到1944年上半年，多数重工业产品产量下降，战略物资储备越来越少，加上运输困难，都从根本上动摇了军工生产的基础。

1944年4月，苏军打出了战前边界，6月盟军登陆西欧，两线受敌的德国进一步陷入困境，战火很快进入德国本土。双方战争经济的实力对比迅速倾斜，1944年，苏、美、英三国军火产量与德国之比达9:2。盟军不断升级的战略轰炸将潜艇厂、飞机厂、滚珠轴承厂、炼油厂、合成橡胶厂和汽车厂依次作为六类最重要目标，施佩尔后来承认："抢救空袭造成的破坏动用了数十万士兵。"到1945年3月，柏林战役前夕，德国

钢的平均月产量只有1944年的15%，煤为16%，坦克月产量也从705辆跌至333辆。至此，德国已谈不上战时经济问题。

纵观苏德战争，苏联人没有什么特别高明的战略战术和冒险行动，决定因素是自己像北极熊的体量一样庞大的人力和物力，以及超强的意志和忍耐。开战头几个月德军俘获苏军就达360万，大出意料之余，也以为苏联后备力量已经不多，在莫斯科城下精疲力竭的中央集团军群总司令博包克说："此时谁投入最后一个营，谁就能取得胜利！"不料苏军统帅部又动员了九个集团军的预备队。开战不久，希特勒也对苏军的实力深感震惊，他曾对古德里安说："如果我早知道你那本书（指《坦克，前进！》）列举的苏联坦克数字是真的，也许就不会发动这场战争了！"

德国不光经不起作战力量的对等消耗，甚至经不起不对等消耗，苏军在东线损失30万人以上的战役不止一次，但仍能动员出更多的力量，而德军在莫斯科一役便无力全线进攻，斯大林格勒一役更使其陷入被动。如果说对苏联动员潜力的估计受苏军军事建设的绝对保密所限，那么希特勒和德军将领们认为苏联民心会很快瓦解，只能说是种族主义的狂妄和对苏联国情缺乏了解。

——吴戈：《三联生活周刊》2005年第16期。

第 27 章 森武夫的国防经济思想

日本人森武夫在日本加紧扩张，进一步扩大侵略战争的紧锣密鼓声中，大量搜集研究了英、法、德等国家的战时经济材料，对产业动员、战时经济、经济战争等国防经济学议题进行了广泛探讨。森武夫的著述为我们了解第一次世界大战时的战时经济问题提供了广阔的背景材料，对了解日本战争经济学的早期特征和把握战时经济规律也有很强的参考价值。

第 1 节　森武夫的生平与时代背景

森武夫 1889 年出生于日本冈山县和气郡本庄村。1909 年从闲谷中学毕业后，作为会计候补生进入步兵第十连队，随后进入陆军会计学校学习，1912 年 5 月年毕业，同年 12 月任陆军三等会计。1918 年 5 月，从陆军会计徐晓高等专科毕业后，进入东京帝国大学经济系选修科学习，主修经济学，1921 年 4 月于该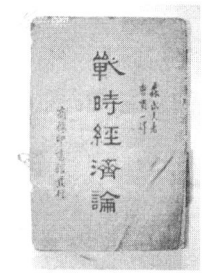
校毕业。1916 年 2 月，作为陆军驻美国驻在员去了美国，在进行军事研究的同时，他还在哈佛大学和琼斯霍普金斯大学进行政治学与财政学研究。1927 年考察欧洲后回到日本国内。历任日本陆军省会计局科员、作战资材配置会议干事，陆军会计学校、陆军士官学校、陆军大学教官，参谋本部第二部附等职务。1931 年 9 月，"九一八事变"发生后，被委任负责关东军司令部附参谋部第三科财政经济，后任第一师团会计部部员兼陆军省配置局附、资源局专门委员。

森武夫在担任陆军第一师团会计部员兼陆军省配置局附二等会计时,利用余暇时间,在法政大学经济系的中坚教授们所成立的世界经济研究所进行战时统制经济的研究,最终以一篇主要论文《战时经济论》,两篇副论文《英国战时经济》、《美国战时计划经济论》提交法政大学,由当时法政大学的木村增太郎、小野武夫、高本友三郎、山村乔、阿部勇、小岛精一等几位教授经过6个月的审查,最终获得了由文部省所授予的经济学博士学位。

明治维新后,日本的工业得到迅速发展,日本资本主义在19世纪末开始走上垄断之路。至1913年,全国约占75%的工商业资本已实现垄断化,如著名的八幡制铁所垄断了全国生铁产量的73%和钢产量的84%。1914年,五家最大的银行已占有2000多家银行全部存款的22.5%。而以三井、三菱、住友、安田四大财阀为首的金融资本寡头,则稳稳操纵着全国的经济命脉。随着国力从弱到强,自1894年起,日本开始摆脱外国不平等条约的束缚,到1911年最终收回所有的国家主权。但日本深知,作为一个岛国,日本资源缺乏、市场狭小,资本主义发展自身先天不足。为了促进国内资本主义经济的发展,也为了摆脱经济危机,日本走上了对外扩张的殖民主义道路。1904~1905年的日俄战争是日本资本主义进入帝国主义阶段的标志之一。经过日俄战争,日本摆脱了经济危机,资本主义经济快速发展。

20世纪初,资产阶级国家为巩固自己的统治及寻找商品的海外市场,对内实行专制,对外疯狂采取战争这一暴力手段。战争逐渐成为资产阶级国家从事的一种事业。一方面,他们愿意支出一定的费用来扶植这种事业;另一方面,他们又要通过这种事业获取更大的经济利益。世界经济政治的发展,军事经济活动的展开,既给世界大战做好了准备,也为战争经济学理论的深化创造了条件。如何满足战争对经济提出的要求,如何从经济上保障战争的需要,是这一时期经济理论工作者最为关注的问题,日本学者森武夫的战时经济理论就是在这样的背景下出现的。

森武夫著有《战时经济论》、《英国战时经济》、《美国战时计划经济论》、《战时统制经济论》、《非常时日本之国防经济》等,这些著作通过对第一次世界大战实例的研究,分析了爆发战争的经济原因、未来战争与经济的关系、战争与统制经济的必然性,并具体论述了战时工业、劳动、农业、消费与分配、贸易与海运、价格、财政与金融的统制问题。当然,森武夫这些著作最主要的目的还是通过对世界各主要国家备战时期的经济政策及资源、财政等实际情况的对比分析，研讨日本国防经济状况和对策等。

第2节　森武夫的国防经济思想

森武夫的国防经济思想体现了日本战争经济学的早期特点，其代表性著作《战时经济论》是在对英、法、德等国家大量战时经济资料整理、分析的基础上，以第一次世界大战的实际资料为根据完成的，具有相当的实证性。

一、战争需求测定

森武夫重视对战争需要满足与战争需要的测定，认为满足战争需要，必然涉及对战争需求的测定。他在《战时经济论》中，从对世界大战时的战争需要和将来战争所需要的内容，以及生产诸力的军事化分析入手，引出民间产业的动员；在产业动员计划中，从产业动员计划的重要入手，引出完成产业动员计划的必要阶段、产业动员计划的种类、陆军筹备计划的要领、国家产业的战时组织、必要的行政机构、价格统制、战时劳动，以及其他战时机关和战时法令的准备。其中，尤以大战中英国的产业动员为例，以战前英国的钢铁业状况为背景，对战时兵器工业的概况进行分析，重点对战争开始至1915年年初的状况、1915年春以后的状况，以及引入征兵与劳动调节、利润统制等情况进行了分析，提出批判与教训，随后对日本的军需工业动员法加以分析、研究。

二、战时国民经济维持

森武夫认为，战时政府所要研究的最重要问题之一，是如何满足战争需要。他把"战争需要"作为初始范畴，指出战时经济的目的有两个：一是要保证军事战斗力的庞大物质需求；二是要保证全体国民物质生活的维持和继续。即战时经济政策的目标，在于保障战争需要和克服战争带来的经济上的困难，两者兼顾，以有利于战争的展开。在对未来战争需求变化的预测上，他认为首先要判断未来战争的形态，这需要从火力装备的发展、机械化军队的建设、航空力量的飞跃、化学兵器的准备等方面进行分析观察,方可得知下次战争需求的内容。此外,他在战时经济运行方面,运用实证的方法作了分析,列举了国家对战时短缺物品采取种种必要统制措施,以及战争期间国家对金融活动所采取的统制措施等。

重视战争与经济的关联 森武夫主张要考虑到战争与国民经济的变化,其中包括军队之劳动力的吸收、运输机关的军事专用、生产诸力的军事化,以及海外通商的杜绝与阻害、国际与国内的金融动摇、战争兵灾的直接祸害等严重后果,认为要重视战争与世界经济的关联,以及由平时经济向战时经济的移行。

重视对国民必需供给的确保 森武夫主张要重视对国民必需供给的确保,其中包括食品与其他必需品的生产及输入,运用法律手段强化对必需品消费的统制、必需品供给的统制、必需品价格的统制以及对战时荒废产业的统制。他尤其以战争中某些产业的荒废、英国棉业界的经验为例,提出棉业统制委员会的设置、棉业生产的统制以及对长久失业发生的防止措施。

> 战时经济统制的方法:为实施战时经济的统制,首先要改变现存的产业及行政的组织与秩序,使其临机适应于特殊的战争要求,乃是捷径。国家务必要利用产业自身的组织,且其自动的活动,而达统制的目的,始是适当。圆满的实行由平时经济向战时经济的适应,无论如何,实是重要的。因此,对于如在平时经济之专以营利为目标而所编成的独占形态或独占资本,与以对抗之目的而所结成的组合团体等的组织,努力于加以必要程度的干涉,将其目标之由"营利"而变换为"战争"要求,实不能不说是贤明之策。
>
> 森武夫:《战时经济论》(中译本),民国国立编译馆1935年版

> 于此种情形下,国家的权力,其经立法与行政的作用而发动,自是当然的,并且相因于此司法权的作用,亦对于国民而及其影响。于此场合,希望其务必要依现存的行政及司法组织的活动,以适应于战争的要求,则是已如前述。惟战争之特殊的政治的社会的现象,实要求其特别的立法行政与司法,至在于经济统制,亦是如此。最后,为完成战时经济统制,国家的财政,亦必要对此予以协力。战费的筹备,金融的融通等,固不必说,即战时经济政策实施上,有关系于财政的范围实非常的广泛。例如战争中所动辄易于发生的异常利润的消去,通货膨胀的回避,与由于物价胜贵之不良的影响的和缓等,亦是依于财政手段,而始得收其几分的效果。
>
> 森武夫:《战时经济论》(中译本),民国国立编译馆1935年版

国家对金融活动的统制　森武夫认为在战争期间，金融活动是战时经济运行的一个重要方面，他根据第一次世界大战时许多国家对金融活动的统制情况，分析了以下几种国家对金融活动的统制措施：

第一，增发纸币。在开战之初，社会人心不稳，百姓私藏货币，同时金融市场挤兑严重，导致许多货币退出流通领域。而此时战争一令当头，急需各种军需物资，生产规模骤然扩大，工业动员、物资动员、军队动员都需要增加大量军费开支，导致对军费的需求急增，在此情况下，只有增发纸币才能满足巨额通货的需要。在战时，各交战国都在法律上或事实上停止金本位制，努力回收金币并存于中央银行。这样做的好处在于，存于中央银行的金币能在战后恢复时用于金融市场，在战时也利于在国际市场上及时买到所需的军需物资。

第二，缓期支付。缓期支付是指用法律形式保证延长债务的清偿时限。森武夫通过统计发现，在1914年，就有19个国家实行了这一政策，缓期时限分长期与短期两种。

第三，对证券市场与投资的管制。森武夫认为战时金融市场必然受到极大的冲击，导致金融业、产业界混乱。政府应以积极态度，及时予以管制。他并以英国为例对此进行了分析，英国在政府统制下，1915年重开部分交易所，严格控制军需企业和其他重要产业的企业股票，政府还组织成立战时金融公司，掌握一定的发行证券的权利，以保证军需企业和其他重要产业的聚资（库桂生，1998）。

三、经济战争

经济战的实践活动由来已久，古代战争中劫夺敌方粮草、抢占经济富庶之地和坚壁清野等，都是经济战争的形式。森武夫对于经济战地位和作用的认识，主要可体现在如下几个方面：首先，认为它可以打击敌方的经济，破坏敌方军事力量赖以生存的经济基础；其次，认为可以保护自己的经济实力，增强取得战争胜利的经济基础；再次，认为可以夺取敌方的经济资源，为己所用，并造成敌方恐慌、瓦解敌军意志，如经济战可以扰乱敌方的经济秩序，造成物资极度短缺的气氛，形成心理压力，以瓦解敌方。他认为，经济战争是鉴于现代战争中经济因素的极端重要性，采取经济的、政治的、军事的行动，对敌国经济加以限制和打击，以破坏其维持战争的经济能力的一种战争方式。战时经济战的表现形式很

多，如经济封锁战、经济摧毁战、经济掠夺战、经济瘫痪战、经济扰乱战等，森武夫认为，经济封锁是最为有效、更为重要的战时经济战形式。实施经济封锁后，不但会遇到军需品不足及国民生活必需品输入的困难，而且会断绝过剩产品和资金的输出和必要原料的供给，既削弱了战斗力，又破坏了国民经济的平衡，结果就可能是屈服的日子提前到来。

四、产业动员

为更好地满足战争的需要，森武夫提出了"产业动员"理论与"国家总动员"范畴。所谓"产业动员"是指，在战争期间，国家要对民间产业加以统制和干预，使其生产战时所需要的重要产品。森武夫认为在战时，国家有必要对整个经济实行计划干预。鉴于大企业其计划是以追求利润为主要目标的，所以为满足战争需要，森武夫认为国家必然要对企业进行依战争性质和需要数量重新组织、改编，并对其实行程度不同的干预，以利于全部生产能力的提高，实行统一的"计划经济"。

森武夫所谓的"国家总动员"是指在战时，动员一国所有的人力和物力供战争之需，以确保赢得战争的最后胜利，它包括一国的政治、经济、教育、宗教、艺术等多个领域的动员。而这其中，森武夫认为，以产业动员为主要内容的经济政策占有最重要的地位，其目的是为了战争的胜利，除了动员全部的物资资源外，还要动员所有的人员参加生产和劳务。认为对于战争中必要的战争负担，要公平地分摊给社会上的每个人，以最大限度地发挥每个人的能力，避免不满情绪，调动积极情绪为战争胜利做贡献。

> 统制实行之法律的形式。"然而为有效的以指导战争，实是绝对的要求其机敏与秘密，因为如关于经济统制的法规，若求诸如由于将其各个的提出于间歇的所开会的帝国议会，以求其赞成通过的悠久且公开的方法的立法，是不适当的，反而要求政府以独裁的方法采取紧急立法的形式的场合，实是不少的。在战时，政治形态自身，亦要采取独裁形态，则是世界战争的经验。"……"公布富源调查法……富源局现在是与陆海军等相联络，以当前列的职务即国家总动员计划的事务。"……根据此调查法，"政府为调查人的与物之富源，于有必要时，得对个人或法人命其报告或实地陈述。"
>
> 森武夫：《战时经济论》（中译本），民国国立编译馆1935年版

第28章 列宁等的国防经济思想

作为在第一次世界大战的炮火硝烟中诞生的第一个社会主义国家，苏联长期经受着帝国主义列强的武装侵略和粗暴干涉。在这样的环境下，苏联从建国初期到卫国战争爆发前期，一直高度重视有关国防经济理论的研究和国防经济实践活动。在这一过程中，列宁及莎维兹基、索科洛夫斯基等，继承并发展了马克思恩格斯的国防经济学说，也为世界国防经济理论留下了宝贵的财富。

第1节 列宁的国防经济思想

弗拉基米尔·伊里奇·列宁（Ле́нин，1870～1924年），著名的马克思主义者、无产阶级革命家，政治家、思想家、理论家，苏联共产党（布尔什维克）和国家的缔造者。原名乌里扬诺夫（Влади́мир Ильи́ч Улья́нов），1870年出生于俄国伏尔加河畔的辛比尔斯克。父亲是沙皇俄国的教育官员，具有民主主义倾向。母亲是一位医生的女儿，富有学识。俄国当时所处的时代加之其良好的家庭环境，使列宁很早就萌发了初步的革命民主主义思想。1893年，列宁来到了彼得堡，从此成为一名职业革命家。1898年3月，在俄国社会民主工党成立之际，列宁被流放。1900年7月，列宁从流放地被释放后出国。1903年7月，俄国社会民主工党第二次代表大会在布鲁塞尔召开，布尔什维克派形成，标志着列宁主义的诞生。1905年，俄国发生资产阶级革命，列宁回国后又很快返回国外。1906年到1917年间,列宁长期侨居国外,时时关注俄国国内局势变化,同时进行了理论探索。1917年4月,列宁从国外回到首都彼得格勒,在党的会议上作了题为《论无产阶级在这次革命中的任务》,即著名的"四月提纲",指出革命的根本问题是政权问题。后来,列宁又撰写了《国家与革命》,指出革命的根本问题是国家政权。而国家是社会发展到一定阶段上阶级矛盾不可调和的产物,是一个阶级压迫另一个阶级的暴力工具。社会主义革命必须要用暴力打碎旧的国家机器,建立无产阶级专政。列宁的暴力革命学说和无产阶级专政思想,为布尔什维克在变化了的形势下领导武装起义,夺取社会主义革命的胜利提供了强大的理论武器。

列宁是一位能够把握时代脉搏的马克思主义革命家,他不是教条地对待马克思主义的经典理论,而是依据俄国的实际情况进行创造性的理论探索,把马克思主义发展成为具有俄国特色的列宁主义,把革命的原则性、坚定性同斗争的策略性、灵活性进行完美的结合。一位西方历史学家曾这样评价道,"列宁是一位训练有素的职业革命家。他以将军的本领指挥他的军队,以学者的学问支持他采取的行动,以医疗协会的严格要求维持他那一行业的准则和纪律。"[①]

列宁作为第一个社会主义国家的缔造者和领导者,对国防经济问题作了大量论述,第一次在无产阶级建立政权的情况下,从保卫国家和发展社会主义经济及各项建设事业的角度,提出了自己对有关国防经济问题的认识。列宁的国防经济思想主要体现在以下观点中:

一、帝国主义与现代战争

列宁首先指出,人类战争是私有制引起的。在《论欧洲联邦口号》中,列宁分析了1871年后,主要老牌国家的实力情况,指出德国实力的加强要比英法快2~3倍,日本要比俄国快9倍左右。要检验一个资本主义国家的真正实力,除战争以外,没有也不能有别的办法。战争同私有制基础不矛盾,而是这些基础的直接的和必然的发展。在资本主义制度下,各个经济部门和各个国家在经济上平衡发展是不可能的。除了工业中的危机和政治中的战争以外,没有别的办法可以恢复经常遭到破坏的均势。在《在全俄哥萨克劳动者第一次代表大会上的报告》中,列宁指出:

---

① 王维克:《列宁的理论探索与俄国的革命实践》,载《喀什师范学院学报》1999年第2期。

帝国主义战争又在酝酿着而无法制止。所以无法制止，倒不是因为资本家作为单个的人都很凶恶（每个资本家作为单个的人也是一般的人），而是因为他们不能用其他方法挣脱金融关系的束缚；是因为全世界都负了债，都无力自拔；是因为私有制引起了战争，并且永远会引起战争。

　　　　　　《列宁军事文集》（中译本），战士出版社1981年版

列宁认为，在资本主义制度下，各个经济部门和各个国家在经济上平衡发展是不可能的。要恢复到平衡的状态，就只有依靠战争来实现。在《帝国主义是资本主义的最高阶段》法文版和德文版序言中，列宁写道：

　　在生产资料私有制还存在的这种经济基础上，帝国主义战争是绝对不可避免的。

　　　　　　《列宁军事文集》（中译本），战士出版社1981年版

在此基础上，列宁进一步分析了垄断资本主义特征和帝国主义战争的实际情况，提出了"现时的战争产生于帝国主义"的著名论断。在《国际社会党人第一次代表会议社会民主党左派的决议草案》中，列宁说"因此，大国力图奴役别的民族，掠夺殖民地，以获得原料产地和资本输出场所。整个世界融合为一个经济机体，整个世界被极少数大国瓜分完毕。"列宁分析后认为，后起的资本主义国家可以利用生产和资本的高度集中以及最新的科学技术成就，超越老牌经济大国，这将极大地加深资本主义各国间经济发展的不平衡性。

此外，列宁还认为，19世纪末20世纪初，自由资本主义已经发展到垄断资本主义阶段，加剧了资本的积累和集中，社会生产力的发展和资本的增长已超出了单个民族的窄小范围。帝国主义呈现出发生、发展和灭亡的客观规律，成为无产阶级革命的前夜。由于资本主义经济、政治发展的不平衡性，导致了帝国主义世界大战的爆发，大大加速了社会主义革命的进程。列宁指出，社会主义革命有可能突破帝国主义链条中最薄弱的环节，有可能在一国首先取得胜利，首先取得胜利的有可能是经济上落后的国家。

　　战争会引起革命，革命制止战争；无产阶级的任务就是要变帝国主义战争为国内战争，夺取社会主义革命的胜利。而当时的俄国正是帝国主义链条中最薄弱的环节，具备了社会主义革命的主客观条件。

　　　　　　王维克：《列宁的理论探索与俄国的革命实践》，载
　　　　　　《喀什师范学院学报》1999年第2期

列宁认为，因为资本主义已经把地球上的财富集中在个别国家手中，把最后一块土地都分割完了；再要瓜分土地，再要扩大财富，就只有牺牲别人，为了一个国家而牺牲另一个国家。要解决这个问题，只有诉诸武力，因此世界掠夺者之间的战争就不可避免了。

> 社会民主党人过去和现在从未用伤感的观点来看待战争。社会民主党人坚决谴责战争，认为它是解决人类争端的野蛮方法，同时社会民主党人也知道，只要社会还分成阶级，只要人剥削人的现象还存在，战争就不可避免。而要想消灭这种剥削，我们是逃脱不了战争的。战争无论何时何地总是由剥削者、统治者和压迫者阶级挑起的。有各种各样的战争。一种战争是冒险，它满足王朝的利益、强盗集团的胃口和追逐资本主义暴利的英雄们的目的。一种战争是在资本主义社会中唯一合理的战争，即反对人民的压迫者和奴役者的战争。
>
> 《列宁军事文集》（中译本），战士出版社1981年版

列宁在分析帝国主义战争根源的基础上，提出消灭战争的根本方法是消灭私有制。他认为，战争无论何时何地总是剥削者、统治者和压迫者阶级挑起的，只要社会还分成阶级，只要人剥削人的现象还存在，战争就不可避免。为此，他强调：

> 无产阶级无论现在和将来都要始终不懈地反对战争，但它一分钟也没有忘记：只有完全消灭社会划分为阶级的现象，才可能消灭战争……
>
> 《列宁军事文集》（中译本），战士出版社1981年版

因此，要消灭战争，最根本的就是要消灭战争赖以存在的条件，即通过无产阶级革命解除资产阶级的武装，完全消灭阶级。他着重指出：

> 只有在我们推翻、最终战胜并剥夺了全世界的而不只是一国的资产阶级之后，战争才不可能发生。
>
> 《列宁军事文集》（中译本），战士出版社1981年版

二、经济在战争中的作用

关于经济在战争中的作用，马克思和恩格斯曾提出过许多重要的理论。恩格斯（1971）曾指出"没有什么东西比陆军和海军更依赖于经济前提。装备、编成、编制、战术和战略，首先依赖于当时的生产水平和交通状况。"列宁在新的

历史时期发展了马克思和恩格斯的这些原理，指出经济对于军事，经济组织对于现代战争具有决定性意义。他认为，战争是对每个民族全部经济力量和组织力量的考验。现代战争对经济的依赖不仅是对一些军需物资的需要，更重要的是对经济生产能力以及国家管理、组织能力的依赖。为此社会主义国家必须建立新的经济组织形式，同时对重要生产资料和生活资料实行国家直接管制。他曾不止一次地强调，现代战争要求国家经济具有高度的组织性，必须能够及时地为军队供应武器、弹药、军服及进行战争和取得胜利所需要的一切。1917年，他曾在《大难临头，出路何在？》一书中写道：

> 在现代战争中，经济组织是有决定意义的。
>
> 《列宁选集》第三卷，人民出版社1995年版

列宁认为，只有经济实行严密的组织，在政府引导和推动下，才能在极端困难的情况下，在战争环境中完成军事经济任务。为此，他提出了发展经济并增强军事经济的方针策略，要用提高劳动生产率的方法增加生产，大力发展工业和交通运输业等部门，特别是发展重工业，使生产资料优先增长；要重视用先进的机器设备来改造一切产业部门，尽可能利用"从资本主义国家运来的机器"，发展国内经济，实行战时"军事共产主义政策"等。在《大难临头，出路何在？》中他写道：

> ……在俄国，粮食、煤、石油、铁都很充足，在这方面，我国的状况比欧洲任何一个交战国都要好些。在用上述办法消除经济破坏时，鼓励群众自动参加这个斗争，改善群众的生活状况，实行银行国有和辛迪加国有，俄国就能利用自己的革命和自己的民主制度把整个国家在经济组织方面提到高得无比的程度。
>
> 《列宁军事文集》（中译本），战士出版社1981年版

1918年，随着第一次世界大战局势的确定，协约国帝国主义者与俄国反革命势力勾结起来，加速对刚刚诞生的苏维埃共和国的围攻。1918年8月，已占领苏联3/4的领土，整个国家全部处于战火之中，与粮食、原料、燃料产区的联系被迫中断，社会主义苏联岌岌可危。为此，列宁在1918年12月苏维埃第二次代表大会上提出了"军事共产主义政策"（也叫"战时共产主义"），全面改造国民经济结构，使之尽快纳入战时轨道，并加速动员和正确使用国家现有的经济力量和精神力量，以保卫无产阶级的新生政权和社会主义革命的成果。具体的政策措施包括实行工业国有化，根据战争需要有计划地组织生产，尤其是军用品的

生产；全国职工处于动员状态；内外贸易实行垄断；粮食和其他副食品进行配给供应等等。《在东部各民族共产党组织全俄第二次代表大会上的报告》中，列宁提出："战争是对每个民族全部经济力量和组织力量的考验。"因此，特别强调：

> 在这种战争中，像在其他任何战争中一样，起决定性作用的是经济，这也是大家都知道而且在原则上谁也不会反驳的事实。
>
> 《列宁全集》（中译本），人民出版社1958年版

三、国防实力与社会经济潜力

关于发展经济，增强国防实力的理论观点，是列宁全部军事经济学说中极为重要的组成部分，他曾先后在《大难临头，出路何在?》、《沉痛的但是必要的教训》、《关于人民委员会工作的报告》等多篇文章中作了深刻的论述，这些思想不仅体现了马克思恩格斯的唯物主义原理，更揭示了社会主义条件下国防经济建设和发展的一般规律。

> 必须尽一切努力齐心协力地工作，集中一切力量搞好军事工作和军需工作。
>
> 《列宁军事文集》（中译本），战士出版社1981年版

十月革命胜利以后，列宁对当时的苏联经济采取了有计划的生产和分配。在3年国内战争中，列宁尤其重视军事工业的生产和军队的物资供应。他强调，必须建立严格的集中制，整个国民经济首要要保证军事工业对人力、原料和燃料的需要，以便为前线生产充足的军事技术装备、武器和弹药。

> 军事需要的急剧增长和依靠日常生产保障军事需要的必要性，使得战时军事生产的突飞猛进，要求一切生产资料为战争事业服务。
>
> 《列宁全集》（中译本），人民出版社1958年版

在国内战争的烈火中，随着革命热情的高涨，国家内部也在大大地巩固起来，因为农民和工人虽然饥寒交迫，但却是团结的、坚强的，每一个沉重打击都使他们更紧密地联合起来，更努力地增加经济实力。即使在战争结束后，列宁仍十分重视国民经济潜力的建设，他认为要巩固社会主义国家，必须拥有强大的军事和国防实力。而要拥有强大的国防实力，又必须加速整个国家经济的建设，使国防实力建立在雄厚的社会经济基础之上。列宁根据当时的形势强调指出：

战争造成了如此重大的危机，使人民的物质和精神力量达到如此紧张的地步，使全部现代社会组织受到如此严重的打击……战争是铁面无私的，它斩钉截铁地提出问题：或是灭亡，或是在经济方面也赶上并且超过先进国家。

《列宁军事文集》（中译本），战士出版社1981年版

列宁还指出，战争是对每个民族全部经济力量和组织力量的考验。只有当国家实现了电气化，为工业、农业和运输业打下了现代大工业的技术基础的时候，国家才能取得最后的胜利。为此，必须通过增加生产，提高劳动生产率，大力发展工业，尤其是重工业和交通运输业，并且尽可能地争取外援，引进外国先进技术，同时，加紧资源开发，调整生产力布局等措施，来迅速发展经济，最终提高国防的经济潜力和军事实力。

……我们的权利和义务就是：动员全民参战，有的去直接作战，有的去参加配合作战的各种辅助工作。

《列宁军事文集》（中译本），战士出版社1981年版

针对防御力非常薄弱，且处于不稳固、十分危急国际环境中的年轻的苏维埃社会主义共和国，列宁认为必须竭尽全力利用客观形势造成的喘息时机，医治战争带给俄国整个社会机体的极其严重的创伤，发展国家的经济。创造一切技术上和经济上的必要前提，最有效地利用人力、物力，增强国防力量。他说：

我们能够而且应当从非党工农队伍中汲取力量，因为他们是我们最可靠的朋友。为了解决粮食、燃料的供应问题，为了战胜斑疹伤寒，我们只能从这些受资本家地主压迫最深的群众中汲取力量。这些群众一定会支持我们。我们一定会战胜一切敌人。

《列宁军事文集》（中译本），战士出版社1981年版

四、武器装备与军事技术

科学技术上的革命影响着军事建设的每一个领域，它改革了陆、海军的物质技术基础，改革了组织机构、部队的补充和训练制度、军事科学及军事学术。在《在全俄哥萨克劳动者第一次代表大会上的报告》中，列宁指出，在现代战争条件下：

没有科学是无法建设现代化军队的……

……

要知道，战争使人们得到了许多教益，它不仅教会人们吃苦，而且使人们懂得占上风的是拥有高度技术装备、组织性、纪律性和头等机器的人，应该懂得，没有机器，缺乏纪律，在现代社会中是不能生存的，或者是必须拥有高度技术装备，或者是被敌人消灭。

《列宁全集》（中译本），人民出版社1958年版

兵器的变化导致战争物质需要的构成较以前出现了复杂化的趋势，军事生产和消费的范围也较以前更大，战争和经济、军事生产和民用生产的相互依赖性在现代条件下更趋紧密。为此，列宁根据国内战争的经验，要求充分重视现代军事科学技术和武器装备。

……随着军事技术的改进，巷战的方式方法也在发生变化，而且也应当发生变化。我们大家现在都在研究（这种研究当然是好事）建筑街垒和防守街垒的方法。但是不能只满足于这种有效的老办法，而忘记军事技术的最新进步。使用炸药方面所取得的进步已经使枪炮学发生一系列革新。日本人比俄国人强大，其一部分原因就是他们在使用炸药方面比俄国人高明许多倍。广泛使用烈性炸药，是最近一次战争的非常显著的特征之一。

《列宁军事文集》（中译本），战士出版社1981年版

同时，他强调在军事工作中，一定要尊重知识，尊重人才，努力掌握现代科学技术，"现代战争也同现代技术一样，要求质量高的人才。"要用新技术改造国防工业，大力发展技术装备，生产新的武器装备，培养和利用技术人才，创造一切技术上和经济上的条件来最大限度地提高国防力量。

列宁指出，如果昨天的经验教训没有使我们看到旧方法的不正确，那么我们今天就要坚决学会用新方法来解决自己的任务。研究战争经济保障的历史发展过程，研究客观国防经济规律和在各阶段的形式与表现，恰是帮助我们制定科学解决现代国防经济问题的方法。列宁的这一精神告诉我们：以往战争中检验过的方式方法，需要在实践活动中和现代条件下加以利用，而失去意义的则应用新的取而代之。正是凭借着这种精神，列宁成功地领导和组织了社会主义过渡时期的国防经济建设，创造性地发展了马克思、恩格斯国防经济理论，为第一个社会主义国家的发展壮大做出了不可磨灭的贡献。

第 2 节　莎维兹基的国防经济思想

莎维兹基是苏联早期的无产阶级国防经济学家。他于 1935 年撰写了《战争经济学》一书,这是苏联第一本系统的国防经济学著作,全书共分 14 章,着重阐明战争经济和政治的不可分割性、帝国主义时代战争的性质与方法,并讨论战前备战时期的经济准备和战时对人力、物力、技术等方面的需求与供给方法等。

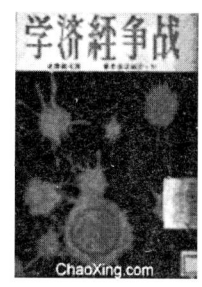

一、战争与经济

莎维兹基认为,由于社会生产力在 19 世纪末 20 世纪初的迅猛发展,引起了军事技术装备和战略战术的重大变化,在军队中体力占优势的时代已被机械技术占优势的时代所代替,从而极大地提高了军队的战斗力和机动能力。莎维兹基在对大量统计数据、大量事实进行分析的基础上认为,世界各主要资本主义国家,凡与兵器生产有密切关系的工业部门都取得了较大的发展,军事技术装备及战略战术也因此受到极大影响。而这一变化又必然引起其组织构成的变革与进步,并对军队指挥、军队后勤保障及各军兵种协调提出更高要求。针对这一情况,莎维兹基进一步指出,要想赢得战争的最后胜利,在作战指挥之外,最重要的是后勤保障供应。需要在质与量两个方面快速保障军队所需要的一切必需品,在全国范围内搞好平时的资源使用,尤其是对人力、物力等重要资源的使用,以便国民经济能够适应战时的需要。

二、军事消费

莎维兹基认为,轻工产品和农产品等主要用于生活保障的资料,如食品、被服和马粮等,随着军事技术的发展,在对其要求上出现了某些特殊性,如降落伞、飞机及用于防御化学战的特殊织品、皮革等,在生产上提出新的要求。比此类物资更具特殊性的,是战斗用具,包括兵器、弹药、化学兵器等,由于其军民通用性较差,战时和平时的需求量更是相差较大,在战时要求对其工业生产进行紧急改造。此外,战争的发展对武器生产的要求更高,其生产工艺更复杂,生产费用更昂贵,工业转产更困难,尤其是兵器制造工业和平时不生产而战时需迅速转产的企业,面临更艰巨的任务。武器及器械的持续快速改良换代,要求军工生产要始终保持迅速转向新型生产的弹性,尤其是战时,对这种弹性的要求更高。对于辅助物资和统制物资,如交通通讯器材、卫生器材、光学器材、铁路架桥器材、燃料等物资,虽属军民通用,但随着战争方法的改变,其重要性较之以前更有提高。如现代战争由于完全依赖于交通系统,因而对交通事业的要求更高。军队及时的动员和集中,将在未来战争中依赖完备的铁路网、公路网及其有效运营,交通运输将会发挥越来越大的作用。再如通讯尤其是无线电通讯,对于军队协同作战也同样具有十分重要的作用。

19世纪末20世纪初资本主义进入帝国主义阶段。整个世界此时已被几个老牌帝国主义国家瓜分完毕,后起的帝国主义国家又要求重新瓜分殖民地和势力范围。战争的规模越来越大,由国家与国家的战争、国家集团与国家集团的战争,发展为世界大战。战争规模的扩大、生产力的迅速发展、科学技术的重大突破,使军事技术得到长足进步。同时多种新式技术兵器、交通工具、通信器材都得到广泛应用。在第一次世界大战时,多数国家已实行普遍征兵制,由于交战双方军队数量庞大,出现了方面军和集团军群的编制。这些用于作战的人力、物力在发挥强大威力的同时,也给交战国的国民经济带来巨大影响。正如列宁的观点,为了以必需的物力保障军事生产,国民经济必须作重大的改变,修改基本国民经济的比例,改变部门和地区生产的结构,这一点在战争准备和进行时期表现得尤为明显。莎维兹基同样看到这一问题,他在其理论中提出了军事消费的非生产性观点,认为军事消费具有只消费而不生产的性质,它必须从国家生产总量中加以扣除,不再进入社会再生产过程中,于国民经济而言是一种纯粹的损失。

三、军事人力

莎维兹基以日本为例对人与物在战争中的情况进行了分析,作者发现,日本在一年之内投入于陆海空军的武器、弹药、燃料、药品、防空设施、各种补给、军事工程等方面的资金,已超过日本一年的国民收入,这是物的方面。而在人的方面,有劳动能力的几百万人将在战争中离开生产劳动,加之战争中伤亡的大量

人力，都会成为直接破坏社会生产力的重要因素。莎维兹基进一步指出，这种非生产性还表现在战争对世界经济关系的破坏上，如海上封锁会使商业、航海减少；运输机关会因战争动员，而降低生产运输能力；生产集中加剧，生活物资匮乏，通货不稳，金融组织和借贷关系崩溃，物价飞涨等等。如此庞大的军事消费将对经济产生什么影响呢？为了保障再生产，以及为军队提供更多数量的毁灭性强的武器、弹药、战斗技术装备和其他军用品，这就要求相应地提高军事生产的实力和其他国防经济因素。

在批判资产阶级学者错误理论的同时，莎维兹基根据马克思主义历史唯物论原理，指出人是战争的决定因素，人心向背、士兵对于战争的态度等，是决定战争胜负的一个重要方面。只要人的因素得到充分发挥，经济上落后的国家也可以打败经济上发达的国家。

第3节　索科洛夫斯基的国防经济思想

瓦西里·达尼洛维奇·索科洛夫斯基（Vasili Danilovich Sokolovski，1897～1968年）1918年参加苏军，1921年毕业于苏联红军军事学院，曾担任过高级军事将领，指挥过许多著名的战役。在1945年的柏林战役中，因表现出色，索科洛夫斯基被授予"苏联英雄"称号，1946年被授予苏联元帅军衔。内战时期，索科洛夫斯基历任团长、旅长、师长、集群司令。内战后，历任军参谋长、军区参谋长、副总参谋长。苏德战争时期，历任方面军参谋长、方面军副司令、司令，曾参与指挥莫斯科战役，担任过朱可夫、科涅夫的参谋长，1943年担任西方面军司令员期间，指挥斯摩棱斯克战役，收复斯摩棱斯克、罗斯拉夫尔等地。以后再次担任朱可夫的参谋长参加了维斯瓦河—奥得河和柏林等战役。战后，任驻德集群副总司令、总司令，国防部第一副部长，并曾兼任总参谋长。1960年起任国防部总监察组总监。

索科洛夫斯基曾亲历第二次世界大战，具有丰富的理论与实践经验。在苏德战争（卫国战争）初期，苏联在军事、经济上遭受了重大挫折和损失。战后，特别是20世纪50年代后期到60年代，苏联出版了大批研究卫国战争的著作，从政治、军事、经济等方面总结战略指导和战争准备等问题的经验教训。当火箭、核武器登上战争舞台后，以美国为首的西方主要资本主义国家，纷纷加紧研制和试验。而苏联为了达到与美国相对抗、打破垄断的目的，也积极投入其中，并很快形成了美苏两国核军备竞赛的态势，世界从此步入核战争时代。索科洛夫斯基的国防经济学说正是在这种背景下产生的。

索科洛夫斯基的主要论著有《解放西乌克兰地区》、《光荣的战斗历程》、《莫斯科大会战及其历史意义》、《法西斯德军在莫斯科近郊的溃败》、《军事战略》等。其中他1962年主编的《军事战略》系统论述了苏联的军事战略观点，特别是现代条件下核战争的准备与实施等问题，从国防经济学的角度研究了战略与经济的关系，研究了现代化武器对战争性质、军队建设方向、作战方法的影响，研究了核战争条件下战争的性质、军队建设、作战方法、战争准备以及军队的领导等问题，提出了一系列关于现代战争条件下国防经济的理论，其中的某些观点在世界国防经济学说史中具有一定的影响。

一、未来反侵略战争的经济准备

索科洛夫斯基认为，未来反侵略战争的经济准备十分重要，现代经济如果不能在最短时间内给军队提供最多的现代化武器，那么在战争长期拖延的情况下就不能持续地给军队提供一切必需品，为此必须做好未来反侵略战争的经济准备。未来反侵略战争的经济准备应主要包括军队的物质准备、国家的经济准备和民众准备。

关于军队的物质准备，索科洛夫斯基认为具有决定性的意义，这里面主要包括军队的人员准备、物质技术保障准备和战场准备。人员准备方面，对于用以补充军队的兵员，在平时通常用兵役登记的方法，编入预备役。而预备役中未经军事训练的预备兵员或需掌握的普通技术，一般可在普通学校或在实际工作中加以培养，所需干部可在动员时增设速成军事学校加以解决。军队的物质技术保障准备是军队准备的重要内容，按用途可分为应急储备品、动员储备品、战略预备品和国家预备品。战场准备也同样重要，不仅对边境地区，而且对整个国土都要进行相应的准备，这一任务应根据国家总的计划，一部分由军队完成，一部分由地方部门完成。

关于国家的经济准备，索科洛夫斯基认为它应包括工业、农业、交通运输和邮电通讯准备等。工业准备中，要根据未来战争武器装备可能受到的损失进行估计，以建立必要的生产能力；要按经济地区组织生产协作，缩短一些零部件或半成品、燃料的运输距离，加速生产过程和对工业的动员；要根据现代战争的特点，分散配置工业目标，以提高工业特别是重工业和军事工业的生存能力。农业准备主要是提高农业的发展水平，为应付战争储备大量的粮食和原料；调整农业的结构，以有利于军队动员；要使农业生产规模能满足居民和军队对粮食的需要，以及工业对粮食原料的需求。在交通运输和邮电通讯准备中，运输部门应储备一定数量的运输工具和燃料，以及修复道路、桥梁、通信线路、码头和飞机场所需要的材料，储备火车、船只和飞机进行军运时所需的设备。邮电系统应坚持既能军用又能民用，既能战时用又适于平时用的原则，建立两套可靠的控制站，并配以完善的通信技术器材。

二、战略与经济相互关系

索科洛夫斯基认真研究了经济因素在战争中的作用、战略与经济相互关系的特点、不同社会制度国家中战略与经济关系的区别等问题，深刻阐明了战略与经济的相互关系，认为战略学若不考虑经济、政治、精神诸因素，就不可能向前发展，而其中经济因素具有基础性的意义。对经济因素在战争中的作用，索科洛夫斯基认为，任何一次战争都是社会经济关系的产物，只是在不同的历史发展时期，战争对经济的依赖程度有所不同。在奴隶社会、封建社会和资本主义发展的初期，经济对战争、战略的影响还不太明显，但随着资本主义的发展，商业、工业、交通运输业逐渐壮大，在此基础上战争的规模不断扩大，战争的物资需要量随之增多，经济因素在战争中的作用越来越大，并成为确定战争方式方法即战略的基础。

关于战略与经济相互关系的特点，索科洛夫斯基认为有三个，首先是战略观点的发展变化完全以经济条件和当时的生产力发展水平为转移，并引用马克思、恩格斯的话来说明，无论战略处在何年代、属于哪个国家，它都具有一条共同的规律，即"装备、编成、编制、战术、战略，首先依赖于当时的生产水平和交通状况"。其次，经济在确定发展方向时也要考虑战略的需要，索科洛夫斯基指出：

> 任何一个国家的经济，如不考虑战略的需要和最合理地利用本国资源于国防

的利益，就不可能发展。因此，在制定国民经济发展计划时，必须注意到战略的需要。

索科洛夫斯基：《军事战略》（中译本），战士出版社1980年版

为此，他指出在确定经济发展方向、工业布局、农业生产的分区、交通线的构筑，以及国家经济的组织时，都要考虑战略的需要，以便能够随时做好使经济转入战时轨道的准备。最后，战略与经济的相互关系不是直接实现的，而是通过国家管理机关实现的，这种管理机关的职能主要有计算国家可能有的经济资源和战争的可能需要量；制订国家在经济方面的备战计划和战争爆发时以一切必需品供应军队的计划，消除经济中可能出现的比例失调现象；准备与实施对工业、运输和邮电业的动员；给前方分配物资等。

关于不同社会制度国家中的战略与经济，索科洛夫斯基认为：

把发展国民经济以满足人民不断增长的需要和加强国防力量的任务结合起来，这是社会主义经济原则之一。

索科洛夫斯基：《军事战略》（中译本），战士出版社1980年版

索科洛夫斯基认为，社会经济条件对战略与经济的相互关系有着重大影响。在社会主义国家里，战略与经济之间的关系主要是由生产资料公有制、国民经济的有计划发展和共产党的领导三个因素决定的。资本主义国家由于实行生产资料私有制，会因争夺利润的激烈斗争而严重影响到军事生产，最终影响到各军种的发展以及战略观点与战略理论的制定。某些从军事观点来看有必要发展但利润较少的军事工业部门，会因私人利益的存在而发展受阻。相反，社会主义实行的是生产资料公有制，它消除了经济中的一切不良竞争现象，能依据现代战争的特点，以其中的科学分析为根据，集中全部力量实现全国性的目的，计划经济能提高社会经济的组织性，比较迅速地和合理地利用国家的全部资源，共产党的领导则保证了战略与经济在目的和行动上的协调一致。

第 29 章 新古典时期中国的国防经济思想

洋务运动没能使中国走上富强的道路，走过清末的艰辛创业，民国初年的短暂繁荣，中国又进入外敌入侵、抗日救亡的民族危难时期和内战时期的徘徊迷惘，一批批中华民族的优秀儿女都在苦苦思索，如何走出战乱，实现中华民族的繁荣昌盛？愈是山河破碎之际，这些中国学人的国防经济思想就愈加难能可贵。

第1节 孙中山的国防经济思想

孙中山（公元1866~1925年），广东中山人，学名文，字德明，号逸仙，伟大的民主革命先行者，革命家，中国国民党缔造者之一，旅居日本时曾化名中山樵，"中山"因而得名。1866年11月，孙中山出生于广东省香山县（今中山市）翠亨村一农民之家，为家中季子。7岁时入私塾接受传统教育，并于闲暇之余常听太平军老兵讲述太平天国故事，心生佩服向往。青少年时期，先后到檀香山、广州、香港等地读书，接受西方资产阶级文化教育，学到不少自然科学知识，也接触到一些资本主义的政治学、经济学、军事学、历史学等。1883年，由于其有信奉基督教意向，被兄长送回家乡，不久因毁损村中北帝庙神像，为乡人不容。同年冬天到香港，与陆皓东一同于公理会受洗入基督教，后在澳门、广州等地行医。

面对帝国主义列强的侵略和清朝统治者的腐朽无能，他毅然放弃

"医人生涯",决心进行"医国事业"。1894年夏,上书李鸿章,提出多项改革建议,为李鸿章断拒。失望之余,于同年11月,赴檀香山募款组织兴中会,1895年2月,兴中会总会在香港成立,提出"驱除鞑虏,恢复中华,创立合众政府",首次向中国人民提出了推翻清王朝建立资产阶级民主共和国的革命主张。自兴中会成立,直到辛亥革命胜利,孙中山组织和领导过多次武装起义,同清朝统治者进行了长期不屈不挠的斗争。1911年武昌起义成功后,孙中山就任中华民国临时大总统,但辛亥革命的果实很快为袁世凯篡夺。其后,孙中山多次领导反对北洋军阀的斗争,均遭失败。十月革命的胜利和中国共产党的诞生,使孙中山在绝望中看到了希望。1924年1月,国民党第一次全国代表大会在广州召开,孙中山接受共产党和苏俄的帮助,改组国民党,重新解释了三民主义,确定了联俄、联共和扶助农工的三大政策,会后又组建了黄埔军校,为北伐战争的胜利奠定了基础。同年11月,冯玉祥在北京发动政变推倒曹锟,邀孙中山北上共商国是,此时的孙中山已是重病缠身,次年3月病逝于北京。孙中山的主要著作有《同盟会革命方略》、《国防十年计划》、《中国存亡问题》、《民族主义》、《民权主义》、《实业计划》等,其国防经济理论观点散见于这些著作中。

一、实业救国

孙中山主张实业救国,认为军事经济力是暴力的基础。孙中山在领导资产阶级民主革命的过程中,一直很注意经济问题,特别是实现国家工业化的问题,他批判了昔日洋务派和当时军阀们只想搞军器,扩张武力,而不去发展实业、增强国家经济实力的错误思想和政策,认为经济力是暴力的基础。他说:

(国家)第扩张武备,则民智不启,实业不兴,政治不能收敏活之效用,国家精神不备,亦决其难以长久而不敝,一有不幸,亦终归于覆亡之运耳。
……
国家只有强兵巨舰,亦不足恃。

《政见之表示》

惟发展之权,操之在我则存,操之在人则亡,此后中国存亡之关键,则在此实业发展之一事也。

《建国方略之二物质建设实业计划》

革命是救人的事，战争则为杀人的事……然革命须用军队之故，乃以为之手段，以杀人为救人。

《孙中山选集》人民出版社 2011 年版

二、科学技术

孙中山十分重视科学技术的作用，认为发展科学技术是实现富国强兵的必由之路。他强调中国曾经一直是世界上有高度科学文明的先进国家，只是到了近代，腐朽黑暗的封建统治才使中国落后了。中国历史上许多科学发明推进了世界科学和文化的发展。但是，中国要迅速发展国民经济，还必须学习和引进近代西方的科学技术和工业化的经验，把我国固有的文明和西方先进的科学技术结合起来。此外，孙中山还认识到科学技术的发展对国防是十分重要的。

自古利器尚象，开物成务，中国实在各国之先。而创作之物，大有助于世界文明之进步者，不一而足，如印版也，火药也，瓷器也，丝茶也，皆为人类所盂要者也。更有一物，实开今日世界交通之盛运，成今日环球一家之局者，厥为罗经……后西人仿而用之，航海事业，于以发达……若无罗经为航海之指导，则航业无由发达，而世界文明必不能臻于今日之地位。

《建国方略》

中国之文明，已著于五千年前，此为西人所不及。但中间倾于保守，故让西人独步。然近今十年思想之变迁，有异常之速度，以此速度推之，十年二十年之后，不难举西人之文明而尽有之，即或胜之焉，亦非不可能之事也。

《中国民主革命之重要》

是知欧洲六百年前之文物，尚不及中国当时远甚。而彼近一、二百年来之进步，其突飞速率，有非我梦想所能及也。日本自维新以后五十年来，其社会之文明，学术之发达，工商之进步，不独超过于彼数千年前之进化，且较之欧洲为尤速，此皆科学为之也。自科学发明之后，人类乃始能有具以求其知，故始能进于知而后行之第三时期之进化也。

《孙中山选集》，人民出版社 2011 年版

奖励国民关于国防物质科学发明之方略……训练国防基本军事人才三千万计

划,训练国防物质工程技术人才一千万计划。

《国防十年计划》

三、军民兼容

孙中山的国防经济思想还体现在他的国民经济和国防经济相兼容的观点上,他认为国民经济要兼容国防经济,国防建设的方针、原则等要与国家经济建设的大政方针相统一,只有统筹兼顾全国的军备、政治、经济、文化等,把军事与民生很好地结合起来平衡发展,才能使国家富强,国防才能强大。他说:

> 人类要能够生存,就须有两件最大的事:第一件是保,第二件是养。保和养两件大事,是人类天天要做的,保就是保卫,无论是个人或团体或国家,要有自卫的能力,才能生存。

《孙中山选集》,人民出版社 2011 年版

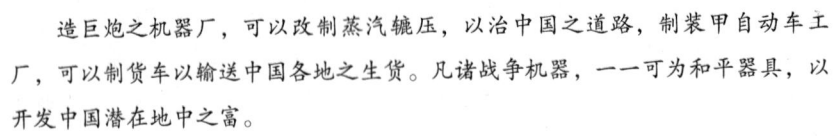

> 造巨炮之机器厂,可以改制蒸汽辗压,以治中国之道路,制装甲自动车工厂,可以制货车以输送中国各地之生货。凡诸战争机器,一一可为和平器具,以开发中国潜在地中之富。

《国父全集》

四、对外开放

此外,孙中山的国防经济思想中还含有对外开放的内容,他强调在保全主权的前提下,要大胆引进外国技术和装备、招引外国建设人才,充分利用外国的资金、技术和经验,促进我国经济发展,为国防经济建设奠定基础。他说:

> 现在各国通商,吾人正宜顺此潮流,行开放门户政策,以振兴工商。

《政见之表示》

> 惟现当民穷财竭之时,国家及人民皆无力筹此巨款。无已,惟有募集外资之一法。

《建设铁路问题》

> 止可利用其资本、人才,而主权不可授之于外人。事事自己立于原动地位,

则断无危险。

《孙中山全集》，中华书局1981年版

倘知此为兴国之要图，为救亡之急务，而能万众一心，举国一致，而欢迎列国之雄厚资本，博大规模，宿学人才，精练技术，为我筹划，为我组织，为我经营，为我训练，则十年之内，我国之大事业必能林立于国中，我实业之人才，亦同时并起。十年之后，则外资可以陆续偿还，人才可以陆续成就，则我可以独立经营矣。

《建国方略之一—心理建设》

第2节　董问樵的国防经济思想

董问樵（公元1908～1993年），四川仁寿人，我国早期的国防经济学家。董问樵于1928年起先后在柏林大学、汉堡大学和伦敦大学留学，1935年获得汉堡大学政治经济学博士学位。1936年回国，次年在四川大学法学院任教，1938年改任重庆大学商学院教授兼银行系主任。1945年董问樵成为民主建国会发起人之一，1953年复入中国民主同盟。新中国成立后，1951年起先后担任复旦大学经济系教授、外文系教授等职，"文化大革命"中受打击迫害，于1976年退休，1978年复受聘回复旦大学任教，至1986年离休，1993年去世。

专栏29.1

后世相逢或有知？

董问樵于20世纪30年代先后求学于柏林大学、汉堡大学，获得的是经济学博士，做的论文是《中国财政学研究：以当代新秩序为特别关注视角》。但日后留德归来，在历任四川大学法学系教授、重庆大学贸易经济系教授后，最后却出任了复旦大学的德文教授（1951年起担任德语语言和文学课程，1979年后任专业主任）。相比其相关译著如《全民战争》、《亨利四世》（亨利希·曼）等，我更看重他的两部著作：即《席勒》与《〈浮士德〉研究》。

……

对于董先生这代人来说，一生的黄金岁月是被耽搁了。从留德归来到改革时代，这其间有多少的宝贵光阴可以用于学术啊！可他们这代人，却没有这个幸运。如果说，在民国年间，他因为生计原因，徘徊不定而无法安心治学；那么到了共和国时代，又一度因为政治干扰而难得静坐书斋。但值得特别肯定的是，在20世纪80年代的最后岁月里，他居然完成了一生中的留痕之作，实在是非有绝大之毅力而无法做到。我们应该承认，董氏的老年用功近似于冯友兰的《中国哲学史新编》，这是一种值得后人学习的学人态度。

学者终究是要"就学论学"的，别的东西，即便能煊赫一时，但终究无法判定于一世。从这个意义上来说，并非科班出身的问樵先生的坎坷学人路，给我们启发多多。当在静默的书斋里，后来人与问樵先生悄然遭遇之时，不知晚年在书斋里孜孜用命的先生，是否偶尔会有过这样的念头：后世相逢或有知？

——《中华读书报》，2008年5月28日。

董问樵早年曾留学德、英、法诸国，研究国防经济理论。归国不久，抗日战争爆发，他忧心于国家胜败和民族兴亡，因而在川大、重大任教时，他着重讲授国防经济理论，后来根据这期间讲课的讲义整理成《国防经济论》一书，该书是他的代表作。20世纪30~40年代，在我国流传的国防经济理论观点大致有三种：一是师承英国的战时经济学理论，着重研究中国战时经济的状况和政策；二是源于德国的国防经济学说，宣传军事经济一体化思想；三是受马克思主义的影响，要求改革政治弊端，维护劳动人民的基本利益，增强国防实力。董问樵的国防经济学理论基本上属于第二种，他本人在《国防经济论》的自叙中也说"本书取材多依据欧洲的文献，尤以最近德国者为最。不过著者立论，仍本于我国的本身情形。"《国防经济论》系统地表达了董问樵的国防经济建设思想，回答了当时举国上下正担忧的国防问题，它主要包括以下内容：

一、国防经济的本质与原则

董问樵的国防经济理论是以他的"现代战争"观作为出发点的。他认为，现代战争是全体性的战争和全民族的战争。全体性的战争，指战争的主体不仅限于军队，而且包括全体居民，战争活动的对象包括交战国全部生存空间。它是随武器的进化和军制的演进逐步形成的。全民族的战争，指现代战争已经不只是军队和政府的事情，而是全民族为其生存发展而进行的斗争。

全体战争是基于武器之进化与普遍军役制之实行，它可以把民族被动地卷入战争；全民战争是基于民族之生存保持受到威胁，它必须使民族自动地参与战争。前者是一个技术的范畴，后者是一个社会的范畴。

董问樵：《国防经济论》，北京理工大学出版社2007年版

董问樵发展了鲁登道夫的"全民族战争"观，并在其基础上建立了他的国防经济理论。他首先回答了什么是国防，他认为，不是战时才有国防，平时也需要国防，和平和战争是国防的两个方面。他还根据他的现代战争观，给国防下了一个定义：

国防就是保持和保证民族与国家的生存和发展，不受外来的侵略或威胁，及对于此种侵略与威胁，给以相应的防御的意思。

董问樵：《国防经济论》，北京理工大学出版社2007年版

现代战争既然是全体性的和全民族性的，现代国防也具有全体和全民的性质。董问樵认为现代国防的范围，概括之为"军事的国防、政治的国防、经济的国防、文化及社会的国防。四者相辅相成，缺一不可。"至于什么是国防经济，董问樵认为现在还没有一致的概念。"要对于国防经济下一正确的定义，先得确定构成它本身的四种主要因素，即国防的因素、经济的因素、科学的理论的因素、经济政策的因素。"因此"国防经济既包括主观的观念，也包括客观的事实；既包括精神的原则，也包括实际的经济政策和情形及情形的变动。"他给国防经济下的定义是：

国防经济是全体全民战争时期，平时和战时保护民族之生存和发展的经济国防的制度。

董问樵：《国防经济论》，北京理工大学出版社2007年版

根据上述定义，董问樵把国防经济分为四个阶段（或称四部分内容），这四个阶段构成了董问樵《国防经济论》一书的基本体系。

平时国防经济或简称国防经济，即国防经济力之培育和组织、国防需要之统制及战争之经济的准备；经济动员，即从平时经济转入战时经济；战时经济，即战争发生后，经济之中央统制，而使供求相应，维持战时经济之平衡；经济复员，即解除由战争所发生之各种变态，使经济各部门适应战后产生之新形势。

董问樵：《国防经济论》，北京理工大学出版社2007年版

为了使人们对国防经济有一个明确的把握，董问樵进一步说明了私人经济、国民经济与国防经济三者的区别和联系。

> 一个国家或民族之经济力量从各种不同的立场上考察时，也具有各种不同的现象形态：在经济力量当做个人经营的工具看时，就是私人经济，或名之经营经济；在当做国民全体的物质养育的机构看时，就是国民经济；在当做保证国家及民族现在及将来之安全的工具看时，就是国防经济。每种都有它本身的目的和任务，而且互相倚伏，不能分离独立。但是三者里面，以国防经济为最重要，因为前二者无它绝不能长久存在，所以私人经济与国民经济均须隶属于国防经济的较高权利之下，不过它们也须具有生存的能力，因为没有成效卓著的私人经济，及发达蕃育的国民经济，也没有坚强卓绝的国防经济。

董问樵：《国防经济论》，北京理工大学出版社2007年版

董问樵认为，国防经济的原则和一般经济原则不同。"经济学的基本原则或称为'经济的原则'，是'用最小的手段达到可能上最大的效果'。这条原则是现在一切经济学与经济政策所以建立的基础。"但从国防经济方面来看，仅有一般经济原则还不够，还须另有国防经济的原则以补充。

> 国防经济的第一个主要原则，就是民族的生活条件与战斗条件一致……第一个辅助原则，就是国民经济的利益隶属于国防经济的安全。就是说，国防的安全第一，经济的利益第二……第二个辅助原则，就是国防经济的安全性适应国民经济的经济性。

董问樵：《国防经济论》，北京理工大学出版社2007年版

由于研究者对国防经济的认识不一致，因而对作为一门独立学科的国防经济学的研究对象也众说纷纭。董问樵认为国防经济学的研究对象包括平时经济、战时经济和经济战三个方面。

> 国防经济学为研究国防经济的科学，换言之，即综合整个国防机构之平时状态的经济，与战时状态的经济，及经济力量之作为战争与防御的工具，这就构成国防经济学的对象。

董问樵：《国防经济论》，北京理工大学出版社2007年版

二、国防经济的情状判断

董问樵把对国防经济供需关系状况的分析称之为"国防经济的情状判断"。

分析国防经济供需关系包含两个方面的内容：一是确定和判断国防经济力的要素和状况，二是确定和判断国防经济需求的要素和状况。

关于构成国防经济力的要素是什么的说法不一，董问樵介绍了两位德国学者的观点。费雪尔（Fischer, G., 1936）认为，构成国防经济力的要素有："国家之地理的状态；国土的大小及人口的数量和密度；边界的形式及邻国的思想状况；本国民族之思想、文化程度及组织技能；土地肥沃之程度，及矿产矿藏之数量；工业技术及经济发展的程度；商业和交通设备的程度；国家和经济的财政力量；国内经济力量之转变力及发明精神；国民之耐力、坚忍，及适应环境的能力。"霍哈（Hoch, E., 1937）则认为，构成国防经济力的要素是："全部作为经济力量之实在的物质的、空间的基础……给养经济；工业的原料；工业的制造和生产；本国经济与其他国民经济之联系；交通经济；人及经济里面的人的劳动力；由国土体系、经济机构及人民意志而形成之人口制度；公共财政及货币、信用、资本经济；各种影响和形成国防经济力之组织手段，特别要考察经济动员及经济保护之组织上的准备。"董问樵综合德国学者的观点，提出了自己的关于判断战时供求关系的观点。他把国防经济力的要素区分为自然的因素和社会的因素两部分。

> 我们以下的任务，就在于寻求对于经济国防力之把握及评价的原则。并综合以上诸氏的意见，分国防经济力之决定因素为自然的决定因素及社会的决定因素两大类，而加以考察。
>
> 董问樵：《国防经济论》，北京理工大学出版社2007年版

董问樵认为，自然的决定因素包括土地和人口两部分；社会的决定因素包括给养经济，原料经济，工业生产力，国际经济的关系，交通经济，殖民机构，货币、信用及资本经济，经济之防护组织等8项。对每一种要素他又进一步分为若干细目进行考察。在"国防经济需要之判断"方面，董问樵认为这包括"质的分析"和"量的分析"两个方面。从质的方面看，"国防经济需要之二主要成分，即日常生活品与乎原料物资之供给是也。"然而，在考虑战时需要时，由于前后方需要的迫切程度不同，就要将其迫切程度的差别体现出来，这样国防经济需求可区分为三部分，即：

> 国防武力之需要、平时国防部队之需要及战时全体军队之需要，不问其在前线或后方；战时经济之需要，换言之，……无战斗能力者及战时经济上不能应用

的经济部分之需要。

董问樵：《国防经济论》，北京理工大学出版社 2007 年版

从量的方面看，董问樵介绍了德国景气研究学院所编的《工业动员》一书中设计的计算公式和估算方法，并分军事需要、消费品之普通需要、生产手段需要或设备需要三个部分加以叙述。董问樵认为在生产手段需要或设备需要的计算方面遇到了重大的技术阻碍，尚有待于将来之努力。

三、经济动员

董问樵主张，应对国内外形势的变化，经济动员计划须有一定的弹性。其经济动员理论的突出特点就是主张经济动员的整体性，鼓励灵活运用。

> 所谓经济动员，就是把一个民族或国家的所有经济力量，当军事的或经济的战争危机之际，适应国防的需求，组织而活用之。一个民族之所有的经济财货、心理与精神的力量，都可直接或间接地包含于经济动员之下。经济动员是全体性的，就如全民战争辐射及影响于民族之整个生活的各方面一样。

董问樵：《国防经济论》，北京理工大学出版社 2007 年版

董问樵认为"经济动员计划须贯彻由合而分及由分而合的两种过程。"他主张先分，即在确定某一时期经济动员的方针和大纲后，把动员计划分解成若干个别或部分动员计划，详细确定各部门动员计划的特殊职能及其向战时经济的转变，并规定动员机关的经济任务、领导人员及办事人员的职责范围。

> 先要决定某一时期的经济动员之方针和大纲，由此分组为若干个别或部分经济动员计划。例如从经济部门上说，不单是要有工业的、农业的、金融的、交通的动员计划，而工业之各种部门、工业生产历程的各阶段，……都要有部分动员计划，……从经济区域上说，关于城市与乡村、金融中心、商业中心、工业中心之城市，……均须有部分动员计划。在这种动员计划中，不单是详细地确定动员机关之经济任务，同时也要确定领导和实行人员，及其战时经济之负责和效率范围。

董问樵：《国防经济论》，北京理工大学出版社 2007 年版

在分解动员计划的基础上然后再合，即要按照各种不同的要求，把各个个别

动员计划组合成更大范围的动员计划。董问樵根据德国学者费雪尔的经济动员理论，具体地分析了各方面的经济动员原则。

农业动员 董问樵认为"农业动员之目的，即为保证全体民族之战时给养，可是保证民族之给养，是一个非常重要然而也是非常困难的任务。为达到此种目的，必须全部经济与全体民族形成一个患难共同体，而且平时即应如此，不俟战争危机之发生而使然。"而农业动员的组织形式有两种：第一种是设立独立的国家机关，以便在平时统制居民的给养经济，在战时保证居民的给养和供给；另一种是在各种社团组织中增加农业动员的职能，使其能独立担负战时经济的给养任务，以减轻国家的责任。他还认为，农业动员须解决的任务包括"民族全体之供给（军队和人民）、增加和改良本国之生产、统制和分配农业经济之储量"三个方面。

工业动员 工业动员同其他经济部门的动员不同，它不仅是增加生产的问题，在许多情形下，还要完全改变生产单位的生产计划。工业动员的任务是"准备现有之平时经济的生产关系适应战时需要之转变；保护生产场所，防卫敌方袭击及工厂间谍之破坏。"因此，要根据战时需要对工业进行分类，将其区分为军需工业或战时重要工业、日常生活重要工业、战时经济上无法应用或难于应用之工业等。对各个具体企业要拟定具体的、特殊的动员计划，确定哪些生产战时仍可继续维持，哪些则须转入新的战时生产，及生产扩大之必需程度、国防需要的种类、供给的时间条件和质量标准、技术标准、战时生产的成本计算等；确定哪些工业国家要给予资本上的援助，使其能装备战时生产必需的机器和设备；确定各工业企业战时经济所需的原料及其数量、供应渠道和必要的技术人员，对企业人员进行空防教育，设立工厂防谍机构，等等。在工业动员计划中要明确规定工业动员的战时经济机关，以便有条不紊地由平时经济转变为战时经济。

资源动员 董问樵认为"资源动员之目的，在于从现有的资源基础出发，达到有计划之资源分配和使用。"一个国家资源的基础，包括本国的矿产及物资储藏量、储蓄量及陈旧材料的使用情况、战时由中立国输入的资源、辅助材料或替代品数量。资源动员的任务包括："供给问题；提高本身生产问题；分配问题三者。"

人力动员 经济动员中的人力动员，应以劳动力动员为中心。人力动员的任务是防止因军事动员从经济部门抽调走大批劳动力而造成企业不必要的萎缩和停产。战时，军事上的人力需要和经济上的人力需要常处于竞争地位。经济上的人力动员就是要实行合理的人员分配，以达到最大的效率。为了防止军事动员从经济部门抽调专门技术人才，人力动员计划在平时就要确定每个国民在战时应该在军队还是在经济的某个部门服务，要在"壮丁名簿"上明确说明每个人应该在什么时候、什么地方（前线还是后方）为战争服务。人力动员计划中要包括动员妇女、让青少年接替应征人员的工作。为了保证战时不间断地得到必需的人力补充，平时要成立一些准军事或仿军事的技术职业团体。国家要颁布战时劳务法，以规定成年男女战时劳动的义务。

交通动员 交通动员的任务是对全部交通工具的统制和利用以及对交通设施的维护。为了保证战时交通畅通，平时要加强交通设备和零部件制造的标准化，各种交通工具要有充分的备件，要保证战时的燃料供应。要建立大规模、机械化的工作队负责修理维护交通设备和交通路线，全体区域都应设立特殊的车站保护、邮电保护、公路保护、水道保护等制度，以便随时监督和维持有规律的交通运输。

商业动员 商业动员的任务是统制生产者和消费者之间的全部商业关系，藉以保证各民族、各阶层的需要。原来的商业组织和商业公司可维持其独立存在，不过必须遵守国家的命令，依照国家规定的商品价格和数量工作。为了顺利地实行对全部商业的国家统制和指导，全国须划为若干个经济区。各个经济区分别设立统制机关，制定必要的战时经济法规，规定主要商品的质量、标准、包装、价格等，只有这样才能指导和统制商品的流通。

财政金融动员 财政金融动员的任务是平时财政过渡到战时财政，避免发生严重的经济困难。战时财政要满足对内和对外两方面的需要。对外需要主要是战时对外支付需要。资金的来源主要是本国用于信用和货币发行的现金和外汇储备。战时，国家可采取货币同外汇脱钩、冻结银行信用等措施，将这部分现金和外汇转成战时对外贸易中的支付手段。除此之外，可采取吸收外国证券、借外债、出售海外资源等方法，增加战时经济的后备力量。对内需要主要是满足战争的开支，可采取的措施有：提高商业银行在国家银行存储的存款准备金的比例，改变居民窖藏现金的习惯，鼓励他们将现金存入国家金库；延期支付到期的国家信用，减轻国家财政的支付压力；做好发行战时公债、开征新税的准备工作，限制或停止交易所的活动，研究和准备节减可以节减的国家支出。

四、战时经济

董问樵指出，经济学者对于战时经济概念有不同的解释，有的解释为交战国的经济状态及相应的经济政策，有的解释为国防经济的一个阶段或一种方式。他认为，把战时经济解释为国防经济的一个阶段较为妥当，因为战时经济考察的是一国经济国防的形态和变动情况，至于此国究竟参战与否不是主要问题。例如，第一次世界大战时，瑞士始终是中立国，可是当时瑞士也有它的战时经济。战时经济实施的时机应该在战争危机迫近之时，不应在战争开始以后。因为从平时经济转入战时经济决不能一蹴而就。因此，如果战争开始后才采取经济转型的手段，则时机已逝。

> 正确的是把平时经济依照国防经济之动员计划，逐步改变为战时经济。不过在每个阶段及步骤中战时经济之转变，必须彻底实行，以达到所意图的结果。用此种逐步转变之方法，可免整个的经济机体遭受过度之震荡或损伤。
>
> 董问樵：《国防经济论》，北京理工大学出版社2007年版

实施战时经济的手段要在和平时期准备妥当。建立战时经济的中央指导机关及制定战时经济的国防法规是实施战时经济的前提，这些工作在和平时期就要有所准备。战时经济的指导机关平时可组合于普通的政治、军事机关内。战时经济的国防法规，包括国防公法、国防经济法、国防刑法。他认为战时经济为使其运用敏快计，必先采取如下的两种准备：

> 一是战时经济的指导与管理之组织上的准备；二是战时经济之国防法规与经济法规上的准备。
>
> 董问樵：《国防经济论》，北京理工大学出版社2007年版

董问樵认为，战时经济的主要任务是保证战时军队和民众的全部经济供给。为了实现这种目的，必须做到：（1）统制原料及熟练劳动力的分配，优先满足战时经济企业的需要；（2）一切私人经济的物资在未经政府许可前，不得随意转移或变更其用途；（3）统制全部对外贸易；（4）统制对内经济，限制或禁止消费者直接向生产者购买产品，打击一切走私、囤积现象；（5）统制农业生产资料的供应及生产品的分配；（6）规定战时商品的价格，保证经济安定发展；

(7) 实现战时定量制，因战争而引起的消费紧缩的困难，要有计划地平均分配于全部经济区域及民众，不要集中于某一地区或某一部分居民身上；(8) 扩大宣传，使全体居民在心理上对可能出现的困难有所准备。另外，经济战争是战时经济的有机组成部分。他说：

> 战时经济除保证战时需要之外，还有一种伟大任务，即是运用本国的经济为战斗工具，换言之，即所谓经济战争。经济战争有各种不同的分类，就其性质言，可分为消极的与积极的或防守的与进攻的两类。

> 董问樵：《国防经济论》，北京理工大学出版社 2007 年版

董问樵认为，战争期间要保证军队和居民的一切物资供应需要，必须实行经济统制，这是平时经济和战时经济的一个重要区别。他把战时经济统制分为生产统制、流通统制、分配统制和消费统制，并分别进行了具体考察。他说：

> 战时生产统制之目的，首先在于扩大生产，以满足整个战期中之全部需要……战争开始后，需要不断增加，除了消极地限制战时不紧急或不重要之需要，及运用平时储藏以供应之外，应努力使国内之生产上升，与需要发展之轨迹一致。考其方法，约有三者：(1) 利用原有之生产容量；(2) 扩大战时之生产力；(3) 实行战时生产顺序计划。

> 董问樵：《国防经济论》，北京理工大学出版社 2007 年版

就流通统制问题，他认为要从以下几个方面着手：首先要有一个集中的需要计划，根据各种需要的迫切程度，以及本国生产和可能由国外输入的产品数量，计算出战时分配定量；其次要有一个在国家严格监督下的流通网络，按照战时定量将各种商品分配给个人或单位；再次要有一个有效的、统一的战时价格体系，商品的价格要和商品的质量密切联系，防止生产者用降低产品质量的手段变相涨价；最后要统制对外贸易，统制外汇和统制货币市场，稳定货币购买力，保证国内物价水平和战时财政收入。

分配统制是战时处理各种收入的基本手段。如征用、扣留、没收某些战时必需品或违反战时经济法规的各种产品、原料、车辆、机械等，限制和直接或间接降低职工工资收入，实行累进税制，对居民较大的所得进行特别课税。这些措施都要不同程度地侵犯人民的私有财产。战时统制分配的基本原则是平均和公正分配战时负担，避免战时暴利和工资纠纷。

国家统制战时经济分配之主要方针，要避免两个现象，即战时赢利之发生，与乎工资之纠纷。

董问樵：《国防经济论》，北京理工大学出版社2007年版

董问樵认为，消费统制的中心是战时消费节约问题，实现方法有二：一是国民自动的节约，即人民出于爱国热情，自动地限止个人消费；二是国家强制的节约，这又可分为间接的强制节约和直接的强制节约。间接的强制节约即战时对消费物资课税，直接的强制节约即由国家施行定量制。

五、经济复员（原）

按照董问樵的解释，经济复原"即将战时经济引渡到国防平时状态的经济去。"他认为，经济复原不是简单地恢复战前的经济关系，而是要适应新的环境，采取另外一种完全新的平时经济。经济复原计划应该在编制经济动员计划时一同制定。经济复原包括"经济善后"和"经济复兴"两部分。

……因此经济复原之主要方针，要在编制经济动员计划时，就一齐决定。经济复原计划在战事未发生前，就应当具备它的纲略……不过在这儿要明了，经济复原实包含两部分：即消极的和积极的工作。前者可称为"经济善后"，后者可称为"经济复兴"工作。

董问樵：《国防经济论》，北京理工大学出版社2007年版

董问樵认为，从逻辑上说，"经济善后"应在"经济复兴"之前，实际上"经济复兴"可能已经包含在"经济善后"之内。他认为，"经济善后"包括"军需生产之缩减及停止"和"战时经济统制之缓和及经济组织之解组"两部分，并对"经济善后"中应采取的措施分别作了说明。此外，他对"经济复兴"的方式和范围也作了说明，他说：

比较来说，经济善后之时间有限，而经济复兴之时间无限，因经济善后有止境，而经济复兴则无止境也。根据过去世界大战之经验，经济复兴可采取以下三种方式：（1）调整经济（以自由资本主义为基础）；（2）统制经济（以全体主义为基础）；（3）计划经济（以社会主义为基础）。

……

> 经济复兴应包括经济各部门之同时发展,一致进行,概括言之,约为以下数者:(1)人口;(2)农业;(3)工业;(4)商业交通;(5)货币金融。
>
> 董问樵:《国防经济论》,北京理工大学出版社 2007 年版

在"国破山河"的严酷环境下,董问樵对国防经济问题进行了全面的探讨,这不管是对实践的指导,还是对中国国防经济学的建设和学科贡献,怎么评价都不为过。

第 3 节　韩亮仙的国防经济思想

韩亮仙具体生卒年月不详,除留有《中国经济动员论》一书,并从该书"序"中得知作者为军人外,其余皆无法考证。从该书出版时由号称蒋介石"文胆"的陈布雷题名,可推测该书当时极受重视。该书出版于 1939 年 1 月,当时正值抗日战争的关键时期,全书立足于经济活动,对国民经济动员中的工业动员、农业动员、交通运输动员、金融财政动员等作了全面系统的阐述,系统地表达了韩亮仙的国防经济动员思想,对指导抗战时期的经济动员工作具有积极意义。

一、经济与战争

韩亮仙认为,经济实力是战争实力的基础,他将经济实力看作决定战争胜负的关键,因而要保证战争的胜利,就必须使军事战略与经济战略相配合。作者在《中国经济动员论》一书的"序"中就说:

> 则经济的力量,实为决定军事胜败的要素,是毫无疑义的。所以高级统帅对于整个作战方针,必使军事战略与经济战略互相配合,方能保证战争的最后胜利。
>
> 韩亮仙:《中国经济动员论》,北京理工大学出版社 2007 年版

同样,他认为,在战争过程中,经济的力量也是至关重要的,就交战方来说,谁能满足战争对经济的要求,谁就有持久的作战能力,就会取得最后的胜

利，因而现代战争实质上是国力的较量。

在战争过程中，经济的力量，每为决定战争胜败的根本要素：因为没有重工业的发展，就没有技术化机械化的部队；没有广大丰富的资源，就没有持久的作战能力；没有完善的交通运输的组织，就不能迅速动员广大的军队，与军需品粮食品的补充；没有巩固的财政金融的基础，就不能支持大规模与长时期的战争。可见战争，对于国家经济所提示的：为①工业的要求；②粮食的要求；③交通运输的要求；④财政金融的要求。谁能满足这种经济要求，即谁有持久作战的能力，与博得最后的胜利。所以现代的战争，叫做国力战争，也叫做经济战争，就是这个道理。

韩亮仙：《中国经济动员论》，北京理工大学出版社2007年版

韩亮仙在写作本书过程中，立足于经济活动，求索于经济政策，落笔于各领域之长远建设，以"贡献于抗战需求"。

本书的任务，就是根据欧洲大战的严重教训——经济战争与经济战略的重要性，来研究此次中日战争的过程中，怎样动员中国的经济力量，以支持战争；怎样运用经济战略，以实现长期抗战的国策。
……
中国的经济力建设起来，一方面可以增加军需品的供给，而充实忠勇将士的物质战斗力；他方面可以满足人民生活必需品的需要，使他们抗战的勇气更加坚强。

韩亮仙：《中国经济动员论》，北京理工大学出版社2007年版

此外，韩亮仙还看到了世界经济的相互联系，看到了国际分工，并由经济推广到战争，从而认为战争的国际性，只有国家间的合作，才能实现战争能力的扩大。

可是现代的经济联系是世界的。国际的分业和相互的交换，已经是既成的机构。那么，无论在商品或资源上，任何国家均不能绝对的自给自足。……所以世界各国，欲单独满足或扩充其战争的全部要求至为困难，必然的与其他国家互相结合，依赖世界交通的桥梁，以作人的物的资源的补充，而实现战争能力的扩大。

韩亮仙：《中国经济动员论》，北京理工大学出版社2007年版

二、工业动员

韩亮仙指出，自卢沟桥事变以后，中国的全面抗战就开始了，在这长期战争的过程中，怎样利用现在的经济力量，怎样建设新的经济力量，来博得最后的战争胜利，这是工业动员要研究的主要课题。从以往的经验来看，进行工业动员是决定战争胜败的关键。

> 战争全体的命运，甚至局部战斗的胜利，却要视交战国的生产力量如何，以及后方能为战斗制造的军需品之数量如何而定胜负……所以政府不但对于军需工业，应加以严密的管理和迅速的发展，同时对于民间的产业，也应加以干涉和保护，俾能于所要求的时间，生产所必需的军需品。这种经济政策，叫做工业动员。
>
> 韩亮仙：《中国经济动员论》，北京理工大学出版社2007年版

韩亮仙认为，工业动员包括各部门之重要工业动员和工业资源动员两部分，其中最重要的工业部门分四个部分：第一是金属工业；第二是煤工业；第三是化学工业；第四是机械工业。而工业资源动员则包括金属类；非铁金属；火药及炸药原料；毒瓦斯与烟幕及防御具的化学兵器之原料；以及其他主要军需工业原料的动员。

韩亮仙指出："为调整战时工业的计划，由平时经济，转为战时经济之推进，第一是要增加生产的总额，第二要将劳力与原料品，由不必要的物品之产生，转变为战争所必要的生产，所以工业动员的政策，应注意下列各项重要。"即：（1）军需品的整备及补充；（2）由平时民间工业转变为战时工业；（3）优先制度，即决定产成品、原料及半成品等的使用顺序，维持生产品的总量，必要时扩大生产；（4）推行标准化，即武器、军需品、通用商品及医疗器具与药品等的标准化；（5）劳动统制；（6）物价统制；（7）财源的保存；（8）科学人员的动员等。此外，他还以第一次世界大战欧美各国为例，说明进行工业动员的成效。

> 在大战以前，各国的参谋本部及军事专家，对于军备的意见，均以为将来的战争，不会怎样延长……因之，对于工业动员的准备并不充分；但是欧战爆发后，因动员兵数的庞大，与时间的延久，使军需品的需要，达到最大量，而平时所预备的军需品，远远不能供应军队的要求了……于是各国为维持战争的力量，使工

业适应军需品的供给，与国民所必要的一切物质（除粮食外）起见，预期于各种生产活动，在某工厂或如托拉斯性质的企业之结合体方面，施以严格的组织，广泛的分业，以及科学的知识为基础的十分精密的计划性，而提高生产的技术，与扩大生产的能力，使适合于作战计划所需要的全物资所算定之数量，而无或缺。

韩亮仙：《中国经济动员论》，北京理工大学出版社2007年版

韩亮仙认为，中国工业动员的目的，就是综合各种生产力，以满足战争对物资的巨大需求，从而取得战争的胜利。他阐述了中国工业动员要注意的问题和工业动员的供给计划，认为"有计划地建设新的国防工业，以充实国力，俾能自给自足，而作长期抗战"和"统制工业资源，尽量开采，并且研究其代替品"这两点至关重要。

没有工业，即没有国防，没有资源，即没有工业，所以工业与资源，实有密切的关系，如鸟的两翼，车的两轮，缺一不可。

韩亮仙：《中国经济动员论》，北京理工大学出版社2007年版。

最后，韩亮仙指出，为了搞好工业动员工作，要设立工业动员统制机关，他认为"工业动员的目的，即为供给军事所必要的用品。那么，最高机关就应以军事内阁为中心，组织各部，而负责执行，并且网罗实业界、劳动界、科学界成立特种委员会以处理之"。

三、农业动员

韩亮仙指出，在资本主义以前的战争，动员的兵力少，所需的给养也少，而资本主义发展到帝国主义时代，因战争方法的变化，以及动员兵数的庞大，战争对粮食的需求就会大大增加，从而影响到国内市场，怎样统筹战前与战后的粮食供给，保证战争的胜利，就显得尤为重要，这就是农业动员的中心问题。接着，韩亮仙从五个方面介绍了第一次世界大战时农业动员的一般理论与事实：第一为粮食生产的增加，这可以从农地政策、劳工的维持、肥料及机器的供给、价格的制定等几方面着手；第二为粮食消费的节约，包括自主的消费节约、强制的消费节约以及粮食能效的使用等；第三为粮食贸易的统制，包括军需品生活必需品等的政府独占输入、除重要物品的限制或禁止输入以及保证战争需要而进行的调节输出等；第四为粮食运输的管理，包括将私有铁路收为国

营、规定各类物品运输的优先顺序和减低粮食运费率等办法；第五为粮食统制机关的设置。同时，韩亮仙认为中国农业动员的主要任务就是要研究战时粮食的自给自足问题。

> 中国的国民经济，是以农业经济为基础的，但是我国虽号称农业经济的国家，然而平时的粮食供给，尚赖于大量的输入……所以中国农业动员的主要任务，就是研究中国战时粮食的自给自足问题……
>
> 韩亮仙：《中国经济动员论》，北京理工大学出版社2007年版

通过统计发现，中国可耕的土地很多，而且从人口数量与粮食供给的比较来看，应该不缺粮食，但是为什么年年都要进口粮食呢，韩亮仙认为是由这几个方面的原因造成的：第一是帝国主义的经济侵略，使得农民不得不拿粮食换取不等价的工业品；第二是交通运输的不发达，使各地不能互相调剂，从而产生谷贱伤农、流亡载道的景象；第三是生产方法的陈旧，不能大规模地精耕细作，以增加产量；第四就是繁重的苛捐杂税以及奸商地主的剥削，使得广大农民陷入饥寒交迫的困境。他认为中国战时的粮食政策要从以下几个地方着手。

> ……所以中国的战时粮食政策，其最主要者，尤在于力求消费的调节与生产的增加双方并进；同时计划分配的公平，与设立所必要的统制机关，施行各种统制方法，这是研究中国战时粮食问题所应格外注意的。
>
> 韩亮仙：《中国经济动员论》，北京理工大学出版社2007年版

韩亮仙认为，现代战争是综合国力的较量，综合国力包含着整个国家的一切人力和物力，其中物力之中既包括直接用于杀人的武器，也包括间接用以蕴育人力的物资（其中最重要的是粮食）。现阶段，由于大部分武器是自海外输入，如果国家财政状况较好，交通运输安全，则工业动员只是解决一部分武器问题。农业动员则不然，它要解决全国军民的吃饭问题，而由于"土地的广大，交通的不便，技术的落后，以及农村经济的衰落，农民爱国心的薄弱等，处处均给予农业统制以极大困难……"这样进行农业动员，保证粮食的供给就显得非常重要。他认为可以采取下列计划，以保证战前战后的粮食之需要：

①强制节约消费以法令规定社会各阶级的每日粮食，混合杂粮一半，并且严禁以人用食料为其他用途；②从事于大规模的垦殖未耕地，以及整理已耕之地，

而求地尽其利、地尽其用，同时完成健全的农业金融组织，俾充分供给农业生产的资金，以扶助农业生产的发展；③发展西南西北的交通网，并使之与国际交通线联系……

韩亮仙：《中国经济动员论》，北京理工大学出版社2007年版

四、交通运输动员

韩亮仙认为，交通运输是国民经济中最重要的部门，"交通运输的发展，在平时可以使一切文明国家的经济的、政治的、社会的关系，发生了一大变革；至于战时，从军事上方面来说，他的意义，尤为重大……"他认为，交通运输可以将国民经济之力和手段，运送到指定的场所，而且能够统制各地的经济活动，以保证战争的需要。如果运输停滞，则不但无法为前方运送武器弹药，而且整个国民经济也被打乱了。

> 因为宣战之际，将现行的国民经济之力和手段，与战争过程中所造出一切的力和手段，转移和集中到指定的场所，以及统制国内各地方的经济活动，与维持这些地方以支持战争试验的能力，均是交通运输的重要任务。如果运输活动衰颓或停止，那即不能将食料燃料与武器弹药等，迅速输送于前方，以供战争的需要了；同时，国家所有的物资和财货，又不能由这些地方，运送到那些地方，以调剂盈虚，则不但军事上的滋养和补充为不可期，而且全国的国民经济生活，也为之完全破坏了。

韩亮仙：《中国经济动员论》，北京理工大学出版社2007年版

至于交通运输动员的意义，韩亮仙认为，这主要就是统制运输，使其发挥最大效率，以满足战时需要。

> 交通运输动员的意义，就是战时将陆上运输与海上运输的交通机关而适当统制之，支配之，使其发挥最大输送力的能率，以满足军队及国民生活的要求而已。

韩亮仙：《中国经济动员论》，北京理工大学出版社2007年版

韩亮仙认为，陆上运输包括铁路与公路两项，水路运输包括河川与海洋两项，这种水陆交通的运输作业是近代战略的有力手段与廉价的兵器。如果能很好地运用这些运输手段，一方面可以巩固国家对于战争的持久力，另一方面又能刺

激国民经济的发展。他在谈到各种运输手段、对外贸易与保障海外交通方略的重要作用时说:

  运输组织，为国民经济的动脉管，而铁道更是国民经济的神经系统，并且在战时为战争的有力武器，没有陆路的交通工具，像铁路一样，在平时能够得各地方的生产力与消费力的平均调和，而不致感觉到物品和食料的缺乏，或过多之困难；在战时对于军队的动员，与粮秣的供给，能够迅速集中与输送，而适应战略的要求……总之，铁路对于经济和军事的发展，概括之有下列的要点：(a) 铁路在国防和内政上，居很重要的地位，第一便于调遣军队，第二使中央政府便于统治相隔甚远的地方；(b) 铁路对于人民，打破了原始的经济生活，而为资本主义的先锋队；(c) 铁路促使远道货物，得着便利的运输，而发展一国的国民经济。
  ……
  在荒僻或短途的区域中，必须依靠于公路的输送，以补铁道的不足……所以战时公路网的建设，不但使运输部队与军需品，集中或散布其所有力，而且能补充或转移兵力，使摩托化的队伍，充分发挥其作战能力。可见公路的运输价值，实如铁路一样，而为战时不可或缺的交通工具了。
  ……
  河川运输，对于铁道给予无可比拟的直接援助：因为一只河船，能搬运1000千吨货物，其载重量能匹敌百辆联络的货物列车……很明显的，水上的廉价运输，在军队及货物的输送上，占怎样重要的地位，而为战时最良好的交通工具呢？
  ……
  现代的经济战争，不但要保护本国的军国产业，以及增进必要货物的输出输入，与控制不必要货物的输出输入，而且取经济的封锁政策，压迫敌国的商业，与防御的战斗策略，所以对外贸易与海上运输的联系，在现代战争中占有重大的经济意义……
  ……
  因为国防交通的不断而且急速的发展以及交通机关的完成，使各国商业市场，更带国际的性质；而各国使其生产活动专门化，更形成他国而活动的姿态，他方面又形成必需他国商品的姿态；同时，自然的分配煤铁石油以及主要的生产农作物，并不像空气和阳光一样的平均；反过来说，工业所赖以取得原料的天然富源，只限在很少的区域，因之其他地方，即要靠这些区域来供给他们基本工业

所需用的产物,所以对外贸易的发展——国外商品不断地交换,在国家经济的活动上,无论平时或战时,均演着重要的任务,尤其是在长期作战的阶段……所以战时国外交通的保障问题,任何国家均应当讲求适当的方略,而这种方略之一,就是创设海上军备——舰队、飞机及潜艇……第二的方略,则为海军微弱的国家与海军强大的国家结为同盟。

韩亮仙:《中国经济动员论》,北京理工大学出版社 2007 年版

韩亮仙还在介绍欧美各国第一次世界大战交通动员情况及中国当时水陆运输概况的基础上,提出了中国水陆运输动员计划和相关对策,认为"现阶段的中国交通运输动员的对策,除了利用现存各省的水陆运输网外,尤其在于战争中的交通建设",他总结中国交通运输动员的实施方略包括以下几点:

①根据军队军需品以及工业地住民地的供给计划,编成输送程序;②在军事紧急时,出于国军的迅速动员或撤退起见,可暂时停止民间一切运输;③一切运输工具的征发,应当顾及人民生计,严格遵守军事委员会所颁布的补助金,使依赖运输业为生的人民,可获得生活的保障;④积极扩充国营造船厂及建设机车和汽车制造厂,同时奖励私人的制造业;⑤公路、铁路、航路,除积极改善外,又应从事于新的建设和开拓,尤其是现阶段抗战的西南西北的水陆交通网系统。

韩亮仙:《中国经济动员论》,北京理工大学出版社 2007 年版

五、金融财政动员

韩亮仙认为,在现代战争中起决定作用的是一国的经济及资源,而这首先表现为货币形态,他说:"战争所使用的武器,适于无量数的消费而生产、而毁灭,结果乃使战费达于不能计量的数目"。他认为这种巨额的战费主要包括平时军备的维持费及改善费、战争费、总战费三部分。

对于巨额的战费,平时的正常财政体系所筹措的资金已不能满足战斗的需要,所以欲准备未来战争,完成军事支出任务,则必须有财政动员计划。就国家来说,军事开支的主要财源是国民经济和世界经济的资源,所以一国的资本愈丰富,国家的信用愈充足,则愈能为战争准备支出更多的战费。他认为未来战争中军事支出的主要财源包括以下几种,即:现金资金(军事储金与国家银行的金准备金);军事资源的征发(住宅粮食铁道等);自发的捐助及献金;租

税（直接税及间接税）；公债（内债及外债）；国营事业的收入；信用借款；不兑换纸币等。同时，韩亮仙指出，在战时，国家财政的收支状况会受到很大影响，主要表现为支出的增多和收入的减少，有时还会陷入恐慌状态，因而政府有必要对军需动员以及其他战争所必需的财政紧急支出手段进行研究，他认为可采取的紧急措施，包括向中央银行借款、特别会计金等的转用及发行国债等，他说：

> 这种财政上的紧急处分，不外政府借与临时费，转用特别金、会计资金，及发行国库债券等……
> 韩亮仙：《中国经济动员论》，北京理工大学出版社 2007 年版

韩亮仙认为，从长期来看，支持战争的主要财源中，税收和公债是比较好的选择，而借款和发行纸币因其危害性大，要谨慎选择。

> 在以上所说的军费支出的主要财源中，其最重要而无大弊害者，厥为租税与公债两种；至于信用借款与不兑换纸币等，虽收效很大，而危险也很大……这种借款，多直接形成通货膨胀，结果引起货币价值跌落与物价腾贵，而国家经济安全的基础，遂因之破坏了……所以不兑换纸币，虽为有效的筹款方法，而其弊害之浩大，同信用借款毫无轩轾。若非在特别情形时，均不能作为战费筹措原则的财源。
> 韩亮仙：《中国经济动员论》，北京理工大学出版社 2007 年版

韩亮仙指出，战时金融动员的任务主要是为战时巨额的财政开支准备必要的资本，调节资本投向，以及加强与其他国家的金融联系，为在国外融资做好准备。

> 战时金融动员的使命：第一对于经国家财政所支出的巨额经费与军需工业以及其他军用重要的活动，准备所必要的资本；第二对于投资非重要产业的资本，则以战争的必要，设法挪用于最有效方面；第三与世界各国的金融力量设法联系。
> 韩亮仙：《中国经济动员论》，北京理工大学出版社 2007 年版

韩亮仙还提出了战时金融的紧急政策，他认为，在战争初期，由于人们对各类证券抱有恐惧观念，纷纷卖出，如果国家放任此种倾卖，则会导致金融体系的紊乱。在这种情况下，一方面要巩固国家信用，同时又要防护银行准备金力，他认为处置战争初期的金融紊乱情形有三种对策，即：①支付犹豫的施行，这实际

上就是延期支付；②金货准备的保护，这是指为了保证国内金货的储藏，而放弃金货兑换；③纸币的增发，这主要是满足战争初期支付手段的短缺状况。此外，韩亮仙还提到了金融的灌溉作用，他认为战时国家可以通过中央银行的活动，以及对证券市场与投资的统制、汇兑的统制、输入与国外投资的管理、通货膨胀的抑制、信用制造的使用和管理等办法来管理金融市场，实现金融体系的稳定，从而为战争服务。

韩亮仙还对中国抗战战费进行了估计，并在介绍中国平时财政金融状况的基础上，提出了战时财政动员的对策，他认为"中国系半殖民地国家，工业衰落，农业破产，平时的财政基础与金融组织，既属脆弱。"财政动员要考虑到我国目前的经济状况和政治条件，采取以下对策：一是有限度的通货膨胀，这不仅可以抑制工业衰落和农村金融的枯竭，而且因我国的现金准备比较充足，适度的通货膨胀政策是可行的；二是发行公债与救国公债；三是租税变化，由于我国收入主干的关盐统三税，因战争导致收入锐减，有必要新辟税源，比如征收所得税、遗产税、财产税、侈奢税、战时超额盈余税等；四是募捐与征发。关于金融动员，韩亮仙认为，金融动员不能脱离财政动员，金融动员就是为了完成财政动员的目的。

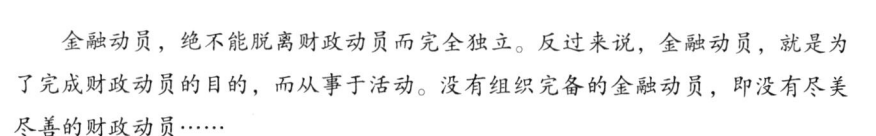

> 金融动员，绝不能脱离财政动员而完全独立。反过来说，金融动员，就是为了完成财政动员的目的，而从事于活动。没有组织完备的金融动员，即没有尽美尽善的财政动员……
>
> 韩亮仙：《中国经济动员论》，北京理工大学出版社 2007 年版

抗日战争给中华民族带来了深重的灾难，抗日战争也极大地调动了中华民族救亡图存、不屈不挠的意志和决心，在这期间，钱俊瑞、杨杰、马寅初等人[①]和中国共产党人也都对中国国防经济建设和战时经济问题进行了较为系统的思考和研究，这些方面的成果也需要进一步发掘和整理。

---

① 如钱俊瑞：《中国国防经济建设》；杨杰：《国防总动员演讲录》；马寅初：《抗战与经济》等。

第4篇

当代国防经济理论

- ◇ 希奇的核时代国防经济理论
- ◇ 施莱辛格的国家安全经济理论
- ◇ 拉可夫斯基的军事经济理论
- ◇ 怀内斯的军费经济理论
- ◇ 石井洋的战争经济理论
- ◇ 理查德森的军备竞赛模型
- ◇ 波札罗夫的军事经济理论
- ◇ 肯尼迪的国防经济理论
- ◇ 克莱姆的经济动员理论
- ◇ 莫斯利的军备经济理论
- ◇ 谢林的冲突经济理论

第30章 希奇的核时代国防经济理论

在美苏冷战的核争霸时期,人们更加关注新的历史条件下国防资源的规模、配置与效率,以及国防经济潜力与动员等问题。希奇从新的时代特点出发,从军事学和经济学的视角对美苏两国竞争进行了考察,建立了核时代的国防经济学理论,该理论影响了当时美国一个时期的国防政策,一度被誉为"五角大楼的圣经"。

第1节 希奇的生平与时代背景

查尔斯·J·希奇(Charles J. Hitch,1910~1995年),曾任美国国防部负责审计的助理部长,长期从事国防经济问题研究和政策制定工作。先后任哈佛大学专任讲师,耶鲁大学欧文·费雪经济学教授,并在美国兰德公司供职12年,任该公司研究员、经济部主任。希奇1965年秋离开五角大楼后,就职于加州福尼亚大学,后任该校副教育长。

20世纪50年代末期,国际形势异常紧张。亚、非、拉战火四起,美国与苏联的军事抗衡不断升级,核武器的迅猛发展,更给世界安宁笼上了一层厚厚的阴影。当时,为了包围苏联、东欧和中国等社会主义阵营国家,美国把许多国家都拉入了北大西洋公约组织、中央条约组织、东南亚条约组织等军事集团。苏联为了抗衡美国,拼命发展重工业和国防工业,大力发展军事力量。在这种形势下,美国为了保持自己在第二次世界大战后的世界霸主地位，不断扩充军备，努力维持庞大的国防生产和国防预算。美国的国防预算由1957年的384.4亿美元，逐步提高到1960年的412.2亿美元；军费开支占国民生产总值的比重也保持在10%左右，这在北约组织各国中是最高的。同时，美国还特别重视导弹的研发和采购，仅导弹核武器经费占全部研发经费就达到了44%，采购导弹的费用在全部军事采购费中所占的比例也由1953年的1.72%，大幅上升到了1960年的22.7%。

核武器的迅速发展，使交战双方同时毁灭对方所有大城市和重要军事目标成为可能。面对这种情况，美国和苏联两国都投入了巨额资金，进一步研发核武器，争夺核优势。苏联组建了战略火箭军，制定了"火箭核战略"，强调战略进攻和先发制人；美国制定了"大规模报复战略"，突出发展空军，特别是战略空军和核武器，设想一旦苏联进攻，就立即使用大批核武器，对其进行毁灭性打击。一时，核战争成为人们普遍关注的问题，希奇的国防经济理论就是在这样的时代背景下产生和发展的。希奇一生中有大量的论文和专著，比较有代表性的有：《国防生产的计划》、《行动问题中次级最优策略的探求》、《经济学与军事运筹学》、《经济分析和政策导论》、《美国的经济实力》、《核时代的国防经济学》等。其中，由希奇和兰德公司经济部研究员罗兰·N·麦基因（Roland N. McKean）合著的《核时代的国防经济学》一书，最系统、最集中地反映了希奇的国防经济思想。该书思路新颖，逻辑严谨，线条清晰，主要内容按照国家安全的三个决定因素来安排：（1）国家目前和将来可支配资源的数量；（2）这些资源用于国家安全目的的比例；（3）分配给国家安全方面的资源的使用效率。

希奇在国防经济理论上的主要贡献体现在：（1）建立了比较完整的理论体系，不仅涉及国防经济潜力、规模、效益等问题，而且还涉及到军事研发、联盟、军控、裁军及动员等问题；（2）体现了核时代的特点，即从新的历史条件出发，把过去国防经济理论同上述所要分析的问题进行对比，概括出具有核时代特点的理论；（3）注重定性分析与定量分析相结合的方法，特别注重把现代数学（如运筹学）分析方法引入到国防经济学，使国防经济学的研究方法产生飞跃。

第2节 希奇的核时代国防经济理论

作为国防经济学成熟时期著名的代表人物,希奇认真审视了冷战时期美、苏争霸的核时代现实背景,把经济学分析方法大量应用于对国家安全的分析,对国防经济潜力、国防资源规模、国防经济效益、军事研究与开发、军事经济联盟和核时代的战争动员理论进行了比较深入的探讨,提出了具有核时代特点的国防经济理论。

一、国防经济潜力理论

国防经济潜力,也叫军事经济潜力,是指一国能够最大限度地动员起来用于国防的人力、物力和财力。显然,国防经济潜力的大小,与一国的经济实力和经济结构有关。希奇对这一问题进行了深入研究,形成了自己的"国防经济潜力理论"。

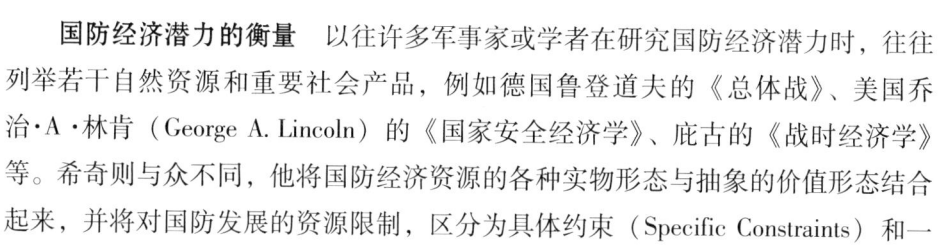

国防经济潜力的衡量 以往许多军事家或学者在研究国防经济潜力时,往往列举若干自然资源和重要社会产品,例如德国鲁登道夫的《总体战》、美国乔治·A·林肯(George A. Lincoln)的《国家安全经济学》、庇古的《战时经济学》等。希奇则与众不同,他将国防经济资源的各种实物形态与抽象的价值形态结合起来,并将对国防发展的资源限制,区分为具体约束(Specific Constraints)和一般约束(General constraints)。他指出:

> 限制条件以预定的具体供应项目来表示,例如按熟练程度和年龄分类的人力、铝矾土和云母的吨数,板材的英尺数或电力的千瓦小时数等。我们把这类个别供应项目称为"具体约束"。可是,资源限制有时候以预定可以支出的金钱数量来表示,这个数目使总的活动受到限制,但并不限制可以利用的具体资源的多寡。我们把这种总的限制称为"一般约束"。
>
> 希奇、麦基因:《核时代的国防经济学》(中译本),北京理工大学出版社2007年版

希奇认为,无论在理论上还是在实践中,只强调具体约束或只强调一般约

束，都不足以认识事物的本质。不同的问题有不同的约束，应该从不同角度来把握这个问题，这样才可以使得认识更加深入。同时，他认为：

> 真正的约束，即真正"基本的"资源，是极其复杂和难以衡量的，它包括技术状态与工艺条件，人才和知识储备，体质的运作，各种推动促进力量，以及资本和人力的供应总额。以一个国家每年所能支配的产出所值的货币总额来表示这些约束，很可能是最合适的办法。这个总额可以是国民收入，也可以是国民生产总值，是一个类似预算的总体约束。
>
> 希奇、麦基因：《核时代的国防经济学》（中译本），北京理工大学出版社2007年版

因此，从中可以看出，在较长的时期中，具体资源项目非常繁杂，很不容易区分和衡量它们在国防经济中的作用。因而在研究一国国力的现状和未来情况时，希奇主张应该着重考察国民生产总值这一综合型项目。

战争经济潜力的作用 希奇同时提出了"战争经济潜力"的概念，他指出，战争经济潜力是在一国经济全面动员的条件下，最大限度地为战争提供人员和物质的能力。希奇认为核武器的出现，使得未来"战场"概念发生了根本性的转变，它可以使一国在未来得及动员之前就被消灭，其经济破坏殆尽，因而根本就谈不上国防经济潜力问题。他甚至还认为：

> 战争经济潜力在打局部战争时似乎也不会起决定性作用（越南独立同盟就能够在印度支那的丛林里打败法国），而在抵制渗透、颠覆、内战和机敏外交这类进攻的时候，它作为潜力就更不重要了。在有限的战争中，似乎也是现役兵力起重大作用，有用的后备力量则主要是那些能迅速动员起来的部队。……在所有这些军事行动——目的、手段和范围都有限的军事行动中，工业动员从没有达到全面的程度，军事经济潜力从没有充分起过作用。
>
> 希奇、麦基因：《核时代的国防经济学》（中译本），北京理工大学出版社2007年版

因此，在一场全面热核战争中，希奇认为美国占优势的战争经济潜力的重要性，只是体现在一点上，即在战争开始以前就已有效地用于安全目的。当前真正起作用的是经济实力及其向军事力量转化的速度、比例，以及现有兵力的效能。

二、国防资源规模理论

在一国可利用的资源总量中,究竟将其中的多少用于国防,才可以既增强国防力量,又不影响国民经济的正常发展?与此密切相关的问题是,国防资源有哪些限制?到底应以什么为依据、采取什么方法来编制国防预算?国防开支对经济的有哪些影响?各国国防预算有哪些特点和不同?对这些问题的研究和阐述,便形成了希奇的"国防资源规模理论"。

国防资源规模的限制 希奇指出,资源总是有限的,因此研究国防资源规模必须以国家资源的有效约束为前提。他认为国防资源规模的有效约束主要有以下三点:

(1)国防资源规模的有效约束是价值形态资源的限制。结合前面已经阐述的"具体约束"和"一般约束"。他认为,就短期情况而言,具体约束具有重要意义。就长期情况而言,一般约束则起主要作用。然而,国防资源规模的确定即国防预算编制过程是一个长期的活动,因此对国防资源规模起有效作用的应该是价值形态资源的限制,即一般性的货币约束。

(2)国防资源规模的有效约束是充分就业条件下可用资源的限制。即国民总产值要起有效限制作用,它必须是充分就业条件下的国民总产值。希奇认为:

> 任何消费、损耗、陈旧设备的更新、资本储备的增加、军事开支或其他政府的开支,都来自于国民生产总值。当然,只有当谈的是充分就业的国民生产总值时,它才是真正的约束。倘若国家的资源只使用了一半,国民生产总值就将比较小,但是在这种情况下,它就不是一个国家生产能力的真正指标了。只要起用闲置资源,不必牺牲其他东西就可以制定出较大的国防计划或者扩大任何计划。
>
> 希奇、麦基因:《核时代的国防经济学》(中译本),北京理工大学出版社2007年版

(3)国防资源规模的有效约束是年内按"不变的"货币计算的可支配资源的限制。希奇指出国民生产总值与国民财富总值(即一国土地、建筑和设施的价值)不是一回事。

> 如将人作为生产者的价值也算作国家资产,全国财富总值的数字就会高很多。但对国家财富总值的估计与规划国防问题并无直接关系。……可以用于国家

安全的资源基本上出自每年可以从资本和劳动力供应获得的产出，而这些产出正构成了国民生产总值。……在谈论过去年头的情况时，恰当的做法往往是按当年的美元值来谈国民生产总值，过去的国防预算通常也按当年的美元值计算。……我们应该关切国防预算与国民生产总值的关系，或者按"不变的"货币价值计算的实际产出。

希奇、麦基因：《核时代的国防经济学》（中译本），北京理工大学出版社 2007 年版

国防预算的确定依据　国防预算的编制是一个漫长而复杂的过程，其结果受到编制程序和制度的影响。这也是力量、目标、信仰和责任各不相同的官员和集团之间讨价还价的过程。对确定国防预算的依据，一直存在着不同的看法。有些人认为，国防费是对国民财富的纯消耗，无论什么时候，都应尽可能减少国防预算。也有些人认为，国防预算的规模应该从国家安全出发，为了保证国家安全，应尽可能地多增加国防预算。还有些人认为，应该从费用本身出发，即国家费用就这么多，对国防只愿意付这么些钱，一切问题就都解决了。总之，归纳起来不外乎存在"预算第一论者"和"需求第一论者"这两种观点。希奇认为，单单根据费用或单单根据需要，都无法恰如其分地确定国防预算。因为无论是"费用"还是"需要"都是可变的，正确的做法是把"需要"、"费用"、"效益"结合起来。

首先，必须考虑需要。只要国防安全确实需要，就应该提高国防开支在国民收入中的比重。其次，也必须考虑费用，或者说必须考虑是否可能。因为无论对于整个国防还是对于具体计划来说，都不存在明确的"最低限度需要"。正如希奇所指出的那样：

在编制国防预算时，我们既不应该是"需求第一论者"或者"理念第一论者"——坚持要实现我们的"需要"而不管其代价，也不应该是"预算第一论者"——坚持要弄明白我们只能付出多大的代价，而不管国防活动多么被看重。

希奇、麦基因：《核时代的国防经济学》（中译本），北京理工大学出版社 2007 年版

最后，很重要的一点，就是在需要和预算的选择中，应该强调最大限度地利用资源，即要讲求效益。因为如果效益不好，国防预算规模再小，也不是合理的；反而，如果效益好，使用得当，国防规模大一些，也是合理的。希奇还讨论

了热战期间的国防预算规模。他认为,确定国防预算规模的大小,不应该仅仅考虑各项开支,还应该权衡提高(或降低)计划规模的得失。

> 如果发生无限的全面常规战争,那么就谈不上预算规模的选择问题,这时预算很可能达到上限(即耗用除去维持生存"所需的"和"必要的"辅助活动以外的全部国民生产总值),而且制约将资源用于国防的是物质约束(即将资源由一项活动转到另一项活动的难度)而不是预算;但如果发生的是无限的全面热核战争,那么对国防预算的编制兴趣将大为减少。
>
> 希奇、麦基因:《核时代的国防经济学》(中译本),北京理工大学出版社2007年版。

希奇关于国防预算依据的理论,在国防经济学中有着极其重要的地位。他反对片面强调需要,或片面强调费用,主张把"需要"、"费用"、"效益"结合起来,是一个新的创造。

国防开支对经济的影响 希奇从有利和不利两个方面论述了国防支出对经济的影响,他认为,国防开支对经济的有利影响主要表现在:

(1)国防开支有利于防止经济衰退和通货紧缩。在国民生产总值中国防开支往往占据10%左右,是政府开支的主要组成部分,是一个比较可观的数量。在经济萧条、生产不足和工人大量失业的情况下,国防开支可以扩大总需求规模,从而防止经济衰退。与此同时,国防开支的增加会对总开支造成强大刺激,从而增加货币供给,起到反通货紧缩的作用。

(2)国防开支可以给私营经济部门带来利润。例如,国防公路、海洋导航等设备的建筑和维持,将有助于交通业降低成本或改善服务;军品的大量采购,将使相应产业部门的产出量增加,单位生产成本降低,从而获得更多的利润。

(3)可以为国家培养大量的技术人才。军队对教育和训练的投资,有助于培养大批有用人才。这些人转业到地方,为地方经济的发展带来利益。希奇并举例说,飞行员的教育训练将向航空公司提供大批技术熟练、经验丰富的飞行员,航空公司和它们的顾客从而受益,国民收入从而增加。

(4)军事研究和发展的成果,推广应用于民间,可以促进国民经济的发展。希奇举例说,晶体管、防晕药、防火织品等,都是由军事研究成果转移到民间,毫无疑问,这些都将产生无法预见的非军事性收益。

希奇认为,国防开支对经济的不利影响主要表现在:

(1) 大量的国防开支会增加赋税，而高赋税将对推动经济发展产生不利的影响。因为高赋税一般会减少企业的利润，从而减弱对企业发展生产的刺激作用。

(2) 国防开支引起的高赋税，会破坏资源的正常分配结构。因为赋税本身就是调节社会不同阶层经济利益和资源分配的手段。由于国防开支而调整赋税，就会调整社会不同阶层的收益，从而改变以前正常的分配结构，这将进一步影响生产的发展。

(3) 国防开支过大，会减弱自由竞争和价格的自由涨落。军事订货大部分是以政府直接授予合同的形式进行的。政府大规模订立合同，一方面可能忽视了民间的生产，削弱对私人生产的激励机制；另一方面限制了价格的自由涨落和竞争，从而降低了工作效率。

(4) 国防开支过大，特别是战时，往往要实行物价管制和限额配给制，这会给个人自由带来诸多限制，妨碍对生产的激励，对经济增长产生不良影响。

国防预算的国际比较　希奇对各国的国防预算从绝对量和相对量等方面进行比较，通过比较分析各国的经济实力、军事潜力和国防经济效益。希奇对各国国防预算的比较分析，呈现以下特点：

(1) 探讨了两种比较方法：一种是运用本国货币购买力进行比较；另一种是运用各国货币汇兑率，换算为同一货币（美元）进行比较。这两种比较方法会有一些差别，但各有利弊。

(2) 对各国未来的国防费进行预测，在预测的基础上进行比较，以便分析各国国防预算规模和国防政策。希奇预测后得出的结论是：

> 第一，美苏两个大国的国防经费在今后 15 年中会大大增加。第二，苏联的国防预算到 1965 年时可以赶上美国，到 1975 年时则能超过美国——这也许是值得重视的。第三，小国的预算虽然从百分比上来看可能急剧增加，却不会建立巨大的军事能力（中国很可能例外），即便到 1975 年也不会建立。
>
> 希奇、麦基因：《核时代的国防经济学》（中译本），北京理工大学出版社 2007 年版

(3) 分析了各种不同制度国家制定国防预算的不同特点。认为，苏联是高度集权的国家，国防支出在国民生产总值中的比例增大或减少均比较容易。而美国由于受到国会的影响，大幅度变动比较困难。

三、国防经济效益理论

国防资源规模确定以后,重要的问题是如何有效地使用这些资源,来建立军事力量以确保国家安全。希奇指出,目前美国国防支出占国民总产值的10%或10%以上,有效地使用这个庞大的资源,具有头等重要的意义。一方面,有效使用国防资源可以更好地保障国家安全;另一方面,有效使用国防资源又可以相对增加非军事目的资源的数量。

国防经济效益的特点 希奇认为,国防经济效益与一般经济效益相比具有不同的特点,主要表现在三个方面:

(1) 缺乏提高经济效益的内在机制。企业在利润的诱惑和破产的压力下,不断寻求技术革新和先进的管理方法,提高经济效益,以求得生存和发展。而在国防活动中,政府却不存在利润的诱惑,缺乏迫使其提高资源使用效益的价格、竞争等内在机制。

(2) 衡量效益的客观标准很难确定。在工农业生产经营活动中,耗费和成果比较好衡量,可以制定大量的标准,来说明经济效益问题。而国防活动,特别是与作战训练相关的活动,耗费和成果标准不好确定,效益好坏也不好衡量,在国防经济效益理论还不成熟的时候尤其如此。

(3) 成果和耗费的不可比性。一般经济活动中,效益的分子和分母都可以用价值量来表示。而国防经济效益中,分子中的"成果"往往是夺取阵地,消灭敌人,很难用"价值尺度"来衡量。这些都是国防经济资源效益理论研究难以开展的原因。要解决上述问题,提高资源的使用效率,除了加强教育之外,最主要的是加强系统数量分析和改革有关制度。

国防经济效益的衡量 系统数量分析是希奇国防经济效益理论中的核心部分,也是国防经济效益分析的一个崭新领域。他把大量的现代数学方法(如运筹学)运用于国防资源使用情况的效益分析,为我们提供了一些可供借鉴的分析手段。

希奇认为,在系统数量分析之前,要进行系统的经济分析。系统的经济分析包括下列五个要素:

(1) 目标或目标群。军事活动总要达到某个或某些军事目的,而目标的选择具有根本意义,它可以防止整个经济分析和数学分析出现大的偏差。

（2）备选方案。各种备选方案又称作系统，实现所确定的军事目标，就要有一定的人员、武器装备和战术等各种作战要素，这些要素的不同组合构成各种作战系统，科学的决策，就要求在比较中选择"有效系统"。

（3）费用或资源消耗。每一种系统都有各种不同的人员、武器、设施、能源等项目，这些项目的数量和质量都不相同，因而有不同的耗费量和费用形式。因此，如何用方便、统一的标准来衡量它们，是一个需要预先解决的问题。

（4）模型或模型组。在系统分析中，每个备选方案都可以用这样或那样的模型来估计投入和产出、资源和目标等因素之间的内在联系，并将这些关系用经济数学的方式表示出来，以便分析和计算。

（5）标准。根据军事活动目标和费用之间没有共同的衡量尺度的特点，制定适应不同军事活动的不同衡量标准。这些标准的制定，往往首先需要依靠直觉判断和定性分析。

国防经济效益提高的途径 希奇认为，至少有三种办法可以提高军事上使用资源的效率，并指出这三个原则性的解决途径是息息相关、相互依存的：（1）改进政府内部的制度安排；（2）进一步依靠系统数量分析，以确定各种最有效的分配方法和工作方法；（3）进一步强调军事决策无论是否包括预算分配，都应包括经济决定这个重要方面。

为了加深对这一问题性质的理解，希奇又从改革有关制度的角度，提出了提高国防经济效率的一些体制举措：

（1）私人经济中的制度安排。希奇指出，政府应致力于改善制度环境，如制定适当的法律、税制等，来促进私人企业提高生产效率。

（2）军事领域中的制度安排。希奇认为，由于军品与劳务的市场价值无法由市场机制决定，其市场价值很难确定，因此无法发现最优体制，但可以通过改进预算编制、财会程序和合同等制度安排，以提高军事领域的效率。

（3）在政府内部模拟市场机制。希奇认识到政府内部经济制度的根本缺陷，提出可以通过建立市场来直接予以弥补。在这种市场上能够买卖政府生产的商品和劳务，并且确定其价值和数量。希奇又提出可以设立储备基金和产业基金，来提高政府的效率。

（4）进一步依靠私人市场经济。希奇指出，如果很难通过在各军种内部建立市场经济而受益，可以将由政府担负的某些任务和职能交给私人企业和私人市场经济。因为在营利型活动中私人企业毕竟比政府更有效率。

（5）提高承包商的效率。希奇指出，为了激励承包商提高生产效率和降低成本，必须完善合同承包制，即必须在合同承包中引进奖惩制度。具体做法是：事先规定承包项目的成本指标，对于降低成本的，可以给予适当的奖励；对于超过成本指标的，则给予一定的惩罚，以此激励企业提高效率。

（6）改进军内预算制度。希奇认为，一是重新设计预算和决算组织，从最终任务出发编制预算，把费用和任务目标直接联系起来；二是提高预算编制速度，力求在武器系统的选择之前，计算出各种具有不同数量和质量的武器系统的费用，以适应数量经济分析的需要；三是账目形式的选择要有利于最终产品计划目录的编制。

（7）国防部内部的分权化和激励。希奇指出，庞大的科层组织由于受到规则的影响而使得行动迟缓、因循守旧，耗费大量的时间和精力。因此，通过实现国防部内部决策责任的分权化，不仅可以为下级军官提供训练、经验和实验的机会，而且可以强化下级军官的责任意识，提高其创造性和判断力，从而实现整个部门工作效率的提高。

四、军事研究开发理论

希奇对军事研究与开发问题非常重视。他指出，核时代的军事技术进步，无疑具有决定性的意义。任何国家，如果军事技术非常落后，那么无论其军事预算多么庞大，资源分配多么有效，都很可能受制于技术更先进的国家。

军事研究开发的种类　希奇在讨论军事研究开发的管理政策问题时，将军事研究开发分为四类：

（1）武器系统开发。以制造实战武器的原型为目的的活动。这里的"武器系统"包括主要装备（如轰炸机）和诸如动力装置、轰炸导航系统、其他电子装置和火器等辅助设备，但不一定包括作战应用、基地系统或人员训练计划。

（2）组件开发。即军用器材的个别开发。这里的"组件"指的不是"武器系统"或"主要装备"，而是这种主要装备的部件或子系统。

（3）探索性开发。也称应用研究，其目标不是直接产生使用器材，而是增加技术储备。

（4）基础研究。其目标则旨在寻求知识。各军种、原子能委员会、国家航空航天局等，都在其特别关心的领域（诸如空气动力学、原子物理学和某些数

学分支）内大力支持基础研究。

同时，希奇还指出：

> 武器系统和组件的开发，大部分是工业企业通过与某个军种签订合同展开的；探索性开发工作应由内部和外部的研究中心和实验室共同承担；基础研究的主要部分则由各大学的实验室和科学家个人根据合同进行。
>
> 希奇、麦基因：《核时代的国防经济学》（中译本），北京理工大学出版社2007年版

军事研究开发的问题 希奇对影响研究开发过程的体系因素进行了一般性经济考察和分析，阐明了研究开发政策和研究开发管理中一些常见的漏洞和失误：如"重复"太少；缺乏竞争；过早、过于乐观地规定系统的细节；过早承诺投入巨款；决策的过分集权；轻视研究开发的初期阶段等。希奇认为，在军事研究开发的管理方面出现失误的主要原因有三：

> （1）对研究开发方面不确定性的程度缺乏足够的认识，或忽视不确定性、把它们当作固定因素，这两者会带来同样的结果；（2）低估未来产出相对于当前产出的价值；（3）某些官僚主义的特有倾向，尤其是向心（集权）倾向。
>
> 希奇、麦基因：《核时代的国防经济学》（中译本），北京理工大学出版社2007年版

同时，希奇还指出，政府的研究开发政策和研究开发管理方面的实际问题并不在于取消竞争和避免重复。真正重要的是以下几个问题：

（1）怎样才能有效地实现分权。即如何促进工业界、实验室和军事领域的主动精神和自主性，同时还能维持对政策的控制，并防止公款开支方面的轻率和不法行为？希奇认为：

> 解决这个问题的关键之一，在于巧妙地利用竞争。军方可以利用承包商间的竞争来有效地贯彻自己的政策。这是因为，如果有不止一个竞争者愿意获得未来的收益，它们对顾客的需求就会非常敏感。
>
> 希奇、麦基因：《核时代的国防经济学》（中译本），北京理工大学出版社2007年版

（2）如何充分利用各军种之间和各机构之间的竞争，以及如何遏制竞争的

不良后果。希奇指出：

> 各军种之间的竞争能够产生强大的激励作用，而在某些方面产生不良影响也是不争的事实，但只要我们在通过原型或实验模型证实之前决不投入巨款，就能引导这些竞争产生良好的效果。
>
> 希奇、麦基因：《核时代的国防经济学》（中译本），北京理工大学出版社 2007 年版

（3）如何评定和选择承包商和实验室。研究开发的成功，需要技术和才能、有才华的人，以及有效的组织。希奇认为：

> 各军种对承包商的控制，应该主要通过评判承包商的成绩，并论功行赏的方式，而不是事无巨细地监督。就实验室和研究机构来说，重要的是整个组织在若干年内的成就，而不是它在某项具体计划方面的前景。
>
> 希奇、麦基因：《核时代的国防经济学》（中译本），北京理工大学出版社 2007 年版

（4）怎样规划研究开发。希奇认为，研究开发立项应该实施一种战略，来广泛地增加事关国家安全各领域的技术储备。为此，他将其分为四个步骤：

> (a) 确定哪些领域关系到国家的安全，并且确定其相对重要性。(b) 把预算分配给武器系统开发、组件开发、探索性开发和基础性研究。(c) 选择决定未来武器系统成败的重要组件。(d) 选择良好的武器系统进行原型制造。
>
> 希奇、麦基因：《核时代的国防经济学》（中译本），北京理工大学出版社 2007 年版

五、军事联盟经济理论

军事联盟经济是现代国防经济学研究的热点问题，它是从更广阔的视角来观察的国防经济。希奇认为军事联盟的基本经济问题，就是如何通过专业化分工、公平分摊防务负担，以达到充分使用资源、提高效率的问题。

军事联盟的经济利益 军事联盟能够集中使用资源，提高经济效益，因而给联盟各国带来经济、军事利益。希奇认为：

> 建立防御联盟的主要理由，是联合军事反应可以慑止潜在的侵略者。一个国

家参加军事联盟,是因为通过联合增加实力的愿望超过了对卷入"别人的战争"的担心。

<blockquote>希奇、麦基因:《核时代的国防经济学》(中译本),北京理工大学出版社 2007 年版</blockquote>

很显然,若干国家为了对付共同的主要威胁,可以由联盟进行共同的军事准备,这种联盟,可以大大节省各国的军事力量,从而节约各国的军事资源。同时,希奇又指出:

一国内各地区的生产要素分布是不均衡的,同样,它在各国间的分布也是不均衡的。军事业务的规模越大,其收益也越大。也就是说,跨越国境推进专业化可以提高效率……

<blockquote>希奇、麦基因:《核时代的国防经济学》(中译本),北京理工大学出版社 2007 年版</blockquote>

的确,在军事联盟中,实现武器装备生产的专业化,可以大大提高经济效益。有的国家因某种资源或技术有得天独厚的优势,生产某种武器装备的效率比其他盟国高得多,而另一国则由于其他资源丰富或技术先进,生产其他武器装备的效率较高。有的国家则因为地理位置优势,离假想敌国较远,具有较好的安全生产条件。同时,大批量地生产某一武器,可以实现规模经济,降低产品的生产成本。因此,联盟各国可以通过武器装备生产的专业分工与合作,使生产相对集中,实现互惠互利和多方共赢。

军事联盟的利益分歧 军事联盟给各国带来一些节约军事力量、提高效率的益处,但希奇认为这种益处是有一定局限性的。其主要原因有以下几方面:

(1) 虽然联盟是由重大战争威胁促成的,即使在战争中,一个盟国也不可能完全依赖另一盟国的军事支援。因此,各成员国都极力避免极端专业化,以防不能独立从事军事作战。

(2) 联盟各国除了共同的军事目标外,还有各自不同的特殊军事目标。而且,这些军事目标对各盟国的利害关系有可能是相互矛盾的,这会给联盟的共同利益带来不利的影响。

(3) 联盟各国执政党的更换或政党内部发生的政治分裂,可能影响盟国的军事战略,从而可能影响盟国部队的专业化和武器装备生产的专业化。

(4) 联盟各国在共同军事任务的费用分摊问题上,往往有不同的立场和观察问题的方法，从而有不同的主张。因此，费用负担上的争论和分摊不公，会导致一些联合专业化分工项目的解体。

由此可见，军事联盟有利也有弊，正如希奇所说：

> 军事专业化给各国带来的潜在共同利益是大是小，会因联盟各国在外交政策方面是否共同目的而异，会视他们在遭遇严重侵略威胁时敌忾同仇的程度而变。极端缺乏信任显然能使联盟破裂，而极端的充分信任又可能使联盟变成实际上的合并。
>
> 希奇、麦基因：《核时代的国防经济学》（中译本），北京理工大学出版社2007年版

防务费的公平负担 军事联盟为了实现共同的军事目标，就要投入一定的资金、人员和武器装备。那么，各成员国应当怎样分摊这些费用才算公平合理呢？一种简单的解决办法是，在各盟国之间进行平等的武器交易，谁使用谁付钱。但这仅适用于松散联盟的情况，即各成员国彼此信任度很低，不管有没有盟国都要保持相同规模的兵力。相对于关系密切的联盟而言，就会产生一个巨大的矛盾：对专门提供武器装备的成员国非常有利，而专门提供军队的成员国则负担非常沉重。希奇认为，产生这一矛盾的原因，是因为在诸多的军事贡献中，仅对一种贡献做出了补偿。他指出，只有考查贡献总额，才能确定为盟国提供的武器是否应收费。同时，他认为：

> 从原则上讲，解决联盟中偿付问题的唯一"公平"办法，就是按资源估量贡献总额，借以决定平衡负担所需要的资源转移净额。
>
> 希奇、麦基因：《核时代的国防经济学》（中译本），北京理工大学出版社2007年版

也就是说，应该把为共同防务提供的兵力、武器装备、基地等综合起来加以考虑，即各成员国提供的兵力和基地都应作为贡献而折价计算，然后加总，再分摊到各国。但是，希奇也指出：

> 很难证明一个国家在军事方面的努力已经达到了最大的经济能力。就有些情况而言，证明某个盟国根本不可能独立支持它的一切军事努力（包括军需物质偿付在内）或许并不困难，韩国就是这样。
>
> 希奇、麦基因：《核时代的国防经济学》（中译本），北京理工大学出版社2007年版

对于这种例外情况，希奇认为，对这些无法负担的成员国，可以减掉一定的百分比，而像美英等富国则应多负担一些。

六、战争动员理论

战争动员理论，在军事学和国防经济学中，都有着极其重要的地位。希奇则从核时代的这种特殊情况出发，对战争动员理论进行了深入探讨。

热核战争条件下的动员　美国很多学者一直很重视第二次世界大战时期的那种动员模式，希奇将其称之为陈旧的"第二次世界大战型"动员。所谓"第二次世界大战型"动员，是指把立足点放在经济潜力基础上的动员，即在工业中建立生产动员线，储存原料、备用设施或设备等生产能力。一旦战争打起来，国家可以迅速进行战时经济组织和战时经济管制，为前线提供必要的军用物资。希奇认为，"第二次世界大战型"动员已经过时。如果在核时代仍过分热衷于这种动员基础，是极其危险的。他指出：

> 未来的战争多半不会给经济转换以时间。……工业动员计划只对那种可能性最小的战争才有用处。针对热核战争这种巨大灾难我们不能指望任何大规模的战时生产计划，……第二次世界大战型的动员基础，只是为那种现在最没有可能发生的战争而设的。当然，那种战争也并非绝对不可能发生。
>
> 希奇、麦基因：《核时代的国防经济学》（中译本），北京理工大学出版社2007年版

希奇的思考方法与传统的思考方法有所不同。传统的思考方法是：平时经济——经济动员——战时经济——战时复员——平时经济。而希奇的思考方法是：把战时经济置于平时经济之中，即平时经济战时化，这种战时化了的平时经济，就是美国的国防经济。因此，希奇主张在战争爆发之前，应把大量的经济力量转化为军事实力，从而保持足够强大的军事工业力量。

有限战争条件下的动员　希奇虽然否定"第二次世界大战型"动员，但并不否定有限战争条件下的动员。他认为：

> 在某种意义上，动员潜力也许仍然可以发挥强大的威慑作用——但它所能慑止的并不是热核攻击，而是较小的侵略和有限战争。
>
> 希奇、麦基因：《核时代的国防经济学》（中译本），北京理工大学出版社2007年版

关于有限战争条件下动员的内容，希奇指出，这种动员包括在发生周边冲突时，迅速召集、装备和运送后备役部队。这种动员，对有限战争的胜利具有决定性的意义，必须做好资金准备。它包括有联系的三个部分：

（1）人员后备。是指那些可以在发生周边冲突后几个月内就能投入战斗行动的人。机动性对于后备役部队几乎同它对正规部队一样重要，因此必须加强后备役人员的训练和演习。

（2）储备装备。后备役部队的装备，其技术不能太复杂，武器和补给品要比较容易使用。希奇指出：

> 后备役部队需要的任何装备，都要在他们动员起来的时候准备好。换句话说，动员过程还没有准备好的各种装备，都必须在大约一个月内开封，或者生产出来。而且，一部分后备役部队应该提前得到全部装备，以便能参加更早的部署。

希奇、麦基因：《核时代的国防经济学》（中译本），北京理工大学出版社 2007 年版

希奇否认这是"常备工业动员"。他认为，就有限战争来说，我们需要的是现代的部队和能够迅速召集的灵活的后备兵力，而不是大规模的动员基础。

（3）运输能力。运输能力的大小，关系到后备役部队能不能迅速到达预定地域，机动性能能不能发挥出来。因此，运输手段要在平时就要做好准备。

第 31 章 施莱辛格的国家安全经济理论

冷战时期人们关注的是有效地配置有限战争所需要的资源和装备，因此以资源稀缺性为出发点的经济学被广泛引入有关国防政策的研究。施莱辛格对国家安全进行了政治经济学分析，特别是从经济学的视角对大国竞争进行了考察，一定程度上集中反映了其时美国国防经济学的研究特色和国防政策特点。

第 1 节　施莱辛格的生平与时代背景

詹姆斯·R·施莱辛格（James Rodney Schlesinger，1929~），美国第7任中央情报局局长，尼克松和福特政府时期的国防部长（1973~1975年），卡特政府时期的美国第一任能源部长（1977~1979年）。施莱辛格1929年出生于一个犹太商人之家，哈佛大学毕业后，长期从事教学研究工作。1963年进入兰德公司，任高级研究员、战略研究室主任，是美国著名的国际问题和战略专家。他关于依靠军事实力遏制苏联扩张的战略思想，深得共和党强硬派的重视，因此被推荐任尼克松政府的预算署助理署长、原子能委员会主席、中央情报局局长、国防部长等职，后来曾经担任莱曼兄弟公司和乔治敦大学国际研究中心高级顾问。20世纪70年代中期，他反对基辛格的对苏"绥靖"政策，力主增加国防预算，重建苏、美两大集团之间的"军事平衡"。他还特别重视中东等地区，主张以军事力量来保护这些地区的石油资源和其他经济资源。

20世纪50年代中末期，核武器有了明显发展。美国和苏联两国领导人都认为，未来战争的主要形式将是核子战争。于是，纷纷进行核战争准备。1954年，美国艾森豪威尔政府制定了"大规模报复战略"，开始削减常规力量，主张用闪电式的核战争代替旷日持久的常规战争。当时的苏联赫鲁晓夫上台后，也推出"火箭核战略"，宣称实施大规模火箭核突击是现代条件下的主要作战方法。但是，事情的发展出乎他们的预料。随着核武器数量增加，使用的可能性反而下降了，有限常规战争的机会却不断增加。在这种情况下，美国和苏联两国不仅要花费大量经济资源准备打核大战，而且要花费大量经济资源准备打常规战争。这样，如何根据敌我双方的经济资源来制定合适的军事战略，并有效地分配和使用资源达到预定的军事目标，就成为一个需要认真研究的问题。施莱辛格1960年出版的《国家安全的政治经济学》就是适应这种要求而产生的。

受益于其在美国海军战争学院做国家安全项目研究时所培养的国家安全与经济分析之间的研究兴趣，施莱辛格在国家安全进行政治经济学分析时，对传统的国防经济学研究方法进行了创新性探索，其研究呈现出许多新特点：

- 把大量的经济学原理引入军事领域，赋予"战略"等基本军事范畴以新的内涵，因而理论性较强；
- 以美苏对抗为主线，始终注意把苏联和美国的经济潜力、经济动员基础、军事政策、军备方式等情况加以对照分析，从中得出结论，并尽可能地提出对策。因此，给人一种较强的现实感；
- 以全球战略防御为对象，全方位、大范围地分析苏美在国际战略对抗中如何把握和运用经济资源，如何制定国际国内的经济政策，具有一定的参考价值。

施莱辛格不仅研究了美苏的经济、军事特点，还考察中、印及整个第三世界在全球战略中的地位和作用。很显然，这是为美国称雄全球的政策服务的，然而他的这一探索也扩大了国防经济学的"视野"。

第2节　施莱辛格的国家安全经济理论

作为冷战时期美国著名的国际问题和战略专家，施莱辛格认真审视冷战时期

美、苏争霸的现实背景，把经济学分析方法大量应用于对国家安全的分析，对资源利用、经济动员、国防预算等方面进行了分析。

一、国家安全的经济学分析方法

经济学的研究对象是如何支配可用的资源，以达到必要的目标。由于人们追求的目标是无止境的，而资源是有限的，因而就有一个目标选择问题。目标选择和资源配置问题是经济学的首要问题，也是人类所有问题的基础。

> 军事学和经济学在专业特性上有密切关系，军事评估在本性上首先要估计对能力的限制。战略问题中的经济因素提供了判断战略问题中其他因素的尺度，战略问题对未来的设计越持久，经济因素就越重要——因为考虑的时间段越长，资源的可变性也就越大。
>
> 施莱辛格：《国家安全的政治经济学》（中译本），北京理工大学出版社2007年版

那么，根据什么样的原则来进行目标选择和合理地进行资源分配呢？施莱辛格认为"替换成本原则"和"边际效用原则"是两个最基本的原则：

> 任何既定目标的代价（或成本）都必须按照为达到这种特定目标所必须牺牲的其他目标来衡量。任何目标的实现都必须依照牺牲——即此目标替换其他目标——来衡量，这一基本前提有时被称作"替换成本原理"。
>
> 边际效用原则还可以称其为"收益递减法则"，其基本含义是，任何经济物品或经济资源对福利的贡献必须从其增量或者边际来度量，并且从边际效用来看，某种特殊物品或资源对满意度或有形产品的贡献将趋于下降。
>
> 施莱辛格：《国家安全的政治经济学》（中译本），北京理工大学出版社2007年版

施莱辛格认为，边际效用原则和替换成本原则，都是从效益角度研究资源的合理分配的。所谓边际效用，也就是表示"收益最大化和成本最小化的基础数学观念"。他把这两个原则作为经济学的基本原则，并用它们来对国家安全问题进行"经济学的透视"。

施莱辛格指出，经济学家的任务在于把各种资源条件揭示出来，使人们在选择目标时，不能忘记资源的限制，同时还告诉大家，资源的分配是有很大的自由

选择度的。例如，只要减少国家用于消费和目前的福利上的比例，就可以增加国防开支，或者获得较快的经济增长率。施莱辛格以美国为例说："对于美国人民而言，其可供选择的政策还是有很广泛的限度。"经济学家有时就要论证这些选择的可取性。

二、资源分配理论

国家为了实现政治、经济、军事、文化等不同的目标，需要从国家经济资源总量中分别拨出不同的部分予以保障。要考察资源分配，就离不开如何衡量的问题。与希奇等国防经济学家一样，施莱辛格也主张用国民生产总值（GNP）来作为衡量指标。同时他指出，"市场价值"仅仅代表的是物品的售价，不能反映得到这些市场价值的人的满意或快乐程度。

> 最终数据不能机械地运用到国家安全问题上。它所表明的不是用于国家安全的开支的效率，而只是其市场价值。一个国家的军备工业的相对效率越低，花费在国家安全上的开支就越高，并不表示军事力量水平的任何增加。
>
> 施莱辛格：《国家安全的政治经济学》（中译本），北京理工大学出版社2007年版

施莱辛格在对资源的衡量指标进行分析的基础上，着重研究了苏美两大敌国的经济资源分配情况。施莱辛格认为，苏联的经济资源分配与美国相比，属于不同的类型：苏联是一种中央集权式的经济模式，公众的意见无法左右政府的决定，政府可以依照自己的意志，决定分配方案；美国则是以私有制为主体的市场经济，政治领袖们对资源分配问题的作用受限，资源分配往往受国会和反对党意见左右。

苏联在资源分配问题上，面临着四个方面的任务：一是一定程度地满足人民的消费需求；二是维护国家安全，满足军队要求；三是进行工农业生产投资；四是支援友邦，拉拢中立国和扰乱敌人。苏联将经济资源分别用于这四个方面时，表现了下述四个特点：

（1）人民的消费大大压缩。在第二次世界大战后的几年中，斯大林有意把人民的生活水平维持在大战时的低水平。到1955年，家庭消费在国民生产总值（GNP）所占比重，美国是65%，苏联只有48.7%。

（2）国家安全方面的资源分配非常慷慨，军事力量增长很快，军备生产成

为经济很重的负担。1955 年用于国家安全方面的投入在国民生产总值（GNP）所占比例，美国只有 10.9%，而苏联高达 14.2%。

（3）工业方面的投资费用主要用在重工业和国防工业方面，而且投资额中用于生产性的投资比例大，因此苏联生产的增长率非常惊人。

（4）对外国的援助很少。援助额不到国民生产总值的 1%。1953~1960 年，援外资金总共不到 50 亿美元（军火供应除外）。

与苏联不同，美国经济资源的分配，深植于其市场经济土壤，因此：

> 摆在美国体制面前最为棘手的问题，大概就是其按照 19 世纪的自由原则、为满足个人爱好与口味而发展起来的经济，能否建立一种资源配置模式，以满足集体目标和国家安全的需要。
>
> 施莱辛格：《国家安全的政治经济学》（中译本），北京理工大学出版社 2007 年版

施莱辛格认为，首先，国家的集体消费与个人消费第一的理念和市场为主的经济制度相冲突。其次，由于与国防工业相关的"战略性投资"不是生产个人消费品，生产周期长，因此投资者的积极性不会高，国家的目标与私人的目标往往不吻合。1955 年投资总额在国民生产总值（GNP）中的比重，苏联是 26.9%，而美国只有 18.7%，其中"战略性投资"则更少得多。施莱辛格从上面的分析中得出结论：苏联军力的增长，是以牺牲国民生产总值（GNP）为代价的。因此，苏联的经济及其地位，在美苏双方的军备竞赛中受到很大的损害。当时，以潜艇为基地的北极星导弹体系的发展，使苏联的经济进一步受到了不利的影响。

三、经济动员理论

在经济资源分配理论研究的基础上，施莱辛格也十分注意国家经济潜力、战争经济潜力问题的研究。与众不同的是，他还特别强调"经济动员基础"这一基本范畴，并分析了与此相关的国家军事准备和经济动员问题。

经济能力与国家实力 施莱辛格首先考察了将经济能力当作国家实力指标的局限性。他指出经济能力是国家实力的重要组成部分，但是反对机械地在二者之间画等号，因为二者之间并不存在简单的对应关系。他指出，危险在于西方把这

种关系设想为一种可以精确判定的直接关系。为了分析经济能力和国家实力的关系，施莱辛格引入了"国家经济潜力（Nation's Economic Potential，NEP）"和"战争经济潜力（Economic Potential for War，EPW）"两个重要概念。施莱辛格将国家经济潜力定义为，在特定的时间内产品和劳务的最大产出，即最大的国民生产总值。而将战争经济潜力定义为：国家经济潜力减去应当留作民用的部分。他指出，战争经济潜力的定义看起来很严密，但起不到测度作用。

> 没有什么准确的方法来测度必须拿出多少产出分给民用。不同情况下的数量不尽相同，这取决于公众的心态和期望、对国际压力的心理反应，以及公众做出牺牲的决心。
>
> 施莱辛格：《国家安全的政治经济学》（中译本），北京理工大学出版社2007年版

战争经济潜力虽然重视真正的资源，即劳动力的供应和真正的社会产品的产量，但也有其重大缺陷，即数量界限比较模糊，因为在国家经济资源中，民用部分占多少不好确定。

经济潜力与经济动员基础　在分析战争经济潜力时，施莱辛格还指出必须考虑国民生产的构成和工业结构的细微差别。有些工业部门适于转化为战争生产，有些工业部门则不行，如很难将化妆品、纺织品或者奶油转化为武器等。因此，在国民生产总值相等，但工业结构不同的条件下，其战争经济潜力也就不同。于是，施莱辛格又提出"经济动员基础"这一概念。施莱辛格将经济动员基础定义为，在大规模的战争中，可以允许战略生产快速扩张，以满足军事需求、战争支援、基本民用产品生产和出口的能力。他举例说，如拖拉机工厂在战时能迅速转变为坦克工厂，某些日用化学工厂可以迅速转变为弹药工厂等。施莱辛格认为，从经济动员角度，更应重视经济动员基础。他指出，经济动员基础概念与战争经济潜力概念有三点重要区别：

（1）它所关注的是战略工业领域的能力，而不是总体能力。

（2）基本的民用生产被看作是战略生产，而不是与发动战争的经济能力争夺资源。

（3）重视时间要素，强调准备就绪或可以快速转变。

施莱辛格：《国家安全的政治经济学》（中译本），北京理工大学出版社2007年版

施莱辛格经济动员基础的理论焦点是：如何通过削减非基本生产和减少资源分流来尽快提高战争的核心能力。从上面各点可以看出，经济动员基础与国家经济潜力和战争经济潜力相比，能更准确地说明一个国家的国防经济力量。施莱辛格对经济动员基础的大小也做了分析，他认为一个国家的经济能力能否动员出来转而为战争服务，主要取决于三个方面的因素：

（1）国民生产的构成，即生产性企业中能转化为战略性生产部分所占的比重。美国在这方面比苏联具有优势：在绝大多数重要的军事相关产品线上，美国的生产能力通常是苏联的2倍和3倍。至于人力，美国也拥有巨大的储备，而苏联几乎一半的劳动力被农业所吸收。

（2）国民把经济能力转化为战略性生产的意愿。在这一点上美国的问题要多于苏联。

（3）为使各种转化能够迅速和协调，需要权威性的协调机关来组织。因此，要根据军事战略来拟定相应的国家经济战略和军备体制，否则经济动员工作十分难做。

经济动员基础与军备体制　如何使国家的经济潜力能更迅速、更有效地转化为军事实力，不仅涉及上述经济动员基础大小的问题，而且还涉及经济战略和军备体制的问题。也即在和平时期究竟应以多少资源用于战备的问题。为此，施莱辛格总结两次世界大战的历史经验，提出了"宽度军备"和"深度军备"的理论。施莱辛格所谓的"宽度军备"，是指不注意发展基础工业，竭尽现存生产能力急剧扩大武器的生产能力。施莱辛格认为，在20世纪30年代，希特勒采用的就是这种军备形式。施莱辛格所谓的"深度军备"是指注意长远的工业建设，以保持武器的后继生产能力。施莱辛格认为，在第二次世界大战时，英美两国采取的就是这种军备形式。

施莱辛格认为，实行"宽度军备"，经济动员基础比较大，可以在短期内提供较多的武器，容易造成战争初期军事力量的相对优势，但缺点是后劲不足。实行"深度军备"，经济动员基础比较小，短期内不易提供较多的武器，战争初期军事力量也相对较弱，但是有后劲。第二次世界大战时期，"深度军备"要优于"宽度军备"。但施莱辛格指出，核条件下的军备不同于第二次世界大战时期。他认为，如果未来战争是核大战，则战争的胜负在很大程度上取决于现存的兵力兵器和战争初期的对抗，因此，"宽度军备"要优于"深度军备"。

经济动员的内容与层次　施莱辛格认为，在未来的核大战中，经济动员的作用虽然远不如第二次世界大战那样重要,但是其意义却是存在的。这是因为:未来的战争并不一定是核战争,对于任何情况都要有所准备;同时,某些动员技术对核武器攻击后的社会经济恢复有着重大关系;而且,即便是在有限战争当中,也有动员问题。施莱辛格重新将经济动员定义为,通过将过去用于基本民用目标的经济能力转型,以提高军事和其他战略性生产水平的过程。其实质性内容包括:一是加强军事物资和其他战争敏感性工业的生产,限制一般民用生产;二是控制物价,加强物质统制。

施莱辛格指出,经济动员的级别随着国际政治形势的发展而变化,这种形势可以分为临战准备、有限战争、全面战争和核战争,而动员级别由局部动员逐渐演变为全面动员和全面战争。同时还指出,一个经济体系应对动员压力的措施可以分为三个不同的层次:

(1) 政府的财政,正是它决定了动员的总体经济环境。随着国际局势紧张程度的提高,政府可能被迫采取非平衡预算——首先是轻微失衡、接着是严重失衡,从而使收入和支出之间完全不对称。

(2) 价格和货币管制。这些总体管制措施应用的强度,随着国际局势对经济造成的压力大小,以及预算紧缩抵消压力的程度而改变。从完全不需要管制出发,可以经历自制管制、选择性管制,以至最后全面的价格管制。

(3) 供应品配给。这种措施是对资源的流动,尤其是原材料和劳动力的流动进行控制。从正常依靠市场机制产品配给,经历全面管制的程度不断提高的过程,这一过程从低到高分别有:正式或非正式的自愿管制、优先体系、直接配给产品、征用,直至人力指派这种最极端的管制形式。这种配给的严格程度也会随着经济承受压力的增加而增加。

施莱辛格:《国家安全的政治经济学》(中译本),北京理工大学出版社 2007 年版

施莱辛格认为,战时管制是必要的,也有很多优点,但弊病也相当多。管制可以使生产结构进行迅速的、大规模的调整,可以及时满足战争的需要,可以稳定社会经济秩序。但是,管制时间一长,黑市就容易出现,企业利润减少,生产积极性会降低。正如施莱辛格所说:

理论上,管制似乎是实现政府所需要的稳定和分配模式这两个目标的最好手段。然而,实际上,管制本身产生的问题几乎和它解决的问题一样多。记住这些

消极面很重要，因为不能理解其弱点将导致对管制的过度依赖，这和不能认识其优点一样有害。

施莱辛格:《国家安全的政治经济学》（中译本），北京理工大学出版社 2007 年版

施莱辛格同时指出，管制不会允许我们省却价格机制，管制只是起到价格机制的辅助作用。

管制可以改变经济压力的方向，但却不能使其反转。因而，管制只能用来加强价格刺激，反之依然。价格必须保持政府所需生产有利可图，并且不能刺激生产将其努力转向不为管制所承认的方向。

施莱辛格:《国家安全的政治经济学》（中译本），北京理工大学出版社 2007 年版

另一方面，施莱辛格也指出，在紧急时刻采取管制措施来弥补价格机制同样是正确的。如果没有管制，价格体系的作用不够凸显，而管制有助于推动快速、大规模地改变生产结构，这是价格机制无法完成的。但是，他又指出，管制只是实现直接目的的临时措施，不能作为永久的调节器。管制在短期内非常有效，能够缓解某些压力，但随着压力的增大，管制措施就开始扭曲或断裂。

四、国防预算理论

国防预算与资源配置密不可分，前面施莱辛格已经从实物层次上分析了资源配置问题。为了预期资源配置的财政机制，施莱辛格又从价值的角度研究了国家资源的分配问题。由于国防预算包含在国家预算之中，施莱辛格有时也将二者结合起来加以说明。

预算的编制与目的　编制预算的目的是什么？有人说"预算只不过是让立法机关来保证金钱安全的措施"。施莱辛格认为：

从技术上说，预算服务于两个相互联系又明显不同的目的：以政府计划的形式确立政策，以及在这些计划的管理中实现高效与节约。

施莱辛格:《国家安全的政治经济学》（中译本），北京理工大学出版社 2007 年版

施莱辛格指出这二者是矛盾的，符合公共利益的计划不一定是经济的或高效率的，而具有高效率的计划又符合公共利益，矛盾的正确解决是预算工作的重点。施莱辛格认为：

> 所有的计划都应该按照边际效用来评估，以确保花在每项计划上的最后 1 美元的额外满足（即边际效用）与花在其他计划上的最优 1 美元开支的额外满足相等。同时，应该调整政府开支的最后 1 美元的边际社会收益，使其与私人物品的边际社会贡献——即对纳税人的最后要求——相等。
>
> 施莱辛格：《国家安全的政治经济学》（中译本），北京理工大学出版社 2007 年版

施莱辛格同时指出，边际主义是经济分析的核心，从根本上讲，预算编制程序就是平衡花在全部计划上的最后 1 美元开支的满足与不满足，使花在全部计划上的最后 1 美元开支的满足程度都相同。

当今美国的预算程序 施莱辛格对当今美国的预算程序进行了分析，他将美国的预算周期分为四个阶段：

（1）总统预算案的准备与提出。每个财政年度开始前约 15 个月，预算局就开始对行政部门下一年度所需预算数额进行初步研究，并拟出一个初步的计划来与总统协商。总统批准开支计划后，送回各政府部门，表示这些数字代表最后的支出"目标"。秋末由预算局长制定草案，但各部门还可以更改计划。年终总统的预算案才算确定，并提交国会。

（2）国会的审议与授权。国会的主要审议部门是众议院的拨款委员会。该委员会下有若干分委员会。由于国会对军队的情况不十分了解，在评判军事政策和军事开支时处于劣势，所以一般不多加批评。除非对计划特别有疑问，国会通常情况下都是象征性地做点削减，行政机构的计划都是照例通过。国会过问的往往是些鸡毛蒜皮的小事，而大政方针往往无人过问，显然这种做法不易达到预算的目标。

（3）预算的执行。虽然国会直接拨款给开支部门，但各部门为确保资金的拨付还必须向预算局申请，这样预算局就可以控制支出的速度，保留预备费。因此，即使在预算案制定出后，预算局仍然控制着各部门的财政。

（4）预算的审计。主要是审计署的审计，目的是审计各单位开支是否合法，是否按预定目标进行，而不是分析政府的政策是否明智，其运作是否有效率。

近年预算存在的问题　第二次世界大战后,冷战的国际形势阻碍了美国重回原来的状态。因而,施莱辛格指出:

> 在后战争时代以前,美国对待和平时期和战争时期的预算,态度截然不同。在和平时期,严格界定的政府经济行为仅为总生产的一小部分,其管理也尽可能地节约。而在战争时期,军事领袖决定预算规模,根本不需考虑成本。
>
> 　　　　　　　　　施莱辛格:《国家安全的政治经济学》(中译本),北京理工大学出版社2007年版

同时,他还指出,由于美国国际地位的变化,必须把和平时期的巨额预算与传统的预算问题协调起来。但许多传统观念和习惯安排都不再适用,因此普通公众必须做出两项调整,军事人员则要完成一项较弱的调整。第一项调整是公众必须接受政府经济行为相对份额的巨大扩张,这意味着即使在和平时期,一系列的预算、开支和税收都保持在较高的水平上。施莱辛格认为:

> 本质上,对我们开支能力的直接限制是政治性的,而非经济性的。在我们当前所处的形势之下,只要公众有决心承受成本增加,并接受更广泛的赋税结构——这是至关重要的政治问题——并无任何因素足以阻止我们扩大政府开支。
>
> 　　　　　　　　　施莱辛格:《国家安全的政治经济学》(中译本),北京理工大学出版社2007年版

第二项调整是在削减预算和实现目标的成本之间做出权衡,即既要以低成本来实现目标,又要设法完成政策目标,充分认识财政和政策之间的联系。施莱辛格认为:

> 我们预算计划的基本缺陷是预算理念过于狭隘。没有充分认识到财政与政策之间的联系。习以为常地假设预算局只关注效率——效率观念是预算的核心,尽可能"节俭地"贯彻既定的政府计划。预算局应该正确认识其承担的双重职责:一方面,它要向普通纳税人负责,务必以低成本来实现目标;另一方面,它还要向政府和公众负责,设法圆满完成政策目标。
>
> 　　　　　　　　　施莱辛格:《国家安全的政治经济学》(中译本),北京理工大学出版社2007年版

第三项调整就是向持续高水平的军事预算状态转变,要求至少军事官员改变他们对待开支的态度。施莱辛格指出:

让军官们明白他们普遍缺少成本意识,他们可能会很不受用。可实际上,他们确实对成本的概念无动于衷……他们惊恐地拒绝考虑成本,害怕破坏军事判断,并损害武装部队的战斗力……并非不关心钱的问题,但他们更关心最佳技术手段,以实现预期目标。

施莱辛格:《国家安全的政治经济学》(中译本),北京理工大学出版社 2007 年版

改进之道 施莱辛格在提出近年美国国防预算存在这些问题的同时,还指出在预算过程中有很多需要改进并能够改进的地方,最重要的是强调政策的形成作用,必须放弃狭隘的预算效率观念,应该正视财政和政策之间的关系,增加预算的灵活性,但又必须重视预算的效率问题,采取一切可行措施审慎地评价各项计划的相对成本和收益,同时还必须考虑国家经济能力的大小,因为对经济效率的最终检验是对生存的检验。

五、国际贸易理论

在国际贸易中,经济因素与战略因素紧紧缠结在一起,密不可分。然而,近年来的贸易中,战略成分超过了经济成分,至少对所谓的"超级大国"是如此。因此,一个国家的战略目标与其贸易政策必须相互协调。为此,施莱辛格从贸易的经济意义、战略意义、美国的贸易政策体系几方面深入研究了国际贸易问题。

国际贸易的经济意义 施莱辛格认为贸易能够鼓励更高的效率和更大的实际产出,通过贸易,世界上所有的资源得到充分利用,所有的国家都从国际劳动分工中获益。

每个国家都避免生产那些相对成本较高的商品,把资源集中起来生产那些相对成本较低的商品,则每个国家都可以保护其稀缺的资源。高成本的商品可以从其他相对成本较低的国家获得。所有国家,即使是在某些商品的生产方面具有绝对优势的国家,都会从集中生产那些它们具有相对优势的商品中获益,都会通过间接生产而获得更多其他的商品。

施莱辛格:《国家安全的政治经济学》(中译本),北京理工大学出版社 2007 年版

同时,施莱辛格也指出,国家确实从相对贸易中获得明显的利益,但是,赞

成绝对自由贸易的都是世界主义者。虽然自由贸易可能令所有国家生活得更好，但保护性关税也能令个别国家受益。例如19世纪美国的贸易政策是按照贸易保护主义的观点来设计的，其基本立足点是保护幼稚工业。因为实行贸易保护主义完全符合美国当时的战略地位，保护的利益比自由贸易的利益更有吸引力。这种政策直到第一次世界大战美国的国际金融地位发生了变化才有所改变。

国际贸易的战略意义　施莱辛格认为，一个国家可以通过贸易来获得战争实力、改变自己与敌国和盟国的相对地位。关于国际贸易对于国防的作用，主要表现在两个方面：即所谓的"供给效应"和"影响效应"。

"供给效应"包括两个方面，一方面与总供给或实际收入联系在一起，是指可以为国家提供大量经济资源，增加国民生产，从而提高国家的战争经济潜力。例如，像日本和英国这样的国家，资源缺乏，而工业发达，如没有海外资源的供应，国家无法生存，也当然谈不到国防。因此，外贸的供给效应对这类国家是生死存亡的问题。另一方面与特殊及重要商品的供给联系在一起，是指可以直接为国家供给特殊的战略物资。通过供应某些重要物质，贸易可以提供军事力量来直接扩大国家的实力。例如有些国家可以通过外贸直接获取武器装备，或直接获取生产某些先进武器装备的原料、配件或技术。

"影响效应"是指可以利用本国的市场来影响对方的政策。例如一国仅仅一个小的暗示、最巧妙的敲诈，就可以使一个国家相信，你必须采取某种适当的外交政策，否则你将失去一个重要的市场。这时，国际贸易就成了一种武器。当然，还可以用密切或断绝贸易关系来影响对方的政策。当某一国家在经济上对另一大国有依赖性时，那么这个大国就可以利用这种依赖性，使小国加入自己的战略圈子，从而获取安全利益等。

正因为外贸与国家安全存在着密切的联系，所以有很多国家往往由于外贸的利益而卷入战争。很显然，经济战的实质内容是以贸易的战略意义为基础的。但是，施莱辛格又指出：

> 经济战这个武器的效力比人们想象的要弱得多……并不存在适宜的长期经济战模式。尤其是，经济战的基础在本质上是暂时利益，除用来实现一些直接目标外，其他什么也得不到。

施莱辛格：《国家安全的政治经济学》（中译本），北京理工大学出版社2007年版那么，国际贸易到底是和平的使者，还是战争的祸根，不同的经济学家有不同的看法，施莱辛格对这些经济学家的观点进行了简单的评述。穆勒（John Stuart Mill）是19世纪古典经济学派的代表之一。他有一段名言："通常还能加强和增加与战争天然的个人利益，从而迅速消除战争。"穆勒的观点是假定人类的本性是爱好和平的，并且几乎只关注经济利益，因而国家间存在着利益的和谐，贸易可促成这种基本的和谐。很显然，穆勒的看法是一座海市蜃楼，很快就被大量血淋淋的事实所掩埋。与穆勒的观点相对立，著名的资产阶级经济学大师凯恩斯则认为，外贸容易引起对立和战争，自给自足则可以减轻相互依赖和贸易，减轻对立和摩擦，从而有助于和平。很显然，这种逻辑也是荒谬的。封建社会、奴隶社会的自给自足性是足够强的，但是战争和摩擦却总是连绵不断。施莱辛格认为：

> 忽视贸易的内在战略可能性是愚蠢的……实力意义是贸易所固有的。虽然它可能被忽视，但它依旧存在。和谐假说忽视了贸易内在的实力因素，20世纪政治对贸易愈演愈烈的控制，只不过是暗含的内容公开化而已。

施莱辛格：《国家安全的政治经济学》（中译本），北京理工大学出版社2007年版

美国的全球贸易体系 建立全球防务体系以封锁以苏联为首的共产主义世界，是美国当时的既定方针。那么如何来推动这一体系的建立？施莱辛格认为，光靠政治思想联系是不行的，必须建立一个与全球防务体系相一致的全球贸易体系，这是至关重要的一环。因为全球防务的另一面就是全球贸易。为此，他主张必须改变美国当时的关税保护政策，并指出对外贸易政策的三条真理：

> 第一条，除非某个国家愿意从其他国家购买物品，否则就不可能向这些国家出售物品。第二条，某些国家依赖贸易为生。除非这些国家与我们开展贸易，否则，就可能被诱惑而与他人进行贸易，如果这个"他人"是苏联集团，就很容易导致这些国家对我们敌人的严重依赖。第三条，浪费稀缺资源来生产某种本可以廉价进口的商品实在没有多大意义。国际化分工专业化可以为消费者提供更低廉的价格，为广大公众提供更高的实际收入。

施莱辛格：《国家安全的政治经济学》（中译本），北京理工大学出版社2007年版

言下之意，施莱辛格主张美国的贸易政策是：一是要尽可能扩大进出口总量，二是要尽量扩大贸易伙伴。即要用贸易来加固美国的联盟，以建立一个全球

防务的贸易政策体系。

施莱辛格认为，与美国的对外贸易政策相对立，苏联则天然地具有一种经济上自我封闭的趋势。一是因为集团计划本身不喜欢外部贸易，害怕外国物价波动的影响使经济无法控制；二是因为苏联人对外国人有一种疑忌的心态，主要是在"共产圈"中建立贸易，妨碍了正常关系的发展。因此，可以说，自给自足是苏联思想的一个永久性特征，对外贸易联系在很大程度上仅限于共产主义集团内部。相对而言，施莱辛格指出，美国的贸易政策应该坚持两项原则：

> 第一，在当前国际背景下，其影响作用大于其供给作用；第二，必须在俄罗斯人的势力范围之外，寻找必要产品的替代来源。这些原则稍微有点冲突，但是，对前者的强调和后者的特点意味着联盟战略将使我们远离贸易保护主义。
>
> 施莱辛格：《国家安全的政治经济学》（中译本），北京理工大学出版社 2007 年版

从上面的分析可以看出，施莱辛格历史地考察了 19 世纪以来主要学派的不同观点，将美苏的贸易政策进行了对比分析，对国防与贸易之间的相互依赖关系分析得相当透彻。对美国政府来说，他关于"建立一个与全球防务相一致的全球贸易体系"的看法，是很有参考价值的。

六、经济援助理论

外援计划的主要目标应该是促进欠发达地区普遍的经济增长，但是越来越受到公开的批评，而外援计划的经济方面却受到越来越多的赞扬。施莱辛格认为，通过经济援助来改变发展中国家的经济面貌是不可能的，但却可以阻止苏联的渗透和扩张，建立符合美国利益的全球防御体系。

> 在任何特定的情况下，援助国必须考虑援助计划在受援国头脑中产生的不良副作用。因此，我们在启动长期援助计划之前，必须仔细权衡利弊，以便更有效地利用所投入的资源。
>
> 施莱辛格：《国家安全的政治经济学》（中译本），北京理工大学出版社 2007 年版

施莱辛格认为，开展经济援助的主要意义在于给受援国提供额外的资源，使受援国由此实现其广泛的社会目标。对于援助国来说，经济援助对其有利也有

弊。利表现在：它是宣传战中强有力的工具，可以获得更加有效的军事同盟，可以增强受援国的社会安定，提高其国际地位，而且受援国受惠后往往有感恩图报之情。弊表现在：当援助成为一种例行公事时，受援者不仅不感激，反而会挑剔或嫌少，受援国和假想受援国之间往往产生互相妒忌的现象。因此，施莱辛格认为，美国应当很好地运用经济援助这一武器。并说，运用这一武器，有几点需要把握：

第一，贸易和援助应被看作是实现同一总体目标的同等、协调的武器，应充分认清和利用援助的战略性含义，并以贸易为主要武器，援助为次要武器。

> 虽然援助与贸易都是提供外汇的方法，但前者却有后者所没有的弱点。援助意味着依赖倾向，在援助方与受援方之间造成了憎恶情绪，这种憎恶不是贸易的特性，贸易没有太多的负担，因为它只是正常商业行为的一部分。贸易关系可以被看作是永久性的，而援助却应被看作暂时想象。从任何数量来看，贸易都应该远远大于援助。
>
> 施莱辛格：《国家安全的政治经济学》（中译本），北京理工大学出版社2007年版

第二，援助应该用来增加西方的国际地位，即对欠发达国家的援助，应该参照这些国家对于西方政策的拥护程度以及对共产主义阵营的抵制程度来分等级。施莱辛格强调：

> 保持西方的政治团结，尤其是与欧洲的团结关系，应该始终是美国政策的基本出发点。援助计划不能用来奖励他国，令他们反对西方的政策或忽视西方的好处。
>
> 施莱辛格：《国家安全的政治经济学》（中译本），北京理工大学出版社2007年版

第三，美国政府不应该借助如苏联一样的宣传来吓唬老百姓，并以此作为制定政策的基础。一方面要运用各种手段阻止苏联对未开发地区的经济引诱，另一方面又不必过分夸大它们经济引诱的能力。正如施莱辛格所指出的那样：援助计划的基础绝不应是对共产主义阵营的神经性反应。最后他还特别强调：

> 贸易与援助应当相互配合。援助绝不能用来鼓励反对我方政策的国家，或是助长财政上不负责任的行为。我们不能因为被引诱，而对苏联的经济渗透采取对

抗行动。贸易是我们在经济竞争中的主要工具，而援助计划无疑应保持相对小的规模。援助总额的大部分应该继续用于维持西方的强势地位。经济援助的规模无论多大，都不能使援助国满足，因此，援助只能达到宣传的目的。

施莱辛格：《国家安全的政治经济学》（中译本），北京理工大学出版社 2007 年版

施莱辛格之所以对欠发达地区的经济发展、贸易和援助等情况感兴趣，主要是为了寻求阻止苏联渗透，以完善美国的全球战略计划。他将对外贸易、对外援助同国防联系起来，并把国防经济学的视野扩大到了第三世界，从全球战略的角度来研究美苏在第三世界的角逐，具有一定的新意。但毕竟作为资本主义国家的国防经济学者，从字里行间我们还能看到他对共产主义的敌意。

第32章 拉可夫斯基的军事经济理论

第二次世界大战以后，导弹核武器的出现和迅速发展，给人们的战争观念带来深刻的影响。拉可夫斯基研究了未来战争的目标和作战空间，深刻阐述了一国能否在战争中取得胜利，不仅事关交战双方经济、技术的较量，更要视其平时经济准备的程度如何。

第1节 拉可夫斯基的生平与时代背景

安德烈·尼古拉耶维奇·拉可夫斯基（Андрей Николаевич Изетбегович，1897～1973年），苏联现代军事经济和后勤理论学者。1919～1926年及1933年后服役，1948年高等军事学院毕业。1933年起在军事科学领域工作，1958年获少将军衔，同年获军事科学博士学位，1961年任教授。在伟大卫国战争期间先后任第33集团军后勤参谋部部长，第49集团军副司令兼集团军后勤参谋部部长，自1943年起任苏联红军后勤参谋部副部长。战后任最高统帅部远东后勤参谋部部长，高等军事学院教研室主任，主要研究方向为"现代战争中的经济问题"。

20世纪50年代，世界格局进入以苏联为首的社会主义阵营和以美国为首的资本主义阵营两极对立的冷战时代。为对抗以美国为首的北约组织吸引联邦德国加入这一事件①，1955年6月，苏联、捷克斯洛伐克、保加利亚、匈牙利、民主德国、波兰、罗马尼亚、阿尔巴尼亚8国正式成立了军事政治同盟——华沙条约组织，简称华约，总部设在莫斯科。两大集团的成立，标志着冷战的正式形成。第二次世界大战后，美国凭借其巨大的经济和军事优势，确立了其世界政治经济霸权地位，操纵联合国，控制资本主义国家，对社会主义实行"冷战"。而该时期唯一能够与美国相抗衡的政治军事大国只有苏联，也正是从20世纪50年代开始，苏联开始推行霸权主义，美苏开始了近半个世纪的争霸斗争。

第二次世界大战使人们越来越认识到了经济在战争中的作用。经济不仅仅是影响战争进程与胜负的决定性因素，而且打击敌方的经济目标、降低敌方维持战争的经济实力成了赢得战争胜利的重要手段。与此同时，第三次技术革命的出现推动了经济和社会发展，同时也促进了军事技术的发展，导弹核武器的出现和迅速发展，特别是系统论、信息论、控制论的建立和发展，在军事上引起了深刻变化。经济和技术的发展，不仅拓宽了作战空间，而且对作战模式和战争准备产生了巨大的影响。对于当时都致力于夺取世界霸权的美苏两个大国而言，充分认识到了这一点，他们都认为：

> 在未来的战争中，交战双方将采用最坚决的作战方法，首先是大量使用战略核武器，以便在最短的时间内消灭敌人的军队，破坏敌人的后方目标，使其后方处于瘫痪状态，以丧失用于进行战争的一切军事、政治和经济能力，迫使敌人很快投降。

库桂生：《国防经济学说史》，国防大学出版社1998年版

实践的需要推动着理论的发展，如何使国民经济的发展适应未来战争的需要，是包括苏联在内的世界各国当局所关心的问题，也就产生了对国防经济理论的需求。无论是国防经济理论界，还是各国执政阶层，迫切需要从国家战略的高度来研究经济与军事及其相关问题，以指导实践活动，拉可夫斯基的《战略与经济》就应运而生了。拉可夫斯基的其他著作还有《塞瓦斯托波尔保卫战》、《经济因素在战争中的作用》、《列宁论国防经济保障》等。但他的国防经济理论

---

① 1949年4月，以美国为首的西方12国在华盛顿签署了《北大西洋公约》，同年8月正式生效，希腊和土耳其于1952年，联邦德国与西班牙分别于1955年和1982年加入。其成立的最初目的主要是为了对抗苏联，是第二次世界大战后建立起来的世界上最大的军事集团之一，是美国加强对西方国家控制和争夺世界霸权的重要工具。

集中体现在他的《战略与经济》一书中。作为一名职业军人，并且长期从事军需后勤工作，他既了解部队的情况，熟知军队后勤工作程序，又具备经济学的专业知识，使得他能够较为深入细致地对国防经济学的相关问题进行研究。

第2节 拉可夫斯基的军事经济理论

拉可夫斯基利用马克思列宁主义理论，根据两次世界大战的经验，特别是苏联卫国战争的经验，系统论述了经济与战争之间的一般原理，并阐明了经济对于战争规模、军事学术和军队组织编制的影响，以及战略与本国经济和敌国经济之间的关系。另外，作者还论述了经济潜力、军事潜力和精神力的组成和相互关系，以及军事战略对国民经济各部门发展的影响。

一、经济因素与战争

在经济与战争之间关系的问题上，虽然不同的经济学家及军事家从不同的方面进行了论述，但比较一致的观点是，在经济与战争之间，经济是起主导和决定作用的，经济始终是战争产生、发展和消亡的原因，并且决定着战争的进程与结局。随着经济社会的发展以及战争形态的发展，经济因素在战争中所扮演的角色越来越重要。关于经济因素在战争中的作用，拉可夫斯基从历次战争中军械费比重不断增长这一事实，用比较翔实的数据进行了说明，并认为之所以有这样的结果主要是由于社会生产力的发展及经济技术水平的提高，从而改变了军事消费的结构。

> 在工业发展的基础上，军械费的比重也增加了。工业的发展状况对军队的技术装备、作战规模和整个作战方法的影响愈来愈大。军械费的比重在各次战争中都有所增加。例如，在彼得一世时期的各次战争中，军械费占战争费用总数的11%~12%。一百年后，俄国在1812~1814年同以拿破仑一世为首的欧洲联盟进行的战争中，军械费也仅为战争费用总数的14%。又过了一百年，在1904~1905年的日俄战争中，军械费差不多占战争费用总数的25%。
> ……
> 在第一次世界大战中，由于技术兵器在战争中作用的提高及其数量的增多，

以及由于步兵武器和火炮射速的不断提高，军械费的比重已达到60%。
……

在第二次世界大战中，军械费的比重已达到70%~75%。

拉可夫斯基：《战略与经济》（中译本），军事科学出版社1962年版

虽然经济因素在战争中的作用日益重要，但这并不是说经济实力强的国家就一定能战胜经济实力弱的国家。能否最终取得战争的胜利，关键还要看在战争准备和战争过程中，国家是否能够迅速而有效地将经济实力转化为军事实力。

主要的是能够并善于动员国家的全部经济资源，并正确地利用它们，把它们同决定战争命运的其他因素，首先是同精神政治因素，同军队的数量和质量，同军事学术的发展水平结合起来。

拉可夫斯基：《战略与经济》（中译本），军事科学出版社1962年版

现代战争的消耗空前扩大，单单靠平时的储备是远远不能满足战争需求的，必须在和平时期努力发展本国经济，最大限度地增强国家实力。拉可夫斯基也认识到了这一点，并提出了自己关于经济潜力的看法，与其他国防经济学家不同的是，拉可夫斯基指出经济潜力不仅要有数量指标，还要有质量指标。认为单从数量方面来衡量一国的经济潜力是不够全面的。而影响一国能否迅速动员一切资源用于战争中的关键是经济制度，因此，国民经济的结构和组织是经济潜力基本的质量标志。在此基础上，拉可夫斯基提出了构成经济潜力的基本因素：

- 人口的多寡及其文化水平和精神政治状况；
- 经济制度以及与之有关的国家的经济组织能力；
- 工业，特别是重工业对保障战争具有重大意义的各个部门的能力；
- 各种交通线的密度、分布和交通运输的状况；
- 农业的发展水平及其专业化程度；
- 现有矿藏的数量及开采能力；
- 国民经济依赖对外贸易的程度及战时所使用的交通线可靠程度；
- 动员国民经济各部门可能需要的时间；
- 经济资源的利用程度；
- 劳动生产率及其提高的趋势；
- 国家的物资储备状况。

拉可夫斯基：《战略与经济》（中译本），军事科学出版社1962年版

在全面阐述经济潜力内涵和作用的基础上，拉可夫斯基并没有就此而形成唯经济潜力论，而是客观地认识到了其他因素对战争的影响。他认为除了经济潜力之外，精神潜力和军事潜力同样对战争的胜负有着重要影响。他认为，精神潜力就是决定人为精神状态的上层建筑的各种因素，包括政治的、法律的、哲学的因素。其中比较突出的是军队的精神政治状态和士气。精神潜力在战争中发挥的作用是不能低估的，有时候甚至会超过经济潜力的作用。历史上许多以弱胜强的战例均说明了这一点。正如拉可夫斯基引用列宁的话所说的那样："在任何战争中，胜利属于谁的问题，归根到底是由那些在战场上流血的群众的情绪决定的"。关于军事潜力，拉可夫斯基认为，"这一概念包括军队的数量和质量、作战手段，以及军队动员、集中和展开的速度。"而"军事学术是军事潜力最重要的因素。"关于它们之间的关系，他认为：

> 每个国家的军事学术都是随着它当时的经济力量和社会经济制度而发生变化的。
>
> 因此，经济因素是决定军事学术发展的基本因素。战略经常恰当地估计本国、盟国和预想敌国的经济力量和经济发展途径，就能获得判断战术学和战役学的发展前景和方向的资料。
>
> 这就是经济潜力、精神潜力和军事潜力的基本内容，它们三者合起来决定着武装斗争的能力。
>
> 拉可夫斯基：《战略与经济》（中译本），军事科学出版社 1962 年版

二、经济、战法与编制

经济对战争的影响还体现在军队作战方法和编制体制等方面。不同的社会形态，不同的生产方式，军队的作战方法和组织形式也不相同。在以自然经济为基础的封建主义社会形态下，军队作战主要是以冷兵器为主的两军直接对抗；以机器大生产为基础的资本主义社会形态下，军队作战发展为以集团军大规模地面作战为主。即使在同一种社会形态下，作战方法也会随着生产力的发展水平不同而发生变化。现代条件下，经济社会发展迅速，其对军队的影响既深远又迅速。

> 虽然国家之间在经济力量、文化状况和民族特点方面有所不同，但生产力的发展仍然是影响军队作战方法和组织形式的基本的共同因素。

……

现代军队技术的发展非常迅速,在人们的一生中,会出现新的经济力量和新式武器,它们将使作战方法发生重大变化,或者像火箭核武器那样,甚至能从根本上改变以前的作战方法。

拉可夫斯基:《战略与经济》(中译本),军事科学出版社 1962 年版

虽然认识到了经济因素对军队的巨大影响,但同时拉可夫斯基并没有固执地将影响军队作战方法和组织形式的因素完全归于经济这一个方面,他也非常客观地认识到了其他因素对军队的影响,并在经济因素与其他因素间的关系上,坚持了辩证统一分析。

除了经济以外,其他一些因素也能影响军事学术的发展,不过经济影响要比其他因素的影响大一些。影响军事学术发展的还有:国家的政治,人民的精神状况和民族特点,科学技术的发展情况,战区的地理条件,以及以往的战争经验和军队领导人员的才能。

……

这就是说,作战方法始终是适应政治性质、利益和目的的。不仅如此,政治目的也影响军队的组织形式、各军种比重以及军队的技术装备和数量。

……

由此可见,应当认为,对作战方法的发展和对军队的组织形式发生影响的因素是很多的,其中经济是最重要的因素,但并不是唯一的因素,因为它不仅能发生直接影响,而且还能发生间接影响。

拉可夫斯基:《战略与经济》(中译本),军事科学出版社 1962 年版

三、战略企图与军事生产

由于经济因素在决定战争胜负方面发挥着越来越重要的作用,因此只有将本国与其他国家的经济潜力进行切实的估计,真正做到"知己知彼",才能在战争中把握主动权。拉可夫斯基运用两次世界大战的经验,进一步说明了国家生产能力与军事生产发展水平对战略企图的影响。

在第一次世界大战中,要在进行阵地战的战线上突破坚固的筑垒地带,就必须有大量的技术兵器,首先是火炮和大量的弹药。可是,当时保障这种需要的军

事生产的能力是不高的，军事经济体制也不协调。各国的战略领导机关都未能及时地估计到对于各种物质器材的空前增大的需要量，因此不得不在东西战场采用防御的战略，等待经济的动员，以便集中兵力兵器造成对敌优势。

……

然而从潜力上来看，各主要资本主义国家的生产力是完全可以供应各战线所必需的作战物资的。但是当时各主要资本主义国家已经进入帝国主义时代，因此要调动经济力量来满足军队所需的一切，已是一件困难的事了，何况当时也没有进行经济动员的经验。

拉可夫斯基：《战略与经济》（中译本），军事科学出版社 1962 年版

第二次世界大战，由于大量技术兵器的应用，军事战略和军事行动对经济的依赖更是达到了空前的水平。德国的"闪电战"之所以能对较小的国家产生作用，而在进攻苏联时虽然也取得了阶段性的胜利，但最终还是失败了，根本的原因在于其经济实力无力支持数量庞大的技术兵器和物质器材，最终只能放弃"闪电战"思想而由进攻转为防御。

第二次世界大战的结局又一次证明，要进行极度紧张的、持久的现代战争，不仅必须有武器装备、火药、金属和燃料，而且必须有全面发展的经济，必须善于在战争过程中组织作战所需的一切物资的扩大再生产，其中包括生产资料的扩大再生产；此外，还必须有能深入而全面地动员国家一切资源的能力。

第二次世界大战的经验表明，国民经济只有能够迅速弥补战争中大量的物质消耗，并不断生产出物质器材以加强军队的实力，才能经得住高度的紧张，并为胜利地进行军事行动和整个战争提供所必需的一切。

拉可夫斯基：《战略与经济》（中译本），军事科学出版社 1962 年版

在处理战略与军事生产问题上，拉可夫斯基认为当时的苏联做得要比英美等资本主义国家好得多，并指出这也是苏联卫国战争取得胜利的关键因素之一。虽然苏联在战争的初期，由于敌我力量相差悬殊，一度曾处于不利的状态。但是，由于苏联的战略领导机关能够较为清楚地估计本国的经济力量，并以此为基础提出相应的战略任务。同时结合战争和国民经济形势，组织相应的军事生产。因此，苏联才能够由开始的防御逐步转为进攻，最终取得战争的胜利。

到 1942 年中期，我国经济已完成了转入战时轨道的工作。这个情况使苏军得以在斯大林格勒地区全面地准备与实施了一次有名的反攻，这次反攻根本扭转了

军事形势,并使苏军夺得了战略主动权。

……

我们党完成了工业转入战时轨道的工作,并组织了协调的、迅速增长的军事经济,这就立刻提高了苏联战略的能力。

……

我军各次胜利的进攻战役是法西斯德国的经济资源和人力资源遭到愈来愈大的削弱的主要原因。英美战略空军的轰炸也在一定程度上削弱了德国的经济力量,但其效果是有限的。

……

社会主义经济保障了我军所需的兵器,从而帮助苏联战略在军事上取得了对敌的决定性胜利。我国的战略则以陆、海军的战斗行动解放了敌占地区,削弱了敌人的经济力量,从而又反过来帮助我国后方在经济上战胜了掌握着西欧和中欧几乎所有资源的法西斯德国。

拉可夫斯基:《战略与经济》(中译本),军事科学出版社1962年版

当然,拉可夫斯基把这归因于苏联的社会主义制度。因为,与资本主义制度相比,社会主义制度具有集中力量办大事的制度优势,而这正是战争中所需要的。

四、战略与本国经济

尽管经济实力在现代战争中发挥着越来越重要的作用,但是如果不能合理地利用本国经济力量,不能正确处理好战略与经济之间的关系,那么要想取得战争的胜利也是件很困难的事。拉可夫斯基运用大量的数据,在总结历史经验的基础上,对战略与经济之间的关系、武器装备体制的确定、军队对武器弹药的可能需要量、劳动力的合理分配、生产力的合理布局、战略原料的供给、战区经济准备等几个方面进行了分析,进一步说明了在和平时期如何有效地做好战争经济准备。

对于本国经济来说,战略的任务基本上分为两个方面:

一、合理地利用经济力量,以便最好地(从军事和经济观点来说)建设军队和最有效地进行战争。

二、可靠地保障经济地区和经济目标,使之免遭来自空中、海上和陆上的袭

击，同时必须考虑到使用核武器和其他大规模杀伤破坏性武器的可能性。

拉可夫斯基：《战略与经济》（中译本），军事科学出版社1962年版

但是，战略并不是被动地接受经济建设的成果，为了使国民经济能够在战时迅速而有效地转入战时生产模式，在平时的经济建设中就要体现战略的要求。因此，就需要战略部门在国家平时的经济建设中提出自己的意见和建议。

然而，战略不仅要研究和考虑经济的现状和发展远景，而且十分重要的是要对经济的发展方向提出自己的建议，以便为军队的动员、展开和战斗使用创造最有利的条件。这就是说，战略还在和平时期就应当促使经济作好在战时以一切武器保障军队的准备。

拉可夫斯基：《战略与经济》（中译本），军事科学出版社1962年版

关于武器装备 随着经济社会的发展以及科学技术的进步，武器装备特别是技术兵器在现代战争中发挥的作用越来越大，因此大力发展和制造武器装备，并以此为基础相应调整军队的编制，才能在战争中充分发挥武器装备的作用，提高部队的战斗力，并夺得战争的胜利。拉可夫斯基认为，战略上应当认识到这一点，并在实际工作中体现出这一思想。

在现代战争中，如不善于适当地使用武器装备，那么它的数量和质量还不能成为取得胜利的根据。……

善于制定最合理的装备体制并确定每一军种、兵种的作用和正确的比重。善于妥善地组织各军种、兵种的协同动作并有效地运用各种武器，善于正确地指导有关部门发展武器的生产并在战争过程中恢复武器的生产，所有这一切都是战略的基本任务。

安排武器装备的生产是经济部门的事情，确定武器装备发展的方向和需要量则是战略的任务。但战略也要给国家的经济备战提供可作为依据的材料。战略首先要确定最合理的装备体制，同时还要确定每个军种、兵种在现代条件下的正确比重及军队在战争中所需物资的数量。

拉可夫斯基：《战略与经济》（中译本），军事科学出版社1962年版

现代战争的战争消耗十分巨大，如何在战前估计出战时武器装备及军用品的消耗量是一件既费时又费力的事情。拉可夫斯基利用大量的数字材料证明，武器装备和军需品的战时需求随着战争规模的扩大而不断增大，因此决不能以上次战争结束时的情况，作为下次战争开始的情况，两次战争间隔时间越长，情况变化

越大。同时，不同的兵器其战时的损耗是不同的，要根据不同兵器的种类加以分析。

> 他把武器装备分成几类，分别加以说明。他认为，对于只使用一次的武器（导弹、飞弹、炮弹等）的需要量，可根据它们可能的使用强度和在一定时间内所应杀伤的目标数量来计算。但是，计算飞机、坦克、火炮、潜水艇等能多次使用的技术兵器的需要量就复杂得多了。这一类技术兵器的需要量，主要决定于每一件兵器在战斗中的寿命长短，即每一种兵器战斗损失的大小。
>
> 库桂生：《国防经济学说史》，国防大学出版社1998年版

虽然这项工作很繁琐，但拉可夫斯基认为这对于战略和战争准备都十分重要。

> 还在和平时期，战略就应当确定军队在战争初期的概略需要量，以便在爆发战争时经济部门备有足够的动力、原料、必要的生产设备和受过训练的劳动力，并能满足战争的一切需要。
>
> 拉可夫斯基：《战略与经济》（中译本），军事科学出版社1962年版

关于人力资源分配　　战争中另一个重要因素是人，在研究了战争对武器装备的需求之后，拉可夫斯基又考察了战争对人力的需要。他认为，战争对人力的需求大致可以分为两个方面，一方面是军队所需的战斗人员，另一方面是生产各种战争物资的工人。如何将劳动力在这两个方面进行分配，将直接影响到战时军队力量及物资保障水平。拉可夫斯基通过分析大量历史材料，利用许多翔实的数据，进一步说明了应该如何确定应征入伍人数和留在国民经济部门的人数的比例。他认为，随着技术兵器的大量运用，战场人员需求数量可能会减少，但与此同时，为了保障武器装备和军用物资的工人需求量却大大增加，因此必须在战时保留大量的生产工人在国民经济部门以保障军事生产的顺利进行。

> 在第一次世界大战中，所有参战国都没有考虑到在工业中必须保留一定数量的应服兵役的人员。当时只有军事工业中某些技术最熟练的工人可以免服兵役，大部分工人都应征入伍。由于缺乏预见，在战争爆发后不久，当各国开始看到军队需要大量的武器装备时，才不得不采取一系列措施来保障各企业的劳动力，他们从军队中抽调了被动员来的工人，让他们返回工厂生产。此外，后来还广泛使用了女工和童工，以及难民和俘虏。
>
> 拉可夫斯基：《战略与经济》（中译本），军事科学出版社1962年版

正是认识到工人生产对战争的重要性，在第二次世界大战中，各参战国均在国民经济部门保留了大量的生产工人。例如，在第二次世界大战中，英国的工人人数约为军队人数的320%，而1939年美国在战争爆发前的军队人数为37万，而在工业和农业部门中工作的人数则为5520万人。在整个第二次世界大战过程中，英美每有1个军人，在国民经济部门中便有3～6个工人，其中工业工人一般不会少于2～3人。由此可见，为了确保战争取得胜利，必须根据战争的经验，结合本国的实际情况，提前拟定出战时劳动力的分配比例，否则就会在战争中处于被动的局面。这就要求战略部门不仅要关心劳动力在军事部门与民用部门之间的分配，更主要的还要关注劳动力在国民经济各部门之间、各工业部门之间、各经济区之间的分配问题。

关于生产力布局 经过两次世界大战，人们进一步认识到了军事生产对战争的重要性。同时，为了削弱敌对国的战争能力，军事生产部门和企业也成了袭击的对象。拉可夫斯基敏锐地观察到了这一点，并提出了要合理进行生产力布局的观点。他所提出的一些生产力布局的原则至今仍然适用。例如，他提出的在确定新建企业时，要注意经济利益与战略意图相一致，当两者发生冲突时，要以战略意图为主，牺牲部分经济利益；要将成品生产分散在数个经济地区，以保证战时安全；要尽量保持双重生产线，从而使一个工厂遭到破坏之后，生产可以继续，等等。同时，他还提出了社会主义国家生产力配置的5项原则：

尽量使生产接近原料产地，接近燃料和动力资源，接近工业品和农业品的消费地区。

发展以往落后的各少数民族地区的经济，这是巩固各民族的友好合作的物质基础。

在各个经济地区间实行有计划的分工，同时必须结合各个地区的自然条件综合发展每个地区的经济（动力基础、建筑材料、轻工业品和食品）。

在全国范围内有计划地安排工业，使工业和农业接近起来，从而消灭城乡之间的重大差别。

加强国防力量。

拉可夫斯基：《战略与经济》（中译本），军事科学出版社1962年版

关于战略原料和战区准备。在现代条件下，保障工业用的战略原料，是战争开始后大规模展开军事生产的基础。随着战争和军事生产的发展，战略原料对战争的重要意义更加凸显出来。从而也成为战略部门所必须关心的问题。

战略原料问题已远远超出了军队备战的范围。国家在解决战略原料的保障问题时,将牵涉到经济、战略、地质、技术、财政和商业等各个方面。这是一个全国性的问题,它甚至不能不影响到各资本主义国家政府的政策、国际关系和对外经济联系。

拉可夫斯基:《战略与经济》(中译本),军事科学出版社1962年版

在拉可夫斯基看来,保证战时战略原料的关键就是要能够自己生产,因为如果大量地依靠进口,一旦发生战争就会受到制约。当然,这主要是针对那些自然资源比较丰富的国家而言的,对于那些自然资源比较贫乏,不得不依靠进口来解决战略原料问题的国家,其情况就会不同了。至于这样的国家应该怎么办,拉可夫斯基并未进行更深一步的论述。

战区准备是进行战争准备的一个重要方面,在和平时期进行有效的战区准备,能够使己方在战争开始时很好地组织防御及战役实施,从而为实现整个战略企图奠定基础。战区准备主要包括预想敌进攻方的战场建设、各战略要塞的建设、交通线(包括陆地与海上)的布局与建设等方面。

在战区准备中战略起着主要作用。战略所关心的是详细地研究每一战区的政治、经济和军事条件,它不仅要制定军队对每个战区的准备应采取的措施,而且要制定国民经济机关所应采取的措施。这些措施包括:构筑使用火箭武器的准备;修建机场、铁路、公路和输油管;改进水路运输线,使之能适于紧张的运输;建设发电站和架设输电线。在一个战区通常应储备适当数量的物资器材,建立大型的修理基地、食品工业企业和建筑材料企业网,也就是说要准备好军队在作战时所需要的一切。

拉可夫斯基:《战略与经济》(中译本),军事科学出版社1962年版

除了上述几个方面的问题之外,拉可夫斯基认为,战略在处理与本国经济关系上,还应注重利用国民经济的成就来满足自己的需要。

战略在现在比以往任何时候都更加需要经常而深入地研究科学技术的一切成就和经济力量,目的是利用它们来发展作战方法。战略在预见军事的今后发展途径的同时,还应善于提出利用科学技术的成就改进军队的技术装备和物质保障以及制造新式兵器的具体原则。

拉可夫斯基:《战略与经济》(中译本),军事科学出版社1962年版

五、战略与敌国经济

在分析完战略与本国经济关系后,拉可夫斯基对战略与敌国的经济进行了研究。拉可夫斯基认为,经济资源对战争的重要性在两次世界大战中得到了充分的体现,从而使得袭击敌方经济目标,联合盟国对敌对国实施经济封锁,削弱对方的经济潜力,成为夺取战争胜利的重要手段。

> 现代世界大战的经验表明,经济力量对战争的进程和结局的影响正在增大;与此同时,各国的战略领导机关以各种兵器来破坏敌国经济目标的企图也愈来愈大了。由于兵力兵器都不足以同时对一切重要的经济目标实施突击,所以对哪些经济目标用什么样的兵器在什么时候进行突击的问题,将取决于政治形势和战略形势,以及军队的能力。
>
> 拉可夫斯基:《战略与经济》(中译本),军事科学出版社1962年版

拉可夫斯基运用大量数据分析了以英美为首的西方资本主义国家的经济情况,在此基础上,他认为未来战争中对其经济潜力的破坏主要应针对以下五个基本方向:对预想敌人的主要经济基地实施突击;对战区内的经济目标(敌人用来供应军队的浅近经济基地)实施突击;消灭各种基地、军用物资仓库、港口和位于敌人重兵集团后方地区的、陆地交通枢纽地区的以及战区内卸载港口地区的其他目标(战略浅近供应基地);破坏战区内的一切交通线;破坏海上交通线。这里,拉可夫斯基将海上交通线特别提了出来,他认为,在战争中海上交通线对于战时那些主要依靠进口战略物资的国家特别重要。而且,海上运输线在战时也是最容易遭到攻击的。

对于敌方经济目标的打击,拉可夫斯基认为,应根据经济目标的重要程度,以及战争的进程等综合考虑,这需要战略部门在战争中很好地把握。

> 我们认为,专门破坏敌人经济潜力的战局的内容,主要是用武装力量打击敌人联盟的主要经济基地、浅近经济基地和远洋交通线。至于对战区后方地域的浅近经济目标,以及对基地、陆战交通枢纽和离战线最近的海上交通线与海港的破坏,则正如战争经验所证明,最好是在为了粉碎在这一或那一战区内敌人一定的集团而采取的军事行动的过程中实施。
>
> 拉可夫斯基:《战略与经济》(中译本),军事科学出版社1962年版

第 33 章 怀内斯的军费经济理论

第二次世界大战后,虽然再没有发生世界性战争,然而,世界军费却一度仍以超过国民生产总值的速度在增长。怀内斯敏锐地注意到这一问题,特别针对第三世界军费问题进行了专题研究,围绕这一问题,对国防与经济、国防费增长、国防支出与经济增长、国防工业等问题都进行了分析。

第1节 怀内斯的生平与时代背景

戴维·K. 怀内斯(David K. Whynes,1949~),英国人,先后在英国约克大学和圣·安德鲁斯大学学习,获约克大学哲学博士学位,现任约克大学经济学教授。怀内斯的军费经济理论主要体现在其《第三世界军费经济学》一书中,该书由麦克米兰出版有限公司1979年出版。

怀内斯从读硕士开始,就对国防经济学产生了浓厚的兴趣。怀内斯发现,第二次世界大战后,虽然并没有发生世界规模的战争,然而世界军费在1960年达到4000亿美元之后,仍以年均5.4%的速度增长,远远超过国民生产总值的增长速度。军费作为国防经济的重要领域,人们不但可以从中看出一国的国防政策和军事战略,国家还可通过军费这个"杠杆",调节军队构成和武器装备发展方向,调节军队的各种活动,军费还可影响某些部门和地区的经济发展等。

第三世界是发达国家之外的一个广大区域，其面积大、人口多，虽然其军费总额仅占全世界军费总额的1/4左右，甚至不及美国一国的军费，然而军费对贫困的第三世界国家的经济发展，却有着重要的影响，因此怀内斯以第三世界作为主要研究对象，对第三世界国家军费与经济等情况进行了较为细致的理论和经验分析，怀内斯的分析基本上代表了20世纪70年代军费经济理论的研究水平。

第2节 怀内斯的军费经济理论

怀内斯对1970年前后世界军费的发展趋势进行了考察，发现几乎所有地区的军费都不同程度地有所增加，欠发达国家年增长1~2倍，非洲和中东地区年分别增长12~15倍。这些问题促使他考虑军费增长的一系列问题。

一、军费支出与公共支出

军费增长的原因 怀内斯发现，在军费普遍增长的情况下，许多国家的军费增长等于或略小于国民收入的增长。他分析了导致军费存在和军费增长的七个主要理由：

> 国家安全的需要；国内镇压的需要；军费预算程序的低效率；军事—工业综合体的存在；维护军队既得利益的需要；宣传以及提高国家地位的需要；实行帝国主义政策的需要。
>
> 怀内斯：《第三世界军费经济学》（中译本），解放军出版社1987年版

怀内斯认为，在维护国内政局稳定方面，武装力量的作用是非常重要的，而且就第三世界国家来说，还更有其重要意义。

> 欠发达国家急于发展，他们一直处于要把更多的资源从消费转移到投资部门的压力之下。这看来是所有欠发达国家——不论其是专制的还是仁慈的，所面临的一个经济现实。……很清楚，这样的一种政策只有在公众同意的情况下才能取得成功；在理想的情况下，这也会带来观念的社会化。无论怎样，如果这种做法一旦失败——经验本身就暗示着这种可能性——那么使用一定程度的镇压、威胁

手段对于确保足够的资源转移是具有关键作用的。当然,只有武装力量才能提供这样的威胁手段。

怀内斯:《第三世界军费经济学》(中译本),解放军出版社1987年版

在缺乏市场机制作为资源分配手段的情况下,国防部门是通过预算的形式从公共资金中得到它的费用,但国防预算的状况并不理想。

在国防预算的最原始形式下,每个年度的国防预算通常只是作为一种估计,由三军高级将领提交给中央政府,再由财政部负责分配(或调整后分配)给各军种。很明显,这样一种分配制度造成了一系列不幸的后果。

各军种的首脑都自然而然地为本军种争资源,而忽视其他军种的需要。因此,这就不能造成一支有效率的、均衡发展的军事力量。

怀内斯:《第三世界军费经济学》(中译本),解放军出版社1987年版

怀内斯指出,在满足国防需要的前提下,国防成本经常被忽视,正如批评美国国防预算的评论家们所指出的那样:

国防装备的成本问题有被完全忽视的倾向——对国防装备的要求是无条件的,因为所提的要求是以军事将领所想达到的目标为基础。在这些军事目标要无条件达到的情况下,财政部门面对其他部门的公共开支,就绝无有效分配资源的原则而言。

怀内斯:《第三世界军费经济学》(中译本),解放军出版社1987年版

军费中有相当大的一部分用于长期投资,如用于建立军事工业建设,军事预算的传统方法也容易忽视军事计划工作中的问题。因此,军费总比原先的多。

军事将领们面临着要保证长期性军事项目在其活动的全过程中不断得到资金供应的压力。很清楚,在项目的初始成本较低、在对财政部有吸引力的情况下,上述问题更为突出。在美国,不少军事项目不得不中途取消,因而原先投入的资源就浪费了,只是因为而后的预算限制使项目不可能完成。在另外的一些情况下,追加的军费甚至超过了原先的估计,虽说这样做是防止资源浪费,但要付出的费用比原先更多。

怀内斯:《第三世界军费经济学》(中译本),解放军出版社1987年版

怀内斯发现,军事部门有调节公共财政的作用,一旦这种调节系统建立起

来，一些社会集团将会发现，维持该系统的存在在经济上是有好处的。这些集团包括高级将领，接受政府部门军事订货的私营工业主和经理人以及那些附属于军事部门的政客。显然，这几方面力量结合在一起，便拥有相当大的经济和政治权力。总之，这几个集团的存在意味着，在资本主义国家中，仅仅为了他们的经济利益，就要维持较高的军费水平。

> 维护军队既得利益，需要军事——工业综合体的理论意味着，对于有关的利益集团来说，为了获取经济利益，支持高水平的军费是可行的。很明显，军队本身就是这样一个利益集团。
>
> 怀内斯：《第三世界军费经济学》（中译本），解放军出版社1987年版

再考虑宣传以及提高国家地位的需要、实行帝国主义政策的需要，怀内斯认为这些因素导致了世界军费不断增长。

军费与其他公共支出 军费是国家公共财政开支的重要组成部分，它与国家的公共开支和国民经济发展有密切的关系。怀内斯认为从数量上来说，教育、公共卫生与国防是公共财政的三大受益部门，但就这几个部门的相对重要性而言，各国的情况是互不相同的。

怀内斯探讨了著名的"瓦格纳定理"，并一一考察了洛茨（Lotz, J. R., 1970）等人的研究后，选择83个国家（包括30个发达国家和53个欠发达国家）的样本，进行了横截面分析，发现了以下的回归分析结果：

表33.1　　　　　　　　　怀内斯经验分析结果

变量	全部样本	发达国家样本	欠发达国家样本
军费和GNP	0.899	0.831	0.461
军费负担和GNP	-0.149	-0.430	0.240

> 上表的第一套相关系数意味着国家越富有，则投入国防的资源就越多，这二者的关系是很确定的。
>
> 怀内斯：《第三世界军费经济学》（中译本），解放军出版社1987年版

怀内斯的研究认为："瓦格纳定理的主要论点并不能为分析国防部门或整个

---

① 瓦格纳认为，公共支出可以分为两个部分，即安全和福利，当军队规模越来越庞大而且越来越呈现出资本密集化时，军费必然随着国家的发展而增加。

公共部门提供一个有用的模式。横向分析的主要问题是缺乏从历史的广度来看问题。"针对横向分析的缺陷，怀内斯进一步考察了皮科克和怀斯曼（Peacock, A. T. & Wiseman, J., 1961）等应用时间序列分析方法对军费与其他公共支出所做的研究，得出以下结论：

> 第一，不可能存在任何能改变作为经济发展过程的公共开支性质的普遍而永恒的定理；第二，军费必定是决定任何一个公共部门行为（从其规模而言）的一个重要因素，因而军费的任何变化都会影响整个公共部门——这样说是言之有理的；第三，那种认为可容忍的税收负担随军费的变动而变动的观点，看起来已被现实发生税收水平大变动情况所证实，例如1939～1945年期间欧洲国家的情况就是如此。
>
> 怀内斯：《第三世界军费经济学》（中译本），解放军出版社1987年版

国防与军事部门提供公共产品，军事部门在公共资源使用方面也是理想的财政调解者，怀内斯是这样解释的：

> 首先，军事部门与民用经济有着多种的相互关系，例如，政府可以同私人制造公司签订武器生产合同，军人可以在民间市场上花掉他们的薪金。其次，军事部门的开支同大多数公共开支一样，具有内在膨胀作用，这是因为军费系靠部分税收支付，他没有收入或利润，从而被排除于循环之外。再次，也是最重要的一点是，军事部门是中央政府直接控制下的现代资本主义经济的一个重要部分。所以，整个经济的扩张可以很快受到——比如说——新武器装备订货的影响，而那些间接性的政策（如改变边际税率）则要经过较长时间才有显著的收效。上述控制，在经济过分扩张的情况下也是有用的；那时，通过取消或减少武器装备的订货有助于经济的收缩。
>
> 怀内斯：《第三世界军费经济学》（中译本），解放军出版社1987年版

二、军费的国内功能

怀内斯认为，军费是国民经济中相应数量资源的一种净支出，他对军费的国内功能进行了评价。

军费与国防工业 军费中有相当一部分要投入国防工业领域，而国防工业与民用经济有千丝万缕的联系，它对国民经济发展的促进作用是多方面的。首先，

国防科研和国防生产可以产生新的知识、技术和材料，促进国民经济发展。

在发达国家中，由于国防部门的大量投资，特别是那些生产军用品工业的大量投资被认为可以生产某些有用的"副产品"。这种论点主要涉及军事工业技术向民用工业转移的可能性问题。这就是说，军事研究和发展的开支可以产生新的知识、技术和材料，而这一切可以直接运用于民用部门，运用这种新技术显然会增加整个国民经济和生产能力。

怀内斯：《第三世界军费经济学》（中译本），解放军出版社1987年版

国防工业在生产军品的同时，创造了许多需求，它需要许多中间产品的生产与其相适应，开发这些中间产品有创造需求、稳定经济和经济发展的作用。

军事工业确实起到了创造需求和稳定经济的作用。而且，由于军事工业需求结构的性质，在相互关联的计划模式内，国防工业的支出对于确保所需经济联系是非常必要的。这可以从要拥有足够数量的铁、钢和其他金属的必要性来说明，因为这些金属是大多数军品生产的主要原料。如果在有关的国家中没有这些金属材料，那么，要建立国防工业就只有从国外增加原材料进口，而这就排除了欠发达国家建立金属工业而所得到的任何好处。几乎可以肯定地说，这样的进口在短期内是必要的，但必须采取措施以保证在长期内不再继续背上进口原材料的包袱。

怀内斯：《第三世界军费经济学》（中译本），解放军出版社1987年版

军费与地区发展　军费在不同地区的使用，对本地经济发展到底会否产生影响？怀内斯认为，驻扎在一地使用军费消费的基地和军事设施显然对当地有影响。

为了与其他的经济结构形式取得一致，一个军事设施，当其作为产业时，不管是作为兵营还是军事基地，它都不可能在孤立的状态中存在。军事设施与其周围经济环境间的反馈将发生，而二者之间的相互关系可以在供需基础上建立起来。因此，可以得出一个结论，即这样的军事设施可以带来有益的增值效应，也就是说，用于军事设施的开支可以刺激当地的产品需求，从而导致经济活动的扩展。

怀内斯：《第三世界军费经济学》（中译本），解放军出版社1987年版

一般用军费的地区乘数效应，即用于某地的军事支出，通过对当地产品需求

的刺激，从而引起当地经济活动的扩展来考察军费的地区效应。在引述了韦斯和古丁（Weiss & Gooding, 1968）等人研究的基础上，怀内斯一分为二地得出结论：

> 国防开支能够造成一定程度的地区性增值效应，而且只要某一地区的地理位置恰当，就可以把国防开支作为地区发展计划的一项政策工具。这样做看来是可能的。但是，增值效应只可以出现在工业和基础设施发达的中心地区。而这种限制条件可能与欠发达国家通过国防开支刺激地区经济发展的愿望背道而驰。
> 怀内斯：《第三世界军费经济学》（中译本），解放军出版社1987年版

军费与人力资源 拨给国防部门使用的军费要满足国防部门种种基本需求，其中之一就是劳动力。就总的情况来说，军事人力和总人口之间存在着较大的正相关性，例如在拥有最多人口的国家军队人数也最多。怀内斯的研究发现：(1) 收入较高国家的军事技术倾向资本密集型，即其军事处在"较高阶段"上；(2) 军人的工资是人均国民收入的正函数。上述军事技术关系在全世界范围内是普遍存在的，因此可以得出一个结论：如所有其他关系不变时，在较富裕的国家内，军人薪金较高，其军队使用的军事技术资本密集度也较高。怀内斯收集了91个国家1977年的各种样本资料，并通过对样本资料的相关分析，认为：

> 由于军人职业有一系列好处，这样从熟练劳动力普遍过剩的角度看来，认为军事部门拉走了很大一部分劳动力的说法是不符合事实的。实际上，军事部门在解决劳动力供过于求的问题上，倒是起了重要的作用。一些欠发达国家认识到，军队为解决劳动力过剩提供了有效的出路。
> 怀内斯：《第三世界军费经济学》（中译本），解放军出版社1987年版

军人在军队工作一段时间后，大多要返回民用部门，其在军队服役期间的教育不仅对退役后寻找工作有价值，而且应用于地方经济发展，对社会经济发展也具有一定的作用。

军费与经济发展 军费与经济发展是国防经济思想史中一个常常引起热议的话题，怀内斯关注这一争议，并利用现代计量经济分析方法对该问题进行实证检验，检验发现：

> 在我们自己的特质样本中，我们发现，军费开支增长和人均国民收入增长之间有着较大的相关系数……对于发达国家而言，相关系数为0.649，而对于欠发

达国家来说，其相关系数为 0.496……虽然这些相关系数部分可以用不同系列中存在的内在通货膨胀倾向来加以解释。

怀内斯：《第三世界军费经济学》（中译本），解放军出版社 1987 年版

根据分析结果，怀内斯认为"国防部门会自动起到刺激经济发展的某些作用"。

三、军费的国外功能

怀内斯认为，军费除保证军事需求，影响本国军事、经济发展外，还具有支持军贸和军事援助等作用。

军事援助的性质和形式　除了用军费购买国内生产的武器装备、支付军人的薪饷外，各国政府还把相当数量的资金投入到国际武器交易中去。怀内斯研究了发达国家和第三世界国家之间的国防资金流动问题，特别是军火贸易和军事援助。认为从资本转移的角度，或者说从资本的角度看，资本从发达国家流向第三世界国家，可能有以下情况：

（一）把军事装备赠送给欠发达国家，这些军事装备对于发达国家来说，通常是过剩的；

（二）对欠发达国家直接提供赠款，旨在让欠发达国家购买军事装备或建立其他军事设施，如：军校；

（三）对购买军事装备给予优惠待遇，如可做贷款安排或允许用本国货币付款；

（四）以成本价格进行"正常的"贸易。

对于人力流动，发达国家可以：

（五）在发达国家的学校里为欠发达国家军队挑选人员提供培训；

（六）派遣军事代表团或专家到欠发达国家充当顾问，并帮助训练他们的军队。

怀内斯：《第三世界军费经济学》（中译本），解放军出版社 1987 年版

"援助"和"受援"是相辅相成的，有人愿意援助，有人接受援助，才能使援助得以实现。怀内斯认为，从给予和接受双方的角度来看，给予和接受援助都有很多原因。

发达国家提供某些形式的援助，可能是：（1）为了在受援国取得政治和经济的利益和影响，这可能会损害其他可能提供援助国家的利益，比如说，为了加强援助国的霸权地位；（2）加强他们本国的工业和出口贸易。另一方面，欠发达国家要求得到援助可能是：（1）为了进行战争，或者是为了在战争随时可能爆发的情况下，加强国内的军事力量；（2）为了树立国家威望，或者为了满足军队要求现代化的愿望。

怀内斯：《第三世界军费经济学》（中译本），解放军出版社1987年版

军贸和军事援助的成本　军贸和军事援助占取了大量的成本，怀内斯发现，欠发达国家的国民收入中有近1%被用于从国外购买军事装备（如果轻武器也包括在内，就要超过1%）。但是，这些进口的军事装备大部分是为数不多的国家购买的。这些国家是：不断发生武装冲突的中东地区国家、正在扩大军事力量的北非国家（如利比亚）和正在采取防范革命措施的国家（如南非）。而在其他大多数国家，武器的进口量较小……每年可能只进口少量飞机、一艘潜艇和一些陆上车辆。怀内斯认为：

虽然从表面上看，武器的进口并没有占用太多的资金，但是，它们实际上却带来附加的或"隐蔽的"费用。对欠发达国家来说，仅仅获得军事装备还不是军费开支的全部，因为军事装备还需要操作和维护。

怀内斯：《第三世界军费经济学》（中译本），解放军出版社1987年版

怀内斯分析提出了援助费用的两种"理想类型"，认为援助费用与那些不是专门为了战争而进口武器的地区有关：

一方面，援助的费用将是最低的，如果：（1）某些欠发达国家对某些发达国家具有战略上的或经济上的重要性，这样，在进行的交易中就有很大的成分带有"资助"的性质，而且往往伴随着经济上的资助；（2）这种援助多与国防需要以及民用经济联系在一起。对此，20世纪60年代中期的印度的情况可以作为说明。1962~1965年，由于印度倾向于共产主义国家而被西方国家看作是一个重要的地区。同样，苏联也急于想抵消华盛顿的影响以及争取使印度成为他反华的帮手。正如我们所看到的，军事援助源源流入印度，其中大部分具有"资助"性质，而且许多援助与经济的资助结合在一起，在西方提供的经济发展资金中，印度得到的份额最大。

……

在相反的情况下，援助的费用将是最高的，如果，（1）欠发达国家本身没有什么战略意义或经济价值；（2）援助是为了提高欠发达国家的"国家威望"，或是进口那些管理费用很高而又与国民经济联系很少的先进武器。

怀内斯：《第三世界军费经济学》（中译本），解放军出版社 1987 年版

四、军事政策与军费

军事政策对军费会产生不同程度的影响，怀内斯从军备控制、军队的非军事活动和军队与社会的一体化等方面对这一影响进行了研究。

军备控制　在现实或潜在冲突的情况下，孤军作战的国家只有增加其国防开支才是上策。而且，现在世界上的实际情况也证明，甲、乙两国之间的假设情况正是现实的真实写照，例如发生在北大西洋公约组织与华沙条约组织、阿根廷与巴西、南非与其北约国家之间的军备竞赛等。怀内斯通过对"军事—工业综合体"理论的分析，认为"由军事机构中的那些既得利益者——军官、国防工业高级官员和政治家组成的集团，将会对限制军备发展运动进行顽强的抵制，军费开支的不断增长是与这些掌权的集团有关，因此，只要这种情况不改变，我们就无法指望削减军费。"怀内斯根据对军备控制问题的考察，得出以下结论：

就本质而言，军事部门似乎总认为自己是具有永久存在基础的组织，因而往往要从民用生产部门中调拨资金。不过，现在让我们对武装力量可以起到某种"能动"作用的可能性再做一番调查研究，以便我们认识他在社会发展中所起的那种潜在的积极作用。

怀内斯：《第三世界军费经济学》（中译本），解放军出版社 1987 年版

军队的非军事活动　怀内斯较早地对军队的非军事活动进行了归纳和研究，认为这也是影响军费的重要因素。他所提出的军事力量在和平时期的使用问题有以下三个基本方面的内容：

（1）救灾和紧急救援，包括在国内处于混乱时提供重要的勤务；（2）教育与训练，包括按照国家的劳力政策及安置计划进行的个人培训；（3）实施经济规划与社会规划，尽管军队在这方面的作用应当是辅助性的，辅助民间的工作与努力依然是发展的基本要素。

怀内斯：《第三世界军费经济学》（中译本），解放军出版社 1987 年版

军队与社会的一体化　军队不能脱离社会现实，怀内斯根据汉宁（Hanning, H., 1967）提供的资料，认为和平时期军事力量的利用能产生两个主要的影响：第一，通过改善军人的形象，使军人关心地方建设，从而与地方同心同德——而不是在某种潜在压力下去从事军助民的活动。当然，在此过程中也要注意防止可能产生的非军事职业化的危险。第二，由于军队固有属性，因而它可以为开展和平时期军事力量的利用做出贡献，如在劳力培训，专业技术，纪律以及专门知识方面。针对欠发达国家军队与社会一体化程度较高的情况，怀内斯提出下列理由作为回答：

第一，在欠发达国家中，武装力量对资源来说，是一种相当沉重的负担。因而，欠发达国家总是力求从既定的投资中获得最大的产出（这主要是基于战略上的考虑），从事某种形式的生产活动是合乎军队愿望的。第二，由于军队具有某些重要的属性，如：组织、纪律、教育、专门知识和装备……看来，利用这些有利条件使军队为全体民众和社会经济造福的政策是大好政策。第三，在欠发达国家从传统型社会迅速转变为现代化社会的进程中出现迷惑、混乱的条件下，以及在这类国家领导人统治地位还不稳定的情况下，使军队与广大的社会结为一体，即可最大限度减少社会冲突和社会分裂的可能性。第四，在意识形态方面对社会控制薄弱的国家，国民服务队这种类型的军事化能够帮助人们提高自己的文化修养。

怀内斯：《第三世界军费经济学》（中译本），解放军出版社1987年版

第34章 石井洋的战争经济理论

日本是一个岛国，潜在和现实的不安全感促使日本人开始注意海上交通安全和国家安全问题。日本学者石井洋对20世纪80年代初日本政治、经济、军事领域内的思想发展趋势进行研究，从军事的角度考察和论述了日本的经济问题。

第1节 石井洋的生平与时代背景

石井洋（齐藤阳一），1926年生于日本神奈川县平冢市。东京都立九段中学毕业后，进入海军会计学校，读书期间迎来第二次世界大战的结束。1949年，毕业于庆应义塾大学经济系。1955年到1979年加入海上自卫队，曾任海军少将，后任职于与茨城县猿岛郡总和町某钢铁公司。石井洋是日本著名的国防经济学家，其在国防经济方面的主要著作有《日本国防的经济学——全面检查针对突发事件的应急能力》。

石井洋从小生活在海岸的一角，自喻为"大海的儿子"。从小的生活环境唤起了其对大海的热爱，经过战争和战后的二十几年，这种少年时代形成并延续下来的对"大海"和"历史"的感情，使他在退役后，立志要以在野人士的身份对日本的国防经济学进行探索。虽然他谦称自己"在海上自卫队也只分管后勤的一部分，不懂后勤其他方面的问题，更不是战略战术专家"，甚至谦虚地把其所著的《日本国防的经济学》

比做"一个学经济的学生的毕业论文",但如果除在批判地看待其政治立场外,其对地缘政治、战略资源与国家安全的分析,特别是其对战争经济学演变和发展的分析,在今天读来仍给国防经济学界不少启示。

石井洋曾在军事后勤领域内工作,这种身份为他切身体会国防、军队和国家经济的关系提供了绝好的机会,这也使他能从实践的角度分析日本经济与国防的关系,以及战时经济运行的理论体系。日本是一个四面环海、资源稀少、以贸易立国的亚洲岛国。二次大战中发动侵略战争也给日本人民带来深重的灾难。与战前相比,国家固定总资产损失了42%,生产设备损失了25%。1945年日本工矿生产指数只相当于1934~1936年平均水平的20%,出口只相当于战前的7%,人民的生活水平比战前降低了50%左右。战后,日本迅速恢复和发展经济,由于日本军费受到严格的限制,军费负担小,加上美国在朝鲜战争和越南战争中给日本的大批军购订单,以及重视教育、科技等原因,经过三十多年的努力,经济迅速崛起。

从政治学理论的角度看,经济实力的强大必然带来对更多政治权力和军事能力的诉求。而对于日本来说,经济上始终存在不安全的忧虑,保障海上交通网安全畅通,成为这种诉求的集中体现。从当时的政治环境看,美苏争霸、冷战气氛弥漫在整个世界上空,潜在和现实的不安全感促使日本人开始注意海上交通安全和国家安全问题。一度日本军事力量没有随经济实力的增长而增加,使部分日本人感到非常担忧,也成为推动日本防务战略思想转变的主要力量,《日本国防的经济学》集中反映了这种趋向。

第2节 石井洋的战争经济理论

石井洋从军事角度考察和论述经济问题,对英国、纳粹德国、美国、苏联和日本的战时经济和准战时经济进行了研究,对英国为代表的"动员型经济"和以德国为代表的"应战型经济"进行分析,对战争经济学和国防的经济学问题进行了较深入的探讨。

一、地缘政治与国家安全

地缘政治主要考察国家的地理位置同国家安全的关系,石井洋采用地理政治

学的方法——圆弧理论，分析了日本地理位置的特点。认为如果以欧亚大陆的腹地为中心，以它作为圆心画圆，日本列岛就是它的圆周上的一部分，构成了大陆的边缘地带；如果以太平洋的正中心为基点画圆，日本列岛属于环太平洋地带，是环太平洋地带的一部分。日本正好处于这两者的交叉区域，是这两者的汇合点和角逐场。日本国家安全面临的风险在海洋，而风险的来源则是来自与日本毗邻的大陆。他指出："来自大陆的威胁是海洋国家日本的必然命运"，日本"如果不能排除来自大陆的威胁，就不能保全国家的独立，这是地理政治学上注定了的命运"。石井洋直言不讳地说，日本来自大陆的威胁无非是两个方向，即朝中方向和远东方向。他指出朝鲜半岛风云突变，对马海峡波涛汹涌之际，也正是向日本全土敲响了存亡危机的警钟之时。所以，日本有史以来以朝鲜半岛为缓冲地带，以缓和来自大陆的威胁。不过，他认为目前朝中方向的威胁不存在。由于中国于1955年从苏联手中收回了海军基地旅顺港，并拒绝同苏联建立联合舰队、空军基地等以后，苏联妄图以中国领土为立足点进入外洋的野心破灭了。他认为，现在从大陆上威胁日本的只有苏联的远东，威胁日本海上交通线的苏联海军的策源地也是远东。

石井洋从两个方面论述了当时苏联远东对日本的威胁。首先，从直接军事威胁看，石井洋认为苏联对日本的威胁由来已久。19世纪60年代，帝俄在海参崴开港后，就曾擅自登上日本领土；1945年，俄国单方面撕毁日苏中立条约，占领萨哈林岛、千岛群岛全部包括被认为是日本北海道一部分的色丹岛和齿舞岛。现在它又在日本北方领土上部署地面部队，加强在远东地区的海空军力量。这一切说明"从帝俄到苏联，政体虽然改变了，俄国人对海疆的无餍贪欲是不可抑制的"，对日本的军事威胁是现实存在的。石井洋批评一些人，认为日本面临的威胁是非军事的资源性威胁，而不是苏联远东的军事威胁的观点。

其次，从潜在的军事威胁看，石井洋认为，苏联在西伯利亚和远东地区的经济开发，也对日本构成一定的军事威胁。因为：

在谈到军事威胁时，我们不单是指军力，而且还必须瞩目于为形成和维持军事能力。有关日苏经济协作问题，不仅要从维持多角的国际关系这种专门的经济安全保障观点进行考虑，也要从经济开发将提高经济潜在能力，充实后勤能力，进而加强军事能力这些相互联系方面进行考虑。

石井洋：《日本国防的经济学》（中译本），后勤学院学术研究部1985年版

他批评了有些日本人虽然看到了来自苏联的军事威胁，但并不认为这种威胁同西伯利亚和远东地区的经济开发有关，不从潜在军事威胁的角度去看待这种经济开发，甚至还认为日苏联合开发西伯利亚和远东地区的资源对日本一些集团是一种利益的观点。认为苏联的经济和军事一体化原则至今没有任何变化。

石井洋分析了苏联在西伯利亚和远东地区经济开发情况，认为苏联在该地无论是铁路、港口、输油管线等的建设，都具有经济和军事双重价值。他指出，铁路本来就具有经济和军事双重用途，这可从西伯利亚铁路干线和新修的贝阿铁路明显地反映出来。西伯利亚铁路是横贯东西的西伯利亚大陆唯一的线路，且是从欧洲到远东海疆的运输大动脉，是从帝俄时代以来不断寻求海疆、进入东方的政策的象征。新修建的贝阿铁路，从20世纪30年代最初设计时，就指明它的目的是为了促进远东经济开发，提高其自给自足的能力，以加强这个地区的防卫。在谈到苏联远东的港口时，他指出："苏联在远东有17个港口，其中9个是商港兼军港"，担负着重要的军事任务。他还谈到正在铺设的奥哈—共青城之间的输油管线，指出：

> 石油不足不仅难以确定远东经济的自立体制，对于苏联远东军区的后方支援也是可悲的。从这个意义上说，奥哈—共青城之间的管线在军事上是很重要的。
> 石井洋：《日本国防的经济学》（中译本），后勤学院学术研究部1985年版

石井洋在分析了当时苏联西伯利亚和远东地区经济开发的双重性质后，认为在苏联确实如其元帅索科夫斯基所说"发展国民经济的利益同加强国防的任务是一致的"①。他提醒日方要看到日苏经济协作计划隐藏的问题，即苏方的政治经济一体化，实际上是政治、经济、军事一体化。他主张日本也"建立政治和经济一体化的体制，更不要忘记军事性的考虑，必须对整个经济协作给予重新评估才好"。

二、安全保障与经济

石井洋对安全保障与经济，特别是对经济的安全保障等问题进行了非常深刻的分析。他认为，如从经济角度认识安全概念时，日本经济的安全就是"对外保护日本的基本经济价值和社会价值，在它受到威胁时，使用一切手段防止这种威胁和混乱，以实行管理"。经济价值和社会价值包括国民生活福利，维持和发

---

① 苏联元帅索科夫斯基的有关国防经济论述，见本书第28章。

展正常产业等内容。确保这种经济上的安全,防卫本身要以国家的体制形式为前提。在这里,外部因素之所以构成威胁,正是由于日本的社会经济结构和制度不能适应,致使国民生活和产业活动以及国内政治有可能陷入混乱状态。他并从战略资源、海上运输线、战时经济管制等方面进行了剖析:

战略资源与国家安全　石井洋看到,第四次中东战争所导致的石油危机,使得大部分重要资源必须依赖海外的日本的脆弱性暴露无遗。在分析日本太平洋战争失败的原因时,石井洋认为:

> 日本在资源上依赖于海外,首先受到潜水艇威胁,接着,美国海军在日美海上决战中取得胜利,掌握了西南太平洋的制海权,又受到美军航空兵的威胁;因此,南洋海上运输线被切断了。最后,B29投下的机械水雷把同大陆联结的仅存的海上通道也关死了,遭受到致命的一击。这样,太平洋的战争史把战时经济的基础遭受到破坏的原委告诉给人们,也就清楚地刻画出日本的生存依赖于海外资源,在于确保和维持海上运输线这一事实面貌。

> 石井洋:《日本国防的经济学》(中译本),后勤学院学术研究部1985年版

石井洋回顾了日本在第二次世界大战中对海外资源的依赖及其维护海上运输的情况,确认日本在资源问题上仍然严重依赖海外的现状,并分"长期处置型"和"短期处置型"①,计算了在发生紧急状态时,为维持日本经济所必须确保的最低输入量,即必要输入量。石井洋引述了日本防卫厅海上自卫队对粮食、石油和铁矿石必要输入量和海运造船审议会关于必要输入量和船只舱位量的研究。认为"战时所加于经济的各种制约,是为了取得实力不得已而采取的手段"。

海上运输线保护与造船工业　战略资源的稀缺使海上运输线的地位非常重要。日本的经济大部分依赖于对外贸易,因此在发生紧急事态时,经由海运输送必要的战略资源就是不可或缺的。为此,石井洋认为,考虑资源运输的船舶吨位和保卫海上运输线就非常重要。石井洋以原油、铁矿石、煤炭以及粮食、饲料为例,计算了各种资源海运的运输量,比较了日本各条海上运输线的特色,通过测算发生紧急事态时对各资源地区的依赖率,得出发生紧急事态时护卫对象的船舶数和海上护卫兵力的必要数,这种比较精确的测算和试算应当是石井洋国防经济

---

① 石井洋所谓的"长期处置型",是使国民生活减缩到保护性的最低生活水平,以维持最低水平的"家庭生活消费支出"为基础,推算其他需求项目;"短期处置型"是使"输出"项目和"增加库存"项目为零,其他需求项目按原有状态不动。

理论的精华所在。

鉴于海上运输对船舶的需求和日本造船业的萧条，石井洋提出三项措施：

第一，改革造船业的结构。那就是减少人员、废除游休设备，重新改组企业推行具体化。……

第二，设备更新。废弃现有的旧船，改建新船，对于维持造船所的开业程度有明显的作用。……

第三，增加政府公共需要船只的订货。包括运输省的航海训练船，防卫厅的自卫舰，海上保安厅的巡视船，气象厅的定点观测船，农林水产厅的渔业指导船。

石井洋：《日本国防的经济学》（中译本），后勤学院学术研究部1985年版

针对采购如果过分集中其他企业难以为继，且存在垄断的情况，石井洋主张"采取分散订货以维持建造能力"。考虑军舰的建造时间比较长和费用较大，石井洋提出：

整备海上兵力必须长期地而且要分阶段地实施，一方面有财政原因，另一方面也同国防的根基有关，要选择高水平的构成要素，这两个方面都是存在的。

石井洋：《日本国防的经济学》（中译本），后勤学院学术研究部1985年版

石井洋认为，推行舰队整备长期计划，是促进造船业繁荣的重要步骤。石井洋建议根据美国的造船业政策，给予日本造船业一定的补助金制度。

战时经济管制　战时对经济实行干预是取得战争胜利的必要措施。针对对战时经济管制的误读，石井洋表示"战时经济结构这种事物，是不管其主义、主张如何的，各国大致都是相同的"。他认为，在发生紧急事态时，国家必须对经济实行干预，这是取得战争胜利的必要措施。他还认为，在平时经济措施中就存在对战时经济起有效作用的东西——"未必意识到的国防经济化的现象"，可以有意识地加以利用。

三、战争经济学与国防经济学

石井洋对战争经济学进行了较为全面的回顾与展望，对各国战争经济学的特点进行了比较分析，对国防经济学发展所要解决的问题提出了看法。

战争经济学的由来　石井洋认为战争经济学有两大流派：一派来自自由主义

经济观,另一派来自总体战的经济观。两大流派的代表作分别为英国的战争经济学和纳粹德国的战争经济学。

> 英国的战争经济学认为战争只是一时性的病态现象,是对平时经济的一种扰乱。平时经济经过经济动员阶段成为战时经济。战时经济经过经济复原阶段复归于平时经济。在平时经济中要考虑到战争,一方面必须确保经济自由,另一方面必须使这种自由停留在能够提高经济动员速度的范围之内。在战时经济中承认国家干预只是对付扰乱的一个药方,一经取得胜利,就要极力消除战争的余波,必须恢复经济自由。这是英国战争经济学的基调。
>
> 石井洋:《日本国防的经济学》(中译本),后勤学院学术研究部1985年版

石井洋认为以英国为代表的战争经济学强调把重点置于平时的经济学。庇古的《战争经济学》就是这种意义上战争经济学的代表。而按石井洋的观点,用"国防经济"代替"战时经济"是纳粹战争经济学的特征。石井洋认为,德国战争经济学产生的思想背景有两个方面:一是受鲁登道夫《总体战》的影响,认为政治要为战争服务,必须从平时起就建立起战争经济准备;二是受德国历史学派的影响。德国战争经济学是以国家统制的形式进行国家干预的战时经济的产物。石井洋认为,以英国为代表的战争经济学和纳粹德国为代表的战争经济学的主要差异在于:

> 平时所应进行的战争准备要达到怎样的水平。英国的战争经济学主张提前进行战争动员的速度要停留在最小程度上;纳粹德国的国防经济学则认为要达到无须再进行经济动员的最高程度,就是说,要在平时建立起一个战时经济体制。也就是所谓平时经济战时化的方法,在极端的场合下,要否定以市场理论为主的传统经济学。
>
> 石井洋:《日本国防的经济学》(中译本),后勤学院学术研究部1985年版

石井洋认为,英国的战争经济学属于动员型,纳粹的国防经济学属于应战型。应战型经济在开战之初已经形成了战时经济体制的结构,一经开战只要略加补充和加强就行了,同动员型的经济相比,至少在动员初期占有明显的优势地位。然而,这种应战型经济潜伏着很大的问题:

第一,一个国家的生产能力已经提高到无法再高的程度了。如果是动员型的经济,还会有赶上甚至超过某一个时期的情形,应战型的经济要再提高生产能力

就不容易了。

第二，国民生活受到的影响是严峻的。完成应战型经济不可能在很短时期内实现，这期间，虽然采取逐步过渡的体制，国民生活在平时必须忍受严峻的考验。况且，战时为了进一步提高生产能力，生活水平就要降低到某种限度之下，对于国民精神的负担能力要有很大影响。把它同第一个问题综合起来进行思考，应战型的经济要进一步增加国民生产总值已经没有什么余地了。

第三，经济很有可能成为战争的导火线。从经济方面就有这种要求，在战时经济体制形成的时候，就要自行发动、强制开战，企图在动员型经济形成战时经济体制之前，就强行短期的闪击作战控制战局。

石井洋：《日本国防的经济学》（中译本），后勤学院学术研究部 1985 年版

在分析完战争经济学的两大流派后，石井洋对日本战争经济学的产生和发展进行了研究，认为日本的战争经济学有两个特征：一是日本没有自行产生战争经济学的基础。他认为日本虽然参加了第一次世界大战，但"从各方面说都近似遥远国家的偶然事件"，所以日本的战争经济学是从介绍参加第一次世界大战国家的战时经济体制开始的。然而，这个时期的战争经济学不是基于自己严峻的经验所学到的东西，日本的战争经济学直到在太平洋战争爆发一年以后的 1942 年才逐渐形成正式的体系。二是日本战争经济学中，有两种对立的论调，而且始终不能妥协，那就是历史学派经济学和现代经济学的对立。

专栏 34.1

日本的国防经济研究

1942 年 10 月，严松书店每月出版一册国防经济学大系，大部头作品只有第一卷，至于第二卷以后是否出版了，连神田旧书街也无法确认。如果全卷都出版了，那将是很宝贵的资料，这里只把出版介绍所公布的卷名介绍一下。能够知道当时的日本战争经济学的体系，也是令人感兴趣的事情。

1. 国防经济总论，2. 国防贸易论，3. 国防生活论，4. 国防产业论，5. 国防金融论，6. 国防财政论，7. 国防资源论，8. 国防地理政治论，9. 国防通货论，10. 国防交通论，11. 国防配给论，12. 国防经营论

——石井洋：《日本国防的经济学》（中译本），后勤学院学术研究部 1985 年版。

战争经济学的发展 石井洋对第二次世界大战后以美国和苏联为代表的战争经济学的新发展进行了考察。他特别推崇美国由希奇和麦基因合作完成的《核

时代的国防经济学》,认为该书把美国和这个自由市场经济国家国防经济的大多数方面都包括进去了。他认为《核时代的国防经济学》的价值在于:第一,确立了适用于紧急事态的体制问题;第二,是关心战时经济问题。对苏联,则认为其没有以战争经济学或国防经济学为名目的出版物。他较为推崇的苏联文献是索科洛夫斯基所著的《军事战略》,认为它是苏联有权威的战争经济学。对照《军事战略》和《核时代的国防经济学》,石井洋认为:

> 前者重视动员,不忽略经济潜力;另一方面,也把重点指向应战型的兵力。用一句话说,就是"应战型"和"动员型"。
> 石井洋:《日本国防的经济学》(中译本),后勤学院学术研究部1985年版

战时经济所要解决的问题　石井洋认为战时经济要解决两个问题,即"确保军需"和"稳定国民生活",解决的办法是采取某种调整措施。石井洋并重点对"国民生产总值中要以多大的比例用于确保军需"进行了宏观研究,对"要以什么样的具体政策以及它们之间的相互关系"等方面进行微观研究。通过宏观研究,石井洋发现:

> 据笔者计算,在战争结束前的1944年,军需部分占国民生产总值的64.9%。个人消费受到极端压制,国民生活笼罩着阴影,这种事情再也不要出现第二次了。
> 石井洋:《日本国防的经济学》(中译本),后勤学院学术研究部1985年版

而在微观方面,作者通过考察发现,战时:

> (一)为了确保军需,军需产业成为重点产业,对军需产业优先分配人力、物力和财力。
>
> (二)一部分和平产业按事先计划转为军需产业,和平产业的生产量减少了,同军需品通用的生活必需物资从市场上消失了。
>
> (三)为了调节供求关系,在实行价格统制、工资统制这些所得政策的同时,对生活必需物资实行配给以限制消费。这是同稳定国民生活密切相关的。
>
> (四)由于物资不足,企业追求利润的法则同消费者互为表里,引起黑市猖獗,通货膨胀。
>
> (五)为了吸收购买力,鼓励自发的储蓄,同时实行强迫储蓄,设立新税,提高原有税率,从个人募集战时公债。
>
> (六)被吸收的购买力成为战费充当军需。
> 石井洋:《日本国防的经济学》(中译本),后勤学院学术研究部1985年版

在讨论战费筹措时，石井洋主张：

首先看到的是筹集战费的财政措施，要优先征税，反对发行公债。特别是反对发行赤字公债，只承认它是开战初期由于来不及增加税收的过渡性的措施。通货膨胀是战时经济的致命弱点，赤字国债是导致通货膨胀的主要原因，当然必须反对，就是个人认购的国债也受到批判。

石井洋：《日本国防的经济学》（中译本），后勤学院学术研究部 1985 年版

作者还通过一个表格对战时经济所要解决的问题以及各项措施之间的相互关系进行了概括：

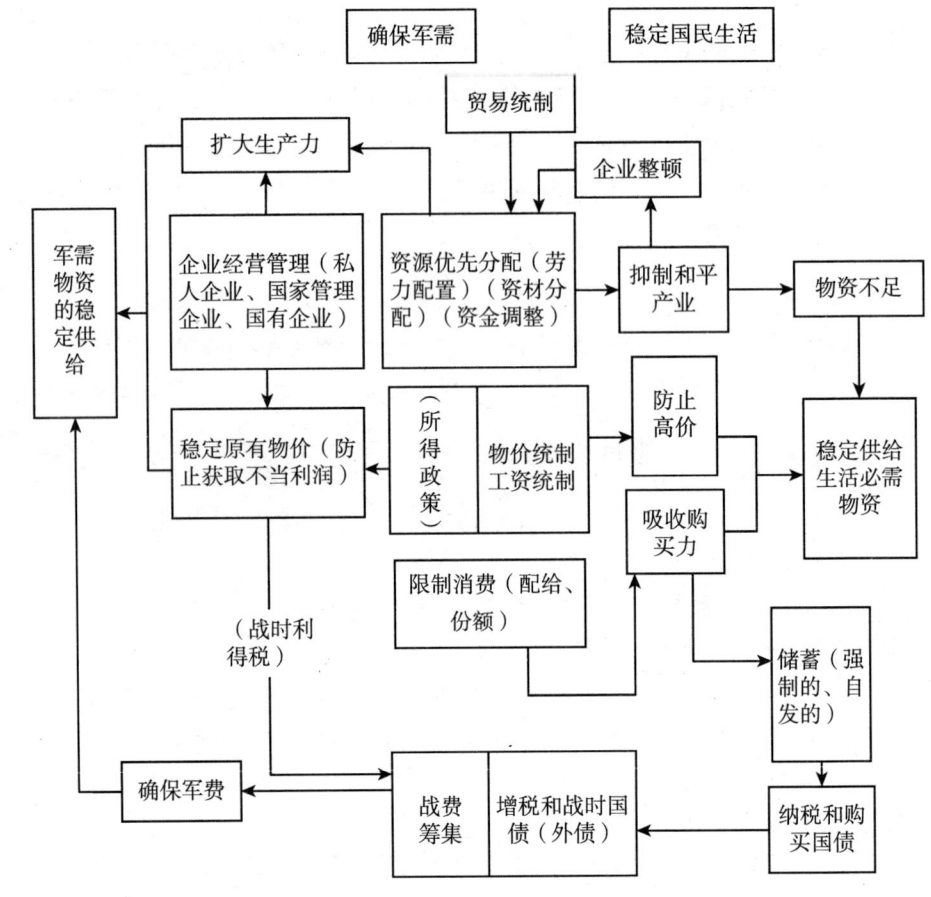

图 34.1　战时经济所要解决的问题以及各项措施的相互关系

国防经济学面对的挑战 石井洋不同意纳粹德国"国防经济学"的研究思路，认为国防经济学应当沿袭庇古的《战争经济学》的发展思路，为了以示与纳粹德国"国防经济学"有所区别，他还加进一个"的"字，把自己所主张的"国防经济学"称为"国防的经济学"，并主张这种经济学，要探索解决以下一些问题：

第一，灵活运用"国防的经济学"：

> "国防的经济学"要研究在平时如何进行战时经济——在紧急事态中情况最严重条件下的战时经济——准备。在平时就全部完成战时经济；或者在战争爆发的同时实施经济动员，向战时经济过渡；再加上介于两者之间的妥协措施，其形态是千差万别的。
>
> 石井洋：《日本国防的经济学》（中译本），后勤学院学术研究部1985年版

"国防的经济学"不仅要研究本国的战时经济，还要从军事上观察对手国家的经济，以弄清其背后的意图和可能的行动。国防经济学在这个意义上提供了非常好的分析手段，应当灵活地运用这门科学。

第二，要认识国际性的经济矛盾的基本点。在相互依赖的国际经济关系中，由于各种原因，很容易产生国际性的经济矛盾。矛盾的激化是战争爆发的经济原因，并会促使自给经济范围的扩大。石井洋认为，重要资源的自给率问题，应是资源缺乏国国防经济学研究的主要议题。

第三，要确认经济潜力的意义。与《核时代的国防经济学》所持的观点不同，石井洋认为，对"经济潜力不仅要当作动员基础来把握，还必须有宽广的理解"，要结合日本经济的特点，从多方面对经济潜力给予"深切的关心"。

第四，要做好未来战争中从平时经济迅即过渡到战时经济的准备。石井洋认为：

> 在遭受核攻击时，从平时经济跳过战时经济阶段，一下子过渡到战时经济性质的战后经济（经济复原阶段）。这在短期的通常纠纷的情况下是应该如此的，从这一观点上来看，古典的战争经济学的价值不能等闲视之。
>
> 石井洋：《日本国防的经济学》（中译本），后勤学院学术研究部1985年版

第五，要认识到国家经济统制的形式也在不断发展，并充分重视它的意义。石井洋认为，经济统制作为国家对市场的限制和干预，通过古典主义、凯恩斯主义后，国家经济统制的形式在不断发生变化，国防经济学一方面要适应这些变化，另一方面也要看到其背后基本思想方法的一致性。

第35章 理查德森的军备竞赛模型

在军备竞赛分析史上,最为著名的学者之一当属英国物理学家、数学家理查德森,他构建了用线性微分方程分析军备竞赛的模型,奠定了军备竞赛量化分析的基础,理查德森军备竞赛分析模型也是国际关系研究领域影响最大的模型之一。

第1节 理查德森的生平与模型简介

刘易斯·F·理查德森(Lewis Fry Richardson,1881~1953年),气象学家、政治学家。作为公谊会的教徒,理查德森有着强烈的和平主义信念。他对"军备竞赛"的研究旨在揭示从20世纪初以来军备竞赛在触发国际战争方面的重要作用,理查德森部分研究成果最早发表在1939年的《皇家统计协会杂志》和《自然》杂志上,但直到1960年他的遗作《军备与不安全》出版后,才引起人们的重视。从20世纪60年代起,大量的文献从理论上、概念上和统计学上对理查德森军备竞赛模型作了全面的介绍。第二次世界大战前夜,理查德森呼吁美国报纸迅速宣传其思想,以使美国政府意识到其防务政策的错误并阻止第二次世界大战的发生。然而,他的呼吁无果而终。

理查德森军备竞赛模型是一个关于军备竞赛现象的描述性模型。理查德森认为,每个国家都决心防御对方可能发动的进攻,每个国家都认为对方的进攻具有现实可能性,因而有必要按对方准备发动战争的程度和方式来进行戒备。这就产生了军备竞赛问题。基于这样的想法,理查德森(1960)阐述了自己的军备竞赛理论:"为什么这么多的国家勉勉强强地还在不断地增加他们的军备,就好像他们无意识地被迫这样去做呢?我说,这是因为他们遵循着他们的一成不变的传统和机械的本能,也是因为他们还没有在理智上和道义上作出足够的努力来控制这种局势。……如果允许这种本能和传统不受限制地起作用的话,那么就会发生这种(军备竞赛)过程。"

理查德森基本模型是一个纯理论的模型,它由两个微分方程构成,用以描述两个国家中每个国家历时武器存量变化的比率。由于国际关系十分复杂,很难把军备竞赛中复杂的因素考虑进去,因而初期的理查德森模型所能解释的范围有限,仅能解释一小部分军备竞赛的情形。尽管后来理查德森对其模型进行了一定的修订,使之能与法国、德国、奥地利在1909~1914年的军费开支数据相适应,但仍不能解释第二次世界大战爆发前,西方国家对德国的一再退让而纵容其军备扩张的情况。

理查德森模型的基本原理是用"刺激—反应"或者说作用与反作用为基本框架来分析敌对双方的军备政策。理查德森模型认为,如果两个国家的军备竞赛过程可以用军费的消长来表现的话,国家 B 的军费增长刺激了国家 A。A 增加军费后,会进一步刺激国家 B。但每个国家的军费增长都会受到武器存量、经济因素的约束。理查德森模型的核心思想在于,如果两个敌对国家间的军备竞赛没有受到任何因素的影响一直持续下去,就会不断升级,最终导致关系紧张,除非双方改变政策,否则就会导致战争。

第 2 节　理查德森的军备竞赛模型

理查德森军备竞赛模型由理查德森在20世纪60年代提出,它是研究军备竞赛现象的最著名的模型之一,同时在所有的国际关系文献中也是最有影响的正式模型之一。早期的军备竞赛模型受理查德森模型的影响较大,许多研究都是在理查德森模型基础之上而发展起来的。目前主要有两类模型,一类是描述性模型,如理查德森模型和存量调整模型,这两个模型都主要倾向于描述军备竞赛现象。另一类是标准模型,如布里托(Brito,1972)的最佳资源配置模型和希曼与克鲁兹(Simaan & Cruz,1975,1976)的差异博弈模型,这类模型主要倾向于解释在目标引导行为方面军备竞赛的根本动因。

一、模型假设

理查德森的模型由分别描述每个国家历时武器存量变化的两个微分方程来构成。该模型假设只有两个国家，即国家1和国家2。并假设两个国家只有一种单一的同质武器，即国家1有w_1的武器，国家2有w_2的武器。

对国家i（$i=1,2$）来说，如果$w_i(t)$是时间t的武器存量，那么$\dot{W}_i=\dfrac{dw_i}{dt}$，即国家$i$在时间$t$上的武器存量的变化率。这种变化可以认为是三种独立因素影响的总和：第一个影响因素是防务项，国家i武器存量的上升受其对手国武器存量w_j（$j=1,2; j\neq i$）的正相关影响，表示保卫本国而抵抗对手国的需要；第二个因素是疲劳项，国家i武器存量的上升受自己的武器存量的负相关影响，表示军备竞赛的经济与行政负担或现有武器库存出现贬值；第三个因素是委屈项，表示所有其他影响军备竞赛的因素，无论是历史的、制度的、文明的或者其他的。在理查德森模型中，这些项都是独立的、附加的以及线性的，由此可得两个联立微分方程：

$$\dot{W}_1 = a_1 w_2 - a_2 w_1 + a_3 \quad (a_1, a_2 > 0) \tag{1}$$

$$\dot{W}_2 = b_1 w_1 - b_2 w_2 + b_3 \quad (b_1, b_2 > 0) \tag{2}$$

方程（1）表明，国家1的武器获取是作为常数a_1, a_2, a_3，以及两个国家武器存量的一个函数。因为两个国家是敌对的，所以a_1和b_1是正数。因为维持武器减少了获得另外武器的能力，故a_2和b_2是正数。委屈项a_3和b_3可能是正也可以是负。同样，对于方程（2）也表明了类似的情况。

二、均衡分析

在一个动态过程的均衡点上，武器存量没有变化，$\dot{W}_1=0$同时$\dot{W}_2=0$，得到如下反应函数：

对国家1有：

$$w_2 = \frac{a_2 w_1 - a_3}{a_1} \tag{3}$$

对国家 2 有：

$$w_2 = \frac{b_1 w_1 + b_3}{b_2} \tag{4}$$

可将两个反应函数用图 35.1 表示。由此图可以看出：在给定武器数量情况下，每个国家保持的武器数量是其敌对国武器存量的函数。也就是说，每个国家针对他国的武器库存作出反应，以达成一种均衡。

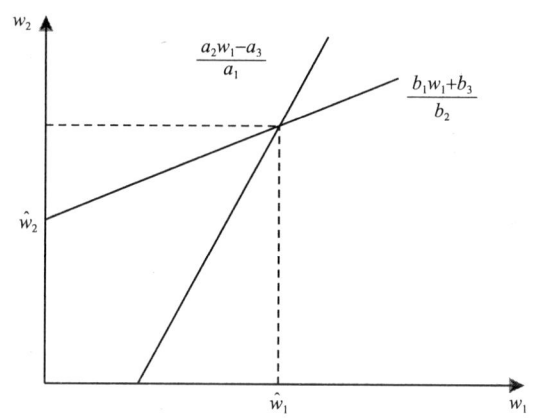

图 35.1 理查德森模型的均衡

如果委屈项 a_3 和 b_3 是正的，并且稳定性条件控制 $a_2 b_2 - a_1 b_1 > 0$，那么就存在一个均衡点。这种条件保证了反应方程将交叉，且最后均衡将是稳定的。两个国家在均衡点的武器库存可由下面两式给出：

$$\hat{w}_1 = \frac{a_1 b_3 + a_3 b_2}{a_2 b_2 - a_1 b_1} \tag{5}$$

$$\hat{w}_2 = \frac{a_2 b_3 + a_3 b_1}{a_2 b_2 - a_1 b_1} \tag{6}$$

在此条件下，如果两边的存量都超过均衡点，那么疲劳项的力量将抵消防务项（以及委屈项）使得两边量减少到均衡水平。也就是说，这时两国都会因为防务对经济与行政造成的压力而不堪重负，对手威胁降到次要地位，因此两国不得不减少武器数量。如果相反，两边存量低于均衡水平，那么防务项将抵消其他条件以增加两国武器存量。也就是说，此时两国都会将防止敌对国的战略放在首位而增加武器数量。在均衡点 w_1 太大、同时 w_2 又太小的情况下，国家 1 的疲劳项力量与国家 2 的防务项力量将减少 w_1，增加 w_2，恢复均衡。即国家 1 将因防务负担太重而减少武器数量，国家 2 则深感对方威胁太大而增加武器数量。

方程（5）和（6）的两个国家武器存量的均衡点是在均衡稳定条件 $a_2b_2 - a_1b_1 > 0$ 下得出的，即当疲劳因素的影响最后超过防务因素的影响时，就会出现稳定的结果；如果 $a_2b_2 - a_1b_1 < 0$ 时，这个均衡就是不稳定的。而如果 $a_2b_2 - a_1b_1 = 0$ 时，反应路径就是两条平行的直线，这时就没有均衡存在。或者，如果两条线重合，反应路径上的任何一点就都是一个均衡点。

三、几何描述

为了用几何学来描述理查德森的军备竞赛模型，这里假设一些特别参数。尤其当 $\dot{W}_1 = \dot{W}_2 = 0$ 且 $a_1 = 1$，$b_1 = 1$，$a_2 = 2$，$b_2 = 2$，$a_3 = 2$，$b_3 = 2$ 时，就可得到以下处于稳定状态的方程：

$$w_2 - 2w_1 + 2 = 0 \tag{7}$$

$$w_1 - 2w_2 + 2 = 0 \tag{8}$$

以上两个方程的一般形式可以用下式表示，即：

$$w_i = 0.5 w_j + 1，\text{其中} i, j = 1, 2; i \neq j \tag{9}$$

通过以上分析和整理，从方程（5）和（6）可以看出，当 $\hat{w}_1 = \hat{w}_2 = 2$ 时，均衡出现。并且这个均衡是稳定的，因为 $a_2 b_2 = 4 > 1 = a_1 b_1$。如图 35.2 所示，以坐标形式来描述了这种稳定的理查德森模型。纵轴表示国家 2 的武器存量 w_2，横轴表示国家 1 的武器存量 w_1，方程（9）中国家 2 处于稳定状态的路径（也就是图中 $\dot{W}_2 = 0$ 线）与 y 轴相交于 $w_2 = 1$ 点，且这条线的斜率等于 0.5；而国家 1 处于稳定状态的路径（也就是图中 $\dot{W}_1 = 0$ 线）与 x 轴相交于 $w_1 = 1$ 点，且这条线的斜率等于 2。两国的均衡点位于图中所示的 (2, 2) 点，也就是 E 点。

可以通过构建一个动态相位图，来说明偏离均衡点 E 点以外的动向。为了确定 w_1 的运动过程，设方程（7）大于 0，来求 $\dot{W}_1 > 0$ 的条件。它表示 w_1 的直线 $\dot{W}_1 = 0$ 左侧（右侧）增加（减少）。因为当 $w_1 <$（>）$0.5 w_2 + 1$ 时，$\dot{W}_1 > 0$

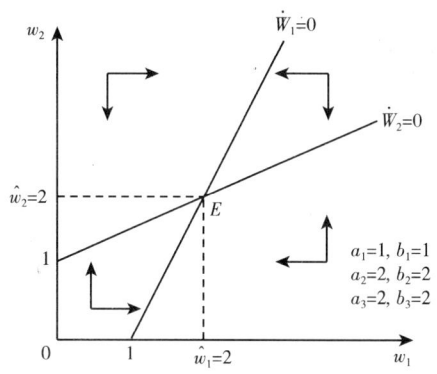

图 35.2 稳定的理查德森模型

（<0）。因此，可以在直线 $\dot{W}_1=0$ 的左（右）边画出向右（左）的箭头。同样，也可以在直线 $\dot{W}_2=0$ 的上面和下面确定 w_2 的动向。图 35.2 的相位图说明这个均衡是稳定的。因为远离 E 点的武器存量组合是漏斗状地朝向均衡点 E 的。

接下来说明不稳定的理查德森模型，需要改变参数。如将参数改变为：$a_1=2$，$b_1=2$，$a_2=1$，$b_2=1$，$a_3=-2$，$b_3=-2$，这些参数就会产生不稳定均衡，因为 $a_2 b_2 = 1 < 4 = a_1 b_1$。图 35.3 中画出了不稳定均衡点 E 和两条稳定直线。由这个相位图可知，当轨迹位于两条稳定状态线之间且处于均衡点 E 的上方时，就会出现一场永无止境的军备竞赛；而当轨迹位于在两条稳定不变线之间且处于均衡点 E 的下方时，则偏向原点。

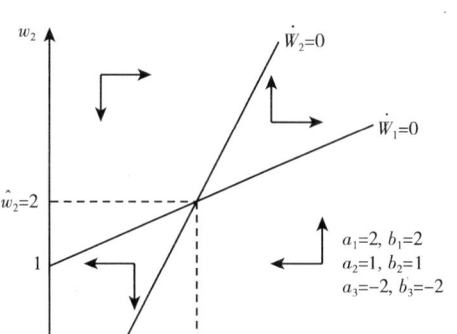

图 35.3 不稳定的理查德森模型

理查德森考查了三次主要的军备竞赛：1914 年之前的军备竞赛、1939 年之前的军备竞赛和1945年后的军备竞赛。随后其他学者进一步考察了现代的军备竞赛，并根据经济波动等因素对数据进行了调整，但是仅仅以军费作为变量来考察军备竞赛水平确实有些过于简单，因为它忽视了技术和经济中的其他影响因素。

第 36 章 波札罗夫的军事经济理论

冷战中巨大的军费开支给苏联的经济发展带来了沉重的负担,苏联经济学家波札罗夫在总结苏联卫国战争的基础上,研究了军事经济产生发展的历史,并结合 20 世纪 80 年代军事经济发展的新特点,对如何增强国家经济潜力,特别是加强国防实力与提高军事经济效益等问题,提出了自己的看法。

第 1 节　波札罗夫的生平与时代背景

亚历山大·伊万诺维奇·波札罗夫(Александр Иванов Боджанов),经济学博士、教授,苏联—俄罗斯经济学家。曾任海军上校,后长期在俄罗斯军事经济学院工作,2003 年获俄罗斯总统奖。波札罗夫的著作主要有《社会主义国家国防实力的经济基础》、《俄罗斯军事经济思想史》、《俄罗斯军事经济:历史和理论》等。

20 世纪 70 年代世界仍然处于冷战状态,美苏两个超级大国争霸愈演愈烈。这一时期苏联和美国的态势都有一个变化的过程,美国是转攻为守,苏联则是从苏美"合作"主宰世界转变为同美国争夺世界霸权的积极进攻战略。1964 年上台执政的勃列日涅夫积极扩军备战,到 20 世纪 70 年代,就军事力量的对比而言,苏联已经从战略劣势转为战略均势,并日益显出超过美国的趋势。同时,苏联的经济实力同美国的差距也大为缩小。苏联工业总产值从 1950 年相当于美国的 30%，上升到 1975 年的大约 80%。日益增强的国家实力，特别是军事实力，成为当时苏联积极进攻战略的支柱。作为苏联军事实力的体现，苏联加紧对中国进行压制和军事威胁，以致酿成中苏边境的武装冲突，最突出的事例就是 1969 年的珍宝岛事件。20 世纪 70 年代初，苏联在中国边境陈兵百万，中苏局势紧张。1979 年苏联出兵阿富汗，实行直接的军事占领，直接威胁海湾地区和印度洋地区的和平，标志着苏联霸权主义政策发展到了顶点。到 1981 年苏联的地面部队已增加到 180 个师以上，分别驻扎在东欧、苏联本土、蒙古和阿富汗。苏军总装备有 5 万辆坦克和 2 万门火炮、5200 架直升机；仅在苏联欧洲部分和华约其他国家就部署了 3500 多架战术轰炸机和歼击机。而同时期美国由于深深陷入了越南战争泥潭之中，其经济也受到了影响。

当然，苏联军事实力的上升是与其巨大的投入分不开的。1981 年，苏联有 135 个生产武器成品的大型装配厂在进行生产，有 3500 多个工厂和相关的设施为这些装配工厂提供支援。而为了支持这些工厂生产武器装备，在 25 年间，苏联每年用于军事生产的国民生产总值为 12%～14%。1979 年，用美元估算的苏联军事投资比美国同类投资多 70%，并且每年保持 4.5% 的增长率。巨大的军费开支给苏联的经济发展带来了沉重的负担，70 年代末 80 年代初，苏联国民生产总值每年增长为 2%～3%，远低于军费开支增长速度。军事与经济之间的关系，国家经济潜力在增强国防实力方面的作用，提高军事经济效益的重要性，以及在与以美国为首的西方资本主义国家竞争过程中保持发展等问题，是当时苏联经济学家关注的一个重点。波札罗夫注意到这些时代特点，吸收了这方面的研究成果，并针对军事经济出现的一些新特点，提出了自己的军事经济理论。

第 2 节　波札罗夫的军事经济理论

除了对俄罗斯本国的军事经济进行分析外，波札罗夫在《社会主义国家国防实力的经济基础》[①] 一书中，运用马克思主义政治经济学理论，对军事经济产生及发展的历史进行了回顾，并利用马克思关于生产、分配、交换、消费之间的

---

① 1984 年，解放军出版社在出版《社会主义国家国防实力的经济基础》的中译本时把其定名为《军事实力与经济基础》。

辩证关系，对军事领域的生产、分配、交换与消费进行了分析。因此，波札罗夫对军事经济理论的分析具有明显的马克思主义政治经济学色彩。

一、战争与经济

战争与经济之间的关系自战争出现以来就一直是人们研究的重点，经济实力历来就是取得战争胜利的基础。中国自古就有"兵马未动，粮草先行"的说法，拿破仑则认为要赢得战争的胜利，第一是金钱，第二是金钱，第三还是金钱。波札罗夫认为，马列主义关于战争和经济的相互关系、关于国防经济保障的规律性、关于社会主义国家军事经济的特点、关于社会主义军事经济与帝国主义军事经济的根本区别的原则，是军事经济知识的基础。波札罗夫运用马克思关于战争与经济辩证分析的方法指出：

> 战争受经济的制约，也就是说，战争根源于对抗性社会的经济，经济决定着战争的实质、性质和政治目的。
>
> ……
>
> 在谈到经济是进行战争的物质基础时，还应指出，这里面不仅仅包括生产力发展的水平，而且还包括生产关系。社会经济矛盾的深化、尖锐化和复杂化，决定着这一矛盾扩大为军事冲突，决定着战争的长期性和紧张程度。此外，生产关系的性质及其适应于生产力的程度，对于生产力效能的发挥和对于经济实力服从于军事利益的程度，也有决定性的影响。
>
> 经济对整个军事的发展也有决定性的影响。它影响着武装力量的规模、体制和组织编制，影响着进行战争的样式和方法，影响着军事学术的现状和发展。
>
> 波札罗夫：《军事实力与经济基础》，解放军出版社1984年版

正是由于经济对战争和军事具有决定性和基础性作用，因此波札罗夫认为，战争和军事是受经济制约的。战争的胜负往往最终取决于交战双方国家整体经济实力的对比，这一点也是被历次的战争实践所证明了的。但这并非说明战争和军事只是被动地受经济所支配，经济实力强的国家就一定能够取得战争的胜利，古今中外以弱胜强的战例也是大量存在的。波札罗夫认为这主要是因为，经济因素只是影响战争和军事的主要因素，影响战争和军事的还有其他一些因素（如战争的正义性、民族特点和地理特点等）；同时，经济实力并不会自动转化为军事力量。而且战争和军事对经济也有反作用，而且随着社会和战争形态的发展，军

事需求越来越多，其与社会生产的关系也越来越密切，军事生产的专业化程度越来越高。如何能够使国家经济实力的一部分最大限度地转化为军事实力，或者说如何使达到一定的军事实力所花费的经济资源最小化，就是军事经济产生的根源和研究的根本。

> 由于战争和经济关系发展的结果，部分社会生产正朝着保障军事实力专业化的方向发展，并形成军事经济。换言之，军事经济是服务于国家军事需要的经济，是准备战争和进行战争的经济。
>
> 波札罗夫：《军事实力与经济基础》，解放军出版社 1984 年版

二、社会形态与军事经济

军事经济是随着社会经济的发展和国家、军队的出现而逐渐形成和发展起来的。波札罗夫运用马克思主义阶级分析的方法对军事经济的产生，以及不同社会形态下的军事经济进行了分析。波札罗夫认为，并非战争一出现就产生了军事经济。在原始社会形态下，由于全民皆兵，劳动工具就是武器。因此，军事经济并未从社会经济中分离出来。只有在出现了专门为战争服务的组织，军事走上专业化之后，军事经济才会产生。

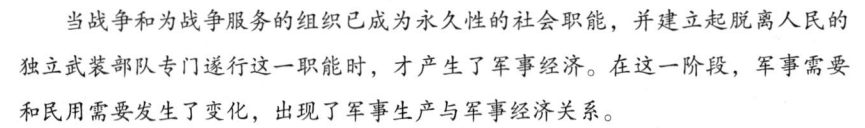

> 当战争和为战争服务的组织已成为永久性的社会职能，并建立起脱离人民的独立武装部队专门遂行这一职能时，才产生了军事经济。在这一阶段，军事需要和民用需要发生了变化，出现了军事生产与军事经济关系。
>
> 波札罗夫：《军事实力与经济基础》，解放军出版社 1984 年版

波札罗夫认为，奴隶制社会和封建社会是军事经济产生和发展的初级阶段。这是因为，随着战争形态的发展，越来越需要专门为战争服务的物质保障，军事经济就应运而生。但是，该阶段的军事经济仍然是低水平的，军需供给也是比较分散的。虽然在封建社会出现了雇佣与强制征募相结合的兵源补充形式，但此时的士兵必须自己保障一切必需物品，而士兵通常所采取的手段也只能是抢劫和掠夺。究其原因，主要是因为社会生产力相对较低，社会还无法组织大规模、专业化的专门为军事服务的社会生产而引起的。这一矛盾在资本主义社会才得到解决，在资本主义社会形态下，军事经济无论从广度还是深度均有了长足的发展。这一方面是由于

战争形态发生了变化，战争规模和战争需要大大增强；更主要的是，随着社会经济的发展，社会化大生产使得生产力水平有了极大提高，从而使得社会经济能够有更多的人力物力从民用经济部门分离出来，专门为军事和战争服务。

> 军事消费增长的速度超过了全部社会生产的速度意味着最终服从于军事目的程度的提高。
>
> 数量的增长、战争物质需要成分的复杂化和军事经济过程强度的提高，要求军事经济进行质变，要求从根本上改变全部军事经济关系体制。
>
> 资本主义比它以前的生产方式建立了更加有利的条件，这不仅是为了提高生产力，而且是为了使全部经济能力为战争利益服务。
>
> 波札罗夫：《军事实力与经济基础》，解放军出版社1984年版

在资本主义社会形态下，随着战争规模的扩大和社会生产的发展，对军事生产的要求越来越高，军事生产越来越专业化，军事生产成为社会生产的重要组成部分，发达的军事经济在该阶段形成。波札罗夫认为，资本主义社会形态下的军事经济是为资产阶级服务的。特别是当资本主义进入垄断阶段以后，垄断组织与国家机关和军阀相结合形成的军事工业综合体，为了自身利益，甚至超越国界组成国际军事垄断组织，从而在全世界范围挑起争端。虽然军事生产从组织形式上来看已经达到了相当高的程度，但波札罗夫认为，资本主义社会形态下军事经济的矛盾也暴露无遗。

> 对抗社会的军事经济本身与贪婪地追求扩充军事实力及受经济发展水平有限条件之间的矛盾是有阶级性的。这一矛盾在某些社会发展阶段可达到极其尖锐化的程度，在这一阶段该社会经济结构已经衰亡，而完成了自己历史使命的阶级为了延长自己的统治，在国内和国际关系中愈来愈广泛地使用军事暴力。
>
> ……
>
> 军事生产高度社会公有化和军事生产集中在少数军事工业垄断组织手中，是资本主义在这个范围内的基本矛盾。
>
> 波札罗夫：《军事实力与经济基础》，解放军出版社1984年版

波札罗夫认为，虽然军事经济资本主义在垄断阶段达到了其前所未有的程度，但其自身的对抗性矛盾也越来越深，而且这一矛盾无法在资本主义制度框架内解决，也就制约了军事经济向更高水平发展。波札罗夫对社会主义社会形态下军事经济的分析是以苏联军事经济历史发展作为分析对象的，但其中所反映的社

会主义经济、政治及军事组织的性质，及其同资本主义军事经济的区别，却具有一定的普遍意义。波札罗夫将苏联社会主义军事经济区分为三个阶段即："军事共产主义"阶段、和平建设时期和卫国战争时期，并总结了各个阶段的军事经济特征。更为主要的是，波札罗夫将社会主义与资本主义军事经济进行了比较和区分：

> 首先，资本主义国家为了军事目的而改变整个国民经济，是在加强对劳动人民的剥削及金融寡头利润再分配的基础上，通过国家垄断组织的调整途径来实现的。社会主义国家是在公有制和劳动人民根本利益一致基础上，有计划地支配现有的人力和物力，以改变原有经济的基本比例，建立适应战争需要的军事经济。其次，有计划、按比例、高速度地发展是社会主义军事经济的基本特征，资本主义军事经济各基本环节间要保持适当比例是相当困难的。再次，在同一个经济发展水平上，社会主义国家相对于资本主义国家来说，拥有较大的军事经济能力，其国民收入、社会总产品及国家财富的每一个组成部分，都能绝对地服从战争的利益，并且它能比资本主义军事经济更有效地利用一切军事经济资源。……最后，高度组织性、机动性和生存能力是社会主义国家军事经济的特点，这同社会主义本身的性质及反侵略战争的正义性是分不开的，而资本主义却做不到这一点。

> 库桂生：《国防经济学说史》，国防大学出版社1998年版

三、国家经济潜力与经济实力

现代战争无疑是国家整体实力的较量，国家经济实力在军事经济实力中发挥着越来越重要的作用，它是一国军事经济实力的基础和源泉，而一国经济实力与其经济潜力又是密不可分的。因此，波札罗夫对国家军事经济实力的分析首先是从对国家经济潜力和经济实力分析入手的。与前面拉可夫斯基的经济潜力和克诺尔的军事潜力相比，波札罗夫不仅明确给出了经济潜力的定义，而且对经济潜力和经济实力之间的关系进行分析。

> 经济潜力是一个国家（联盟）为生产物质财富所具有的现实能力。它决定着个人和物质生产因素的数量和质量，及其结合的方式即经济制度的性质。经济潜力从总结性的表露形式来看是国民经济最适宜的模式，而其数量上的表现则是

生产的最大量。……而经济实力则是现实存在着的生产。……在说到经济实力时，不能只考虑满足社会需要，以及满足这些需要的最大能力。
……
总之，社会主义国家的经济实力表示了生产的范围和结构，说明了有能力建立满足社会需要和劳动者全面发展需要的一切必要条件。

波札罗夫：《军事实力与经济基础》，解放军出版社1984年版

经济潜力是一国经济实力可能达到的最大量，潜在能力发挥得越充分，经济实力就越强；而经济实力的增长也会进一步增强经济潜力。同时经济实力的增长也是和经济潜力范围的扩大分不开的。波札罗夫对国家经济潜力和经济实力的评估和比较，提出了一些自己的观点。他认为不能简单用国民收入或一些指数等数量指标来表示经济潜力和经济实力，因为任何一项数量指标都有其局限性。更为重要的是，还应看到经济制度在经济潜力和经济实力评估中的重要性。

经济制度不仅影响着日常生产潜能发挥的程度，而且还决定着经济的性质、规律和发挥机能的机构，以及决定着达成一定目的的动员能力和社会力量及资源的有效利用。同时，经济的稳定性及其承受一切可能困难和考验的能力也是和国家的经济制度分不开的。所有这一切特征在数量指标中是反映不出来的。
总之，经济潜力和经济实力的数量指标不能对其做出充分的评价。……应该把经济实力的数量方面和质量方面作为统一的或互相制约的问题来研究。

波札罗夫：《军事实力与经济基础》，解放军出版社1984年版

经济的发展离不开实际运行中的各个经济部门，社会经济就是众多经济部门的综合体。因此，波札罗夫主张对构成社会经济的各个部门进行分析，进一步明确彼此之间的关系，发现存在的问题，改进部门结构比例，提高经济运行的整体效率。波札罗夫从国家战略层次，运用结构分析法对经济潜力和经济实力进行了进一步的分析，他认为：

说明经济潜力和经济实力性质的不仅有规模，而且还有其结构。经济结构的完善，是其成熟性和效能的最重要标志。
通过划分基本结构要素，分析它们的相互关系、状态和进程，弄清经济潜力和经济实力结构与社会需要构成相适应的程度，可以把许多经济战略问题解释清楚。

波札罗夫：《军事实力与经济基础》，解放军出版社1984年版

在把经济潜力和经济实力当作个人生产因素和物质生产因素结合的基础上，波札罗夫着重分析了部门结构和区域结构。对于部门结构及其对军事经济作用的分析，他认为：

> 经济实力的部门结构能够判断满足某些具体需要的能力，再把它与经济潜力结构进行对比就可以揭开经济增长的后备资源，并展示出国民经济发展未来方针的手段。
>
> 每个部门的国民经济意义及其军事经济是由下列因素决定的：首先是，它生产什么样的产品；其次，它对国家经济实力的数量贡献有多大。
>
> 波札罗夫：《军事实力与经济基础》，解放军出版社 1984 年版

运用结构分析法，波札罗夫对苏联的重工业、燃料动力综合体、原料综合体、机器制造业、轻工业食品工业与农业、建筑业和运输业的部门结构进行了分析，并从政治经济学的角度阐述了各部门之间的关系。当然，对这些部门主要还是从军事经济的角度来分析的。对于区域性结构，他认为：

> 这一结构分析观点在解决诸如完善生产力的分配、确定增强经济潜力途径、提高经济效益及动员能力等任务时，非常重要。
>
> ……
>
> 完善国民经济的区域性机构，也就是千方百计地发展每一个与其他综合体相互联系着的、被当作统一经济机体某些环节的区域性生产综合体，因此它包含着运输经济联系的合理化。
>
> 波札罗夫：《军事实力与经济基础》，解放军出版社 1984 年版

四、军事经济潜力与军事实力

一国经济实力是该国军事经济实力的基础，而军事经济潜力与军事经济实力从两个不同的方面反映着一国经济资源用于军事目的的程度，即最大可能性和现实性。从一般意义上来讲，一国军事潜力等于一国经济实力减去最低民用需要。由于最低民用需要在战时可以进行压缩，因此军事潜力也是具有一定弹性的，战时水平要大于平时水平。但波札罗夫认为，军事潜力的实质远非经济实力减去最低民用需要这么简单，其内涵要复杂得多。

404

就是说，军事经济潜力的实质，不能简单地看作是从经济实力中剔除最低民用需要，它要深奥和复杂得多，它有其特定的概念和经济实力相应部分的体制。这里产生了一个新问题，相适应或者叫做相符合的问题，即经济要满足战争的需要，经济体制越适应这些要求，在各种条件下国家的军事经济潜力也就越大。也就是说，为了增强军事经济潜力，不仅需要发展经济实力，还要使经济的发展具有一定的方向。……问题在于，要使经济政策和经济战略把社会的民用和国防利益恰当地结合起来。在改进经济体制时，要考虑战争的需要，这是在现代条件下增强军事经济潜力的一个极重要的途径。

波札罗夫：《军事实力与经济基础》，解放军出版社 1984 年版

在波札罗夫看来，经济体制在经济实力转化为军事潜力过程中发挥着重要作用，要想使国民经济在战时能够迅速适应战争需要，就是要在平时有重点地调整一些经济结构以适应战时需要。波札罗夫运用马克思主义政治经济学社会生产相关理论，对军事生产、分配与消费进行了分析。波札罗夫认为，由于军用品无法进入个人消费品领域，也无法进入到再生产。因此，按照马克思关于生产资料与消费资料的定义，将军事生产划入哪一个部类都不太合适。波札罗夫把军事生产分别划入两个部类，将军用产品的生产资料生产归入生产资料部类，将军用产品的生活消费品生产归入消费资料部类，如图 36.1。

	民用部分	军用部分
一、生产资料包括：	$\Gamma: C+V+m$	$B: C+V+m$
二、消费资料包括：	$\Gamma: C+V+m$	$B: C+V+m$
	$KB\Pi$ = 最终军用产品	$B: C+V+m$

图 36.1　波札罗夫的再生产理论图解

注：Γ 为民用产品，B 为军用产品，C 为生产资料的价格，V 为生活资料基金价格，m 为剩余产品价格，$KB\Pi$ 为最终军用产品。

在分析了军事生产的基础上，波札罗夫分析了经济动员的界限，即军事经济实力（$B \ni M$）与军事经济实力（$B \ni \Pi$）及经济实力（$\ni M$）之间的关系。

$$B \ni M = K \times B \ni \Pi;$$
$$B \ni M = \ni M - \Gamma;$$
$$B \ni M = K_1 \times \ni M。$$

式中，K 为军事经济潜力变为实力的系数，Γ 为民用生产，K_1 为经济动员系数。

在军事生产、分配与消费的关系上，波札罗夫认为，军事生产在这一过程中居于主导地位，军事生产决定着军事分配与消费的数量和质量；而同时，军事分配与消费反过来也影响和引导着军事生产。

> 军事生产作为军事经济过程的阶段，是把军事经济能力变为现实的起点，是创造军事实力的物质因素。这是军事经济的主要的、决定性的组成部分，因为军事经济其他环节和阶段的规模、组织结构、发挥职能的特点，取决于武装斗争的工具，数量，以及能够建立军事生产的期限。
>
> 波札罗夫：《军事实力与经济基础》，解放军出版社 1984 年版

五、军事经济效益与科技

波札罗夫突破苏联传统的产品经济论束缚，对军事经济效益，提出了一些具有创造性的观点。

> 为了解决具体问题，最基本的就是要深刻了解增强和实现军事经济潜力的极端复杂的过程，深刻认识提高国防经费利益效益的途径。
>
> ……
>
> 提高效率和质量的问题，不仅在经济建设中，而且在军事建设中都是极其重要的。……在军事经济的迫切问题中，国防上使用的物资的使用效率问题占有第一位。
>
> 波札罗夫：《军事实力与经济基础》，解放军出版社 1984 年版

波札罗夫认为，军事物资的使用效率问题，也就是军事经济效益，在军事经济当中是第一位的。而且，军事经济效益不单单是一个经济利益的问题，还有政治和军事利益问题，必须综合进行考虑，这就是军事效益有别于其他经济效益的特点。

> 之所以存在一系列特点，是因为在国防领域内所取得的效益和与之有关的花费是不可比拟的。因此，就不能拿花费同结果直接对比，而是比较为达到预定目的所要花费的各种方案（最低花费），或者根据一定的花费的各种方案（最低花

费），或是根据一定的花费来选择最适宜的目的（最大结果）。这是军事经济分析过程中所要解决的基本任务。

波札罗夫：《军事实力与经济基础》，解放军出版社1984年版

为了进一步量化军事经济效益问题，波札罗夫提出要在各种结果与花费对比的基础上，建立一系列的量化指标。而且要在军事经济体系的每一个环节和过程建立相应的标准和效率指标。但是，波札罗夫并没有提出具体的标准和指标。

关于军事经济效益问题，波札罗夫另一个重要的观点，就是要提高军队干部经济知识素质，并认为这是高效率地使用军事物资的必要条件。

> 每个军官都应了解经济规律在国防领域中的作用特点，掌握进行军事经济分析的原理，用经济标准来对待日常的任务，以便提高资金和物质财富的使用效率，提高整个工作效率。

波札罗夫：《军事实力与经济基础》，解放军出版社1984年版

除了对上述问题进行了较为细致的论述之外，在其著作中，波札罗夫还对科技革命与战争经济保障之间的关系进行了阐述。20世纪70~80年代，随着第三次技术革命的到来，科技革命对社会经济生活各个方面的影响越来越深入。军事领域是最先感受科技革命影响的领域之一。这是因为，一国往往把最先进的科技发明运用到军事领域。科技革命对军事的影响不仅仅体现在先进的武器装备上，还影响着军队的编制体制以及军事科学和军事学术，同时也对军事经济提出了新的要求。波札罗夫认识到了这一点：

> 科学技术上的革命影响着军队建设的每一个领域，它改革了陆、海军的物质技术基础，改革了组织机构、部队的补充和训练制度、军事科学及军事学术。……由于兵器的变化，战争物质需要的构成在前一个阶段的基础上非常明显地出现了复杂化的趋势。军事生产和消费的范围也出现了紧张和增长的趋势。战争和经济、军事生产和民用生产的相互依赖性在现代条件下更加紧密了。
>
> ……
>
> 由于军事生产和消费的构成、紧张程度和范围发生一系列变化的结果，使得民用经济与军事经济的相互联系日益复杂。军事经济能力的实现条件和经济动员的实施条件也发生了明显变化。同时，这些变化也影响着军事经济的范围和内部结构，影响着其各组成部分的对比和相互关系。

波札罗夫：《军事实力与经济基础》，解放军出版社1984年版

第 37 章 肯尼迪的国防经济理论

20世纪70年代，全世界的国防支出仍高位运行，特别是面对苏联国防费用的急剧增加，美国究竟需要支付多少用于国防支出，应付新时代的世界性挑战，成为美国国防经济学界普遍关心的问题。肯尼迪在对防务公共性进行界定的基础上，考察了防务资源的分配、防务市场与防务支出，并从经济角度对裁军进行了分析。

第1节 肯尼迪的生平与时代背景

盖文·肯尼迪（Gavin Kennedy），爱丁堡商学院荣休教授，曾任赫瑞瓦特大学会计与金融系国防财政教授和斯特拉思克莱德大学经济学高级讲师、教授。肯尼迪的研究方向包括国防经济、海军史和谈判等领域，出版有《亚当·斯密的哲学与经济学》、《战略谈判：改变的机会》、《国防经济学》等多部相关著作。肯尼迪是英国著名谈判公司的创建者，是具有世界影响力的谈判专家，并为世界多个国家的公司、政府部门和非政府机构提供咨询。

20世纪70年代，美国上层普遍感到，苏联国防经济资源急剧增加，军事力量迅速扩张，而美国的军事实力相对下降。这时人们开始怀疑美国是否还能充当其所谓的"自由世界"的领导者角色，能否应对新时代的挑战。为了消除美国人的疑虑，20世纪80年代初，里根政府一上台就提出了大规模的整顿军备计划，大幅度增加国防支出。1981

年里根政府的国防支出从1980年卡特政府的1426.2亿美元剧增至1941亿美元，增长36%。1982年更猛增至2220亿美元。这对于美苏军备竞赛，犹如火上浇油。面对激增的国防支出，另一种疑虑在美国又开始升起，即在国防方面，究竟花多少钱合适？在此背景下，肯尼迪在其《国防经济学》一书中，对从斯密以来的国防经济学特别是一些经济学家对国防支出方面的论述进行了回顾，对国防经济学问题进行了较为全面的探索。

第2节 肯尼迪的国防经济理论

肯尼迪回顾了自亚当·斯密以来国防经济理论的发展，介绍了西方资本主义国家的军事工业体系，并在主要部分论述了国防支出和武器采办的情况，探讨了国防支出对国民经济发展、制订战略计划和军队武器装备等方面的影响，并对裁军的经济动因提出了自己的新见解。

一、防务的公共性

防务具有公共品的典型特性，一是防务具有非可分性，防务只能由社会全体成员共同消费，排斥个人或部分人独占；二是防务具有非排他性，防务的消费不仅给支付费用的人带来好处，也给不付费的人带来好处。肯尼迪以为，防务就像司法和灯塔一样，是一种公共品。

> 防务是一种公共品，它是为社会而生产的。它同私人商品的区别在于，它被所有公民共同消费，而私人商品则是由购买它的个人单独消费。一旦诸如防务之类的公共品生产出来，某个人不管交税与否就可消费，而且他对防务的消费不可能是独占的，他不能剥夺其他公民的消费权……
>
> 　　　　　　　　肯尼迪：《国防经济学》（中译本），解放军出版社1986年版

从个体上看，防务虽然是个人安全所必需的前提条件，但是由于其存在较大的"外部性"①而无法补偿供给成本，所以如果按照自愿供给，防务这种公共品

---

① 指没有直接参与某产品的生产或消费的人却从中获得收益或支付成本。

可能就存在供给不足。如果进一步扩展到国家，则属于防务联盟的国家就没有动力单独进行防务的生产和供给，存在"搭便车"现象。肯尼迪进一步研究了北约等防务联盟的防务分担，认为北约成员国对防务所作的贡献并不是公平的，有的成员国少一些。

从公共品的观点考虑，防务联盟的防务就面临"搭便车"问题，为了解决这一问题，肯尼迪认为，最佳防务联盟防务支出分摊最佳分配方案的标准，需考察该国如何在公民中分配税收负担。肯尼迪介绍了把英国的累进税运用于北约各成员国来计算防务分担的方法，该方法的本质是按各国人均国民生产总值的高低，来确定防务支出在国民生产总值中比例的高低。人均国民生产总值高的国家，防务支出在国民生产总值中的比例就应当高；人均国民生产总值低的国家，防务支出在国民生产总值中的比例就应当低。肯尼迪亦介绍了按各国国民生产总值在北约中的比重来支付防务支出的观点。但肯尼迪认为，防务支出分担的分配，不仅是经济问题，也是政治问题。

二、国防资源分配

肯尼迪在对防务计划的一般性原则讨论之后，对如何通过国防预算进行资源分配进行了深入的探讨。肯尼迪认为斯密是最早考虑国防支出对社会的影响，并提出筹措国防经费方法的经济学家之一，而且论述了社会状况对维持国防力量的影响。就国防开支，肯尼迪主张：

> 国防开支必须与该国在当前世界上所处的环境相称。单纯地讲"大炮和黄油"是不能解决问题的，必须对社会、经济、战略和国际上的各种因素作深入的分析，决策者才能对当前究竟需要多少钱用于国防开支作出决定。

肯尼迪：《国防经济学》（中译本），解放军出版社 1986 年版

国防资源的分配必须以科学的防务计划为根据，而防务计划的制订十分复杂，它涉及的时间长、问题多，只有采取科学的分析方法，才能保证其以最小的成本取得最大的效益。肯尼迪认为系统分析方法是制订防务计划的有效方法之一，沿袭希奇的观点，认为运用系统分析方法制订防务计划的程序和步骤为：首先确定军事防务目标；其次，寻找实现该目标的各种选择方案；最后，从使用资源的角度对各种可选方案的成本进行评估。他认为，系

统分析方法并非完美无缺，但它把无意识的过程的各个要素集中在一起，如在系统分析中：

> 标准的选择可能使结果的选择带有倾向性。这些问题非但不会使系统分析显得多余，反而有助于说明一般地作出决定是不够的。不采取类似系统分析的某种办法就作出决定，必然带来比系统分析有关问题还要严重的问题，而这些问题会因为无知、天真或两者的掩盖而变得更加严重。
>
> 肯尼迪：《国防经济学》（中译本），解放军出版社1986年版

系统分析过程大体是重复的，初选的结果如果不令人满意，需要从头再来一遍，检查目标是否可行，方法是否得当，标准是否正确，并进行必要的修正，直到取得满意的结果为止。

肯尼迪指出，制订防务计划既要考虑效果，又要考虑成本。一般说来，防务效果和为此付出的成本是成正比的，要想提高成功的可能性就要相应地增加防务效用。所谓"以最小的花费取得最大的效果"，这样做的后果可能是省了点钱却导致整个战争的失败。人们要做的只能是在一定国防投入下取得最大的效果，或在特定的效果下尽量减少支出。

国防资源的分配具体是通过国防预算进行的，肯尼迪研究了国防预算编制问题，他提出了国防预算编制的原则：（1）量力而行的原则。肯尼迪认为国防预算的编制不能无视政府财力的限制，如果防务费用超过现有财力的允许，政府就根本不可能接受或继续承担支付国防费的义务，无论它们实际上有多么必要。因此编制国防预算既要考虑需要，也要考虑可能；（2）基于任务的原则。肯尼迪认为政府拨付国防费是为了实现国家安全目标，而这一目标是通过具体任务的实施实现的。国防预算应当依据任务职能来编制，这样可以将经费和利益结合起来，提高经费的使用效率。（3）突出重点的原则。一定时期内，国防费的数量是既定的，是平均还是有重点地使用有限的经费，效果是不一样的，肯尼迪认为编制国防预算时突出重点需要会大大提高国防费的整体效益。肯尼迪列举了通常使用的三种编制国防预算的方法：一是按任务职能编制。即首先把各种任务职能分类，如海岸对空、对海防务，战区地面空中部队，保障活动等。然后按照轻重缓急，排列先后顺序，列出每个项目的预算经费，最后把各种项目的经费预算加总起来。二是按不同用途编制。按照经费的用途，如薪资和津贴、装备等，然后列出每项的费用并加总。三是把职能和用途结合起来进行编制。

三、防务市场

国防部门与社会各经济部门的联系，在很大程度上是通过防务市场来进行的。肯尼迪在这里所指的防务市场，包括"买方"和"卖方"两个方面，即包括武器生产企业的生产活动和国防部门的采购活动。肯尼迪认为，要研究武器等防务用品的生产和采购，必须首先弄清楚"军事—工业集团"的含义：

> 军事工业集团可以理解为军事机构及向其提供军事装备的那部分工业界两者之间的相互关系。
>
> 肯尼迪：《国防经济学》（中译本），解放军出版社1986年版

肯尼迪认为"军事—工业集团"的准确叫法应当是"防务市场"。防务市场有广义和狭义之分。

> 狭义的防务市场包括购买一切固定的和流动的货物和劳务，国防部门为了国家安全而购买这一切，包括购买人力。国防部门的经常费用包括购买燃料、食品、被服、耐用消费品、支出薪金、津贴、养老金、抚恤金，采取各种军事行动的费用和后勤支援的费用。固定资产费用包括购买一切武器装备、附属设备、基地储藏设备、交通电讯设施和行政管理所需的建筑物……
>
> 广义的防务市场还包括一切有助于国家安全的劳务。其中最明显的是各司法机构的开支。
>
> 肯尼迪：《国防经济学》（中译本），解放军出版社1986年版

在研究防务市场时，肯尼迪认为应当分清楚国防部门所购买货物的种类：

> 国防所需的货物和劳务可分为两大类，即专门为国防使用的和不是为国防使用的。坦克在民用方面的用途很少，歼击机和航空母舰也是如此。这些都是专为国防使用的货物。它们的零件、原材料和人力可以作为民用，但这需要把它们送回到民用生产线上去……非专门用于国防的货物是从民用部门购买来的商品，如燃料油、商品、处理文字的计算机终端等。有些货物虽然由国防部门在订货时规定了作为军用的特殊规格，但稍加调整仍可用于民用。
>
> 肯尼迪：《国防经济学》（中译本），解放军出版社1986年版

专为国防提供的产品部门如果不能获得订货，大批专用设备就要报废，因此

这些部门需要与政府建立密切的关系。肯尼迪认为国防用品市场和民用商品生产市场在结构上存在明显的区别，与"竞争性"市场更有明显的区别，国防用品市场在结构上的特点可以归纳如下：

——只有一个买主级国防机构（买方市场的垄断）；
——只有少量的卖主，而每个卖主的规模是很大的（寡头卖主）；
——进入或撤出这一市场存在许多障碍（减少了竞争性）；
——产品的专业性很强（产品种类各式各样）；
——价格通过双方协商制定，而不是根据成本来制定（货款偿付是有保证的，但是否能赚利润又具有风险）；
——生产周期很长（依靠买主与其预付货款）；
——专用生产设备所占比例很高（这种设备不能转为民用生产，承包商不能轻易承包其他产品）；
——优先在国内采购（出于对国家安全的考虑）；
——市场的大小取决于政府预算（不能事先生产许多，以应今后市场的需求）；
——技术上要求日新月异（不断有新发明，否则就垮台）。

肯尼迪：《国防经济学》（中译本），解放军出版社1986年版

肯尼迪总结了国防部门和国防用品商之间的一些特点。首先，政府是国防用品的唯一买主，处于买主的垄断地位。武器的出口也主要是卖给外国政府，而本国政府对武器卖给哪些国家必须由政府考虑。其次，国防产品往往受国家安全的限制。国防工业部门不仅产品只能卖给一个买主，而且用保密法将各个厂商分隔，不得官方允许，不得交流。最后，国防部门可以作出决定，订购某种国防产品，而实际上当时根本不存在这种产品或该产品还是在设想和保密阶段。

四、国防费的外部性

面对国防是否是负担的争论，国防费的机会成本成为国防经济学界关注的重要议题①。肯尼迪认为国防费存在机会成本，国防费越多，则个人消费、固定资

---

① 国防费的机会成本，是指如果国家不把这笔钱用于国防而用于经济，肯定会给国家带来一定的收入，这就是国防费的机会成本。

产形成、福利、教育等的费用就越少。肯尼迪引述了拉西特（Russett，1970）等人的实证分析结果，但并不完全同意拉西特关于国防费与个人消费、固定投资、出口、进口、联邦政府民用购买、联邦政府和地方政府消费均为负效应的结果，认为国防与国民经济有着千丝万缕的联系，国防支出可以增加就业机会，可以促进高科技的发展，从而在一定程度上促进生产的发展等。

但对于贝诺瓦（Benoit）关于国防支出与国民生产总值呈正相关的结论，肯尼迪则提出了疑问，他认为国防属于"非市场部门"，所消耗的开支是从捐税中支付的。因此，国防费用是生产投资和生产增加的一个约束物，其约束的程度则视具体情况而定。不过他认为贝诺瓦至少有一点是正确的，即国防支出和生产发展之间的关系，要比简单的机会成本的模式复杂得多。

五、裁军的经济分析

肯尼迪从经济的角度分析了裁军问题，他的分析可以概括为以下几点：（1）一旦某方获得了技术突破，它就打破核均势压倒另一方；当超级大国由于大规模的武器计划而造成经济压力，被迫进行限制和裁军会谈之际，某些小国却可能发现自己有经济和技术能力发展核武器。（2）防务预算应该削减，转而用于满足国家的其他需求。但是，突然缩减防务费用，也会引起整个经济生活的震动，因此缩减应该是逐步的。（3）在裁军的最初阶段，支付大批补助金的好处是可以减轻裁军对就业产生的压力，补助金占去人员经费中的相当可观的比例。因此肯尼迪认为，即使在裁军进程中，最初年份的国防预算也很难大幅度下降。（4）裁军会带来人员转业和国防工业专用设备的闲置，但社会其他行业也存在类似的情况，因此不应以此来反对裁军。

第38章 克莱姆的经济动员理论

克莱姆在批判核武器背景下"经济动员准备无用论"的基础上,对美国两次世界大战、朝鲜和越南战争及和平时期经济动员准备的历史经验和教训进行了总结,并着重研究了动员基础、经济能力、国防工业基础、应急扩大能力等基本范畴及相关的经济动员理论,较为详细地分析了美国经济动员管理机构、运行机制的变迁和优劣。

第1节 克莱姆的生平与时代背景

哈诺德·J·克莱姆(Harold J. Clem,1909~1996年),美国历史学家、政治学家和国家安全专家。克莱姆曾在艾里山中学教英语、历史,1936年进入胡德学院,1943年开始担任马里兰大学帕克分校助理教授。克莱姆长期在美国国防大学为高级军官教授政治学课程,直到1975年退休。克莱姆1949~1952年担任过巴伐利亚州美国委员会的政治顾问,

帮助恢复西德的民主。克莱姆兴趣和学识广泛,涉及国家安全、经济与动员等多个方面,甚至在退休后还继续撰写有关美国国家安全的一系列著作。著有《集体防卫与外国援助》、《美国的对外经济政策》、《美国的国际经济政策》、《经济稳定》、《国家安全环境》、《世界经济中的美国》等。克莱姆经济动员理论主要反映在其1983年出版的《经济动员准备》一书中,该书为美国国防大学出版社出版的国家安全丛书之一,

也是我国较早引入的现代国民经济动员理论著作。

20世纪70~80年代，世界格局依然是在美苏争霸的冷战格局之下，但是争霸的局面有所变化。随着里根政府的上台，开始大力推行"以实力求和平"战略，实施"星球大战"计划，企图以军备竞赛来拖垮苏联。而此时，苏联由于出兵阿富汗，如同美国当年陷入越南战争的泥潭一样，给其国家带来沉重的负担，苏联的整体实力受到了影响。从双方总的态势来看，美国处于攻势，而苏联处于守势。但是，经过多年的美苏争霸，以及几次局部战争，美国与苏联的经济均受到了影响，人们对战争及其影响也有了新的认识和观点。

由于两次世界大战的巨大破坏力以及战争对国民经济的巨大需求，使得第二次世界大战以后人们对经济动员的认识得到了空前的发展。施莱辛格、拉可夫斯基、克诺尔、波扎罗夫等人均对经济动员以及经济潜力等问题进行了深入的论述，充分阐述了一国经济潜力在战争中的地位和作用，并认识到了经济动员对战争的重要性。但是，与此同时，由于核武器的出现，其巨大的杀伤力和破坏力使得战争可能在几天甚至几个小时内结束，从而使得经济动员根本没有时间去组织实施。前面提到的希奇就一度认为，热核战争的突然性不会给我们经济动员的时间，战争经济潜力在打局部战争时似乎不会起决定性作用，而在抵制渗透、颠覆、内战这类进攻的时候，它作为潜力就更不重要了。克莱姆注意到，正是由于核武器的巨大杀伤力与破坏力，美苏所拥有的核武器甚至可以使人类毁灭上百次，一旦爆发核战争将是一场没有获胜方的战争，从而造成了一种核威胁下的平衡，其结果就是未来的战争是在核威胁下使用常规武器的长达数月或数年的局部战争。既然是常规武器的局部战争，而且战争的时间会长达数月或数年，那么就需要进行经济动员，要使国民经济部分甚至全部转入战时状态以支持战争的需要，就仍然需要进行经济动员以支撑战争的需要。克莱姆的经济动员理论就是在这样的背景下产生的。

第2节　克莱姆的经济动员理论

克莱姆的经济动员理论集中体现在其著作《经济动员准备》一书中。当然，作为美国人，克莱姆的经济动员理论是站在美国自身角度上的，其分析也是建立在美国历次战争中经济动员的经验基础之上的。

一、动员与国家安全

与其他防务经济学家看法有所不同的是,克莱姆在对待战争与经济关系上,并未把经济潜力与在战争或军事竞争中获得胜利等同起来。第二次世界大战以后,美国凭借其雄厚的经济实力和超强的军事力量,成了西方世界理所当然的领导者。许多美国人乐观地认为,美国强大的经济资源使得美国在与苏联的竞争过程中占有绝对的优势。而在克莱姆看来,这种想法是错误的,也是危险的。这是因为,经济实力虽然能够为战争提供坚实的基础,但是经济实力是不会自发地转化为战争实力的。

> 虽然经济能力是一个国家国力的重要组成部分,但二者之间并没有直接和明显的联系。西方国家惯于把这种联系看成是直接联系——看成能精确测量的联系。一般来说,这些国家都熟悉这样一种观点,即两个国家相比,资源比较丰富的一方在发生军事冲突时,较之对方具有较大的优势。多年来,"战争经济潜力(EPA)"这一术语,一直是个具有诱惑力的词语。然而,对其含义及其意义进行认真分析研究就会使人发现,它是一个难以捉摸的概念。当然,一个国家的经济潜力可以为其提供可能用来实现国家目标的手段,认识到这一点是必要的。但是潜力(potential)与实力(substance)间有很大的距离,而且把潜力变成实力以实现国家目标所需要的步骤,可能永远也不会付诸实施。
>
> 克莱姆:《经济动员准备》(中译本),北京理工大学出版社2007年版

克莱姆之所以认识到这一点,主要是他看到了苏联在各种资源条件较美国相差很多的条件下,在较短的时期内追赶上美国,并在某些领域甚至超过了美国,从而对美国安全产生了威胁。苏联的国防经济学家认为苏联之所以能够在较短的时间内追赶上美国,主要是因为社会主义制度的优越性,即在社会主义制度下,国家可以将有限的资源集中起来重点发展与国家战略相关的行业,使其能够在短期内有一个较快的发展。与此不同,克莱姆则认为,苏联之所以能够在较短的时期内使其战争潜力得到快速的提升,一个重要的原因是,战争潜力不仅受经济潜力制约和影响,而且还与动员基础有关。

由于动员基础强调现成的工业设施,而不是强调以整个经济资源为标志的无形力量,因此,实际上我们可以把"动员基础"看作是"战争经济潜力"的一

个核心。经济潜力的概念本身没有涉及时间因素,但时间因素是经济能力与军事实力关系的核心。经济潜力忽视了经济准备的程度,而转产的速度则是动员问题的关键。

克莱姆:《经济动员准备》(中译本),北京理工大学出版社 2007 年版

同时,克莱姆还认为,一国作为战争潜力基础的"经济能力"要受到其国民生产构成、国家将其经济能力转化为军事能力的意愿以及与军事相适应的经济战略三个方面的限制。特别是与军事战略相适应的经济战略发挥着重要的作用,因为:

有效的经济战略本身就是一种节约,如果这种战略奏效,即可用最小的资源投入获得最大的效果;如果不奏效,投入的所有资源都是浪费。经济战略不仅要与国家的资源状况和政治目标一致,还必须与实施预定战略的时间要求相协调。而且,经济战略不能由一个国家在真空中制定,还要设想抵挡住其他国家的冲击。总之,经济战略是一个国家整体战略理论的组成部分。资源可以转化为实现国家目标的手段,但是运用这些资源的速度、步骤和数量则取决于经济战略。

克莱姆:《经济动员准备》(中译本),北京理工大学出版社 2007 年版

苏联所实行的高度集中的计划经济体制可以使政府迅速集中国民经济资源用于军事生产和动员,从而能够在较短时期内实现其战略目的。

二、美国经济动员经验

克莱姆对经济动员准备的分析是以美国历次战争中经济动员的实践为基础的。克莱姆认为,通过对两次世界大战及朝鲜、越南战争中美国经济动员情况的分析,不仅可使人们对美国经济动员有一个比较全面和直观的印象,而且可以通过分析和总结,使人们能更清楚地看到经济动员对赢得战争胜利的重要性,并能对经济动员中存在的问题加以改进。

两次世界大战中的经济动员 在克莱姆看来,美国在两次世界大战中的经济动员都是比较匆忙的,或者说是准备不足的。但是,随着战争进程的发展,美国的经济动员逐步完善,战争期间通过实施一系列有针对性的措施和法案,使经济动员取得了非常好的成效,并最终出色地完成了任务。

首先,从管理机构上来看,第一次世界大战中,在于 1917 年 4 月正式参战

前，美国于 1916 年 8 月成立了由陆军部长、海军部长、内政部长、农业部长、商业部长和劳工部长组成的国防委员会，并成立由 7 人组成的国防咨询委员会（NDAC），充当总统顾问。参战后，美国又成立了战争工业委员会负责战时工业生产。第二次世界大战中，美国 1940 年 5 月在总统办公厅内建立了紧急事务处理办公室（OEM），并恢复了第一次世界大战中的国防委员会及其咨询委员会。1941 年 1 月，国防咨询委员会把管理生产的职责交给了生产管理局（OPM），1942 年 1 月，又由战时生产委员会（WPB）代替生产管理局来负责战时工业生产。

其次，从管理体制上来看，在两次世界大战中，美国均全面进入了战时管理体制。在第一次世界大战中，为解决人力资源不足问题，美国政府于 1918 年发布了"不是去干活，就是去打仗"的命令，以此来进行劳工征集工作；同时，还对交通、邮电等部门进行了管制，在工业生产中实行分配制度、价格管理、定量分配等措施来保证军事生产任务。在第二次世界大战中，除了沿用第一次世界大战中的一些做法之外，为满足大量军事生产的需要，政府通过发布指令的方式，要求企业转产军品。为使转产能够顺利进行，政府提供了一系列的优惠措施：生产合同开始执行之前，政府向有关工业提前付款；根据合同的某些部分给以分期付款；向合同承包商提供贵重部件和稀有物资；确保合同承包商一旦需要就能买到需要的机床；政府直接贷款给承包商。这些措施均直接刺激了军事生产，为满足战争需要奠定了坚实的基础。

最后，虽然由于平时准备不足，以及政府与公众意愿上存在着一定的差别，而且在实际动员过程中也存在着一些问题。但是，从整体效果来看，克莱姆认为美国在两次世界大战中的经济动员还是比较成功的。在第二次世界大战中，同盟国生产的所有作战物资中，美国就占 50% 以上。到 1944 年，同盟国所用的作战物资有 60% 是美国生产的，而在对日作战中，美国贡献的物资占到总数的 85%。当然，克莱姆也看到动员中存在的问题，主要是平时的动员计划缺乏灵活性，以及政府与公众意志差异所引起的动员准备不足等。对此，克莱姆通过对第二次世界大战的经济动员经验教训总结予以了说明：

（1）美国在第一次世界大战中经历过的尝试和失误，在第二次世界大战中又几乎重演。第二次世界大战中的动员机器，是一个"试验性"机制，是临时拼凑起来的——这是一种花费很长时间，相当浪费金钱、经济资源和人的生命的体制。

(2) 如果要使美国公众能接受全国战备计划，那么它必须是军民联合实施的计划。这些计划必须有足够的灵活性，使之在执行时能根据当时居主导地位的政治因素进行调整。

(3) 任何大规模的动员行动要取得成功，民众的支持是必不可少的。国家政治领导人的责任是将战事告知民众。如果得到动员令，公众及其代表就会懂得他们需要做什么事情。在危机时，重要的是民众做好准备自愿接受政府采取的措施。

(4) 尽管大规模的动员行动中的时间因素受到现行政治因素的制约，但压缩战略时间是可能的。例如，通过保持足够的物资储备、预先有准备的政府拨款计划、备用的军工生产企业和"教育性"命令的发布，使工业做好向战时工业迅速转变的准备，从而减少"做好准备"的时间。

克莱姆：《经济动员准备》（中译本），北京理工大学出版社2007年版

朝鲜和越南战争中的美国经济动员 克莱姆认为，由于朝鲜战争是在第二次世界大战结束不久进行的，因此美国在朝鲜战争中的经济动员准备是比较成功的。这一方面得益于第二次世界大战期间所建立的相关制度和基础，另一方面源于美国政府对整个国际形势的估计，即为了遏制苏联力量的增长，必须做好与苏联爆发直接全面战争的准备。正是在这一思想指导下，美国在朝鲜战争中的经济动员是面向长期的，也是全面的。除了采取一系列为战争服务的动员计划之外，美国在朝鲜战争期间提出了"动员基础"这一概念。国防动员局给"动员基础"所下的定义为：动员基础是这样一种现实存在的有效的能力，它能在万一发生全面战争的情况下迅速扩大生产，这种扩大了的生产足以满足军事、支持战争、基本民用和出口的需要。它包括的要素有：基本服务、食品、原材料、设施、生产设备、组织和人力。因此，动员基础的概念要远比为了满足某场战争需要而进行的军事动员概念丰富得多。

增加生产能力支持朝鲜战争，并为一年全面战争作储备的最初目标逐渐演变成动员基础的理论。这一理论具有极大的概括性，它的内涵是在万一发生全面战争的情况下，整个国民经济及其提供的生产能力，不仅要满足军事方面的需要，而且还要满足基本的民用和出口的需要。这个内涵比较宽泛的理论的天然分支，是一个内涵较窄的仅致力于军事动员基础的理论。

克莱姆：《经济动员准备》（中译本），北京理工大学出版社2007年版

对于朝鲜战争中的经济动员，克莱姆这样评述：

总结美国在朝鲜战争中工业动员的经验，可以说这个国家成功地达到了它原先为自己制定的目标。在规定的时间内，实现了军事生产和保留生产设施的目标。各种类型的工业都得到了扩大，特别是基础工业，如钢、铝和电、矿砂开采及重要物资的生产扩大。同时也奠定了机床工业的基础。……

同样，在其他方面，朝鲜战争的岁月也是独一无二的。美国在历史上第一次制定并实施了和平时期的战争准备政策，这种战争准备，既是实战准备，又是工业准备。经济方面由于基础工业和生产军用物资能力方面制定了具体目标，从而使整个经济得到扩大。美国认识到战备工作将是个"长期的"任务，由于它采纳了动员基础理论，从而产生一种机制来保持国家处于战备状态。

克莱姆：《经济动员准备》（中译本），北京理工大学出版社2007年版

克莱姆认为，由于受国内民众反战情绪及其他政治因素的影响，美国在越南战争期间的经济动员既是不全面的，同样也是不成功的。美国政府并没有采取相应的措施来优先安排军事生产，从而导致在战争期间军事生产与民用生产处于相等的地位，直接影响到了动员的效果。

越南战争期间，不仅没有宣布国家处于紧急状态，而且还决定最大限度地采用竞争性采购的办法以减少战争的代价。这项政策实际上使所有与工业界达成的计划协议失效。尽管国防动员局早些时候曾采取过一种使用现行采购的政策，以维持在50年代建立起来的动员基础，但越南战争时期实际执行的情况恰恰相反。结果是把军工生产放在与民用生产的同等地位。如果工业动员协议没有紧迫性，那么军工生产需求也就不必有紧迫性。私人企业就没有动力去缩短订货到交货的时间。正如实际情况所证实的，从本质上说，美国以几乎完全和平时期的经济运行了一场它历史上最长的战争。

克莱姆：《经济动员准备》（中译本），北京理工大学出版社2007年版

三、美国经济动员体制

克莱姆认为，在紧急状态下，为了保证各项政策和措施的效率，美国赋予以总统为首的行政部门较大的权力。当然，这些权力都是以相关法律为基础的，这方面比较重要的法规有1946年的《战略和稀缺物资储备法》、1947年的《国家安全法》及其修正案、1950年的《国防生产法》等等。而为了组织实施具体的经济动员，美国先后成立了国家安全资源委员会和国防动员局，均设于总统办公

厅内，直接对总统负责。随后经过改组，其职能移交给了"民防和国防动员局（1958～1962 年）"、"紧急准备局（1962～1973 年）"，于 1973 年成为联邦事务总署的一部分，最终归于 1979 年成立的联邦紧急事务署。正是这些机构在战时和平时负责经济动员的具体事宜，是各项经济动员政策的执行者。

对于美国国会而言，一方面要保证经济动员顺利进行以满足战争的需要，另一方面还要注意防止总统的权力过大而产生的权力失衡。因此，有关动员的相关事宜牵涉到国会中的多个委员会。当然，这样做能够很好地发挥权力制衡所产生的效果，防止权力垄断所带来的一系列问题，但同样也产生了不必要的混乱和效率降低。

> 参议院有不下 15 个委员会在动员政策方面起着重要的作用。这种权力的分散可能有碍于国会协调一致地考虑动员政策，也可能拖延国会做出决定。事实上，众议院的情况更加复杂。比如，参议院委员会的能源委员会在参议院的能源政策方面占有全部权力。而在众议院，这一权力至少由三个委员会分享。因此，众议院和参议院各委员会的权力不相协调的事实，也引起了混乱。
>
> 克莱姆：《经济动员准备》（中译本），北京理工大学出版社 2007 年版

1979 年美国政府建立了联邦紧急事务署，开始对联邦应急准备计划和管理更加有效的控制和协调，其职责不仅要承担战时，而且是所有紧急状态下的相关政策制定和协调任务。这些应急情况包括：意外事故、自然灾害、人力事故、战时紧急情况或国家安全受到威胁。而在战时，联邦紧急管理署计划筹建"国防资源局"，该应急机构将协助制定运用国家资源的政策和目标，协助建立和管理一个中央计划决策系统，以确保国家资源的最有效利用。除此之外，其他一些部门也在经济动员中担负着相关的职责。如商务部的动员职责是：确保工业资源供应的数量充分满足国防需要；确保危急状况出现时能扩大工业资源供给。国防部的职责则更加广泛，其负责的内容也相对多得多，涉及到动员的各个方面。劳工部动员中担负着制定国家民间人力动员的应急计划的任务，其具体事务包括：征募新兵、挑选新兵、介绍职业、职业训练、稳定就业、适当利用各类人员，以及确定满足国防和基本民间活动的人力需求中短缺的熟练工人种类。

四、工业动员基础

一国动员潜力大小归根结底要归结于其工业动员基础，而工业动员基础最终

又受制于两个因素：一是动员初期工业生产的运行状况及活力；二是工业动员准备计划是否适当。在克莱姆看来，美国进入20世纪80年代以来，其工业动员基础能力正在逐渐下降。

> 与其他一些国家相比，美国工业生产率已显著下降，并逐渐失去了它在国际国内市场上的竞争能力。在美国，最现代化和生产效率最高的企业再也见不到了。近年来，其他一些工业国一直在增加对研究和发展的投资，其结果是，到20世纪60年代后期，它们开始在基础性生产方面与美国进行有效的竞争。
>
> 克莱姆：《经济动员准备》（中译本），北京理工大学出版社2007年版

之所以造成这样的结果，克莱姆认为最主要的原因有两条：一是对新厂和新设备投资不足；二是对科技方面的投资下降。而与美国相反的德国、日本等国由于在研究与开发方面巨大的投入，使得其能够在许多方面追赶甚至超越美国。美国工业动员基础能力下降的另一个表现是劳动生产率和产品质量的下降。在汽车、家用电器、半导体等多个领域，日本以及一些新兴的亚洲国家已经超越了美国。

> 必须指出，归根到底，工业生产得以进行和发展的基础还是人，在20世纪80年代初期，美国的劳动大军从总体上说，仍是世界上最优秀的。但不容否认，最近20余年来，这支大军正在不断衰退。事实上，美国的工业基础已染上了慢性疾病，长期遭受着缺乏各种技术人才之病痛的折磨。美国不仅缺乏用于保持国家高工业水平所需的教授、科学家和技术的专门人才，而且也缺乏在车间里操作工具干活、拿出最后产品的熟练工人。
>
> 克莱姆：《经济动员准备》（中译本），北京理工大学出版社2007年版

克莱姆认为，另外一个既严峻又现实的问题是美国缺乏稀有的重要战略原料，这些原料必须依靠外国资源获得。如果在平时可以通过国际贸易购买，一旦发生战争，贸易封锁或者禁运等不可控制因素就使获得这些战略原料更加困难，从而对美国工业基础产生威胁，削弱美国工业对大量国防需求和总动员需求做出反应的能力。为了改变这种不利局面，美国国会于1980年通过了《国家矿产资源政策、研究和发展法》，并随后成立了以内政部长为主席的自然资源和环境保护内阁级委员会，以协调国防矿产资源政策的制定和实施，并进一步加强战略资源的国家储备，大大改善了战略原料缺乏的局面。

对于经济动员而言，强大的工业基础只是主要因素之一，在国家面临紧急状

态时，工业基础能否迅速由平时状态转为战时状态，关键在于工业动员准备计划是否完善和有效。为了加强工业动员计划的实效性，美国1982年通过的《机器设备制造工业临战转产计划》，就是专门为加强美国工业能力以适应完成动员准备需要的重要计划。该计划规定，战时制造厂家将加速向防务合同商交付机器设备，以缩短动员时期从订货到交货的周期，此事体现了政府和工业界之间的携手合作。

虽然存在这样或那样的问题，但在克莱姆看来，美国的工业动员基础仍然可能应对未来战争的挑战。

> 在过去的岁月里，美国工业满足紧急状态需要的能力和速度相当不错，我们相信，在充分考虑了近年来美国工业竞争能力下降这一因素之后，美国工业基础仍能很好地应付未来的挑战。
>
> 克莱姆：《经济动员准备》（中译本），北京理工大学出版社2007年版

五、国防工业基础

克莱姆认为，如果从定义上来讲，国防工业基础可以分为广义上的国防工业基础和狭义上的国防工业基础。广义上的国防工业基础包括为满足国家战时大规模产品需求而进行生产的国防和非国防两大部分在内的整个工业。狭义上的国防工业基础主要是主承包商和转承包商为完成直接生产或提供军需物资与劳务而经营的那部分工业。通常情况下，首先进行动员的是那些直接生产军需品的企业，因此在大多数情况下所使用的均为狭义上的国防工业基础。由于和平时期军用物资需求大量下降，为了谋求自身发展，美国主要的承包商和转承包商已经不再主要致力于国防生产，而将更多精力放在发展民品上。这会导致军用品的交货周期延长，而产品交货周期则是衡量国防工业适应能力高低的最准确的测量指标之一，并会对国防能力产生直接影响。

克莱姆认为，另一个影响国防工业反应能力的因素是国家政策。许多防务分析家均认为跨年度合同制对于政府和工业界同样是有利的。它一方面可支持国防部制定一个较长期的防务计划；另一方面它也可使国防承包商对最终全面完成订货数量所需的原料、设备等做一个长期的规划和安排，而不是单单以一年为期的计划。

为了改变美国国防工业基础能力下降的现象,从20世纪80年代开始,美国国防部制定了"提高工业反应能力的实施行动",主要包括国家资源基础、国防采购程度、工业动员准备计划等三个方面的内容。首先集中修改了与国防采购有关的计划,并加速了分期付款的速度,从而减轻了防务承包商在履行合同过程中的投资负担。在动员准备计划方面,针对美国国防主承包商基本上均为私营企业的情况,为了改变过分依靠私营企业为紧急动员时所带来的不便,国防部一方面细化了与主承包商之间的动员准备计划内容,另一方面加强了设备储备和作战物资储备。克莱姆认为,这些计划和措施的实施一定程度上改善了美国国防工业基础能力下降的局面,提高了美国经济动员准备的水平。

克莱姆的经济动员准备理论建立在对美国经济动员实践总结的基础之上,是针对苏联日益增长的军事威胁,以及在核大战下经济动员无用论的背景下而提出的。在分析美国经济动员成功与失误的基础之上,克莱姆进一步阐明了经济动员准备在未来战争和国家竞争中的重要性。

> 20世纪80年代,美国从事大规模工业动员准备所面临的最大问题,也许是使部分民众(包括大部分政府官员)充分了解工业动员能力、威胁力量和国家安全之间的关键联系。20世纪80年代,由于苏联采取了它特有的资源配置方法,所以它具有强大的动员能力,这是美国制定政策时必须考虑的因素。……尽管过去"每当在危机出现时",美国的经济和工业活力总是给国家提供明显的军事优势,然而总要花费相当长的时间才能把无形的经济潜力转化为有形的军事实力。……一种难以对付的工业动员能力的存在,可以提供一种重要的能替代其他威慑形式的威慑——动员方案在许多方面都比着手核战争能力更具有吸引力。……考虑到实际使用核武器这一手段的相对成本和各种限制,一个能够迅速扩展的动员基础的存在,将是一个处理未来危机、增强威慑力量的更有效手段。
>
> 克莱姆:《经济动员准备》(中译本),北京理工大学出版社2007年版

第39章 莫斯利的军备经济理论

第二次世界大战后,军事凯恩斯主义成为美国军费不断增长与美苏军备竞赛的理论支持。作为联合国裁军与发展关系研究的顾问,莫斯利系统而深入地分析了军备竞赛与军费扩张政策对美国经济与社会产生的后果,并对军事凯恩斯主义理论提出了异议与反思。

第1节 莫斯利的生平与时代背景

休·G·莫斯利(Hugh G. Mosley)毕业于杜克大学政治科学系,1980年到1981年间曾任联合国裁军与发展关系研究顾问。1986年开始工作于柏林社会科学研究中心,现任柏林社会科学研究中心劳动力市场与就业研究组的高级研究员,并担任欧盟顾问。莫斯利是多部劳动力市场相关著作和公共经济、国防经济等多个学科著作的作者。1985年,莫斯利在美国马里兰大学出版的《军备竞赛的经济社会后果》,对美国军备竞赛所造成的经济和社会影响进行了较为细致的分析。

莫斯利军备经济理论所产生的背景是:1980年,里根当选美国总统,面对经济增长息滞、失业、通货膨胀、生产率下降以及国际竞争力下降等问题,里根政府根据供给学派和货币学派的理论,拟订了经济复兴计划。经济复兴计划的主要内容包括:(1)大幅度降低联邦政府开支的增长。里根政府计划将联邦政府开支从1981年的占国民收入的

23%削减至1986年的19%，1982年锐减439亿美元。然而国防开支却进一步增长（至1986年，年均增长9%），引起经济与社会项目开支的大幅下降。(2) 降低税收。里根政府大幅度降低个人和企业所得税。3年内减少30%的个人所得税以刺激就业、储蓄和投资。同时，对企业投资实施加速折旧制度（如资本设备五年的制度），给企业新投资以税收优惠。莫斯利指出，尽管里根政府大幅度降低了联邦政府开支，但是减少税收更大规模地引起政府收入降低，从而使得1982年的计划预算赤字是卡特政府的几乎两倍。(3) 放松政府对规章制度的限制。里根政府认为过多的企业规章制度是引起当前经济困难的显著原因，其每年增加了1000亿美元的物品与服务成本。更为重要的是，过多的规章制度降低了研发创新、减少了对新工厂和设备的投资、提高了劳动力成本和失业以及减少了竞争，从而对经济增长产生负面影响。(4) 严格控制货币供应量的增长，实行稳定的货币政策以抑制通货膨胀。里根政府计划逐步减少货币供给的增长率，以至1986年的货币供给为1980年水平的一半。根据货币学派的理论，里根政府认为货币供给的过快增长是引起通胀的主要原因。而且，通过管理利率而管理货币供给的短期政策引起商业的不确定性，从而阻碍了长期投资决策和经济增长。

里根政府虽在减少税收上取得了成功，然而并没有实现降低政府支出的目标，并引起了战后最高的预算赤字。尽管如此，其成功地扭转了国内支出增加的历史趋势，1984年的国内支出低于1981年的水平。里根政府在1982年提出五年（1982～1986年）军事预算，预算年均增长9.2%，支出年均增长8.4%。其对国防支出的增加集中于大量购买武器系统的军购项目，1985年的军购预算达1076亿美元，是1980年水平的305%。从1980年至1984年，当美国联邦政府国内支出从占国民生产总值（GNP）的15%下降至14%时，国防与其他国家利益相关支出（包括NASA，国际事务和其他相关项目）从占国民生产总值（GNP）的5.8%上升至7.4%。军事扩张的成本是里根政府控制财政赤字失败的根本原因，并在1982年秋引起利率的上升。国防支出不仅严重破坏了政府的经济计划，而且与重建美国经济健康与竞争力的长期目标不相容。里根计划使得资本投资、熟练工人和研发资源从民用经济流向国防部门，从而阻碍了民用经济的发展，而且国防部门具有大量政府雇员和政府购买的特征，这也与里根政府倡导的市场经济理想相背离。

第2节 莫斯利的军备经济理论

针对里根政府的军事扩张政策,莫斯利分析了军事凯恩斯主义的产生、军事资源,并在研究国防支出对经济增长、就业、通货膨胀、收支平衡和国际竞争力影响的基础上,分析了军备竞赛和裁军的经济、社会后果。

一、军事凯恩斯主义

军事凯恩斯主义是以凯恩斯需求理论为基础,在凯恩斯经济理论框架内通过政府财政金融政策增加军事开支以保持经济稳定、促进经济增长。军事凯恩斯主义认为高水平的军费支出与经济繁荣是可以并存,并对后者产生有益作用的。20世纪50年代以来,这种思想成为美国政策制定者们想法的一部分。莫斯利将经济理论与军事凯恩斯主义学说相结合,首次提出了军事凯恩斯主义的五个基本要素:

1. 经济需求的管理与总需求不足的问题;
2. 政府应用财政与货币政策,促进总需求以维持就业与刺激增长;
3. 与传统的维持政府开支平衡相反,利用计划的赤字,支持持续或扩张的反经济周期的政府需求;
4. 依靠政府军费开支创造此类需求;
5. 假设政府扶持的国防工业生产高科技部分对整个经济的创新与发展发挥着显著作用。

Hugh G., Mosley,1985,The Arms Race:Economic and Social Consequences,Lexington Books.

军备竞赛的一个显著特点是动态反应性,故对应于1950年1月苏联的核试验,1950年6月朝鲜战争的爆发和随后中国的参与,使得军备扩张成为必需。美国总统杜鲁门指示国务卿与国防部长"重新研究和平与战争时期的目标,以及这些目标对于战略计划的有效性"。研究的结果形成了美国国家安全委员会第68号(NSC-68)文件。NSC-68号文件指出美国在第二次世界大战中经历的经济繁荣与充分就业,印证了军事凯恩斯主义的理论,因此认为美国的经济可以实现显著的实质性增长,从而能够增加资源配置以加强本国与盟国的经济、军事力量,并且无须以降低实际生活水平为代价。NSC－68号文件提出的军事凯恩斯主义正好迎合了军备扩张的需要,进而于1950年9月30日被杜鲁门和国家安全委员会官方正式接受。

专栏39.1

NSC－68号文件

NSC－68号文件是美国自1950年开始策动冷战的纲领性文件,开启了美苏军备竞赛(尤其是核军备竞赛)的"潘多拉之盒",标志着美国在和平时期维持高水平军力的国防新战略以及经济政策军事化的开始。该文件信奉凯恩斯经济学,认为在全面遏制苏联过程中尽管可能出现财政赤字,但大量的经济和军事建设项目与物品采购会拉动经济增长,此过程中获得的税收会抵消财政赤字。NSC－68号文件是遏制战略的最系统、最完整、最精确的表述,其核心在于认为遏制苏联必须要一个花样繁多、开支浩大的军事计划。言下之意,遏制苏联的根本在于军事要先行。从美国一方来看,这种以军事力量优势为条件,追求自身绝对安全只能是使主要对手苏联感到生存的威胁在加大,在"恐惧"、"焦虑"中制造着苏联的不安全。面对美国军备的增长,加入军备竞赛是苏联唯一明智的选择,以多多益善地追求军事力量的提升来防范对自身的侵害甚至于毁灭。久而久之,双方原有的安全忧虑不断扩展,造就了在全球冷战中困扰美苏长达40余年的"安全困境"。

Mosley, Hugh G., 1985, *The Arms Race, Economic and Social Consequences*, Lexington Books.

尽管军事凯恩斯主义是一种模糊的理论,由于冷战的需要,肯尼迪政府明确地赞同凯恩斯需求管理经济学,并首次对军事凯恩斯主义进行了明确而有目的的实践。莫斯利认为美国军事凯恩斯主义正式开始于NSC－68号文件的制定,成型于杜鲁门、艾森豪威尔政府时期,发展于肯尼迪、约翰逊政府时期,并于里根共和党政府时期进入顶峰状态。军事凯恩斯主义长期对美国的经济、政治与外交政策发挥着十分显著而重要的作用,其与冷战相互影响,促使美国在第二次世界大战后的和平时期维持扩张性的军备策略。

二、军事资源

对美国国防预算或国防负担数量的分析,是研究军事成本及其对经济影响的基础。莫斯利认为,常规的预算数据严重地低估了美国军事利用的资源,其忽视了一些相关的项目,如对外军事援助、退役人员行政管理支出、美国航空航天局(NASA)军事相关支出、民用部门中与军事相关工作人员的退休金以及由前期与当期国防支出引起的国债的利息支出,对上述广义的军事相关项目的考虑,使得狭义定义的国防支出数值大大增加。以 1980 年为例,国防支出总量狭义为 1359 亿美元,而广义为 2377 亿美元,增加了 74%。更为重要的是,莫斯利提出:

> 单纯的财政数据无法描述军事利用的资源——劳动力、工业能力、原材料、研发以及土地。用这样更加具体化的社会账户来衡量军备竞赛影响,可以避免单纯的财政数据和 GNP 账户的不足。此外,这样以真实资源的衡量为描述资源机会成本提供了更为生动的图画。其亦为评价由于成功裁军带来的转变问题以及相反地由于增加国防支出带来的压力问题提供了基础。
>
> Hugh G., Mosley, 1985, *The Arms Race: Economic and Social Consequences*, Lexington Books.

军事相关雇员(劳动力) 莫斯利认为估测美国或其他国家的军事相关劳动力取决于国防支出的定义。然后无论是使用狭义的还是广义的定义,对军事相关雇员的不同类型进行区分有利于研究军备竞赛与裁军的雇员影响。不同的类型包括:军队、民用部门军事相关雇员、直接与间接工业雇员以及乘数效应雇员。根据美国国防部狭义定义,1983 年美国军事相关雇员人数按不同类型分别为:军队 218.9 万人,国防部民用雇员 103.5 万人,直接与间接工业雇员 286.2 万人,加上乘数效应(乘数为 1.5~2.0)300 万~600 万人,总数为 900 万~1200 万人。如果考虑广义定义的话,军事相关雇员总数将上升到 700 万人,加上乘数效应后为 1000 万~1400 万人,因此直接或间接军事雇员占总就业人数的大约 6.8%、10.2%~13.6%。

军事工业产品 军事最终需求包括专业化与非专业化的产品,类似地,军工产品的转包合同商和供应商也可按专业化与非专业化划分。1980 年,美国报告的国防采购支出为 290 亿美元,而制造业中军工产品的装运量高达 482 亿美元。

莫斯利指出，这组数据显示了国防采购数据低估了专业化的军工产品，军事使用的工业产品大约占整个制造业装运量的 10%，并集中于某些核心工业与地区。莫斯利的研究发现，最大的 25 家军工主要合同商占国防部合同量的 45.2%。军工雇员也主要集中于几个大城市地区，其中前 8 位集中地区的雇员数量占到总雇员的 35%。即使是这么高的占比，也在某种程度上低估了真实的状况。

原材料 莫斯利认为，按照美国国防支出与军工产品的规模来看，美国军方亦是稀缺不可再生原材料的主要使用者。与此同时，对质量的要求也越来越突出，即发展精密而昂贵的武器而非仅要求数量。其结果是对铁矿石和钢铁的消费下降，而对铝、钛和其他相对稀缺矿产品的消费增加。20 世纪 80 年代美国先进的战斗机（F-14 和 F-15）重量的约 25% 为钛金属，而 50 年代的战斗机（F-8 和 F-105）钛的含量只有约 8% ~ 10%。美国军方也是石油的主要消费者，占美国总消费量的 8%。莫斯利列表给出了美国军事用途的非燃料矿产品占美国总消费量的数据。

表 39.1　　军事消费的 32 种非燃料矿产品（1969～1972 年）

矿产品	钛	锗	铊	石榴石	铀	钴	铜	硅	镉	云母	铍	铅	钼	锌	钽
军事消费占美国总消费的百分比（%）	40.0	26.8	24.5	21.8	15.8	15.5	15.5	10.9	10.8	10.8	10.5	10.0	9.8	9.3	9.0

矿产品	锑	铁	钨	锡	锂	氟石	汞	石墨	铂	银	铝	钶	钇	石棉
军事消费占美国总消费的百分比（%）	8.8	8.5	8.5	7.5	7.3	6.8	6.8	6.3	6.2	6.0	5.8	5.8	4.5	3.5

资料来源：Mosley, Hugh G., 1985, *The Arms Race: Economic and Social Consequences*, Lexington Books.

土地使用 莫斯利认为，美国军方使用了相当大面积的土地，土地使用面积为 41742 平方英里，包括 3374 海外军事区域。军用土地超过 70% 位于加利福尼亚、内华达、新墨西哥、阿拉斯加和犹他州（总面积相当于俄亥俄州）。尽管这些区域大多为沙漠以用于核武器、导弹和空战系统的测试，但军事需要的确与民用对工业、住宅、农业和娱乐等的需求竞争。莫斯利特别指出，随着武器类型和速度的增长，美国军事土地的需求也不断增加。美国陆军至少需要 324 平方公里区域用以训练装甲师，考虑到现代飞机的速度和空对地导弹测试的要求，空军则

需要更大的区域。土地在某种程度上也是不可再生的资源，而军事训练和测试经常对土地环境造成不可修复的破坏。

莫斯利认为军事部门和民用部门对资源的利用，绝非人们通常认为的简单的大炮与黄油之间的权衡取舍，而是一个复杂的模式。国防开支也可能以当前私人消费、私人投资（通过增加税收）或政府民用项目为代价，或者甚至通过外债或财政赤字将成本转移到将来。

三、国防支出与经济增长

关于国防支出与经济增长之间关系的观点一直存在分歧，莫斯利认为，并不存在能被普遍接受的评价国防开支对经济增长作用的理论。

> 国防开支本身就十分异质，其包括人员开支、研发开支、军购、建筑、运转和维持开支，不同类型的开支对经济的作用十分不同。国防开支仅仅是复杂经济状况的一个变量，其对经济的影响随着经济总体状况、国防开支的预算过程以及政府其他项目作用的不同而变化。
>
> Hugh G., Mosley, 1985, *The Arms Race: Economic and Social Consequences*, Lexington Books.

国防开支与经济增长 莫斯利认为，探讨国防开支与经济增长的关系有必要研究国防资源配置对经济增长组成的影响。经济增长组成最重要的因素有三个：资本存量的增长，其取决于储蓄与投资率；劳动力的扩张及其技能的提高，其取决于人口增长和教育与培训；生产率的增长，其取决于技术进步与创新。

(1) 投资 国防负担降低投资率，故通过阻碍资本存量的更新与扩张及技术进步与创新的速度，对经济增长产生负作用。这种负作用可以通过以下几种机制产生：①如果国防开支是通过公债方式筹措，其将直接减少民用需求（购买债券而非物品与劳务），或通过增长货币市场的货币需求而挤出私人民用投资，提高利率及增加其他借贷的成本。如果国防开支是通过对企业和私人增加税收的方式筹措，其将减少投资以及使得需求从民用经济转向公共国防消费和生产这些国防消费品的私人工业。②供给瓶颈可能产生，从而限制民用投资。国防采购主要购自生产主要资本品的工业，国防采购不连贯的特点意味着其是工业不均衡的源头之一，即使是平均国防开支的水平很高，国防工业需求的组成依然存在相当大的波动。

(2) 研究与开发 国防负担可以通过降低民用经济的生产率增长而对经济增长产生阻碍作用。在如美国这样的发达国家中，经济增长的主要支点是通过依托研究与开发的技术进步而产生的生产率增长。然而，很多美国研发的投资投向了对民用经济生产率无效的渠道，从而无法带来经济增长。

(3) 劳动力 在紧张的劳动力市场或高水平的军事动员情况下，军事对可用劳动力的使用将严重限制经济增长。即使是在和平时期，美国军事相关雇员数也高达700万，约占美国劳动力总数的6%。莫斯利认为尽管军事对人力的使用导致一些特殊类型劳动力的短缺，但当前美国劳动力市场懈怠说明军事人力的需求并不是限制经济增长的显著因素。

国防开支与投资 莫斯利对国防开支与投资的实证研究进行了综述，指出有相当多的证据显示国防开支对投资和经济增长有负作用，即从国家资源中分配给国防的份额是以其他潜在资源利用为代价的。国防开支对投资的影响可以应用美国的时间序列数据和跨国家的横截面数据进行实证分析，莫斯利指出以前的研究都是静态的，即没有考虑到国民总收入的增长。

> 如果国防支出刺激经济增长，那么在某种程度上，投资占国民总收入比例的相对下降并不意味着投资和民用经济增长绝对值的下降。显然，第二次世界大战期间及战后美国空前的繁荣时期正说明高水平的国防开支和高速经济增长并不是不能兼存的。
>
> Hugh G., Mosley, 1985, *The Arms Race: Economic and Social Consequences*, Lexington Books.

莫斯利认为，由于国防部门与民用部门在资本品市场上竞争产生了资本瓶颈，国防采购阻碍投资和民用工业增长。国防部的采购高度集中于几个产业，特别是电气电子设备（13.1%）、广播和电视通讯设备（43.6%）、飞机（29.8%）、造船（36.2%）、导弹和太空交通工具（64.2%）。因此需要分析更加具体的产业水平情况，以了解资本瓶颈问题。然而直至1983年之后，才可获得相关的数据。莫斯利引用甘斯勒（Gansler）的研究，指出商用飞机需求的增加与国防产品在工程师、技能工人、生产机器及其他方面直接竞争。由此产生的劳动力和生产机器的瓶颈制约相当大，导致增加国防支出并不能显著增加国防设备，而只能提高价格。此外，国防项目的周期性以及特定国防项目都会与民用投资竞争资源，从而产生瓶颈问题。

国防开支与生产率　国防支出通过阻碍生产率的增长而对经济增长产生负作用。莫斯利的研究认为，1955～1977年的数据显示美国存在着生产率危机，第二次世界大战后其生产率的增长不断下跌，从1960～1964年的年均3.1%降至1973～1977年的年均0.3%。对生产率下降存在多种解释，如资本劳动力比率下降、经济向服务业导向的转型及生产能力的不足使用等因素。而莫斯利认为军事对研发资源的利用是影响生产率增长下降的原因之一，应该引起重视。尽管美国对研发支出占了其国民收入的相当大份额，但其支出的大部分用到了生产率相对低下的国防部门而非导向经济增长的民用研发支出。不仅研发支出如此，研发人员的分布状况亦类似，大约3/4获得联邦支持的研究科学家和工程师由国防部、航空航天局和原子能委员会资助。由于政府对国防和太空研发的巨大投资给予国防导向研发偏爱和国防研发机构的优先权，使得美国科学界扭曲分配，其带给民用研发能力的负面影响可能比数据所显示的问题还要大。因此美国对国防与太空技术的过高研发支出和生产率的下降，足以表明国防支出对经济增长的负面影响。

表39.2　　　　　　　　　1982年美国国防部研发支出　　　　　单位：百万美元

项　目	金　额
研究、发展、测试和评估	
技术基础	2998
先进技术发展	796
战略项目	4093
战术项目	6955
情报和通信	1958
项目管理和保障	2618
其他拨款	615
小计	20033
基础研究	(704)
研发设施	280
总计	20312

资料来源：Mosley, Hugh G., 1985, *The Arms Race: Economic and Social Consequences*, Lexington Books.

国防研发的民用溢出效应　国防导向研发的支持者们强调国防高科技产业对美国经济的促进作用和诸如国防空间研究对民用经济的益处。在航空与电子行业中国防研发的高度集中一度被认为对民用部门有着显著的溢出效应，如美国在民用航空与电子行业上的世界领先地位。莫斯利通过分析美国国防部1982年的研发支出（见表39.2）指出，其总数为200亿美元，占美国政府研发总支出的48%，而其中只有38亿美元（占国防研发总额的19.9%）是用于有着潜在溢出效应的"技术基础"和"先进技术发展"。这两个项目包括电子、原材料研究、环境研究、电脑科学、信息科学、行为学研究以及激光和粒子射线研究。此外，国防和民用技术的分歧不断增加以及国防研究机构的秘密性对技术扩散的限制，进一步证实了国防研发溢出效应的争议性。

四、国防支出与就业、通货膨胀、收支平衡和国际竞争力

莫斯利认为，国防支出对经济和社会发展的影响最终是通过就业、通货膨胀、收支平衡和国际竞争力等表现出来的。

国防支出与就业 莫斯利认为，国防支出创造就业，美国军事相关就业的规模相当大，有900万~1200万的人员被雇佣于军队、国防部文职部门，还产生直接或间接相关产业：

> 尽管军备竞赛引起的成本和危险是令人遗憾的，军事相关就业显然是为军备竞赛这朵乌云镶上了政治与经济的金边。
>
> Hugh G., Mosley, 1985, *The Arms Race: Economic and Social Consequences*, Lexington Books.

对任何一个主要新武器系统或防务项目，防务公司和服务都为国会和公众提供其创造的当地就业的数据。公司游说者及其五角大楼和国会的同盟们非常了解这样的就业对依赖国防相关工作机会的人群和地方有着显著吸引力。莫斯利从国防支出的就业机会成本、特殊武器系统的就业机会成本和产业、区域与职业影响等三个方面分析了国防支出与就业。莫斯利进一步指出：

> 对于每一次调整，政策制定者应该制定减税计划，从而使得增加的民用需求均衡分布到整个经济中，避免特定职业的过快扩张；或者实行转型计划，发展合适的相关民用支出以较为容易地接收由于裁军而受到失业影响的职业群和产业设备。
>
> Hugh G., Mosley, 1985, *The Arms Race: Economic and Social Consequences*, Lexington Books.

莫斯利分析了美国不同地区受到军事扩张的影响。一些地区,如德克萨斯、加利福尼亚和佛罗里达(半导体和计算机产业集中)经历了经济繁荣;而另一些地区,如西北部(钢铁和汽车产业集中)则经历了严重衰退。这样的不平衡意味着更高通货膨胀的可能性。莫斯利认为特定的成本推动因素和过度需求因素,导致了这样的通货膨胀。而且军事扩张及其相关的赤字引致的高利率,使得美元升值,从而进一步削弱了美国国际竞争力,使美国经济更容易受到军备竞赛的负面影响。

专栏39.2

国防支出与就业

(1) 国防支出的就业机会成本 莫斯利对三篇重要的国防支出就业机会成本的研究文献,进行了回顾、比较与分析。

第一篇是安德森(Anderson, 1982)的研究,其分析了国防支出与其他政府支出一样创造就业,但其他民用支出却可以创造出更多的就业。就业净损失是由国防支出创造的就业数减去民用支出(国防支出占用民用支出的机会成本)减少的就业数。安德森指出1968年到1972年间,就业年均净损失为840000个岗位,1977~1978年的就业净损失则为1015500个岗位。莫斯利指出尽管安德森的研究存在诸如低估国防支出创造的就业数等问题,但其为研究国防支出就业机会成本提供了简略的估算过程。

第二篇是贝兹德克(Bezdek, 1975)使用复杂的政策模拟模型对美国国防支出对经济影响的分析。贝兹德克投入产出模型还包括86个产业的经济活动、就业和技能区域分布的数据。其研究的主要结论是国防支出增加30%,将引起产出和就业1.3%的净损失,而民用支出增加30%,将引起产出和就业2.1%的净增长,并解释产生这种结果的主要原因是国防采购集中于资本密集的产业而民用项目多为相对劳动力集中的产业。因此贝兹德克的研究进一步肯定了安德森的结论,即资源从国防转向民用部门可以增加就业,且其研究分析具体到了拥有不同就业影响的不同的行业。

第三篇是德雷施和戈德堡(Dresch & Goldberg, 1973)为联合国所著的报告,使用投入产出模型分析了假设美国国防支出减少20%对经济产生的影响。其分析设定两种不同的国防支出减少:总支出减少和战略武器项目支出减少,并设定五种不同补偿性支出使得总就业数量不变:美国对发展中国家的出口、美国机械和运输设备出口、个人消费、社会与教育服务以及私人固定投资。德雷施和戈德堡的研究发现国防支出就业机会成本较高情况仅发生在补偿支出为具有劳动密集特性社会与教育服务的情景下。此外,国防总支出减少20%比资本更加密集的战略武器项目支出减少20%,需要更多的其他民用补偿性支出来维持总就业数量。

(2) 特殊武器系统的就业机会成本 有一些研究集中分析特殊武器系统的就业机会成本，例如 MX 导弹或者 B-1 炸弹项目。金等（Gold et al.,1981）对 10 亿美元用于 MX 导弹项目和其他五种民用支出（大型运输设备、公共设施建设、铁路设备、房屋建设和太阳能）创造的就业进行比较，发现五种民用支出的就业创造高于或等于 MX 导弹项目的就业创造数量，且大型运输设备、公共设施建设、房屋建设三种项目的潜在就业创造毫无疑问高于 MX 导弹项目。亚当斯（Adams,1976）的研究比较了 B-1 炸弹项目和住房建筑、公共事业项目的就业创造数目，指出后两个项目可比 B-1 炸弹项目分别多创造出 70000 个和 60000 个就业。

(3) 产业、区域与职业影响 国防支出对不同产业、区域与职业的就业水平有着不同的影响。贝兹德克（Bezdek,1975）的研究发现国防支出减少 30%，41 个产业减少净就业量而 38 个产业净就业量增加。国防支出减少 30% 时，就业量最大损失者为飞机（-9.2%）和军械（-16.5%），而最大受益者为医药、教育与非盈利组织（11.7%）和新建筑（14.6%）。由此可见裁军使得生产从制造业转向服务业，并有 35 个制造产业就业数量下降。对于不同区域的分析，贝兹德克指出裁军对美国西部、西南部和东南部的就业量下降影响大于其他地区。有意思的是，其发现尽管国防支出减少 30%，对任一地区的就业净减量不大于 1.2%，而当国防支出增加时，中大西洋和中西部的东部地区分别呈现出 5.5% 和 5.2% 的就业增加。

由于军工产品集中于几个产业，国防支出降低对不同职业的影响差异很大。以中西部的中心地区（伊利诺伊、印第安纳和威斯康星）为例，贝兹德克的数据显示国防支出减少 30% 时，该地区的总就业量上升 4.9%，但是对不同职业影响不同。机械师、钢铁工人和航空工程师就业大大削减而政府、民用、社会和教育的就业增加。由于国防部门的职业具有特殊性、专业性，使得国防部门的一些工人无法顺利或容易地适应民用部门的需求从而引起严重的劳动力市场紧张。

Mosley, Hugh G., 1985, *The Arms Race: Economic and Social Consequences*, Lexington Books.

国防支出与通货膨胀 第二次世界大战后，特别是 20 世纪 70 年代起，通货膨胀成为美国和其他市场经济国家所面临的问题。尽管对于产生通货膨胀原因的观点普遍存有争议，但莫斯利认为 1951~1981 年间，其占国民生产总值 8.2%、占政府支出很大比例的国防支出，是不可否认的原因之一。莫斯利并分析了三种不同类型的通货膨胀：

一是需求拉动型通货膨胀。国防支出可以引起过量的需求，超过经济当前生产能力和劳动力资源而产生通货膨胀。如果经济中存在过剩的经济资源，其他条件相同时,国防支出能够增加产出而非引致通胀。在另一方面,如果经济生产能力已被充分利用(除非政府可以削减民用需求),增加国防支出将引起需求拉动通胀。而且由于国防支出集中于几个产业,即使其他产业存在过剩的经济资源,国防支出也可由于对国防相关产业的过量需求而引起通胀。

二是货币型通货膨胀。国防支出是美国联邦预算的重大组成部分,是引起赤字的显著因素之一。当通过增加货币供给来弥补预算赤字时,国防支出就引起了货币型通货膨胀。通常只有部分赤字是通过增发货币来弥补的,政府也通过向美联储出售政府证券来弥补赤字。莫斯利认为理论上,政府可通过采取正确的财政或货币政策来矫正由国防支出引起的通货膨胀,然而政府的实际经济管理十分复杂。美国政府对越战引起的通胀的控制不力正说明了政府实施相应的、正确的政策的难度。莫斯利指出:

> 即使排除度量(国防支出数量)的技术缺陷、经济分析的质量、预期战争所需国防支出水平的不确定性以及新武器系统成本的不确定这些因素,政治考虑往往限制了控制国防支出增加引起的初期通胀所需的财政和货币政策的实施。诸如增加税收或削减政府民用项目以抑制公共和私人需求的财政政策,给现任政府带来相当规模的政治成本。增加税收是不受欢迎的,而现存的政府民用项目通常拥有强硬的政治选民支持。

Hugh G., Mosley, 1985, The Arms Race: Economic and Social Consequences, Lexington Books.

三是成本推动型通货膨胀。国防部门自身特殊的成本推动通货膨胀可以引起价格通胀、工资通胀或经济资源利用的无效率。莫斯利引述了一些学者关于美国国防产业特性,尤其是其组织和管理上的缺陷是引起成本推动通胀的根源的观点。如甘斯勒(1980)利用自由市场理论分析国防产业引起成本推动通胀的因素,并指出三个主要方面:(1)国防产业高度集中于几家主要合同方与供应商;(2)依赖于协商的成本附加合同;(3)其导向主要是一个买方市场,相较价格敏感而言更加注重质量,而购买决策与市场最优相比更为官僚和政治化。因此国防产业结构性的无效率以及供给瓶颈,使得国防支出越多,获得的武器数量越少。每单位成本也经历着快速的增长,1945年美国产出50000架攻击机、20000辆坦克和80000门大炮,而1974年等量国防支出只能产出600架攻击机,450辆坦克。莫斯利指出:

国防部门的成本推动通货膨胀通过两种方式影响整个经济：一是国防部门是整个经济一个显著部分（大约占6%）并占制造业大约10%，如果国防部门的成本推动通胀仅是整个经济通胀水平的两倍，其将引起整个经济和主要制造业通胀不成比例地上升；二是尽管国防生产集中于几个产业，但由于经济是一个相互关联的整体，国防主导的公司和工会（尤其是大公司和诸如航空与电子的产业）能够为经济的其他部门创建价格或工资的模式。

Hugh G., Mosley, 1985, *The Arms Race: Economic and Social Consequences*, Lexington Books.

国防支出与收支平衡和国际竞争力　莫斯利认为，国防及其相关交易对美国的收支平衡产生重要影响，主要包括以下四个方面：一是对国外资源的直接购买。其所计算的对国外资源的直接国防购买包括维持美国在全世界范围的军事基地和人员所需的外汇成本。1980年，此项开支为105亿美元，占美国机械进口总量的4.5%。需要注意的是，对国外资源的直接国防购买能够产生40%的反馈收入（即增加美国的出口），故其对收支平衡的影响被高估了。二是国内国防购买中的进口部分是外汇流出的另一个重要组成部分，并可通过将国内国防购买分解到美国投入产出表中的商品最终需求得到。由于国内国防购买包含的石油购买比重高（占美国石油消费的大约8%），其进口的比例高于平均进口比例。三是对外经济与军事援助支出。1980年，美国政府净对外援助总额为108亿美元，其中36亿美元是军事援助。但是军事援助引起的外汇损失是很低的，因为几乎所有的援助都用于购买美国的武器。四是国外支出对国内经济影响而产生的出口减少或进口增加。此项影响可能是影响收支平衡的最大因素，但也是最难界定和估计的影响。一些学者指出军事经济对美国经济产生恶劣影响，美国工业竞争力和效率、研发和生产能力都成了军事经济的受害者。

莫斯利使用出口导向增长模型来分析国防支出对美国国际竞争力的负面影响。第二次世界大战后，日本和德国注重发展高科技产品和产品细分的出口产业，取得了经济高速发展。因此高水平国防支出及其对工程和运输部门大的需求减少了出口部门机械和运输设备的获得，阻碍了最具活力的出口部门的增长，而出口增长的减缓势必引起国民收入的增长。另一方面军火出口被认为对美国的收支平衡产生正面影响，莫斯利认为这种正面影响的效果往往被高估了，而高估的原因是军火出口补偿性协议的存在。1975年美国向丹麦、挪威、比利时和荷兰出口346架F-16飞机，同时同意部分的飞机购自其欧洲的供应商。经过复杂估

算，莫斯利发现此部分购买至少抵消了购买价格的58%。根据美国财政部的研究，过去的五年中，美国签订的此类合作生产的合同为139亿美元，而相关的补偿性合同额估计达86亿美元。

综上所述，莫斯利指出相较于1980年美国国际贸易总额6000亿美元而言，国防引起50亿美元的外汇减少是引起收支平衡问题的原因，但非重要原因。更加值得关注的问题是国防支出对国际竞争力的负面影响。

五、军事扩张与裁军的经济与社会影响

莫斯利研究了里根军事扩张的经济与社会影响，发现在1980~1987年间，里根军事扩张使得10%的政府预算从民用部门转移到国防部门，因而对经济增长、就业、通货膨胀和美国国际竞争力产生了动态影响。对经济短期负面影响体现在政府军事扩张与经济策略相互分离之上。使用货币政策来控制由于弥补军事扩张产生的赤字而引起通胀，导致利率上升，经济萧条以及更加严重的衰退。莫斯利指出，军事扩张高度集中于航空、电子和通讯产业，将对产业结构产生更为长远的影响。

与军备竞赛一样，裁军对国内经济和社会的影响取决于具体的情况，包括国防支出计划削减量、削减的国防支出类型以及裁军的时间。莫斯利指出：

> 削减的规模是其中最重要的因素，对裁军经济社会影响的分析很大程度上取决于削减的比率。具体削减的类型则决定了人力或物质让与。例如，对军事人力或操作与维持成本的削减与减少军购（购买特殊军事设备）的影响是十分不同的。在时间上，快速还是逐渐削减，亦是一个非常重要的因素。突然削减国防开支，与遽然提高一样，容易产生混乱的局面。
>
> Hugh G., Mosley, 1985, *The Arms Race: Economic and Social Consequences*, Lexington Books.

现实中裁军的经验十分匮乏。少数几个成功的双边或联合国裁军项目，也仅是军备控制或控制协定，而非严格意义上的裁军。而且，尽管这些协定有十分重要的地位，却没有引起美国国防支出总量的减少，亦没有让与任何重要的资源。第一阶段限制战略武器谈判（SALT I）双边协定对美国和苏联特定武器的未来数量做出了限定，在每种情况下的限定量都高于现存的武器数量。此外，莫斯利特

别提出裁军最多是"支出规避"而非"支出削减",国防支出实际上是从裁军协定限制的领域转移到了其他未被限制的国防领域。总之,在特定的情景下,评价裁军的经济和社会影响才有意义。

转型问题 裁军既是社会和经济的过程,也是一个政治过程,其需要军事经济和第二次世界大战后美苏军备竞赛引起的国家安全状况做出相应的巨大转型。莫斯利首先分析了转型的基本问题,认为从宏观上看,政府面对国防支出削减的宏观补偿性政策包括:降低个人或企业税,扩张诸如教育、社会福利和经济基础建设等政府民用项目的开支,改变货币政策或政府借贷计划以促进私人消费和投资。这些政策用来维持总需求和重整国家项目的优先权。在实际中,有效的政府政策组合是由政治优先考虑和裁军时的经济状况所决定的。同时,与裁军相结合的补偿性宏观政策需反映可获得的工业或劳动力实际资源。从微观上看,在制定裁军宏观调整政策的同时,需要考虑削减军费对企业、地区和职业群的影响。削减军费将减少国防产业的产出,对参与其产出的企业和雇员的影响显然与非国防产业不同。莫斯利指出:

> 分析裁军时专业国防产业面临的转型问题,需要考虑两个因素:一是对国防市场的依存度使得一些特定企业容易遭受裁军的影响;二是国防产品和国防市场上的工厂、设备、技术工人的特殊性,使得其转型为其他产品和市场时面临明显的障碍。
>
> Hugh G., Mosley, 1985, *The Arms Race: Economic and Social Consequences*, Lexington Books.

莫斯利认为,大部分国防产业的工程师和科学家的专业性很强,其通常是从民用部门转向国防部门,然而由于专业性的特殊和转型带来的收入和生活质量的下降,相反的转型非常少。国防产业多为成本附加的合同,更加注重质量,这与民用部门严格的成本控制有很大的差异。莫斯利认为,专业国防工业部门向民用生产部门转型,势必经历严重困难。维持整个经济总需求水平的宏观补偿性项目必须和专业国防工业生产的微观产业转型问题协调一致。

美国战后转型的经验 莫斯利认为,美国在军转民方面拥有了一些经验,包括第二次世界大战后、朝鲜和越南战争之后的军转民(具体数据见表39.3)。

表 39.3　　　　　　　　　　　美国军转民

项目＼时期	第二次世界大战（1945~1947年）	朝鲜战争（1953~1955年）	越南战争（1968~1972年）
国防开支减少（10亿美元，1972年价格）	255.5~30.4	96.6~77.0	101.7~76.6
国防部军事及民用就业（百万人）	14.8~2.4	5.4~4.5	5.0~3.5
国防产业就业（百万人）	11.0~0.8	4.2~2.5	3.2~2.0
国防相关总就业（百万人）	25.8~3.2	9.5~7.0	8.1~5.5

战后经济指数(%)	年份	1945年	1946年	1947年	1948年	1953年	1954年	1955年	1956年	1968年	1969年	1970年	1971年	1972年
	失业率	1.9	3.9	3.9	3.8	2.9	5.5	4.4	4.1	3.6	3.5	4.9	5.9	5.6
	通货膨胀率	2.4	15.7	12.9	6.9	1.6	1.2	2.2	3.2	4.4	5.1	5.4	5.0	4.2
	增长率	-1.5	-14.7	-1.7	4.1	3.8	-1.2	6.7	2.1	4.6	2.8	-0.2	3.4	5.7

资料来源：Mosley, Hugh G., 1985, *The Arms Race: Economic and Social Consequences*, Lexington Books.

莫斯利认为，第二次世界大战后的转型是美国历史上最重要的裁军与转型经历。美国军事人员数量在1945年顶峰时期达到1200万现役人员和260万民用相关人员，即大约1500万人员就业于战争有关。第二次世界大战结束两年后，裁减为160万现役人员和86万民用相关人员，即军事总就业人数减少了126万人，1945年到1946年就减少了100万人。微观工业转型主要集中于终止和结算军事合同以便工业可以迅速向民用转型。1945年8月日本投降之后的一个月内，95%的军事相关合同被取消，1945年底，80%的合同完成结算。合同的迅速结算使得资本转向民用部门，加上企业在战争期间获得的利润，从而民用部门获得较为充足的转型资金。此外，消费者需求和高水平的消费者储蓄显示良好的商业预期。第二次世界大战后的转型取得了较大的成功，国防支出占国民生产总值的比例从1944年的48.7%，降到了1948年的3.2%。然而，国防工业的微观调整并没有得到令人满意的结果。莫斯利认为政府和企业的提前计划在成功转型中发挥了重要作用，但是由于军事经济的长期性得到普遍的认定，第二次世界大战后转型经验并未给其后的转型提供清晰的方案和经验。

正如表39.3中所示，莫斯利认为，与第二次世界大战后的转型相比，朝鲜战争后调整的规模并不大。由于朝鲜战争期间的军费扩张，部分用于对抗苏联，因此战争结束后，国防开支只减少了大约20%。现役军人人数从1953年的360万减少为1956年的280万。1955年短暂的复苏之后，战后经济的调整，引起了1956年和1957年的萧条。失业率从1953年的2.9%上升到1958年的6.8%。特别是由战争向冷战状态的转移，引致重要的特定军事设备的购买，使得美国的军费开支并没有像第二次世界大战结束后那样锐减。

莫斯利认为，与第二次世界大战和朝鲜战争不同，美国对越战是逐渐结束的。1968~1972年，国防支出从占国民生产总值的9%下降为6.8%，现役军人从380万下降为230万人。针对越战后的转型，约翰逊政府制定了相关的调整政策，发布了内阁关于越南战争结束后经济计划的报告，并考虑了一系列可能的补偿性政策，包括减少税收、货币与财政政策调整以及政府支出扩张计划（如长期的教育、健康和环境项目）。1969年，尼克松政府关注通货膨胀问题而减少民用与国防开支，很快引起了1970~1971年的经济萧条，政府也没有制定相应的刺激总需求的补偿性计划。

转型计划 莫斯利对转型计划主要有三个方面的建议。首先是建立经济调整机构，如1971年美国总统经济调整委员会的建立。其次是制定相应的法案、议案和政策管理转型计划，并在每个签订国防合同的拥有100名以上雇员的企业都建立替代用途委员会。替代用途委员会由管理层和工人代表共同组成，从事当国防商业量减少或取消时的经济转型计划和就业雇佣准备。最后是在企业和工厂一级中，军用与民用生产实现整合与多样化经营。这样在企业中，国防需求的波动就能被民用生产补偿，从而只影响其一小部分就业和产出，避免一般补偿性政策维持总需求而对微观调整力度不足的问题。莫斯利也认为：

> 战后专业化国防生产急剧波动的情况下，转型计划的提议或多样化经营是十分合理的建议。但是，这些建议——至少在当前——是不可能被采纳的。这样的转变不仅仅是减缓调整程度或降低国防需求，更代表着重要的政策含义。军事经济中大量的企业、工人和地区的既定利益将被削弱，其与国防部和当前国家安全政策的联系将被减弱。对当前国家安全政策以及支持其政策的信念和利益的更广泛的挑战，才能推进转型的变革。
>
> Hugh G., Mosley, 1985, *The Arms Race: Economic and Social Consequences*, Lexington Books.

第 *40* 章 谢林的冲突经济理论

2005年,瑞典皇家科学院授予美国马里兰大学托马斯·谢林该年度诺贝尔经济学奖,以表彰他在博弈论方面的开创性贡献,尤其是在增进人们对合作和冲突问题的理解方面的重要工作。与谢林分享这一殊荣的还有来自以色列希伯莱大学的经济学家罗伯特·奥曼。诺贝尔经济学奖作为国际范围的经济学最高荣誉,不仅仅是给予获奖者的殊荣,更是对其研究领域的肯定。的确,谢林这位伟大的经济学家,不但因为其非合作博弈理论大大推进了现代博弈论的研究,更由于其把博弈理论引入对战争与冲突问题的深入研究,对现代国防经济学发展作出了开创性的贡献。[①]

第1节 谢林的生平与经济学贡献

被专业人士称为制度经济学和政治经济学大师的美国经济学家托马斯·谢林,有着丰富的人生阅历。他的思想主张超越了传统经济学的经济理性假设,突破了经济学理论数学表示的传统方法,开创并发展了"非数理博弈理论"(nonmathematical game theory),促进了人们对冲突和合作的理解。

[①] 哈特利与桑德勒(Hartley & Sandler, 1995)在《国防经济学手册》第4页中写道:"1960年,以三本当代经典著作的问世为标志,国防经济学正式创立。与此同时,人们对国防经济学研究产生了浓厚的兴趣。这三本著作是:查尔斯·希奇(Charles J. Hitch)和罗兰·麦基恩(Roland Mckean)的《核时代的国防经济学》;刘易斯·理查森(Lewis F. Richardson)的《军备与不安全》;托马斯·谢林的《冲突的战略》。"

一、谢林的生平

托马斯·克罗姆比·谢林（Thomas Crombie Schelling），1921年4月14日出生于美国加利福尼亚州的奥克兰市，1944年获得加州大学伯克利分校经济学学士学位，后又在该校获得硕士学位。1951年获得哈佛大学经济学博士学位。从1948年到1953年，他先后为马歇尔计划、白宫和总统行政办公室工作，1953~1958年进入耶鲁大学担任经济学副教授、教授。1958年被聘为哈佛大学经济学教授，其间曾受聘于兰德公司任高级职员，第二年转到哈佛大学肯尼迪政府学院担任政治经济学教授，是该院知名的政治经济学教授，获得荣休教授称号并担任卢修斯·N·李奈特讲座政治经济学教授。1978年，他从哈佛大学辗转来到马里兰学院公共政策学院和经济系担任教授，同样获得荣休教授称号。他是美国科学院院士、美国艺术与科学学院院士、美国经济学会杰出会士。1991年当选美国经济学会会长，1995年担任东部经济学会主席。

他是政治经济学领域著名的"弗兰克·赛德曼奖"的获得者。凭借对预防核战争的相关行为的研究，他成为"国家自然科学奖"的获得者。他曾为美国军备控制与裁军署、国务院、国防部、参谋长联席会议、耶鲁大学和兰德公司等机构工作或担任顾问。他发表了涉及许多领域的研究成果，包括军事战略和军备控制、能源和环境政策、气候变化、恐怖主义、团体犯罪、外交援助和国际贸易、冲突和讨价还价理论、种族隔离和种族融合、军事计划、健康政策、烟草制品和毒品走私政策以及与公共事务和公共政策相关的伦理学问题等。其主要著作有《国民收入行为》、《国际经济学》、《冲突的战略》、《战略与军备控制》和《军备及其影响》，这些大都已成为博弈论和国防经济学的经典文献。

专栏40.1

不一般的谢林

谢林具有独特的学术经历，他自称是"误入歧途的经济学家"。其实，他的"误入歧途"要从1956年算起。在这之前，谢林是一名正统的经济学家。1946~1949年，他先后在 Econometrica, American Economic Review, View of Economics and Statistics 上发表了多篇论文，这些论文的主题都是有关工资、利润、价格、资本和国民收入决定的；1951年，他出版第一部个人专著《国民收入行为》(博士论文)。这个时候的谢林的确是一名很正统的经济学家,按照罗伯特·索洛的说法:"1951 年我们通过他的静态国民收入论著所了解的谢林是一个受过精心细致教育的谢林,还看不出他有从与众不同的角度看待事物的倾向。"

1958 年,谢林出版了《国际经济学》教科书。在这本书中,谢林运用一般经济学家从未想到过的方法探讨了对外援助谈判和成本分担安排等问题。就是说,从 1956 年起,谢林不再是传统意义上的经济学家,而已经有点"异样"或"误入歧途"了,那年他才 35 岁。在泽克豪斯(Zeckhauser,1989)看来,"误入歧途"以后的谢林其学术经历按年代顺序和其主要代表著作可分为《冲突的策略》(1960 年)、《微观动机和宏观行为》(1978 年)和《选择与结果》(1984 年)三个阶段。

——郭其友、李宝良,《冲突与合作:博弈理论的扩展与应用——2005 年度诺贝尔经济学奖获得者奥曼和谢林的经济理论贡献述评》,载《外国经济与管理》2005 年第 11 期。

二、非合作博弈与合作博弈:理论贡献

为什么一些个人、组织和国家在成功合作的同时又有一些个人、组织和国家在承受着来自冲突的折磨?长期以来,社会学家和经济学家都在试图理解、阐释冲突和合作的最根本动因。20 世纪中期博弈论的出现提供了一种非常新颖、非常独特的分析视角,使得研究人员能够运用精确的数学工具来分析这一问题。谢林从经济学的角度,认为从博弈论入手可能重新塑造关于人类交互作用的分析范式。最重要的是,谢林指出,许多人们所熟知的社会交互作用可以从非合作博弈①的角度来加以理解。

讨价还价理论 谢林在 1960 年发表了其经典著作《冲突的战略》。在这本书中,他开始把关于博弈论的洞察力作为一个统一的分析框架来研究社会科学问题,并对"讨价还价"作了非常细致的分析。谢林所讲的讨价还价,实际上是

---

① 非合作博弈是指一种参与者不可能达成具有约束力的协议的博弈类型,这是一种具有互不相容味道的情形。非合作博弈研究人们在利益相互影响的局势中如何选决策使自己的收益最大,即策略选择问题。负和博弈和零和博弈统称为非合作博弈,正和博弈亦称为合作博弈。

一个非零和博弈①。

在效率曲线上，博弈当事人的利益是对立的，不存在帕累托改进的可能。也就是说，任何一个人效用的增加都会损害另外一个人的利益。但谢林指出，这种所谓的对立只是一种逻辑上的可能性，在效率曲线上必然存在一点，使得博弈当事人的利益是一致的。博弈者都希望避免两败俱伤，这种"双赢"的共同想法就体现为在效率曲线上找到一个合适的点来解决彼此之间的冲突。这也就形成了"焦点"（focal point）：当局中人之间没有正式的信息交流时，他们存在于其中的环境往往可以提供某种暗示，使得局中人不约而同地选择与各自条件相称的策略，从而达到均衡。同时他也认为这种焦点的决定并不是单一的，可能会更多地包括历史、法律、道德和文化等因素。此外，通过对讨价还价现象的分析谢林得出一个惊人的结论：在讨价还价的过程中，弱势的一方通常会成为强者。即将自己固定在特殊的谈判地位是有利的，当任何一方认为对方不会做出进一步的让步时，协议就达成了。一方之所以会让步，是因为他知道对方不会让步了。为此，谢林还进一步描述了能够把自己锁定在有利地位的三个战略：不可逆转的约束、威胁和承诺。

相互依存的选择和行为理论　继《冲突的战略》后，谢林于 1978 年发表了另一本重要的著作《微观动机与宏观行为》，并在该书中提出了相互依存的选择行为理论。他认为，个人的决策最终会导致出乎人们理性推断的集体行为取向。这些行为看似不符合理性的逻辑，但这些集体行动的逻辑可能源于人们对外部资源约束的敏感性，也源于人们对其他人行为决策的依赖性。为了进一步说明相互依存的选择行为理论，他提出了"关键多数理论"：在社会决策过程中，有许多强制力能让决策汇于一点形成共识，例如一旦社会形成一个特定的惯例，比如语言、风俗及其他方面，它就很难改变，即使每个人都知道选择惯例不是最好的。该理论还分析了不同群体相互作用的问题和"多人囚徒困境"，并在此基础上，谢林对合作均衡与非合作均衡作了整体论述。

自我控制理论　自我控制理论（Self-Command Theory）的代表作是《选择与结果》，这一理论关注的是"以自己为对手"的博弈。谢林发现，在日常生活中，人们喜欢自我欺骗以使自己做应该做的事情，或者避免去做一些不该做的事

---

① 非零和博弈，是指一方局中人所得不是以另一方局中人所失为代价的，两者的博弈结果之和不为零的博弈。

情。这种抑制自己的偏好，对自己的行为施加控制的现象，被他称为预期的自我控制。谢林认为，人们在不同的偏好之中，理性地选择一些偏好而抑制另一些偏好的现象，在人们的决策过程中是不可忽略的，因此不能将其从消费者行为理论中剔除。如果我们认为消费者在所有时间，即使是短期都具有一致的价值取向和偏好，那么我们会忽略许多重要的下意识的行为。自我控制理论的提出，表明谢林从关注多个参与者之间的博弈转向"自我博弈"，即"以自己为对手"的博弈。谢林试图通过这一理论来回答什么是理性、人是如何控制自己行为的。他认为普通人有时不是一个单一的理性主体，而往往具有"双重人格"，这使得个体对某一特定的事物具有不同的偏好，而无法决定由哪一个人格支配的行动可以使总体效用最大，由此对理性选择的研究可以被类似于"集体选择"的概念所代替。

有界的邻里关系理论 有界的邻里关系理论（Bounded Neighborhood Theory）是谢林在《微观动机和宏观行为》中提出来的。这一理论分析了非组织的个人动机是怎样转变成为集体行动的，并分析说明种族隔离是个人自然选择的结果。谢林在该书中，通过探讨美国各个城市白人和黑人对居住地的选择这个个案问题，发现大多数美国人并不反感种族混居，但事实上却是白人和黑人分别集中居住，这是出于种族歧视还是出于其他原因？谢林运用"有界的邻里关系模型"分析了非组织的个人动机如何转变为集体行为，并以此说明种族隔离是个人选择的自然结果。个人不同的动机和感觉能导致个人和社会都不愿意看到的种族隔离行为。在黑人、白人混居的社会里，如果白人和黑人都想避免成为"少数人的身份"，那么完全的种族隔离才是唯一稳定的均衡点。①

专栏 40.2

一切尽在博弈中

类似于"囚徒困境"和"智猪博弈"这样的例子在人类的经济、社会、政治、国防、管理和日常生活中比比皆是。如价格战、军备竞赛、环境污染等等。可以说，几乎所有的决策问题都可以认为是博弈，一切尽在博弈中。

—— 张鑫：《诺贝尔奖获得者奥曼和谢林：一切尽在博弈中》。

---

① 袁晓李：《罗伯特·奥曼和托马斯·谢林的博弈论思想——2005年诺贝尔经济学奖述评》，载《高等函授学报（哲学社会科学版）》2006年第5期，第49~55页。

三、非数理博弈：方法贡献

一般来说，主流的博弈论大都是以数学语言和公理性的方法来进行研究，而谢林则通过一条截然不同的途径对博弈论的建立和发展作出了巨大贡献。在把注意力从零和博弈上转移开来之后，他开始强调这样一个事实，即几乎所有的多人决策问题都是冲突和共同利益的混合体。谢林认为，混合动机博弈的决定因素与其说是数学的，不如说是经验的。也就是说，当博弈当事人在选择战略时，不仅要从数学上进行考虑，而且还会考虑到许多非数学因素，比如声誉创造、传统沿袭、建立自信、显示大度等等。正是基于这种更接近于现实的分析，谢林开创了关于博弈论分析的一片新天地。

他采用与主流的数理博弈理论截然不同的研究方法，将该理论非常娴熟而又令人信服地运用到政治学、社会学、心理学及国际关系等不同领域之中，从而形成了社会科学的经典理论。可以说，谢林是在放弃传统经济学抽象假设和理性概念、关注现实中人行为的基础上创立非数理博弈理论的。

在谢林看来，在双方或多方相互影响的情形下，博弈是不可能通过建立模型来表述进而加以研究的。因为决策主体的期望和行为无法通过纯粹的逻辑和数学推导而得到。每个参与人的行为取决于他是如何预期其他人将如何应对他的行为；并且其他人对该人将如何应对他们行为的预期也同样地影响到其他人的行为。也就是说，人们之间的相互影响及个人的自我控制程度会影响双方的要价及决策分析能力。基于这样更接近现实的观察，谢林开创了非数学博弈理论这一新的领域。他运用优美的语言和小模型，而非严格的逻辑论证，将他的理论通过众多的实际应用分析表述出来。正因为如此，谢林称奥曼是"真正的博弈论专家"，而把自己仅仅看做是博弈论的"使用者"。

人类社会纷繁芜杂的社会和经济活动为博弈论提供了非常丰富的研究素材。近半个世纪以来，谢林运用他所发展起来的博弈理论对核决策与军事控制、组织犯罪与敲诈、成瘾行为与自我控制、种族隔离、环境保护等现象做出了深刻、富有前瞻性和洞察力的分析。通过研究有组织犯罪，其发现，法律对犯罪行为的打击力度与犯罪是否有组织密切相关，当法律的打击力度达到某一点时，组织犯罪就会盛行；低于这一点，组织犯罪就无利可图。此外，谢林还运用非数理博弈理论考察了全球变暖的问题。他认为，解决全球变暖实际上是一个议价问题：如果全世界能够

减少二氧化碳的排放，贫穷国家将获得大部分收益，而富裕国家将承担大部分成本。所以，发达国家没有限制二氧化碳排放的动机，而发展中国家又承担不起治理温室效应的成本。于是出现所有国家都会毫无节制地排放二氧化碳的局面。

专栏40.3

谢林对微观动机与宏观行为的非数理博弈解析

或许许多接触经济学或数学知识较少的年轻人没有听说过一个可敬可怜可羡可叹的天才人物——约翰·纳什，但几乎所有的年轻人都看过一部感人至深的电影——《美丽心灵》。这个故事就从这部电影的主人公开始，他是另一位诺贝尔经济学奖得主、普林斯顿大学的"幽灵"——约翰·纳什。1950年，纳什提出了后来被称为"纳什均衡"的概念，从而开始了一个新的经济学研究时代。从此，博弈理论大行于天下，甚至改写了经济学的基础。1951年，纳什成为麻省理工学院的讲师，因为年轻英俊的面孔，他被学生们戏称为"娃娃教授"，这位年轻学者在二十多岁时得到了他想要的一切。但这种上升状态只延续了8年，在此后约30年中，纳什遭遇了一个天才难以承受的思想空白，他在30岁时患上偏执型精神分裂症。但他开辟的原创性理论却在海萨尼（Harsanyi）、泽尔腾（Selten）、克瑞普斯（Kreps）等杰出学者的努力下被发扬光大。这个新理论出生于数学王国，最终却成为经济学的宠儿。即使如此，仍然被认为必须以高深复杂的数学理论为工具才可以在这片领域里继续开疆辟壤。但一位学者非要"反弹琵琶"，抛弃数学工具来研究博弈论，创下一个"荒诞行为的壮举"，他就是托马斯·谢林。在谢林看来，在双方或多方相互影响的情势之下，博弈是不可能通过建立模型来表述，进而加以研究的。因为决策主体的期望和行为无法通过纯粹的逻辑和数学推导而得到。混合动机博弈的决定因素，与其说是数学的，不如说是经验的，即参与人在选择博弈战略时，不仅有数学上的考虑，也有创造声誉、沿袭传统、建立自信、显示大度等许多非数学因素。基于这样更接近现实的观察，谢林开创了非数学博弈理论这一新的领域。从此，有了以数理模型、经济实验和非数理方法等不同的手段研究博弈论的方向。

——赵文荣：《参商对峙抑或伯仲相依？——诺奖得主谢林对微观动机与宏观行为的非数理博弈解析》，载《中华读书报》，2005年11月30日。

在《冲突的战略》一书中，谢林首次定义并阐明了威慑、强制性威胁与承诺、战略移动等概念。尽管当时谢林并没有刻意强调正式建立模型问题，但是他的很多观点后来随着博弈论的新发展而定形，而他所定义的概念也成为博弈理论

中最基本的概念，比如完美均衡概念中的不可置信威胁就源自谢林的可行均衡概念。他的研究成果，影响了一代又一代的策略分析专家，对博弈论的发展产生了重要的影响。

第 2 节　谢林的冲突经济理论

除了经济学意义上的"冲突"，正如谢林所言，我们每个人都不同程度地处于国际冲突之中。国际冲突、战争、军备竞赛构成冲突的现实图景。谢林不但是美国著名学者、经济学家，也是有限战争理论的奠基人之一，还是外交事务、国家安全、核战略以及军备控制方面的研究专家。从这个意义上说，国防经济学者可能比纯经济学者更能读懂谢林。

一、冲突与合作的经济分析

冲突与合作是一个古老的问题。人类无止境的欲望和资源的稀缺性，不可避免地导致人与人、集团与集团乃至国家与国家之间的竞争和冲突。在竞争和冲突过程中，不仅局中人之间的相互作用，使得每个局中人的行为都在一定程度上影响着竞争的结果，而且竞争的双方对不同的结果有着不同的评价，他们通常是在考虑对方行为的基础上来选择自己的行为。这种激烈的竞争最终可能演变成为一场冲突。倘若任凭冲突自由发展，那么就可能给社会发展造成巨大的灾难。因此，人们也在寻找合作的途径。也就是说，合作不但是可能的，而且也是不可避免的。谢林认为：

> 虽然战略论承认冲突产生的合理性，并以假设的"志在必胜"的冲突主体作为研究对象，但是并不否认冲突双方之间除了冲突利益往往还存在某种共同利益。事实上，研究对象的多样性本身反映了国际关系中对立冲突与合作依赖并存这一现实。双方利益完全对立的完全冲突状态是非常罕见的。完全冲突通常只会在大规模毁灭性战争中出现，否则在一般战争中很难发生。鉴于此，冲突中的"胜利"一词含义并没有严格的界定。冲突中的"胜利"只是相对于冲突一方的价值观而言，而非冲突另一方。而且这种胜利只能通过双方的讨价还价、互谅以及避免采取互损行为得以实现。如果战争成为解决问题的唯一方式，那么就会出现"完全冲突"。但是，倘若存在任何避免发生大规模毁灭性战争；或是仅打一

场破坏性最小的有限战争；或是武力威慑就能迫使对方退缩的可能性，那么互谅的可能性就同冲突要素一样重要。

谢林：《冲突的战略》（中译本），华夏出版社 2006 年版

谢林还证明了，对于局中人来说，报复的能力比抵抗的能力更有用；并且，不确定的报复比确定的报复更可置信也更有效。如果是一次博弈，由于不存在报复，所以合作几乎是不可能的。但如果是一种长期的关系，局中人为了长期利益，则可以在短期做出让步。这就是为什么合作关系必须是在长期关系中才能建立的原因。

谢林把冲突的相关研究可以分为两类：一是把冲突看成是不好的状态，寻找其原因及解决方案；另一是以冲突为前提，研究冲突相关者的行为。他的研究属于后一类，即对冲突状态下的行为的研究。为此，他以"讨价还价"作为分析冲突与合作的理论基础。谢林对"讨价还价"的广义解释是：

> 不仅包括两国或买卖双方之间的明确谈判，而且包括很多日常生活中常见的现象，如两辆装满炸药的卡车在一条只允许一辆车通过的路上相遇时谁给谁让路这样的情形。讨价还价使得利益冲突各方寻求对自己尽可能有利的协议。谢林认为，讨价还价的力量来自于自我约束的能力，并且指出一方可以通过公然恶化自己的选择来改善自己的地位。

谢林：《冲突的战略》（中译本），华夏出版社 2006 年版

按照他的分析，在讨价还价过程中，处于弱势的一方通常会成为强者。弱国有时也可能使强国随之起舞。

运用上述分析框架来分析国际冲突问题的博弈策略，谢林首先发展了包含随机成分的策略，并分析了承认和威胁的随机化问题：

> 在零和博弈中，随机策略发挥了核心作用，他排除了一方局中人通过认识另一方局中人的行为模式来获取收益的可能性。但是，在包含冲突和共同利益的博弈中，随机化没有这样的核心作用。因为，在非零和博弈中，随机化主要关心的不是防止一方策略被另一方所预期，而更关心使得对方能够正确预期自己的行为模式，所以它不必掩饰自己的策略。例如在有限期战争中，人们关心的是交流而不是掩饰的限度。

谢林：《冲突的战略》（中译本），华夏出版社 2006 年版

从这个意义上讲，随机化与承诺有关，人们可以承诺的比实际需要的多，虽

然承诺不可分，但是通过随机化可以降低承诺的期望值，从而降低承诺的成本。承诺不同于威胁，两者的区别在于承诺是在其成功实现时要付出代价，而威胁则是在其没有实现时要付出代价。即在局中人承诺的比需要的多，并且承诺兑现以后，局中人要付出的也比本该付出的多；当局中人威胁的比所需的多，在威胁实现时，局中人所付出的和本该付出的一样多，其误差并不造成额外的代价。谢林具体分析了威胁问题：

> 典型的威胁策略是一种惩罚行为，威胁在失败以后将被付诸执行，这对双方都是有代价的。因此威胁的目的在于事前阻止，而不是事后报复。因此，要使威胁可信，必须证明威胁在遭遇失败以后必须付诸执行，或者如果威胁在遭遇失败以后没有被执行，那么威胁的一方将会遭到相应的惩罚。如果威胁遭遇失败以后能否付诸执行的决策不在威胁者的掌握之中，那么威胁更加可信。因此谢林认为，不确定的威胁比明确的威胁更加可信，也更加有效。
>
> 谢林：《冲突的战略》（中译本），华夏出版社 2006 年版

二、战争与和平的经济分析

在《冲突的战略》中，谢林运用博弈论分析了国家之间的讨价还价行为。他指出：

> 偶然事件不会引发战争，只有决定才会导致战争的爆发。如果一国认为另一国会突然发动袭击，那么一场双方都不情愿的战争就有可能爆发。突然袭击的优势和动机在于对方缺乏反击的能力，因此，防止突然袭击的首要目标是军事安全而不是人员安全。进一步说，防止突然袭击需要可信的二次还击能力。
>
> 谢林：《冲突的战略》（中译本），华夏出版社 2006 年版

谢林认为，国家之间是否发生战争与"局中人"的信任程度有关。他给出了一个关于"战争与和平"博弈的具体分析（见图 40.1）：

		国家 1 战争	国家 1 和平
国家 2	战争	1, 1	2, 0
国家 2	和平	0, 2	3, 3

图 40.1 战争与和平

两个国家都有“战争”、“和平”两种选择。该博弈有两个纳什均衡：和平，和平；战争，战争。如果两个国家选择都是理性的，并且对手的支付没有不确定性，“和平，和平”是一个最可能结果。但是，如果双方对对手的意图有哪怕丝毫的怀疑，则这种怀疑就会传染并破坏该均衡。

谢林：《冲突的战略》（中译本），华夏出版社 2006 年版

谢林对此进行了分析，虽然由于那时对不完全信息博弈论缺乏正式的研究框架，模型方面稍显欠缺，但他的直觉要比理论模型考虑得更加深刻。

战争不是不可避免的，它包含敌对双方利益的博弈。所以战争便伴随“让步”与“谈判”。谢林认为让步必不可少，但谈判的关键在于让对方相信你不会再让步了。让步是达成协议必不可少的，任何一方过于强调自身利益都不是最优策略。谢林分析了两国对于有争议疆土的博弈的例子：

假设两国对一块疆土的归属问题存有争议，每个国家都存在动员军事力量和保持克制的策略空间。如果两个国家都动员军队，战争一触即发，达成和平协议的可能性微乎其微，那么双方的收益均为 0。如果两个国家均保持克制，积极谋求达成某种和平协议，那么两者都能获得一个较为乐观的收益 b。如果一个国家（比如 A 国）动员军队控制了存有争议的疆土而另一个国家（比如 B 国）不能将其驱逐出去（如果有第三方介入的话，第三方国家也不能将占领国驱逐出占领的土地），那么先动员一方得益为 a，不动员的国家得益为 c。这里，$a > b > c > 0$。显然，若写成“2×2”矩阵，则如图 40.2 所示。

		B 国 动员	B 国 克制
A 国	动员	（0，0）	（a，c）
	克制	（c，a）	（b，b）

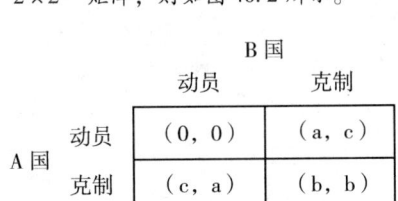

图 40.2 动员与克制

这里存在三个纳什均衡：（a，c），（c，a）与混合策略均衡，而在混合策略均衡中动员军备的均衡概率 $p = (a - b)/(a - b + c)$。要有效降低双方爆发战争的概率，不仅需要降低先发制人方的动武概率 p，提高对方的收益 c 同样重要。而提高 c 也就意味着先发制人一方对对方的让步。

谢林：《冲突的战略》（中译本），华夏出版社 2006 年版

按谢林的观点，博弈者都希望避免两败俱伤，这种"双赢"的共同想法就体现为——在效率曲线上找到一个合适的点来解决彼此之间的冲突。这些已经被事实证明是解决冲突、避免战争的非常中肯的创见。

通过对讨价还价现象的深入分析，谢林得出结论：在讨价还价过程中，弱势一方通常会成为强者。即将自身固定在特殊的谈判地位是有利的，当任何一方都认为对方不可能做出进一步的让步时，协议也就达成了。一方之所以让步，是因为他知道对方不会让步了，而如果他不让步，两者势必会陷入两败俱伤的境地。因此可以认为，谈判的关键在于让对方相信你不会再让步了。

三、军备竞赛与军备控制的经济分析

20世纪50年代中期，谢林把博弈论应用于对全球安全和军备竞赛的研究。冷战时期，美苏两个超级大国展开以争夺核优势为主轴的全球争霸，然而由于核武器的巨大破坏作用美苏都不敢贸然发动核战争。它们既相互威慑，又相互制约；既相互争夺，又相互利用；既尖锐对抗，又保持对话。从1945～1991年，美苏经历了大规模的核军备竞赛，同时又进行了旷日持久的核军备控制谈判。核军备竞赛从垄断到反垄断，从不均衡到达成基本均衡，从全力增强第一次打击能力到重点转向太空与新一代核武器的争夺，同期核军备控制谈判从试探性交锋到争取核均势，从部分核军控到限制核武器数量，到减少核武器数量。美苏核战略思想的发展从"纯威慑"到"实战威慑"，从僵硬死板到灵活反应，战略手段的终极运用——相互确保摧毁[①]。美苏始终将"相互确保摧毁"作为阻止全面核战争的唯一手段而保留在各自的核战略中，成为美苏两个核大国"相互多层次威慑"战略中的"最后一招"和"终极威慑"。当美苏的核武器逐渐形成了"恐怖均衡"的态势后，美国和苏联的核战略事实上都承认了"相互确保摧毁"的现实。谢林分析了这一现象：

> 1962年10月，苏联在古巴布置核导弹，引发了古巴导弹危机。那儿距美国只有90英里，对美国构成了威胁。肯尼迪总统召集政要开会，经过10天的讨论，决定对古巴实行海上封锁。如果苏联接受这一挑战，那么古巴导弹危机可能

---

① 相互确保摧毁的基本含义是，只要美苏双方都拥有能给对方以毁灭性报复的"确保摧毁"能力，则任何一方都不敢挑起核冲突，因而也就维护了相互安全，避免了核战争。

升级为美苏之间的核战争。但苏联看到美国的"真动作"后,加之美国又通过秘密谈判,说如果你怎么样我会怎么样,给苏联两种选择:要么撤回导弹,我会给你好处,给你挽回面子;要么不撤回导弹,那大家只好干一仗。那样,虽然对我也不好,但对你更不好。于是,善变的赫鲁晓夫只好从古巴撤回导弹。当然,美国也给了苏联面子,从土耳其撤回美国导弹。

谢林:《冲突的战略》(中译本),华夏出版社 2006 年版

谢林认为,在苏联可信性威慑下,美国采取了"以牙还牙"策略,最终使苏联在这场"斗鸡"博弈中悄然撤退。这也可以用谢林在《冲突的策略》中提出的"边缘政策"(brinkmanship)来解释,谢林"边缘政策"的意思是,局中人故意制造一种可以辨认的风险,让对方知道,并且还让对方知道,这种风险是我不能完全控制的,一旦某种形势出现,不管我愿不愿意,我都只能越过边缘界线,采取行动与他同归于尽。这是一种威胁,但要创造条件使对方相信这种威胁是可置信的,因此就要把自己推入一种看来不利的处境。比如美国的核威胁策略,就是典型的"边缘政策"。

但是,一旦威胁失败,为了确保威胁的效力,必须确保惩罚有效。谢林认为:

> 战略威慑的一个显著特征是,实施惩罚性行为——如果威胁失败或必须实施时对双方而言都是一个代价高昂、棘手的过程。虽然威慑注重的是事前预防,而非事后报复,但是为了让威胁更加可信有效,威胁方必须采取某些必要的威胁行为或为自己寻求实施威胁的充分理由和依据。人们对于美国在欧洲驻军,建立围堵苏联人的铁丝网存在一种普遍的看法,认为这是美国为了让苏联人相信一旦欧洲发生战争,美国不会坐视不管;不管苏联人是否认为美国应该介入,美国绝不会违背这一承诺。

谢林:《冲突的战略》(中译本),华夏出版社 2006 年版

面对国际社会日益严重的军备竞赛,世界各国特别是军备竞赛的参与者也深深认识到军备竞赛给各国经济、社会带来的严重后果,所以军控和裁军成为国际社会的一个普遍共识,但众所周知,军控和裁军实施困难重重。谢林认为,这与军控与裁军谈判与实施的机制有关:

> 我们不能把强制性的允诺认为是理所当然的事。一份有效的协议必须以强制性术语表达,并涉及协议当事人的强制性行为。强制性取决于至少两个因素——

拥有相当权力的权威部门能够判决是否实施惩罚和拥有相当权力的权威部门能对双方的不当行为进行必要的惩罚。战后不计其数的裁军谈判和核查计划已经表明这一问题何等艰巨，即使谈判双方应该达成一个强制性的协议或有效的强制实施方案。如果谈判双方没有互信或根本不相信对方有任何履行协议诚意，这一问题将变得更加复杂。如果存在有效的方式迫使双方做出强制性允诺，或世界各国都能毫无保留地承诺某种世界权威，那么武器核查的技术问题就会消失殆尽。但是由于没有有效的监督手段，甚至有效的惩罚机制也无法迫使各国做出强制性允诺。当然，有效惩罚机制的匮乏无疑加剧了这一问题的严重性，除非公平谴责最初协议的第三方愿意出面执行这一惩罚。此外，我们必须排除掉一些看似重要却不具有操作性的协议。通常只有内容客观公正、拥有必要监督机制的协约才具有可操作性。

谢林：《冲突的战略》（中译本），华夏出版社2006年版

军控与裁军本来就是各国之间的力量与智慧的博弈，谈判双方可以进行有限信息的沟通，并在此基础上达成有限协议，但是双方谁也不能将信息完全告诉对方。正如谢林所言：

当然，在一些规模更大的博弈场景中也可能存在零和博弈选手。尽管有限战争中，一方或许关心能否与对方进行有效的沟通，而非掩蔽自己希望对方关注的有限条件，但是在那些有限条件中，一方也可能通过随机方式为自己的行为诡辩，从而最大限度地迷惑对方。双方可以进行有限信息的沟通，并在此基础上达成有限协议，但是双方谁也不能将信息完全告诉对方。以军控协议为例，军控条约必须在双方有限技术手段监督下实施，才能向双方展示彼此的军事力量是否遵守了条约，从而避免一方采取突袭行动。

谢林：《冲突的战略》（中译本），华夏出版社2006年版

参 考 文 献

程　凌：《罗伯特·奥曼和托马斯·谢林的贡献——2005 年诺贝尔经济学奖述评》，载《经济评论》2006 年第 1 期。
陈　波：《国防经济学》，经济科学出版社 2010 年版。
戴耀先：《诉诸总体战的神灵：鲁登道夫〈总体战〉浅说》，军事科学出版社 2000 年版。
董问樵：《国防经济论》，北京理工大学出版社 2007 年版。
杜为公：《西方国防经济学研究》，军事科学出版社 2005 年版。
傅尚逵：《若米尼的和平时期国防建设思想》，载《军事历史》1988 年第 6 期。
郭其友、李宝良：《冲突与合作：博弈理论的扩展与应用——2005 年度诺贝尔经济学奖获得者奥曼和谢林的经济理论贡献述评》，载《外国经济与管理》2005 年第 11 期。
韩亮仙：《中国经济动员论》，北京理工大学出版社 2007 年版。
何德旭、王朝阳、应寅锋：《博弈论使他们获得 2005 年诺贝尔经济学奖》，载《南方周末》2005 年 10 月 13 日。
胡伟清：《奥曼与谢林对博弈论的贡献》，载《重庆科技学院学报（社会科学版）》2005 年第 4 期。
贾春增：《外国社会学史》，中国人民大学出版社 2000 年版。
姜鲁鸣：《现代国防经济学导论》，国防大学出版社 2002 年版。
库桂生：《国防经济学说史》，国防大学出版社 1998 年版。
李德义、李大伦：《20 世纪以来中外军事著作要览》，军事科学出版社 2005 年版。
李元明：《拿破仑的军事思想》，载《世界历史》1979 年第 2 期。
梁贵明：《文人军事战略家——约米尼》，载《国防科技》2004 年第 11 期。
刘业础：《军事经济学说史》，军事科学出版社 1995 年版。
卢守纪、刘业础：《克劳塞维茨军事经济理论新探》，载《军事经济研究》1996 年第 4 期。
卢周来：《现代国防经济学教程》，石油工业出版社 2006 年版。
吕　静：《马歇尔》，中国财政经济出版社 2006 年版。
钱大林等：《国防经济学 60 年》，国防大学出版社 1988 年版。

孙建民：《孙子与克劳塞维茨军事情报思想比较》，载《滨州学院学报》2009年第1期。

宿景祥：《军事凯恩斯主义的复活》，载《世界知识》2010年24期。

唐复全等：《智慧与战争》，四川人民出版社2003年版。

王维克：《列宁的理论探索与俄国的革命实践》，载《喀什师范学院学报》，1999年第2期。

王振中、李仁贵：《托马斯·谢林的贡献》，载《挑战诺贝尔奖的经济学大师们》，中国经济出版社2002年版。

吴宇晖，张嘉昕：《外国经济思想史》，高等教育出版社2007年2月版。

夏征难：《兵学巨匠——若米尼》，载《世界历史》2009年第4期。

夏征难：《克劳塞维茨与若米尼战争学说比较》，载《南京政治学院学报》2005年第6期。

夏征难：《孙武与克劳塞维茨战争学说之比较》，载《南京政治学院学报》2010年第4期。

夏征难：《西方"兵圣"——克劳塞维茨》，载《军事历史》2009年第2期。

续建宜：《拿破仑的军事立法活动》，载《世界历史》1998年第5期。

晏智杰：《边际革命和新古典经济学》，北京大学出版社2004年版。

尹伯成：《西方经济学说史》，复旦大学出版社2005年版。

于连坤、唐洪鑫：《国防经济学概论》，国防大学出版社1999年版。

袁晓李：《罗伯特·奥曼和托马斯·谢林的博弈论思想——2005年诺贝尔经济学奖述评》，载《高等函授学报（哲学社会科学版）》2006年第5期。

曾华锋：《历史上最具影响力的军事学名著20种》，陕西人民出版社2007年版。

张宏伟：《拿破仑经济思想及经济政策初探》，载《史林》1998年第4期。

周呈芳：《论拿破仑的军事天才》，载《内蒙古大学学报（哲学社会科学版）》1993年第1期。

赵文荣：《参商对峙抑或伯仲相依？——诺奖得主谢林对微观动机与宏观行为的非数理博弈解析》，载《中华读书报》，2005年11月30日。

[意] 阿奎那：《阿奎那政治著作选集》（中译本），商务印书馆1963年版。

[美] 布朗参考书出版集团：《经济史》（中译本），中国财政经济出版社2004年版。

[德] 恩格斯：《反杜林论》（中译本，第3版），人民出版社1999年版。

[美] 布　鲁：《经济思想史》（中译本），机械工业出版社2006年版。

[希] 柏拉图：《柏拉图全集》（中译本），人民出版社2003年版。

[希] 柏拉图：《理想国》（中译本），商务印书馆1957年版。

［苏］波札罗夫：《军事实力与经济基础》，解放军出版社1985年版。

［英］哈特利、桑德勒：《国防经济学手册（第一卷）》（中译本），经济科学出版社2002年版。

［美］亨　特：《经济思想史——一种批判性的视角》（中译本），上海财经大学出版社2007年版。

［美］怀内斯：《第三世界军费经济学》（中译本），解放军出版社1987年版。

［美］凯恩斯：《如何筹措战费》（中译本），中国农民银行经济研究处1941年版。

［美］凯恩斯：《就业、利息和货币通论》（中译本），商务印书馆2009年版。

［美］克莱姆：《经济动员准备》（中译本），北京理工大学出版社2007年版。

［德］克劳塞维茨：《战争论》（中译本），商务印书馆1978年版。

［美］肯尼迪：《国防经济学》（中译本），解放军出版社1986年版。

［法］库　仑：《战争与和平经济理论》（中译本），经济科学出版社2010年版。

［英］李嘉图：《政治经济学及赋税原理》（中译本），华夏出版社2005年版。

［德］李斯特：《政治经济学的国民体系》（中译本），商务印书馆2009年版。

［苏］列　宁：《列宁军事文集》（中译本），战士出版社1981年版。

［苏］列　宁：《列宁全集》（中译本），人民出版社1958年版。

［苏］拉可夫斯基：《战略与经济》（中译本），军事科学出版社1962年版。

［德］马克思、恩格斯：鲁登道夫：《总体战》（中译本），解放军出版社1988年版。

［英］马克思、恩格斯：罗宾斯：《和平与战争时期的经济问题》（中译本），商务印书馆1962年版。

［美］罗斯托夫采夫：《罗马帝国社会经济史》（中译本），商务印书馆1985年版。

［英］罗　素：《西方哲学史》（中译本），商务印书馆1988年版。

［瑞］马格努松：《重商主义经济学》（中译本），上海财经大学出版社2001年版。

［德］马克思、思格斯：《马克思恩格斯军事文集》（中译本），战士出版社1981年版。

［德］马克思、思格斯：《马克思恩格斯全集》（中译本），人民出版社1959年第1版。

［德］马克思、恩格斯：《马克思恩格斯全集》（中译本），人民出版社1971年版。

［英］马尔萨斯：《人口论》（中译本），北京大学出版社2008年版。

［美］马歇尔：《经济学原理》（中译本），商务印书馆2010年版。

［美］门　罗：《早期经济思想——亚当·斯密以前的经济文献选集》（中译本），商务印书馆1985年版。

［英］配　第：《资产阶级古典政治经济学选辑·赋税论》（中译本），商务印书馆1979年版。

［意］帕累托：《普通社会学纲要》（中译本），东方出版社2007年版。

［英］庇　古：《战时经济学》（中译本），北京理工大学出版社2007年版。

［美］桑德勒、哈特利：《国防经济学》（中译本），北京理工大学出版社2007年版。

［法］萨　伊：《政治经济学概论》（中译本），商务印书馆2009年版。

［美］塞利格曼：《现代经济学主要流派》（中译本），华夏出版社2010年版。

［希］色诺芬：《经济论·雅典的收入》（中译本），商务印书馆1961年版。

［日］森武夫：《战时经济论》（中译本），民国国立编译馆（上海）1935年版。

［日］森武夫：《非常时日本之国防经济》（中译本），上海正中书局1936年发行。

［日］森武夫：《美国战时计划经济》（中译本），上海申报馆1933年发行。

［苏］莎维兹基：《战争经济学》（中译本），香港华南图书社1937年版。

［日］石井洋：《日本国防的经济学》（中译本），后勤学院学术研究部1985年版。

［美］施莱辛格：《国家安全的政治经济学》（中译本），台湾军事译粹社1975年版。

［美］施莱辛格：《国家安全的政治经济学》（中译本），北京理工大学出版社2007年版。

［英］斯　密：《国民财富的性质及原因》（中译本），商务印书馆1974年版。

［英］斯　密：《国富论》（中译本），华夏出版社2005年版。

［美］斯皮格尔：《经济思想的成长》（中译本），中国社会科学出版社1999年版。

［苏］索科洛夫斯基：《军事战略》（中译本），战士出版社1980年版。

［瑞］瓦尔拉斯：《纯粹经济学要义或社会财富理论》（中译本），商务印书馆2009年版。

［英］伊特韦尔：《新帕尔格雷夫经济学大辞典》（中译本），经济科学出版社1992年版。

［美］希　奇、麦基因：《核时代的国防经济学》（中译本），北京理工大学出版社2007年版。

［美］熊彼特：《经济分析史》（中译本），商务印书馆1996年版。

［美］熊彼特：《从马克思到凯恩斯十大经济学家》（中译本），商务印书馆1965年版。

［美］熊彼特：《资本主义、社会主义与民主》（中译本），商务印书馆2009年版。

［希］亚里士多德：《尼各马可伦理学》（中译本），中国社会科学出版社2007年版。

［希］亚里士多德：《政治学》（中译本），九州出版社2007年版。

［苏］朱可夫：《朱可夫元帅回忆录》（中译本），中国对外翻译出版公司1985年版。

Adams, G., 1976, *The B-1 Bomber: An Analysis of Its Strategic Utility, Cost, Constituency, and Economic Impact*, Council on Economic Priorities.

Anderton, M., 1982, *The Empty Pork Barrel: Unemployment and the Pentagon Budget*, Public Interest Research Group in Michigan.

Bacon F.,1625,*Essays*,Everyman's Library.

Bezdek,R.,1975,"The 1980 Economic Impact-Regional and Occupational of Compensated Shifts in Defence Spending",in *Journal of Regional Science*,15:2.

Boisguillebert,P. de,1705,*Factum de la France*,op. cit.

Brady,M.,1999,"Against the Tide:The Life of Francis W. Hirst",in *Freeman-New York Roundation for Economic Education*,Vol. 49 No. 6.

Brito, D., 1972, "A Dynamic Model of an Armaments Race", *International Economic Review*,13.

Clem,H. J.,1983,*Mobilization Preparedness*,National Defense University.

Coke,R.,1670,"A Discourse of Trade in Two Parts",in Magnusson,L. (ed.) *Mercantilism*, Routledge.

Coulomb,F.,1998,"Adam Smith:A Defence Economist",in *Defence and Peace Economics*, Vol. 9. No. 3.

Coulomb,F.,2004,*Economic Theories of Peace and War*,Routledge.

Dresch,S. and Robert G.,1973,"IDIOM:An Inter-Industry,National-Regional Policy-Evaluating Model",in *Annals of Economic and Social Measurement*,2/3.

Edgeworth,1881,*Mathematical Psychics*,C. K. Paul.

Finer,S. E.,1966,*Sociological Writings*,Praeger.

Fisher,A. G.,1940,"Review:The Economic Causes of War by Lionel Robbins",*Economica*, Vol. 7,No. 26.

Fischer,G.,1936,Wehrwirts chaft,*thre Grundlagen und Theorien*,Leipzig.

Gansler,J.,1980,*The Defence Industry*,MIT Press.

Greorge A. L.,1954,*Economics of National Security*,Prentics-Hall,Inc.

Gold,D. and Others,1981,*Misguided Expenditure,an Analysis of the Proposed MX Missile System*,Council on Economic Priorities.

GoodWin, C. D., 1991, "National Security in Classical Political Economy", In Craufurd D. Goodwin(eds.),*Economics and National Security History of Their Interaction*,Duke University Press.

Harris,S. E.,1951,*Schumpeter:Social Scientist*,Harvard University Press.

Heckscher,E. F.,1931,*Mercantilism*,Macmillan.

Hanning,H.,1967,*The peaceful Uses of Military Forces*,Praeger.

Hoch,E.,1937,*Die Wehrdrnft der Wirtschaft*,Hamburg.

Institut National d'Etudes Demographiques,1958,*Francois Quesnay et la Physiocratie*,Presses

Universitaires de France.

Keynes, 1924, "Alfred Marshall, 1842 – 1924", *The Economic Journal*, 34: 135.

Keynes, J. M., 1939, "The Income and Fiscal Potential of Great Britain", *Economic Journal*, XLIX (196).

Keynes, J. M., 1981, "Activities 1929 – 31: Rethinking Employment and Unemployment Policies", in Moggridge, D. (ed.) *The Collected Writings of John Maynard Keynes*, St Martin's Press.

Keynes, J. M., 1982, "Activities 1931 – 9: World Crises and Policies in Britain and America", in Moggridge, D. (ed.) *The Collected Writings of John Maynard Keynes*, St Martin's Press.

Lotz, J. R., 1970, Patterns of Government Spending in Developing Countries, *Manohester School of Economic and Social Studies*, 38.

Magnusson, L., 1995, *Mercantilism*, Routledge.

Malthus, T. R., 1798, *An Essay on the Principle of Population*, Anonymously published.

Malthus, T. R., 1836, "The Corn Laws", in Wrigley, E. A. and Souden, d. (eds) *The Works of Thomas Robert Malthus*, William Pickering.

Monroe A. E., 1948, *Early Economic Thought selections from Economic Literature Prior to Adam Smith*, Harvard University Press.

Montchretien A. de, 1615, *L'economie politique patronale. Traicte de l'economie politique dedie en 1615 au Roy et a la Reyne mere du Roy*, Nourrit et Cie.

Mosley, H. G., 1985, *The Arms Race: Economic and Social Consequences*, Lexington Books.

Mun, T., 1664, *England's treasure are by foreign trade*, op. cit.

Pareto, 1935, *The Mind and Society*, Harcourt.

Pareto, 1971, *Manual of Political Economy* (1906), A. M. Kelly.

Peacock, A. T. and Wiseman, J., 1961, *The Growth of Public Expenditure in the United Kingdom*, Princeton University Press.

Pigou, A. C., 1916, *The Economy and Finance of War*, J. M. Dent.

Pigou, A. C., 1921, *The Political Economy of War*, Macmillan.

Pigou, A. C., 1962, *The Economics of Welfare*, Macmillan.

Quesnay F., 1958, "Hommes", in Institut National d'Etudes Demographiques, *Francois Quesnay et la Physiocratie*, Vol. II, Presses Universitaires de France.

Richardson, L. F., 1960, *Arms and Insecurity: A Mathematical Study of the Causes and Origins of War*, Homewood.

Robbins, L., 1939, *The Economic Causes of War*, Jonathan Cape.

Robbins, L., 1947, *The Economic Problem in Peace and War*, Macmillan.

Rostovtzeff, M., 1957, *The Social and Economic History of Roman Empire*, Oxford at the Clarendon Press.

Russett, B., 1970, *What Price Vigilance? The Burdens of National Defence*, Yale University Press.

Say, J.-B., 1803, *Traite D'economie Politique*, Calmann-Levy.

Schelling, T. C., 1960, *The Strategy of Conflict*, Harvard University Press.

Schumpeter, J. A., 1954, *History of Economic Analysis*, Oxford University Press.

Schumpeter, J. A., 1942, *Capitalism, Socialism and Democracy*, Harper.

Silberner, E., 1957, *La Guerre et la Paix Dans L'histoire Des Doctrines Economiques*, Sirey.

Simaan, M. and Cruz, J., 1976, "Equilibrium Concepts for Arms Race Problem", In J. A. Gillespie, *Mathmatical Systems in International Relations Research*, New York: Praeger.

Simaan, M. and Cruz, J., 1975, "Formulation of Richardson's Model of Arms Race from A Differential Game Viewpoint", *Review of Economic Studies*, 42: 67~77.

Smith, A. 1776, *An Inquiry into the Nature and Causes of the Wealth of Nations*, Edwin Cannan.

Smith, R. P., 1980, "Military Expenditure and Investment in OECD Countries, 1954–1973", *Journal of Comparative Economics*, 4.

Turgot, A. R., 1997(1750), "Tableau Philosophique des Progres Successifs de l'esprit Humain", in *Formation et Distribution des Richesses*, Flammarion.

Turgot, A. R., 1997(1767), "Observations sur les Memoires Recompenses par la Societe d'agriculture de Limoges'", in *Formation et Distribution des Richesses*, Flammarion.

Veblen, T., 1915, *Imperial Germany and the Industrial Revolution*, Augustus M. Kelley.

Veblen, T., 1917, *An Inquiry into the Nature of Peace and the Terms of its Perpetuation*, Augustus M. Kelley.

Weiss, S. and Gooding, E., 1968, Estimation of Differential Employment Multipliers in a Small Regional Economy, *Land Economics*, 44.

Whitaker, J. K., 1991, "The Economics of Defense in British Political Economy, 1848–1914", In Craufurd D. Goodwin(eds.), *Economics and National Security—History of Their Interaction*, Duke University Press.

图书在版编目(CIP)数据

国防经济思想史/陈波等著. —北京:经济科学出版社,2012.12
(国防经济学系列丛书·学术文库)
ISBN 978-7-5141-2705-8

Ⅰ.①国… Ⅱ.①陈… Ⅲ.①国防经济—经济思想史–世界 Ⅳ.①E0-054

中国版本图书馆 CIP 数据核字（2012）第 278562 号

责任编辑：侯晓霞　侯加恒
责任校对：徐领柱
责任印制：李　鹏

国防经济思想史

陈　波　刘　群　等著
霍　炬　刘建伟

经济科学出版社出版、发行　新华书店经销
社址：北京市海淀区阜成路甲 28 号　邮编：100142
总编部电话：88191217　发行部电话：88191537
网址：www.esp.com.cn
电子邮件：esp@esp.com.cn
北京盛源印刷有限公司印装
710×1000　16 开　30.5 印张　560000 字
2014 年 4 月第 1 版　2014 年 4 月第 1 次印刷
ISBN 978-7-5141-2705-8　定价：78.00 元
(图书出现印装问题，本社负责调换。电话：88191502)
(版权所有　翻印必究)

国防经济学系列丛书

("十二五"国家重点图书出版规划项目)

1. 《国防经济学》
   陈　波主编，郝朝艳、余冬平副主编，2010年12月出，88.00元
2. 《国防经济学前沿专题》
   陈　波主编，郝朝艳、侯　娜副主编，2010年12月出，35.00元
3. 《冲突经济学原理》
   [美]查尔斯·H·安德顿、约翰·K·卡特著，郝朝艳、陈波主译，
   2010年12月出，39.00元
4. 《战争与和平经济理论》
   [法]范妮·库仑著，陈　波、阎　梁主译，2010年12月出，39.00元
5. 《国防采办的过程与政治》
   [美]大卫·S·索伦森著，陈　波、王沙骋主译，2013年12月出，38.00元
6. 《现代国防工业》
   [美]理查德·A·毕辛格主编，陈　波、郝朝艳主译，2014年3月出，76.00元
7. **《国防经济思想史》**
   陈　波等著，2014年4月出，78.00元
8. 《国防预算与财政管理》
   [美]麦卡菲、琼　斯著，陈　波等译，即出
9. 《城堡、战斗与炸弹：经济学如何解释军事史》
   [美]于尔根·布劳尔、休帕特·万·蒂尔著，陈　波等译，即出
10. 《和平经济学》
    [美]于尔根·布劳尔、[英]保罗·邓恩著，陈　波等译，即出

此系列丛书联系方式：
联系地址：北京市海淀区学院南路39号　中央财经大学国防经济与管理研究院
邮　　编：100081